Andreas Odenthal

Liturgie als Ritual

Kohlhammer

Praktische Theologie heute

Herausgegeben von
Gottfried Bitter
Peter Cornehl
Ottmar Fuchs
Albert Gerhards
Henning Schröer
Klaus Wegenast

Band 60

Andreas Odenthal

Liturgie als Ritual

Theologische und psychoanalytische Überlegungen zu einer praktisch-theologischen Theorie des Gottesdienstes als Symbolgeschehen

Verlag W. Kohlhammer

Umschlag: Gestaltungskonzept Peter Horlacher
Gesamtherstellung:
W. Kohlhammer Druckerei GmbH + Co. Stuttgart
Printed in Germany

ISBN 3-17-017818-0

Inhaltsverzeichnis

„Quia, cum nostra laude non egeas,
tuum tamen est donum quod tibi grates rependamus,
nam te non augent nostra praeconia,
sed nobis proficiunt ad salutem"
(Missale Romanum, Praefatio communis IV)

„Cumque natura hominum ea sit,
ut non facile queat sine adminiculis exterioribus
ad rerum divinarum meditationem sustolli,
propterea pia mater Ecclesia ritus quosdam (...) instituit"
(Konzil von Trient, Doctrina de ss. Missae sacrificio, Cap. 5: DH 1746).

Vorwort

Jede Theologie ist immer auch autobiographisch und subjektiv. Dies gilt zumindest für die vorliegende Arbeit. Wenn sie sich auch einem anderen Bereich widmet als meine Doktorarbeit, die liturgiehistorische Auswertung des ältesten Liber Ordinarius von St. Aposteln, so schließt sie sich dennoch auf einer tieferen Ebene an diese Untersuchung an. Denn es geht mir darum zu erforschen, was es eigentlich war, das mich von Kindheit an an der Liturgie in St. Aposteln so ansprach und faszinierte, wenn sonntags mit altehrwürdigem Choralgesang ein schlichtes, dabei feierliches lateinisches Hochamt gefeiert wurde. Dies hat in meinem Leben unauslöschliche Spuren hinterlassen. Darum geht es in dieser ganz und gar interessegeleiteten Untersuchung: um psychische Erinnerungsspuren, die durch die Feier der Liturgie wachgerufen werden. Und es geht um den großen kulturellen und religiösen Schatz der christlichen Rituale, die eine solch heilsame Dimension haben, indem sie menschliche Erfahrungen in den Horizont des Glaubens einzubergen vermögen.

Diese Untersuchung habe ich alleine verfaßt, aber die Gedanken sind im Kontakt mit vielen Menschen entstanden. Ich danke zunächst meinem Lehrer Professor Dr. Albert Gerhards, der nicht nur das Erstgutachten erstellte, sondern auch mit weitem Herzen manche neuen Gedankenwege mitging und korrigierte. Die Katholisch-Theologische Fakultät der Universität Bonn hat diese Arbeit im Februar 2002 als Habilitationsschrift angenommen. Professor Dr. Josef Wohlmuth danke ich für das Zweitgutachten.

Meinen Kolleginnen und Kollegen im Psychoanalytischen Seminar Düsseldorf unter seinem Vorsitzenden, Herrn Dr. Friedrich Diergarten, und in der Gesellschaft für Psychoanalyse und Psychotherapie (GPP) bin ich zu Dank für die vielfältigen Gesprächsmöglichkeiten um Theologie und Psychoanalyse verpflichtet. In ihrem Kreis entstand diese Arbeit.

Mein Heimatbischof, Joachim Cardinal Meisner, erlaubte mir, im Rahmen meiner Beauftragung als Kaplan diese Habilitationsschrift zu verfassen. Auch dafür ein herzliches Wort des Dankes. Damit ist diese Arbeit aus der Praxis entstanden und immer wieder in sie eingebunden gewesen. Als ich meinen Pfarrer, Herrn Kreisdechant Werner Oermann, einmal fragte, ob ich nicht zu viel wissenschaftlich arbeite, antwortete er: „Jede wissenschaftliche Arbeit kommt der gesamten Pfarrei zugute".

Damit half er, den oft garstigen Graben zwischen Theorie und Praxis zu überwinden und ermöglichte mir sechs Jahre intensive Praxis und deren theologische Reflexion. Plötzlich ist Pfarrer Oerman am 20. Juli 2002 im Alter von nur 62 Jahren verstorben. Ihm sei diese Arbeit gewidmet.

Dem Verlag Kohlhammer und den Herausgebern von „Praktische Theologie heute" gebührt Dank für die Aufnahme der Arbeit in diese Reihe. Das Erzbistum Köln gewährte mir einen namhaften Druckkostenzuschuß.

Einzelnen Menschen muß gesondert gedankt werden: Dr. Gudrun Sporbeck, Dr. Gottfried Stracke, Wolfgang Reuter und Dr. Birk Ohnesorge. Zuletzt seien die Menschen in der Kirchengemeinde St. Peter und Paul in Ratingen genannt. Dort habe ich die Arbeit geschrieben. Über Jahre durfte ich die gotische Ratinger Monstranz von 1394 im Gottesdienst verwenden. Sie zeigte mir nochmals, was „symbolische Erfahrung" sein kann: das Brot, „Frucht der Erde und der menschlichen Arbeit", also unsere Lebenswelt, auf den Altar zu tragen, in ein uraltes Ritual einzufügen, von Gott verwandeln zu lassen, und Gottes verborgene Gegenwart „durch Christus, unseren Herrn" sichtbar zu machen - als Geheimnis.

Ratingen, im Oktober 2002 Andreas Odenthal

I. Abschnitt
Prolegomena. Wissenschaftstheoretische Klärungen

Rituale und Symbole haben Hochkonjunktur, innerhalb wie außerhalb der Kirche. Oft knüpfen sich bewußt oder unbewußt große Erwartungen daran. Rituale sollen identitätsstiftend oder sogar heilend, aber immer auf das Maß des Benutzers zugeschnitten sein. Auf alle Fälle sind auch sie, ob ihre Träger es wünschen oder nicht, ein Teil der Erlebnisgesellschaft. Rituale werden oft nach Nutzen und Gewinn für das persönliche Wohlbefinden ausgewählt. Ist vielleicht ein Grund für die oftmals beschworene Krise des Gottesdienstes – wenn es sie denn gibt –, daß hohe Hürden zu überwinden sind, um an den christlichen Ritualen teilzunehmen? Können sie auf dem Markt der vielen Möglichkeiten nur schwer mithalten, weil sie, zumindest im kirchlichen Kontext, allzu viel Tradition und Ballast mit sich tragen? Verlangt nicht gerade die Liturgie der Kirche zu viel Kenntnis und Bindung, die man einem Menschen heute gar nicht mehr zumuten mag? Oder ist das gerade ihre Chance? Mit anderen Worten: Welche Möglichkeiten hat überhaupt noch das christliche Ritual, näherhin die Liturgie der Kirche, in der Welt von heute?

Diese Arbeit geht, so kann vorweg gesagt werden, von der Überzeugung aus, daß gerade angesichts des Marktes an Ritualen und Symbolen das Christentum mittels der Liturgie der Kirche einen einzigartigen und unverzichtbaren Beitrag für die Menschen von heute zu leisten vermag, daß das Christentum gerade aufgrund der vieltausendjährigen Tradition im Umgang mit dem Ritual Erfahrungen mit dem Menschen gesammelt hat, die einen hohen Wert auch im Markt der Möglichkeiten haben. Wie dieser Beitrag der Liturgie der Kirche näher zu bestimmen ist, warum der Gottesdienst gerade in seiner vermeintlichen Fremdheit so viele Chancen bietet, zur Klärung dieser Fragen wird der Leser, die Leserin nun auf eine weite Reise mitgenommen.

1. Kapitel
Die Fragestellung und Methode der Untersuchung

1.1. Die Fragestellung und ihre liturgiewissenschaftliche Verortung

Der Gottesdienst der Kirche erfuhr in den letzten Jahrzehnten vielfältige Veränderungen. Die Liturgiereform, die im Gefolge des II. Vatikanischen Konzil durchgeführt wurde, war zunächst eine Weiterführung anderer Liturgiereformen des 20. Jahrhunderts. Zu nennen sind hier etwa die Veränderungen unter Pius X., die die Stundenliturgie des Klerus und die Kommunionfrömmigkeit des gläubigen Volkes betrafen, das nun wieder regelmäßig am eucharistischen Mahl der Messe teilnehmen sollte. Schließlich regelte Pius XII. die Heilige Woche neu und erreichte etwa durch die Rückverlegung der Osternachtsfeier vom Karsamstagmorgen in die Osternacht, daß die bedeutendste liturgische Feier des Kirchenjahres nun wieder einen festen Platz im Leben der Gemeinde erhielt[1]. In einem Punkt aber ist die Liturgiereform im Gefolge des 2. Vatikanischen Konzils „in der Kirchengeschichte bisher ohne Vergleich". Denn das Konzil wünschte „eine grundlegende und umfassende Änderung" des Gottesdienstes[2]. Dieses Ziel führte zu einem Paradigmenwechsel in der Liturgie. Angelus Albert Häussling hat darauf aufmerksam gemacht, daß das „so bescheiden daherkommende Wort von der ‚tätigen, vollen und bewußten Teilnahme' (...) einen unerwarteten Hintergrund" freilegt: der „tiefgreifende Paradigmenwechsel der Neuzeit" als „Wende im neuzeitlichen Bewußtsein vom Bereich des Göttlichen weg zum Lebensraum des Menschen hin", das, was die Theologie als „anthropologische Wende" eingeholt habe, wird nun von der Liturgiereform aufgegriffen[3]. Der Mensch selbst und seine Lebenswelt prägen durch das Postulat der „vollen, bewußten und tätigen Teilnahme an den liturgischen Feiern" (SC 14) auf neue Weise die Bedingungen des Gottesdienstes, der Mensch wird selbst, nämlich als Gott Feiernder, „Gegenstand" der Liturgie[4].

Damit aber beginnen viele Fragen: War die Liturgiereform vielleicht Antwort auf eine Krise der katholischen Kirche angesichts des Paradigmenwechsels der Neuzeit, damit aber zugleich auch Eingeständnis dieser Krise[5]? Hat, wie es traditionalistische Kreise behaupten, nicht die Liturgiereform allererst die Krise heraufgeführt oder sie zumindest vergrößert[6]? Mit solchen und ähnlichen Fragen nach der Liturgie und ihrer Reform geht es weniger um Fragen zur Ausgestaltung einzelner Riten als vielmehr

---

[1] Vgl. HÄUSSLING, Liturgiereform. Materialien, S. 12-19, S. 38-45.

[2] HÄUSSLING, Paradigmenwechsel, S. 46.

[3] HÄUSSLING, Liturgiereform. Materialien, S. 41.

[4] Vgl. HÄUSSLING, Liturgiereform. Materialien, S. 41-43. Vgl. auch Häussling, Liturgie und Leben, S. 135-136. Mit „Gegenstand der Liturgie" ist hier nicht gemeint, der Mensch feiere sich selbst und nicht mehr Gott. Vielmehr ist die Grundhaltung des Menschen gemeint, seine (gesellschaftlich geprägte) Lebenswirklichkeit vor Gott in der Liturgie zur Sprache zu bringen und in den Glaubenshorizont einzufügen, oder, wie im Laufe dieser Arbeit entwickelt werden wird, sein Leben zu symbolisieren. Vgl. zum ganzen auch Kapitel 4.3.

[5] Vgl. dazu LURZ, Krise.

[6] Vgl. einen Überblick über diese Fragestellung bei ANGENENDT, Liturgik, S. 180-186 u.ö..

grundsätzlich um das Gesamt des Rituals. Es geht um die Frage, die in den sechziger Jahren Romano Guardini auf den Punkt brachte, als er die Liturgiefähigkeit des heutigen Menschen problematisierte[7].

> „Ist vielleicht der liturgische Akt, und mit ihm überhaupt das, was „Liturgie" heißt, so sehr historisch gebunden – antik, oder mittelalterlich, oder barock – daß man sie der Ehrlichkeit wegen ganz aufgeben müßte? Sollte man sich nicht zu der Einsicht durchringen, der Mensch des industriellen Zeitalters, der Technik und der durch sie bedingten soziologischen Strukturen sei zum liturgischen Akt einfach nicht mehr fähig? Und sollte man, statt von Erneuerung zu reden, nicht lieber überlegen, in welcher Weise die heiligen Geheimnisse zu feiern seien, damit dieser heutige Mensch mit seiner Wahrheit in ihnen stehen könne?"[8].

Augenscheinlich reicht es Guardini nicht mehr, Überkommenes einfach weiterzuführen, eventuell katechetisch zu erklären. Seine Anfrage zielt ins Zentrum, sie befragt die anthropologischen Bedingungen gottesdienstlichen Tuns, indem sie den heutigen Menschen „mit seiner Wahrheit" einbezieht[9]. Der Glaube und seine Feier muß also, so Guardini, einen Sitz in der Erfahrungswirklichkeit des feiernden Menschen haben. Kommt der Mensch mit seiner Realität, seiner Wahrheit nicht mehr vor, wird der Glaube hohl, seine Feier sinnlos. Hier gilt das Diktum von Karl Rahner,

> „der Fromme von morgen wird ein ‚Mystiker' sein, einer, der etwas ‚erfahren' hat, oder er wird nicht mehr sein, weil die Frömmigkeit von morgen nicht mehr durch die im voraus zu einer personalen Erfahrung und Entscheidung einstimmige, selbstverständliche öffentliche Überzeugung und religiöse Sitte aller mitgetragen wird, die bisher übliche religiöse Erziehung also nur noch eine sehr sekundäre Dressur für das religiös Institutionelle sein kann"[10].

Die Frage nach der Liturgie und ihrer Form wird damit zur Frage nach der Wahrhaftigkeit des Glaubens selbst. Wie aber ist der postulierte Erfahrungsbezug des Menschen einzuholen? Und: Läßt er sich wirklich nicht mehr mit der Tradition gottesdienstlichen Tuns vermitteln, wie Guardini anfragte?

Andere ebenso grundsätzliche Bedenken gesellen sich hinzu. „Wie man nach Auschwitz Gott loben soll, der alles so herrlich regieret, das weiß ich nicht", so lautete in den siebziger Jahren die Kritik von Dorothee Sölle an einer bruchlosen Kontinuität des Glaubens und auch des liturgischen Tuns, so als seien die großen humanitären Katastrophen des 20. Jahrhunderts nicht geschehen[11]. Auch diese Anfrage ist anthropologisch ausgerichtet, begründet in den bitteren Erfahrungen des 20. Jahrhunderts, für die der Name Auschwitz ein Synonym geworden ist. Damit werden über-

---

[7] Zur „Liturgiefähigkeit" bei Guardini vgl. HÄUSSLING, Liturgiereform und Liturgiefähigkeit S. 18-21; GERHARDS, Romano Guardini, bes. S. 141-143. Vgl. zum ganzen auch RICHTER, Liturgie.

[8] Vgl. GUARDINI, Kultakt S. 106.

[9] Zur Rolle Guardinis für die Mysterientheologie Casels, die in Kapitel 2.4. dargestellt wird, vgl. SCHILSON, Theologie als Sakramententheologie, S. 81-91.

[10] RAHNER, Frömmigkeit, S. 22-23.

[11] SÖLLE, Kirche, S. 94. Vgl. zu dieser Fragestellung auch METZ, Theodizee, S. 81 u.ö. Die Problematik von Kunst nach Auschwitz wird, wenn ich recht sehe, zuerst aufgezeigt bei ADORNO, Prismen, S. 26: „...nach Auschwitz ein Gedicht zu schreiben, ist barbarisch...". In Kapitel 3.3. wird diese Problematik wieder aufgegriffen.

kommene Frömmigkeitsformen, vielleicht die Feier der Liturgie selbst, deutlich in Frage gestellt, und zwar genau dann, wenn sie den Menschen und seine Erfahrungen, die auch immer Erfahrungen von Leid sind, ausblenden[12].

Das II. Vatikanische Konzil hat sich nun eindeutig als Pastoralkonzil definiert. Das impliziert, das Verhältnis von Kirche und Welt zu reflektieren. „Freude und Hoffnung, Trauer und Angst der Menschen von heute" zu teilen, ist nach Aussage des Konzils Aufgabe der Kirche[13]. Hier findet das seinen pastoral-programmatischen Ausdruck, was als „anthropologische Wende" der Theologie im 20. Jahrhundert vorbereitet, erdacht und durchgeführt wurde[14]. Es geht hierbei um nichts Geringeres als den Versuch, nach der abendländischen Aufklärung, den gesellschaftlichen Veränderungen wie den humanitären Katastrophen des 20. Jahrhunderts die Zeitgenossenschaft mit den Menschen zu wahren und ihre Lebenswirklichkeit in Kirche, Glaube und Theologie einzuholen[15]. Denn geistesgeschichtlich betrachtet konnte theologisches Denken „nicht mehr auf einer allgemeinen Ontologie aufbauen; es mußte den tradierten Glauben von der Selbsterfahrung und dem Selbstverständnis des Menschen her neu durchdenken", so urteilt Georg Langemeyer[16].

Ein solches Unterfangen läßt die Liturgie nicht unberührt. Im Bereich der Liturgie äußerte sich dies, wie schon angedeutet, im durch die Communio-Theologie des jüngsten Konzils vorbereiteten Paradigmenwechsel: Der Mensch ist nicht nur Empfangender, gottesdienstlicher Rezipient jenseitiger Gnade, sondern selbst, mit seinen Erfahrungen, Gott Lobender, liturgisch Handelnder[17]. Polarisierungen in der ersten Euphorie des „modernen" Gottesdienstes der siebziger Jahre, etwa eine einseitig pointierte aktuelle politische Dimension, dürften inzwischen überwunden sein[18]. Mehr noch: Inzwischen ist auch die Moderne, deren Mittelpunkt der Mensch ist, selbst schon an ihre Grenzen gestoßen. New Age und andere Bewegungen verweisen nun die nordatlantische Gesellschaft und mit ihr das Christentum an den Grenzen der Moderne auf ein deutliches Defizit: den Verlust an Transzendenz[19]. Gerade Kritiker von außerhalb der Kirche werfen der Liturgiereform vor, sie habe hierzu beigetragen. Damit tun sich wieder neue Fragen auf: Bedeutet die Sehnsucht des (postmodernen) Menschen nach Transzendenzerfahrungen nicht vielleicht einen Rückfall in vergangene Weltbilder, eine Flucht vor der Realität? Wie kann man, im Gespräch mit

---

[12] Vgl. hierzu auch Kapitel 4.1.1. mit dem Diktum der „negativen Kontrasterfahrung" bei Schillebeeckx.

[13] Gaudium et spes Nr. 1.

[14] Vgl. zur anthropologischen Wende etwa SCHILLEBEECKX, Wende. Vgl. auch SALMANN, Logos, bes. S. 17-77 als Charakterisierung traditioneller Theologie. Vgl. auch ANGENENDT, Liturgik, S. 104-105, der zu Recht darauf hinweist, daß die anthropologische Wende für die Liturgiewissenschaft hauptsächlich in die „Pastoralliturgik" abgedrängt worden sei.

[15] Vgl. hierzu HÄUSSLING, Odo Casel, S. 361-362.

[16] LANGEMEYER, Anthropozentrik, Sp. 741-742.

[17] Vgl. dazu ODENTHAL, Liturgiereform und Ritual S. 163. Zum Ansatz von der Communio-Theologie her und dem Paradigma der Versammlung vgl. HAHNE, Gottes Volksversammlung, vor allem S. 103-170.

[18] Dies ist für den evangelischen Raum dokumentiert etwa bei SPIEGEL, Erinnern.

[19] Vgl. zu alledem die religions- und christentumsproduktiven Tendenzen der Postmoderne, beschrieben bei GABRIEL, Christentum, S. 157-163.

der Moderne[20], in „nachmetaphysischer Zeit“, sinnvoll von Transzendenz reden? Wo und wie ist Transzendenz erfahrbar? Grundsätzlicher: Ist eine Erfahrung von Transzendenz in jedem Falle schon eine Begegnung mit dem Gott Jesu Christi? Und was bedeutet diese Frage für den Gottesdienst, der doch eine sakramentale Begegnung mit Jesus Christus vermitteln will? Schließlich: Was bedeutet dies alles für die Liturgiewissenschaft?
Mit diesen Fragen ist der weite Horizont aufgetan, in dem sich die vorliegende Untersuchung bewegt. Sie kann sich jedoch nicht anmaßen, alle diese Fragen auch nur annähernd zu beantworten. Ihr Ziel ist bescheidener. Es geht um die Frage, ob nicht gerade im Dialog der Theologie mit den Humanwissenschaften über das Ritual eine Chance liegt, die Lebenswirklichkeit des Menschen einzuholen und mit den traditionellen Formen des Glaubens und seiner Feier zu vermitteln. Die interesseleitende Frage lautete dann: Wie kann eine Theorie des Gottesdienstes, allgemeiner: des Rituals, aussehen, die sich den skizzierten Bedingungen und gesellschaftlichen Veränderungen stellt, eine Theorie, die als theologische Theorie den Dialog mit den Humanwissenschaften, näherhin der Psychoanalyse, und den hier gewonnenen anthropologischen Erkenntnissen führt? Das schließt philosophische, theologische und wissenschaftstheoretische Grundoptionen ein oder setzt sie voraus.

1.2. Der Gedankengang der Untersuchung

Ziel der Untersuchung ist eine praktisch-theologische Theorie des Gottesdienstes der Kirche als Symbolgeschehen, die im Dialog mit der Psychoanalyse die Liturgie als Ritual versteht, beschreibt und auf Konsequenzen hin auslegt. Dieses Ziel wird im IV. Abschnitt in der zentralen These dieser Arbeit dargelegt (Kapitel 7) und praktisch-theologisch ausgefaltet (Kapitel 8). Bis zu diesem Abschnitt ist jedoch eine lange Wegstrecke zurückzulegen. Denn die zentrale These der Liturgie als Ritual wird interdisziplinär entworfen. Sie entsteht im Rahmen eines Dialogs von Theologie und Psychoanalyse, der im III. Abschnitt entwickelt wird. Hier geht es erstens um eine theologische Positionierung, die den Erfahrungsbegriff ebenso klärt wie die Rede von der Transzendenz Gottes (4. Kapitel). Zweitens geht es um eine psychoanalytische Positionierung in Bezug auf eine Theorie des Symbolischen (5. Kapitel), die dann - drittens - zu einer Theologie der symbolischen Erfahrung führt (6. Kapitel). Somit entsteht ein praktisch-theologischer symboltheoretischer Ansatz im Dialog mit der Psychoanalyse[21]. Das 9. Kapitel verortet die Untersuchung im Rahmen der Liturgiewissenschaft und bedenkt einige Konsequenzen. Das 1. Kapitel klärt wissenschaftstheoretische Voraussetzungen und eröffnet den Fragehorizont durch einen Rückgriff

---

[20] Vgl. zum Problem des Einlassens auf die Moderne vgl. GABRIEL, Lebenswelten.
[21] Damit wird in dieser Untersuchung nicht ein handlungstheoretischer Ansatz der Praktischen Theologie grundgelegt, sondern ein (diesen umfassenden) symboltheoretischer Ansatz. Zu Bedeutung und Problematik des handlungstheoretischen Ansatzes in der Praktischen Theologie vgl. etwa HASLINGER, Die wissenschaftstheoretische Frage, S. 105-115.

auf die Tradition der Liturgie und ihrer Paradigmen und durch eine Einholung einzelner Aspekte der Bedingungen neuzeitlichen Welterlebens.

Die Gedankenschritte noch einmal im Einzelnen anhand des Aufbaus dieser Arbeit: Die Untersuchung beginnt mit einer Diskussion der wissenschaftstheoretischen Rahmenbedingungen des interdisziplinären Dialogs von Theologie und Psychoanalyse im *I. Abschnitt: Prolegomena. Wissenschaftstheoretische Klärungen* (Kapitel 1). Am Gespräch, so sei vorweg gesagt, werden im Lauf der Arbeit verschiedene Partner beteiligt: intradisziplinär bedient sich die Liturgiewissenschaft als praktisch-theologische wie als historische Disziplin fundamentaltheologischer und dogmatischer Positionen, interdisziplinär werden verschiedene psychoanalytische Theorien wie auch Positionen psychoanalytischer Pastoralpsychologie ins Gespräch eingebracht. Das Auswahlkriterium der unterschiedlichen Positionen bildet – zunächst im weitesten Sinne – eine Theorie des Symbolischen, die als Konvergenzpunkt der am Gespräch beteiligten Disziplinen vorgeschlagen wird. Sie im Gespräch zu entwickeln und auf die Liturgie als Ritual anzuwenden ist Ziel dieser Arbeit. Dies bedarf gründlicher Erläuterungen und Abgrenzungen. Das Zueinander von Symbol und Ritual etwa wird durch eine vorläufige Definition des Rituals als Symbolgeschehen im Blick auf soziologische Forschungen entworfen. Das 1. Kapitel enthält zudem einen Forschungsüberblick über bereits geleistete Verbindungen von tiefenpsychologischen und liturgiewissenschaftlichen Überlegungen.

Es folgt der *II. Abschnitt: Gottesdienst. Bedingungen zwischen traditionellen Vorgaben und neuzeitlichen Herausforderungen*. Damit beginnen Überlegungen, die ihren Ausgangspunkt im traditionellen Verständnis des Gottesdienstes mit dem Paradigma der „Himmlischen Liturgie" nehmen (2. Kapitel). Diese hier nur angerissene Sicht kommt vor allem in Aspekten ihrer früh- und hochmittelalterlichen Prägung zum Zuge. Sie wird sodann anhand der Liturgiekonstitution des II. Vatikanischen Konzils sowie einer Interpretation des Hebräerbriefes in gebotener Kürze problematisiert. Ein solch weiter Bogenschlag ist insofern vonnöten, als so die traditionelle Sicht eingeholt wird. Auch die nachkonziliar erneuerte Liturgie ist über weite Strecken zumindest in ihrem Textbestand und Ritus weitestgehend mittelalterlich geprägt, auch wenn ihr ein anderes Paradigma zugrunde liegt.

Sodann wird versucht, durchaus ebenso an ausgewählten Beispielen wie im 2. Kapitel, einige Aspekte neuzeitlichen Weltempfindens einzuholen, die die Problematik des mittelalterlich geprägten Paradigmas liturgischen Tuns für den Menschen von heute deutlich machen (Kapitel 3). Mit diesen beiden Kapiteln sind die beiden Pole des Spannungsbogens der Untersuchung eingefangen: Die zu entwerfende Theorie des Symbolischen möchte hier ausdrücklich vermitteln und die Bedeutung der rituellen Tradition der Kirche für den Menschen von heute aufzeigen.

Der *III. Abschnitt: Mensch und Symbol. Theologische und psychoanalytische Positionierung* klärt die Positionen der beiden am Gespräch beteiligten Disziplinen. Es geschieht eine theologische Verortung im Werk von Edward Schillebeeckx und in Gedanken von Josef Wohlmuth und seiner Schule (Kapitel 4). Die Begriffe

„Erfahrung“ und „Transzendenz“ werden hier näher beleuchtet und immer auf ihre Valenz für einen Symbol- und Ritualbegriff hin ausgeleuchtet.

Der theologischen Positionierung wird die psychoanalytische an die Seite gestellt. Hier geht es darum, anthropologische Bedingungen des symbolischen Tuns des Menschen im Blick auf die Tiefendimension der Psyche festzuhalten. Die Überlegungen beginnen zunächst bei Sigmund Freud, vor allem im Hinblick auf seine kulturtheoretischen Schriften (Kapitel 5). Zugleich verdienen neuere Ansätze der Psychoanalyse, so Ansätze der Objektbeziehungspsychologie (Alfred Lorenzer und Donald Winnicott) und der Selbstpsychologie (Heinz Kohut) Beachtung. All dies dient der humanwissenschaftlichen Begründung des Erfahrungsbegriffes sowie einer Klärung der Bedeutung des Symbolischen für die Psyche des Menschen, wobei als psychoanalytisches Proprium die Dimension des Unbewußten eingeführt wird.

Es folgen Vermittlungen psychoanalytischen Gedankengutes in die Praktische Theologie, vertreten durch die Ansätze psychoanalytischer Pastoralpsychologie von Dieter Funke und Heribert Wahl. Sie dienen dazu, Begriff und Sache des Symbolischen zu beleuchten und führen, gemessen an der theologischen Verortung bei Schillebeeckx, nun zu einer „Theologie der symbolischen Erfahrung“ (Kapitel 6). Die bis dahin nur vorläufig definierten Begriffe „Symbol“ und „Ritual“ gewinnen hier neue Klarheit in ihrer Bedeutung für das Seelenleben des Menschen.

Im *IV. Abschnitt: Liturgie als Ritual. Praktische-theologische Ausfaltungen* fließen die im Dialog von Theologie und Psychoanalyse gewonnenen Theorieelemente nun in die zentrale praktisch-theologische These der Untersuchung ein, nämlich in die Definition der Liturgie als Ritual (Kapitel 7).

Diese These wird ihrerseits praktisch-theologisch, das heißt weiter auch interdisziplinär mit den bereits genannten Gesprächspartnern[22], entfaltet, indem die gewonnenen Erkenntnisse auf das der Untersuchung zugrunde liegende Praxisfeld, die Liturgie der Kirche, an einzelnen Beispielen ausbuchstabiert werden. Dieses Praxisfeld wird jeweils durch in den Gedankengang der Untersuchung eingestreute sogenannte Fallvignetten eingeholt. Sie möchten das theoretisch Erarbeitete an konkreten Werkstücken der liturgischen Praxis erden, was vor allem im Hinblick auf die Rede vom Opfer geschieht (Kapitel 8).

Schließlich wird im *V. Abschnitt: Ausblick. Liturgie und ihre Wissenschaft* der Gedankengang zusammengefaßt und in seinen Grenzen und Möglichkeiten beleuchtet, vor allem auch sein möglicher Platz im Kontext der Liturgiewissenschaft beschrieben (Kapitel 9).

1.3. Zur Methode der Untersuchung: Der inter- und intradisziplinäre Dialog von Theologie und Psychoanalyse im Rahmen der Praktischen Theologie

Karl Rahner hat als einer der markantesten Vertreter der anthropologischen Wende das „Praktische" der Theologie folgendermaßen beschrieben:

> „Durch ihren Bezug auf den Glauben selbst (als total menschlichen Vollzug in Freiheit) ist die Glaubenswissenschaft eine „praktische" Wissenschaft. Nicht als bloß zweitklassige Wissenschaft neben und unter einer „spekulativen" Wissenschaft der „theoretischen Vernunft", sondern in dem Sinn, daß das eine Ganze der Erkenntnis mit „praktisch" besser bezeichnet wird, und vor allem, daß T. (=Theologie, Verf.) auf den Vollzug der Hoffnung und der Liebe ausgerichtet ist, in denen ein Moment von Erkenntnis gegeben ist, daß außerhalb ihrer gar nicht möglich ist"[23].

Damit wird die theologische Erkenntnis in den Glaubensvollzug eingebettet und auf ihn bezogen. Praktische Theologie wird als Reflexion des Selbstvollzugs der Kirche gewertet[24]. Sie ist nicht mehr nur eine Disziplin unter allen anderen, sondern eine Grunddimension sämtlicher Theologie. Wiederum Karl Rahner:

> „Die *zweite*, noch allgemeine Forderung (der Praktischen Theologie an die anderen theologischen Fächer, Verf.) besteht darin, daß *die übrigen theologischen Disziplinen das Moment von praktischer Theologie, das in ihnen selbst ist und sein muß, erkennen und wirklich wahren*. Die ganze Theologie ist in allen Disziplinen eine kirchliche Wissenschaft, gerade wenn und weil sie auch der Kirche gegenüber eine kritische Funktion ausübt, da ja diese dem Glauben der Kirche als solcher immanent ist. Das bedeutet aber auch, daß alle theologischen Disziplinen dem Selbstvollzug der Kirche zu dienen haben, also ein Moment der praktischen Theologie in sich selbst tragen"[25].

Das Rahnersche Diktum von der „Ursprünglichkeit" der Praktischen Theologie gehört in diesen Kontext[26]. Gleichzeitig damit ist auch der Vorbehalt ausgeräumt, als könne die Praktische Theologie auf die anderen theologischen Disziplinen, also auch auf eine dogmatische Position, verzichten. Mit der Praxisdimension rücken zugleich die Humanwissenschaften ins Blickfeld der Theologie. Rahner hat auch den interdisziplinären Dialog wissenschaftstheoretisch angedacht, bleibt allerdings zunächst zurückhaltend, wenn er 1967 von den anderen Disziplinen als Hilfswissenschaften spricht[27]. Zwei Jahre später, 1969, setzt er jedoch schon andere Akzente:

> „Diese Wissenschaften (d.s. die anthropologischen, Verf.) sind (wenigstens heute) unmittelbare Dialogpartner der T. (= Theologie, Verf.) und müssen von ihr als solche angenommen werden. Es handelt sich bei diesem Dialog nicht bloß um die Versöhnung theologischer Aussagen mit Ergebnissen der modernen Wissenschaften, sondern vor allem um die Konfrontation der T. mit der „Mentalität" der heutigen (vor

---

[22] Das heißt, daß ein Gespräch mit den neueren Ritual-Studien hier nicht geführt wird. Siehe dazu unten Kapiten 1.3.3..

[23] RAHNER, Art. Theologie, hier Sp. 864.

[24] Vgl. RAHNER, Grundlegung, bes. S. 122-123.

[25] RAHNER, Die praktische Theologie, hier S. 140.

[26] RAHNER, Die praktische Theologie, S. 139. Vgl. zum ganzen den hervorragenden Überblick bei SCHRÖER, Praktische Theologie.

[27] Vgl. RAHNER, Die praktische Theologie, S. 137.

allem naturwissenschaftlich exakten) Wissenschaften (...), eine Aufgabe, die noch längst nicht genügend bewältigt ist“[28]

Der sogenannte interdisziplinäre Dialog der Theologie mit anderen Wissenschaften, hier vornehmlich den Humanwissenschaften, ist in der Folgezeit im Rahmen praktisch-theologischer Theoriebildung wissenschaftstheoretisch neben vielen anderen durch Norbert Mette und Hermann Steinkamp weiter ausgefeilt worden[29]. Interdisziplinär meint eine Form der Kooperation der Wissenschaften, die sich von der *Intra*disziplinarität absetzt. *Intra*disziplinär heißt, Methoden, Ergebnisse anderer Wissenschaften oder Teildisziplinen der eigenen Wissenschaft zu übernehmen („intra“), oder mit anderen Worten: Ergebnisse anderer Disziplinen *anzuwenden*. Dies kann die Theologie in Bezug auf andere Wissenschaften tun, vor allem können dies die einzelnen theologischen Disziplinen untereinander tun. Die vorliegende Untersuchung wird als liturgiewissenschaftliche Studie *intra*disziplinär im Bezug auf andere Disziplinen der Theologie arbeiten und Positionen und Ergebnisse etwa der Dogmatik und der Pastoralpsychologie verwenden und anwenden, nicht jedoch Ergebnisse der Psychoanalyse – dies geschieht *inter*disziplinär[30].

Wenn die Theologie, wie es diese Untersuchung tut, *inter*disziplinär den Dialog mit den Humanwissenschaften, in diesem Fall der Psychoanalyse, führt, heißt dies, daß die Theologie

> „ihre hergebrachten Voraussetzungen im Gespräch mit anderen Wissenschaften befragen läßt und überdenkt sowie umgekehrt – um des Wohls und Heils der Menschen willen –, die von ihr aufbewahrten unabgegoltenen, kritisch und frei machenden Erinnerungen in den wissenschaftlichen Diskurs einzubringen versucht“[31].

Hier bleiben die am Gespräch beteiligten Disziplinen in ihrer Eigenständigkeit bestehen und suchen ein partnerschaftliches Gespräch mit einem gemeinsamen Fokus.

Das Gesagte sei nochmals aus dem Blickwinkel der Theologie verdeutlicht. In der theologischen Tradition sind drei Modelle eines Dialogs mit anderen Disziplinen gebräuchlich, das Ancilla-Modell, das Modell der Fremdprophetie und das Modell der konvergierenden Optionen. Das *Ancilla-Modell* verwendet, wie der Name sagt, die außertheologische Disziplin als „Magd“, als Hilfswissenschaft[32]. Sie liefert Ergeb-

---

[28] RAHNER, Art. Theologie, Sp. 869.

[29] Vgl. METTE, Art. Interdisziplinarität. Zur Typologie vgl. auch VAN DER VEN, Praktische Theologie. Vgl. auch PEUKERT, Wissenschaftstheorie, der hier nicht unerwähnt bleiben soll. Sein Fokus auf der Handlungstheorie und ihrer theologischen Rezeption führt in eine andere Richtung als diese Untersuchung, die sich gerade nicht handlungstheoretisch, sondern symboltheoretisch verortet. Vgl. auch die Überlegungen bei WITTRAHM, Seelsorge, S. 221-227.

[30] Die *intra*disziplinäre Anwendung von Ergebnissen anderer Wissenschaften sei hier nochmals problematisiert. Meines Erachtens bedarf eine solche Anwendung nochmals einer methodologischen Reflexion, die unweigerlich zum *inter*disziplinären Dialog wird. Daß dies ein wissenschaftstheoretisch noch weiter zu bedenkendes Problem ist, zeigt WITTRAHM, Seelsorge, S. 221-223.

[31] METTE, Art. Interdisziplinarität, S. 557-558 (Abkürzungen hier ausgeschrieben).

[32] Traditionell gilt die Verwendung der Philosophie für die Theologie als ein solches Ancilla-Modell. Nun hat WITTRAHM, Seelsorge, S. 126-129, im Anschluß an Seckler darauf aufmerksam gemacht, daß in Bezug auf das Verhältnis von Philosophie und Theologie gerade nicht das Ancilla-Modell, sondern

nisse, die die Theologie aufgrund ihrer eigenen wissenschaftlichen Methoden oder Forschungsobjekte nicht erzielen kann. Sache der Theologie ist es dann, diese Ergebnisse in der eigenen Wissenschaft anzuwenden. Dieses Modell ist grundlegend und aufgrund der methodischen Grenzen jeglicher Wissenschaften unverzichtbar, denn keine Disziplin vermag alle Erkenntnisse alleine zu liefern. Geht es jedoch um die *Anwendung* der so gewonnenen Erkenntnisse, ist das Ancilla-Modell nicht ausreichend, da jede Anwendung einer neuen methodischen Reflexion bedarf, die meines Erachtens notwendig zum Modell der konvergierenden Optionen führt[33].

Das Modell der *Fremdprophetie* erkennt der anderen Wissenschaft einen höheren Rang zu als den der „ancilla". Die andere Disziplin liefert Ergebnisse, die die Theologie als Prophetie zu qualifizieren vermag. Dies ist etwa dann der Fall, wenn die Disziplin Positionen benennt, die der eigenen theologischen Tradition entstammen, die aber von der Theologie selbst im Laufe der Geschichte aufgegeben worden sind, oder wenn Positionen benannt werden, die bisher nicht im Blick der Theologie waren, sich aber notwendig aus theologischen Optionen ergeben[34]. Dadurch werden Theologie und Kirche provoziert,

> „ihre schuldhafte Verblendung allem Neuen gegenüber aufgrund ihrer unkritischen Identifikation mit dem Alten aufzubrechen und sich dorthin zu bekehren, wohin ihre eigene Sache inzwischen ausgewandert und zum Teil gegen sie aufgestanden sei"[35].

Die Ergebnisse kommen dann ebenfalls im Bereich der Theologie zur Anwendung. In diesem Sinne wird auch die vorliegende Untersuchung Ergebnisse der Psychoanalyse zunächst als Fremdprophetie werten, sie dann aber gemäß des Modells der konvergierenden Optionen in einen Dialog mit der Theologie bringen[36].

Das *Modell der konvergierenden Optionen* versucht, beide Disziplinen in ihrer Eigenständigkeit als gleichberechtigte Gesprächspartner zu erhalten, und dieses Gespräch unter gemeinsam geteilten Optionen zu führen. Das Gespräch bleibt hierbei offen, ein letzter Konsens fehlt[37]. Dies wird im nächsten Abschnitt näher erläutert.

---

am ehesten das der „konvergierenden Optionen" zutrifft: Beide sind an einer verantworteten Gottrede interessiert (ebd. 126, Anm. 83).

[33] Ganz in diesem Sinne schließt WAHL, Glaube, S. 72, vor allem Anm. 31, für eine psychoanalytisch fundierte praktisch-theologische Symboltheorie das Ancilla-Modell und das der Fremdprophetie dezidiert aus und favorisiert das Modell der Konvergierenden Optionen. Von hierher ist es für die Liturgiewissenschaft problematisch, wenn das Ancilla-Modell die einzige Form des Dialoges mit den Humanwissenschaften darstellt, wie dies bei MESSNER, Was ist systematische Liturgiewissenschaft, der Fall ist. Siehe dazu unten.

[34] Vgl. METTE, Art. Fremdprophetie.

[35] METTE, Art. Fremdprophetie, Sp. 128 (Abkürzungen hier ausgeschrieben).

[36] So legt etwa SCHARFENBERG, Religion, S. 77-135, fremdprophetische Elemente im Werk Freuds frei, um dann aber, auf einer neuen Reflexionsebene, Themen von Theologie und Psychoanalyse zu benennen, in denen ihr Interesse korreliert (ebd. S. 136-228).

[37] Vgl. auch die theologische Position bei SALMANN, Logos. Das Gespräch zwischen Theologie und neuzeitlichem Denken bleibt hier offen: „Anfangs hatte ich an eine Logik der Überwindung des Neuen seitens christlicher Denkform gedacht. Aber war es nicht auf Dauer langweilig, die Theologie immer siegen zu lassen, als ob sie alles schon immer wüßte, den Schlüssel zu jeglichem besäße? Und war es nicht geschmacklos, ja sündigte solche Siegerlogik nicht gegen den Eigensinn einer Religion des Kreuzes und der unfaßbaren Erstehung, zumal sie, wie absolut, dogmatisch, ghettohaft sie sich auch immer gebärden mag, in Europa heute auf verlorenem Posten steht?" (Ebd. S. 9).

Die folgenden Überlegungen werden aus dem Horizont einer liturgiewissenschaftlichen Fragestellung angestellt. Sie gehen von der Liturgiewissenschaft als einer Disziplin der Praktischen Theologie aus. Damit bedarf sie des interdisziplinären wie auch des intradisziplinären Dialogs. Er wird hier exemplarisch zwischen Theologie und Psychoanalyse (interdisziplinär), sodann auch zwischen Liturgiewissenschaft einerseits und Pastoralpsychologie sowie Dogmatik und Fundamentaltheologie andererseits (intradisziplinär) geführt, indem Theorieelemente einer anderen theologischen Disziplin in die eigene übernommen werden. Der interdisziplinäre Dialog, der Dialog zweier von einander unabhängiger Disziplinen über ein gemeinsames Forschungsprojekt, beläßt beide Partner in ihrer Eigenständigkeit und geht über das Modell der Anwendung heraus[38]. Hierfür hat die Praktische Theologie das Modell der konvergierenden Optionen zur Verfügung gestellt, die Psychoanalyse das Modell der Kulturpsychoanalyse. Beide werden nun vorgestellt.

1.3.1. Das Modell der konvergierenden Optionen

Hermann Steinkamp hat für den interdisziplinären Dialog zwischen Theologie und Psychoanalyse das Modell der konvergierenden Optionen beschrieben[39]. Hier geht es nicht mehr um die Übernahme von Erkenntnissen oder Theorieelementen der jeweils anderen Disziplin. Vielmehr schauen beide am Gespräch beteiligten Disziplinen von ihren jeweils eigenen Blickwinkeln auf ein gemeinsames Objekt. Seine Erforschung geschieht nun unter besonderen Optionen, also durchaus interessegeleitet. Damit ein interdisziplinäres Gespräch gelingt, müssen sich beide Disziplinen nun über diese Optionen verständigen und solche benennen, die die jeweils andere Disziplin weitestgehend teilen kann. Die Optionen münden allerdings nicht in einem Konsens, sondern konvergieren lediglich: Eine letzte Stelle in diesem Gespräch bleibt offen und kann nicht mehr vermittelt werden. Dies ist jedoch kein Defizit, sondern sichert gerade die Eigenständigkeit und Gleichberechtigung beider Disziplinen.

In der praktisch-theologischen Theoriebildung ist dieses Modell der konvergierenden Optionen bereits auf den Dialog von Theologie und Psychoanalyse angewandt worden. Als konvergierende Option beider Disziplinen hat Heribert Wahl die Subjektwerdung des Menschen, den Kampf gegen Unterdrückung und Abhängigkeit benannt[40]. Denn „symbolische Erfahrung und Praxis sind unmöglich, wo Zwang herrscht und Menschen in ihrer Entwicklung und Selbstwerdung unterdrückt werden“[41]. Jesu Botschaft und Praxis ist in diesem Sinne an der Menschwerdung und Befreiung des

[38] Vgl. METTE, Art. Interdisziplinarität. Vgl. auch FUCHS, Praktische Theologie, S. 133-138. Bemerkungen zur Interdisziplinarität auch bei SCHILLEBEECKX, Wiederentdeckung, S. 324-325.

[39] Vgl. hierzu METTE, STEINKAMP, Sozialwissenschaften, S. 170-172. Nochmals präzisiert bei STEINKAMP, Verhältnis, S. 382-384. Vgl. auch WAHL, Glaube, S. 72, Anm. 31. Vgl. auch WITTRAHM, Seelsorge, S. 129-134. Er macht (S. 131) darauf aufmerksam, daß Steinkamp „die Praxis als Maßstab zur Beurteilung der Angemessenheit psychologischer wie theologischer Theorie“ eingeführt habe.

[40] Vgl. dazu WAHL, Glaube, S. 83. In Kapitel 6.1.1. und 6.2.1. wird das Thema nochmals aufgegriffen und die wissenschaftstheoretischen Implikationen bei Dieter Funke und Heribert Wahl näher beleuchtet.

[41] WAHL, Glaube, S. 83.

Menschen aus Abhängigkeit und Unterdrückung interessiert (Erlösung). Psychoanalytische Bemühungen, etwa in ihrer heilkundlichen Anwendung[42], sind ebenso dem Ziel der Subjektwerdung des Menschen, auch gegen gesellschaftliche Zwänge und Abhängigkeiten, verpflichtet[43]. Somit kann als ein Konvergenzpunkt des interdisziplinären Gesprächs gemäß des Modells der konvergierenden Optionen die Befreiung des Menschen benannt werden. Diese Option führt dennoch nicht in einen letzten Konsens, da der Fokus beider Disziplinen jeweils in einem anderen Kontext bleibt. Befreiung würde theologisch der Begriff „Erlösung", psychoanalytisch der der „Subjektwerdung" zuzuordnen sein. Beide Begriffe entstammen anderen Kontexten. Dennoch haben Erlösung (als theologischer Begriff) und Subjektwerdung (als psychoanalytischer Begriff) miteinander zu tun, denn es geht um den einen Menschen und seine Existenz.

Dieser grundlegenden konvergierenden Option des interdisziplinären Dialogs von Theologie und Psychoanalyse ordne ich nun einen weiteren Konvergenzpunkt unter, der im Dienst dieser gemeinsamen Option steht[44]. Im Zusammenhang dieser Arbeit und ihrer Fragestellung benenne ich als Konvergenzpunkt Begriff und Sache des Symbolischen. In einer interdisziplinär entworfenen Theorie des Rituals, wie sie vorliegende Arbeit versuchen möchte, geht es um die Klärung dieses Konvergenzpunktes[45].

Bevor dies näher erläutert wird, ist jedoch noch ein Zwischenschritt nötig. Dem von der Praktischen Theologie bereitgestellten Modell der konvergierenden Optionen als Form des interdisziplinären Gesprächs korrespondiert auf seiten der Psychoanalyse das Modell der Kulturpsychoanalyse. Dieses Modell soll, bereits mit einigen Elementen Freudscher Theoriebildung angereichert, nun vorgestellt werden.

1.3.2. Kulturpsychoanalyse: Psychoanalyse als Wissenschaft

Der Brückenschlag zwischen der Psychoanalyse und Kulturwissenschaften wurde bereits von Freud selbst angedacht und durchgeführt[46]. Interdisziplinarität, auch

---

[42] Die Psychoanalyse hat ja vier Facetten, nämlich eine ätiologische Krankheitslehre, eine Theorie des Unbewußten, eine psychotherapeutische Behandlungsmethodik und eine kritische Kulturtheorie. Vgl. WAHL, Art. Psychoanalyse, Sp. 716. Zur Anwendung der Psychoanalyse als Forschungsmethode vgl. auch LORENZER, Tiefenhermeneutische Kulturanalyse.

[43] SCHILLEBEECKX, Die hermeneutische Theologie, S. 139-142, macht darauf aufmerksam, daß übrigens auch die Kritische Theorie auf einer ethischen Option beruht, „eine Option für Emanzipation und Freiheit" (ebd. S. 139). „Aufgrund humaner und christlicher Motive aber wird auch der Gläubige, und vor allem der Theologe, kritisch, aber aktiv seinen Platz in der emanzipativen Freiheitsgeschichte einnehmen" (ebd. S. 141-142).

[44] Vgl. hierzu auch die Konvergenzpunkte bei FUNKE, Der halbierte Gott, S. 182-188.

[45] DRECHSEL, Pastoralpsychologische Bibelarbeit, bes. 19f., beschreibt die Interdisziplinarität von Theologie und Psychoanalyse als ein „Paradox". Die Studie wendet übrigens, in ähnlicher Struktur wie Funke (s. Kapitel 6.1.), die Psychoanalyse von Winnicott auf die Bibelarbeit an. Vgl. zur wissenschaftstheoretischen Problematik auch FUNKE, Identität des Subjekts, S. 29-30.

[46] Zu diesen Versuchen zählen die kulturtheoretischen Schriften Freuds, die etwa Religion und Kunst zum Thema haben und sie als Ausdruck unbewußter Seelentätigkeit des Menschen deuten. Vgl. dazu auch DIERGARTEN, Kulturpsychoanalyse, S. 24-25.

zwischen Theologie und Psychoanalyse, ist bereits eine Forderung Freuds, und zwar im Zusammenhang seiner Schrift „Die Frage der Laienanalyse“[47]. Zum einen bedient sich hier Freud einer Definition der Psychoanalyse als „Weltliche Seelsorge“ oder „Seelsorge im besten Sinne“, stellt also die Nähe psychoanalytischer Technik zum seelsorglichen Handeln dar[48]. Zum anderen entwirft er das Projekt einer psychoanalytischen Hochschule, an der auch „Kulturgeschichte, Mythologie, Religionspsychologie und Literaturwissenschaft“ [49] gelehrt würden. So empfielt Freud, die Psychoanalyse auf kulturelle Phänomene anzuwenden:

> „Als ‚Tiefenpsychologie‘, Lehre vom seelisch Unbewußten, kann sie all den Wissenschaften unentbehrlich werden, die sich mit der Entstehungsgeschichte der menschlichen Kultur und ihrer großen Institutionen wie Kunst, Religion und Gesellschaftsordnung beschäftigen“[50].

Dabei ist Freud von einer Neugier getrieben, die „das paradoxe Ineinander von Verbergen und Enthüllen“ zu verstehen sucht[51].

Die Postulate Freuds wurden unter anderem von Alfred Lorenzer wieder aufgegriffen und zur „Kulturanalyse“ weiterentwickelt. Im Rahmen der Frankfurter Schule und ihrer Kulturkritik als Gesellschaftskritik verbindet Lorenzer in der Kulturanalyse soziologische und psychoanalytische Methodik und vermag so, eine Tiefenhermeneutik kultureller Objektivationen zu gewinnen (siehe auch Kapitel 5.2.)[52]. Lorenzer wendet sich in seiner Methodik gegen eine vorschnelle Anwendung der therapeutischen Psychoanalyse auf kulturelle Phänomene, eine Gefahr, die schon bei Freud gegeben war, sich aber nach Freud vermehrt anzeigte. Lorenzer bezieht vehement Stellung gegen die Gleichsetzung von Kulturanalyse und therapeutischer Vorgehensweise, „nicht um die Anwendung von Psychoanalyse auf kulturelle Phänomene einzuschränken, sondern vielmehr um sie voll zu entfalten“[53]. Damit macht Lorenzer auf eine wesentliche Problematik aufmerksam. Die Psychoanalyse hat ja vier Theorien bzw. Methoden zum Inhalt: eine ätiologische Krankheitslehre, eine Theorie des Unbewußten, eine psychotherapeutische Behandlungsmethodik und eine kritische Kulturtheorie[54]. Dieser Sachverhalt macht eine solide wissenschaftstheoretische Reflexion über die verwendeten psychoanalytischen Theorieelemente und die Art ihrer Anwendung vonnöten.

Friedrich Diergarten hat die notwendigen Methoden und Reflexionen bei einer Vermittlung von Psychoanalyse und Kulturwissenschaften bedacht und dieses

---

[47] FREUD, GW XIV, S. 207-296.

[48] FREUD, GW XIV, S. 293. Es sei nur am Rande auf die Problematik aufmerksam gemacht, die der Verwendung des Seelsorgebegriffes durch Freud anhaftet, denn er meint mit Sicherheit nicht die Form der Seelsorge, die die Kirche seit Jahrhunderten übt. Eine Publikation von Wolfgang Reuter zu diesem Thema ist in Vorbereitung.

[49] FREUD, GW XIV, S. 281.

[50] FREUD, GW XIV, S. 283.

[51] DIERGARTEN, Was ist Kulturpsychoanalyse, S. 3.

[52] Vgl. LORENZER, Tiefenhermeneutische Kulturanalyse.

[53] LORENZER, Tiefenhermeneutische Kulturanalyse, S. 19. Zu Lorenzer vgl. DIERGARTEN, Kulturpsychoanalyse, S. 85-86.

[54] Vgl. WAHL, Art. Psychoanalyse, Sp. 716.

Verfahren als „Kulturpsychoanalyse" benannt[55]. Die Kulturpsychoanalyse nimmt ihren theoretischen Ausgangspunkt beim Kulturbegriff Freuds, der in Kapitel 5.1.1. zur Darstellung gelangt. Hier sei im Hinblick auf die Kulturpsychoanalyse so viel gesagt. Kultur meint die Summe aller kulturellen Leistungen der Menschheit und ist für die menschliche Existenz unverzichtbar. Zugleich aber erfährt der Mensch die von ihm geschaffene oder vorgefundene Kultur immer als Konflikt: Seine Lebenswahrnehmung ist durch ein „Unbehagen in der Kultur" geprägt[56]. Dieses Unbehagen ergibt sich aufgrund der Triebstruktur des Menschen, einer zentralen theoretischen Annahme der Psychoanalyse. Der Mensch braucht die Kultur, um mit seinen Trieben leben zu können, erfährt aber gleichzeitig die Kultur als triebunterdrückend. Gerade über diesen Kulturbegriff kann die Psychoanalyse ihr ureigenstes Instrumentarium, ihren ureigenen Fragepunkt in das Gespräch mit anderen Kulturwissenschaften einbringen, nämlich die Frage nach dem Unbewußten in allen kulturellen Produktionen und die Frage nach den Verdrängungsprozessen, die jede Kultur begleiten. Die Kulturpsychoanalyse fragt nun weiter nach den Begriffen Mythos und Fiktion. Mit dem Triebmodell[57] ist ja gleichzeitig der Mythosbegriff des Freudschen Denksystems ins Spiel gebracht. Freud schreibt in der 32. Vorlesung seiner „Neuen Folge der Vorlesungen zur Einführung in die Psychoanalyse" 1932:

> „Die Trieblehre ist sozusagen unsere Mythologie. Die Triebe sind mythische Wesen, großartig in ihrer Unbestimmtheit. Wir können in unserer Arbeit keinen Augenblick von ihnen absehen und sind dabei nie sicher, sie scharf zu sehen. (...) Uns hat immer die Ahnung gerührt, daß hinter diesen vielen kleinen ausgeliehenen Trieben sich etwas Ernsthaftes und Gewaltiges verbirgt, dem wir uns vorsichtig annähern möchten"[58].

Dieses Ernsthafte und Gewaltige, das

> „dem Ich nachweisen will, daß es nicht einmal Herr ist im eigenen Hause, sondern auf kärgliche Nachrichten angewiesen bleibt von dem, was unbewußt in seinem Seelenleben vorgeht"[59],

wie Freud schon in der 18. der „Vorlesungen zur Einführung in die Psychoanalyse" 1917 schreibt, artikuliert sich etwa im Ödipus-Mythos (ausführlicher in Kapitel 5.1.2.)[60].

Mit dem Mythosbegriff bringt Freud die Frage nach der Wirklichkeit, der Realität und deren wissenschaftlicher Verstehbarkeit ins Spiel. Freud möchte mit dem Mythosbegriff aussagen, daß es letzte Grundannahmen für jede Wissenschaft gibt, die sich der Beweisführung entziehen. Diergarten weist nun darauf hin, daß der Mythosbegriff bei Freud gerade den Abschied von einem mythischen Weltbild bedeutet, da es nicht um die Einführung der antiken Götterwelt geht, sondern um die Einführung eines anderen

---

55 Vgl. DIERGARTEN, Kulturpsychoanalyse. DIERGARTEN, Was ist Kulturpsychoanalyse.
56 FREUD, GW XIV, S. 397-418.
57 Vgl. dazu NAGERA, Psychoanalytische Grundbegriffe, S. 19-47.
58 FREUD, GW XV, S. 101-102.
59 FREUD, GW XI, S. 295.
60 Zum Mythosverständnis der Psychoanalyse vgl. DIERGARTEN, Kulturpsychoanalyse, S. 28-45. Vgl. zum Ödipuskomplex NAGERA, Psychoanalytische Grundbegriffe, S. 151-168.

Wirklichkeits- und Wissenschaftsverständnisses, das sich von den rein positivistisch verstandenen Wissenschaften absetzt[61]:

> „Es ist also nicht die Unfähigkeit zu klarer Begriffsbildung, die zu Widersprüchlichkeiten führt; es ist vielmehr die Erkenntnis, daß es Realitäten gibt, die mit den herkömmlichen Denkschemata und den zugehörigen Begriffen nicht adäquat zu fassen sind"[62].

Der Begriff der Fiktion gesellt sich hinzu, Fiktion verstanden „als ein vom Menschen allein geschaffenes Gebilde"[63], ein Begriff, der von Freud hauptsächlich auf die Religion angewandt wurde[64]. Diergarten stellt folgende Arbeitshypothese auf:

> „Je latenter oder gar verdrängter mythische und fiktionale Elemente in einem kulturellen System verharren müssen, um so unreflektierter, ‚positiver' und ohne interdisziplinären Dialog werden die Träger des Systems die wissenschaftlichen oder normativen Werte zur Geltung bringen wollen"[65].

In diesem Sinne hätte jede Wissenschaft sich Rechenschaft über den zugrundeliegenden Mythos- und Fiktionsbegriff zu geben. Der Mythosbegriff ist hier nicht gegen eine Wertung als „historisches Faktum" auszuspielen, sondern meint eine andere Ebene des Denkens: Es ist damit der Schritt getan zu einem neuen Wirklichkeitsverständnis, das ich im Rahmen dieser Arbeit als symbolisch qualifizieren werde[66]. Genau damit wäre auch von seiten der Kulturpsychoanalyse die Bedeutung des Symbolischen als Konvergenzpunkt in den Blick geraten[67].
Was ist nun der „Mythos" der Theologie? Welches ihre „Fiktion"? Um diese Fragen nicht falsch zu verstehen, sei nochmals deutlich darauf hingewiesen, daß sie *aus der Perspektive der Kulturpsychoanalyse* her gestellt sind, also einer Disziplin, die anders als die Theologie die Voraussetzung des Glaubens nicht teilt. Es geht nicht darum, Religion oder ihre Inhalte als „mythisch" abzuqualifizieren[68], sondern darum, „im

---

[61] Vgl. DIERGARTEN, Kulturpsychoanalyse S. 42-45.
[62] DIERGARTEN, Kulturpsychoanalyse S. 44.
[63] DIERGARTEN, Kulturpsychoanalyse S. 39.
[64] Vgl. DIERGARTEN, Kulturpsychoanalyse, S. 38-40.
[65] DIERGARTEN, Kulturpsychoanalyse, S. 45.
[66] Gerade damit wird Psychoanalyse zur Wissenschaft zwischen den Wissenschaften, vor allem aber zur Kritik an der Aufklärung mit einem dual geprägten (cartesianischen) Weltbild. Dies ist ein weites Feld. Hier nur so viel. Bei Wilfred Bion etwa ist diese Kritik angedacht, wenn er schreibt: „Die Frage: ‚Wie kann x etwas wissen?' drückt ein Gefühl aus" (BION, Lernen, S. 97; vgl. seine Bemerkungen zur Theoriebildung ebd. S. 132-135). Gerade die Gefühlsseite fehlt aber der (transzendentalen) Frage nach den Bedingungen der Möglichkeit des Wissens. Vgl. zum ganzen auch POHLEN, BAUTZ-HOLZHERR, Aufklärung.
[67] In diesem Zusammenhang sei nur kurz auf die derzeitige Debatte um die Rolle des Ödipusmythos und des Freud'schen Triebkonzeptes im Rahmen der Kulturpsychoanalyse verwiesen, die hier nicht vertieft werden kann. Es geht dabei im Wesentlichen um die Frage, ob das Triebmodell Freuds als Chiffre für den Kulturkonflikt des Menschen weiterhin Grundlage psychoanalytischen Denkens sein kann und inwieweit eine Spaltung menschlicher Existenz (Liebe - Haß etc.) durch ein triadisches Denken (das im Ödipus vorgebildet ist) umfangen werden kann, ohne die Fiktion einer Ganzheit zu postulieren. Vgl. hierzu FUNKE, Kulturpsychoanalyse, und das Modell einer kommunikativen Bezogenheit von Polaritäten bei TRAUTH, Kulturpsychoanalyse.
[68] Ein Beispiel einer solchen mythischen Reduktion des Christentums bietet Drewermann. Er übernimmt gerade nicht den Mythosbegriff Freuds, sondern sieht seine mythische Sicht der Religion als „real" an. Vgl. dazu DIERGARTEN, Kulturpsychoanalyse, S. 71-75, bes. S. 75.

Horizont der Aufklärung ihre fiktionalen Elemente zu erkennen"[69]. So sollen die „Hilfskonstruktionen" benannt werden, die helfen, die geheimnisvolle Wirklichkeit des Menschen zu verstehen. Als „Mythos" der Theologie könnte aus kulturpsychoanalytischer Perspektive die Rede von der Menschwerdung Gottes (oder allgemeiner: die Offenbarung) benannt werden, als „Fiktion" das Reich Gottes[70]. Beide prägen die Sicht des Menschen, die Wertung seiner Zukunft zutiefst. Denn Menschen sind die Worte, mit denen Gott seine Geschichte erzählt[71]. Und diese Geschichte des Menschen mit Gott findet ihren Horizont im Reich Gottes. Diese beiden Setzungen treffen sich übrigens mit der oben aus Sicht der Theologie benannten konvergierenden Option. Die Befreiung des Menschen, sein Leben in Fülle wird als Angeld in der Praxis Jesu deutlich. Und in dieser Praxis, so macht die Rede von der Inkarnation deutlich, zeigt sich Gott selbst.

Diergarten betont nun die triadische Dimension einer kulturpsychoanalytischen Zusammenarbeit, denn es entstehe dabei ein Drittes, Neues, das zu Beginn der Zusammenarbeit noch gar nicht in den Blick gekommen, geschweige denn gewußt gewesen sei[72].

> „Das Neue, das Tertium wurde hervorgetrieben aus der „ketzerischen" Unvereinbarkeit (...) von Psychoanalyse und Theologie"[73].

Mit anderen Worten: Nach dem Modell der Konvergierenden Optionen bleibt eine letzte Stelle im Gespräch offen, denn die verwendeten Begriffe machen deutlich, daß eine „'ketzerische' Unvereinbarkeit" von Theologie und Psychoanalyse bestehenbleibt. Sie ist zunächst notwendig, um beide Disziplinen in ihrer Eigenständigkeit zu erhalten. Damit ist der Wahrheitsanspruch des christlichen Glaubens mit allen seinen Implikationen, etwa der eschatologischen und soteriologischen Ausrichtung, ebenso geschützt wie die ureigene Form der Psychoanalyse, eine Theorie des Unbewußten auf das Seelenleben des Menschen wie seine kulturellen Objektivationen anzuwenden. Gerade diese offene Stelle, diese Unvereinbarkeit, führt dann aber auch zur Schaffung eines Neuen, eines Tertium. Etwas Neues entsteht, und beide Disziplinen gehen aus dem Dialog verändert hervor: „Der Glaube des Gläubigen kann aus dieser Gegenüberstellung nicht unversehrt hervorgehen, ebensowenig aber die Freudsche Auffassung der Realität"[74]. So wird – dies sei vorgreifend auf Kapitel 7.3. bis 7.5. gesagt – eine veränderte Wertung des Rituals der Ertrag der Theologie, eine veränderte Wertung des Religiösen der Ertrag der Psychoanalyse aus dem interdisziplinären Dialog sein. Die hier in der Wissenschaftstheorie vorfindliche Struktur, daß Differenz

---

[69] DIERGARTEN, Kulturpsychoanalyse, S. 44.

[70] Nochmals: die Verwendung der Begriffe Mythos und Fiktion geschieht aus *kulturpsychoanalytischer* Perspektive, damit ist also auf keinen Fall gesagt, die genannten Glaubensinhalte seien *bloß und nur* mythischer oder fiktionaler Art.

[71] Vgl. SCHILLEBEECKX, Menschen, S. 7. – Die Offenbarung bildet dann die letztlich „unbeweisbare" Grundlage jedweder Theologie, der man sich nur im Glauben nähern kann.

[72] Vgl. DIERGARTEN, Kulturpsychoanalyse, S. 53-54.

[73] DIERGARTEN, Kulturpsychoanalyse, S. 54.

[74] So beschreibt RICŒUR, Interpretation, S. 563 im Grunde ein solches Ergebnis von Interdisziplinarität.

etwas Neues schafft, wird übrigens beim Symbolbegriff wieder begegnen (siehe Kapitel 6.3.1.).

In diesem Zusammenhang sei schon auf die Religionskritik Freuds hingewiesen, die im Rahmen dieser Untersuchung gelegentlich Thema sein wird (siehe Kapitel 5.1.3.)[75]. Die Auseinandersetzung hiermit ist insofern vonnöten, als die Wertung des Symbolischen und Rituellen als der Punkt benannt wird, an dem Psychoanalyse und Theologie verändert aus dem Dialog hervorgehen[76]. Wenn Freud bei aller Religionskritik nicht den Anspruch des Menschen auf ein religiöses System leugnet[77], so muß doch, damit Religion nicht zur Illusion verkommt, die Theologie „– wie jedes andere kulturelle System – im Horizont der Aufklärung ihre fiktionalen Elemente zu erkennen geben"[78]. Deshalb wird diese *theologische* Arbeit einige theologische Grundoptionen für den interdisziplinären Dialog tätigen. Als Ausblick sei schon vermerkt, daß die Wertung des Transzendenten als Illusion seitens der Psychoanalyse und die Verkennung der unbewußten Dimension des Glaubens seitens der Theologie zwei Aspekte wären, die beide Disziplinen zu ändern hätten, was eine Frucht dieses Gesprächs sein könnte[79].

Nachdem nun auch von seiten der Psychoanalyse wissenschaftstheoretische Vorbemerkungen zum interdisziplinären Dialog gemacht worden sind, ist es möglich, den Begriff des Symbolischen als Konvergenzpunkt des Dialogs vorzustellen.

1.3.3. Der Konvergenzpunkt des Symbolischen als Postulat liturgiewissenschaftlicher Forschung

Die Ansiedelung der Liturgiewissenschaft im Fächerkanon der Theologie wird bis heute auf wissenschaftstheoretischer Ebene diskutiert[80]. Die Liturgiewissenschaft wird zunehmend nicht mehr nur historisch verortet, sondern auch innerhalb der Praktischen Theologie beheimatet. Damit aber weitete sich ihr Blick auf den Dialog mit anderen Disziplinen innerhalb wie außerhalb der Theologie[81]. Für die vorliegende Untersuchung wähle ich die Psychoanalyse als interdisziplinären Dialogpartner, intradisziplinär vor allem Dogmatik, Fundamentaltheologie und Pastoralpsychologie, näherhin

---

[75] Vgl. dazu SCHARFENBERG, Sigmund Freud. Der Hinweis bei FUNKE, Jenseits von Heilung, S. 48, auf die latente religiöse Dimension der Psychoanalyse gehört ebenfalls hierher

[76] Theologisch wird die Wahl des Korrelationskriteriums bei Schillebeeckx durch die Freudsche Kritik begründet werden.

[77] Vgl. DIERGARTEN, Kulturpsychoanalyse, S. 44. Freud erkennt in „Der Mann Mose und die monotheistische Religion" 1938 der Religion sogar eine „historische Wahrheit" zu, in: FREUD, GW XVI, S. 160 und S. 236-240. Zum Begriff der „historischen Wahrheit" bei Freud vgl. POHLEN, BAUTZ-HOLZHERR, Aufklärung, S. 386.

[78] DIERGARTEN, Kulturpsychoanalyse, S. 44.

[79] Vgl. dazu DIERGARTEN, Zehn Sätze, S. 5.

[80] Vgl. GERHARDS, OSTERHOLT-KOOTZ, Standortbestimmung. Vgl. zum folgenden auch GERHARDS, ODENTHAL. Eine inter- und intradisziplinäre Ausrichtung des Fachs ist auch angedacht bei GRILLO, Teologia und GRILLO, „Intellectus fidei".

[81] Damit wird das Postulat nach einer integrativen Methode dringlich. Zum Paradigmenwechsel in der Liturgiewissenschaft hin zu einer empirischen Dimension vgl. GÄRTNER, MERZ, Prolegomena.

ihre psychoanalytisch fundierten Ausprägungen bei Heribert Wahl und Dieter Funke[82]. Der Dialog wird dabei hauptsächlich über Begriff und Sache des Symbolischen geführt werden, die es im Laufe dieser Arbeit zu entfalten gilt. Dabei kann die Untersuchung auf bereits bestehende Arbeiten zurückgreifen, denn Begriff und Sache des Symbolischen rücken in neuerer theologischer Theoriebildung vermehrt in den Blick[83]. Dazu seien hier einige auf die Liturgie und ihre Wissenschaft bezogene Facetten zur Sprache gebracht.

Reinhard Messner hat das Symbolische als Dialogpunkt der Liturgiewissenschaft mit anderen Wissenschaften und ihrem Symbolverständnis benannt[84]. Er verortet die Liturgiewissenschaft hierfür allerdings im systematischen Zweig der Theologie, was nicht geringe Auswirkungen hat.

> „Es wäre aber ganz sachfremd, eine humanwissenschaftlich (kulturanthropologisch, psychologisch oder wie immer) gewonnene Symboltheorie zum (normativen) Ausgangspunkt der liturgiewissenschaftlichen Erschließung zu machen. Der Begriff des Symbols bzw. die Natur der symbolischen Handlung ist zunächst streng am gottesdienstlichen Geschehen selbst abzulesen; erst in einem zweiten Schritt können humanwissenschafliche Konzepte, wenn sie denn der theologisch erhobenen Wirklichkeit des christlichen Gottesdienstes angemessen sind, zu dessen Verstehen und wissenschaftlicher Explikation dienstbar gemacht werden“[85].

Messner entwirft damit eine „systematische Liturgiewissenschaft“, die nicht als praktisch-theologische Disziplin ausgerichtet ist und insofern auch nicht der wissenschaftstheoretischen Diskussion der Praktischen Theologie folgt. Sicherlich zu Recht warnt Messner davor, eine außertheologische Symboltheorie unbefragt in die Theologie, näherhin die Liturgiewissenschaft, zu übernehmen. Aber schon das Modell der Fremdprophetie übernimmt Theorieelemente anderer Disziplinen nach einer schon erfolgten theologischen Bewertung, nämlich ihrer Klassifizierung als Prophetie. Messner wendet nicht das Modell der Interdisziplinarität an, etwa nach dem hier vorgestellten Modell der konvergierenden Optionen, sondern er favorisiert das alte Ancilla-Modell: Andere Wissenschaften sind nicht Dialogpartner, sondern „werden dienstbar gemacht“, bleiben „Hilfswissenschaften“[86]. Mir erscheint bei Messners Position vor allem fraglich, wie denn, um obiges Zitat zu verwenden, die Natur einer symbolischen Handlung am gottesdienstlichen Geschehen abzulesen ist, *ohne daß man nach dem Menschen fragt*, der doch in der Liturgie Gott feiert, und der schließlich mit seinen Bedingungen die Symbolhandlung prägt. Darum aber geht es in der vorliegenden Arbeit. Mit dem Begriff des Symbolischen wird nämlich menschliche

---

[82] Die Wahl dieser theologischen Fächer als hauptsächliche intradisziplinäre Partner ergibt sich aus der leitenden Fragestellung nach dem Symbolischen, die eine fundamentaltheologische und dogmatische Positionierung des Erfahrungsbegriffes und seiner Zuordnung zur Offenbarung erfordert. Das heißt aber nicht, daß andere theologische Disziplinen nicht am Gespräch beteiligt seien. So werden in Kapitel 2.6. exegetische Untersuchungen einbezogen, in Kapitel 2.2. historische.

[83] Vgl. hierzu den Überblick bei WAHL, Glaube, S. 19-44. Vgl. auch, besonders bezogen auf die Liturgiewissenschaft, den Forschungsüberblick im folgenden Kapitel.

[84] Vgl. MESSNER, Was ist systematische Liturgiewissenschaft.

[85] MESSNER, Was ist systematische Liturgiewissenschaft, S. 270-271.

[86] Vgl. MESSNER, Was ist systematische Liturgiewissenschaft, S. 270-271.

Erfahrung als ein Konstitutivum rituellen Tuns zu befragen und einbringen sein, was des interdisziplinären Dialogs bedarf.

Mit der Verwendung des Erfahrungsbegriffs muß noch einem anderen möglichen Mißverständnis gewehrt werden. Heribert Gärtner und Michael Merz haben auf die Notwendigkeit einer empirischen Dimension der Liturgiewissenschaft hingewiesen[87]. Die hier vertretene Linie geht in eine andere Richtung, weil zunächst nicht nach der Erfahrung von Liturgie als solcher gefragt wird, etwa nach lebendigen Gemeinschafts- oder Gemeindeerfahrungen anhand der Liturgie, die dann als Ort neuer lebendiger Erfahrung qualifiziert werden kann, wie etwa Werner Hahne dies von einem handlungstheoretischen Ansatz her getan hat[88]. Die vorliegende Untersuchung bestimmt den Erfahrungsbegriff *symbolisch*. Es wird nach *symbolischer Erfahrung* im rituellen Tun der Liturgie gefragt. Was heißt symbolische Erfahrung, wie geschieht sie im Ritual? Wie geht menschliche Erfahrung ins Symbolische, ins rituelle Tun des Menschen ein? Wie ordnet sie sich dem Glauben zu? Wie kann die symbolisch aufgehobene Erfahrung mit Gott im rituellen Tun wieder verflüssigt werden? Mit solchen Fragestellungen geht es um eine theologische Bewertung wie um eine anthropologische Sondierung der Liturgie.

Ich benenne als Konvergenzpunkt für den inter- und intradisziplinären Dialog von Theologie und Psychoanalyse, näherhin für den intradisziplinären Dialog der Liturgiewissenschaft mit der Pastoralpsychologie eine Verständigung über die Bedeutung des Symbolischen, ein Paradigma, das von seiten der Praktischen Theologie schon Walter Fürst hervorgehoben hat[89]. Wenn der Bonner Dogmatiker Josef Wohlmuth betont, daß „die Liturgie sich erst dann als ästhetisches Gebilde in ihrer eigenen Würde behaupten kann, wenn man sie *nicht* dem Paradigma der sakralen Symbole zuordnet, sondern einem sich davon gerade unterscheidenden Kunstverständnis“[90], steht in Analogie dazu der hier vorgelegte Versuch des Dialoges der Theologie mit der Psychoanalyse: Das Ritual als Symbolgeschehen wird sich erst in seiner ganzen Bedeutung erweisen können, wenn man es *auch* mit den Augen der Psychoanalyse zu sehen gelernt hat. Dementsprechend kann als Konvergenzpunkt die Bedeutung des Symbolischen benannt werden. Die Psychoanalyse wird die Bedeutung des Symbolischen für die Subjektwerdung des Menschen zu bestimmen haben, die Liturgiewissenschaft die Bedeutung des Symbolischen als grundlegendes Paradigma liturgischen Feierns zu erweisen haben.

Es geht hier also im Dialog mit der Psychoanalyse um eine theologisch und psychoanalytisch grundgelegte Theorie des Rituals, verstanden als symbolische Handlung[91]. Schon jetzt sei darauf hingewiesen, daß sich hier jedoch keine Theologie des Symbols finden wird (genauer in Kapitel 4.0.), sondern, in einem völlig anderen Sinne, eine

---

[87] Vgl. GÄRTNER, MERZ, Prolegomena.
[88] Vgl. HAHNE, Gottes Volksversammlung.
[89] Vgl. FÜRST, Praktisch-theologische Urteilskraft.
[90] WOHLMUTH, Jesu Weg, S. 20 (Hervorhebung A.O.).
[91] Vgl. ZERFASS, Gottesdienst.

Theologie der symbolischen Erfahrung entworfen wird (Kapitel 6)[92]. Es geht also nicht um einen philosophisch-theologischen Symbolbegriff, der etwa in der Sakramententheologie Verwendung finden könnte[93], sondern um einen interdisziplinären Dialog der Theologie mit der Psychoanalyse, der auf die Bedingungen des Rituals als Symbolgeschehen von der Erfahrung des Menschen her schaut.

Eine weitere Grenze muß gesetzt werden: Aspekte des Ritualbegriffs der Soziologie kommen des öfteren zur Sprache (vor allem in Kapitel 2.2. und 2.3.), münden aber nicht in den interdisziplinären Dialog ein; dies wäre eine eigene Arbeit, die liturgiewissenschaftlich ohne Zweifel noch zu leisten ist[94].

Daß ein solcher von der Psychoanalyse her beleuchteter erfahrungsgefüllter Symbolbegriff theologisch verwendbar ist, ja selbst zum praktisch-theologischen Paradigma einer Theorie des Rituals werden kann, ist eine der Grundthesen dieser Arbeit, die sich aus der Verankerung in der erfahrungsbezogenen Theologie von Edward Schille-

---

92 Dies ist das Mißverständnis bei STUFLESSER, WINTER, Liturgiewissenschaft, die (S. 93, Anm. 15) gerade den symboltheoretischen Ansatz bei GERHARDS, ODENTHAL, Liturgiewissenschaft, nicht zur Kenntnis nehmen.

93 Vgl. zu einem solchen Symbolbegriff den Überblick bei MENKE, Art. Symbol. – Es wäre eine eigene Untersuchung, von der Grundthese dieser Arbeit einen Blick auf die Sakramententheologie zu tun.

94 Vgl. zu dem für die Liturgiewissenschaft des deutschen Sprachgebietes noch ausstehenden Dialog von Liturgiewissenschaft und Soziologie meine kurzen Ausführungen ODENTHAL, Liturgiereform und Ritual. Ohne Anspruch auf Vollständigkeit sei auf folgende Werke hingewiesen. Zu soziologischen Ansätzen zum Ritualbegriff vgl. grundlegend BELLIGER, KRIEGER, Ritualtheorien. Dieses Buch bietet einen guten Querschnitt durch die angloamerikanische Forschung, indem etwa Aufsätze von Douglas, Turner und Rappaport abgedruckt sind, um nur einige zu nennen. Vgl. ferner BELL, Ritual theory und BELL, Ritual. Perspectives, zur Psychoanalyse ebd. S. 12-16. Vgl. einige Aufsätze bei UHL, BOELDERL, Rituale. Hinweise zu ethnologischen Ritualtheorien, so etwa Mary Douglas und Victor Turner, finden sich auch bei HÖDL, Schwarze Rituale. Vgl. auch TURNER, Symbols und TURNER, Ritual. Einen Brückenschlag zwischen Ritual und christlichen Sakramenten bietet DRIVER, The magic of ritual. Weitere Begriffsnuancen zu Kult und Ritual finden sich bei UHL, Rituale. Eine Übersicht zu Ritualtheorien der Ethnopsychoanalyse und Ethnologie, auf die der hier vorgestellte Gedankengang nicht näher eingehen wird, bei BOSSE, Entstehung S. 204-206. Zum Spannungsfeld von Soziologie und Liturgie vgl. insgesamt FLANAGAN, Sociology and Liturgy. Aus soziologischer Perspektive lenkt Flanagan seinen Blick auf das Ritual, macht aber bezeichnenderweise Anleihen bei der „Theodramatik“ des Hans Urs von Balthasar (S. 289), um über den Begriff einer negativen Theologie, beeindruckt vom rituellen Geschehen der Liturgie, selber unsicher zu werden über den Erfolg eines interdisziplinären Dialogs von Theologie und Soziologie (etwa S. 328 oder 338: „Sociology does not seem to have caught the great dramatic quality of liturgical enactments“). Vgl. auch WIEDENMANN, Ritual, zu Mary Douglas ebd. S. 105-163. Gerade letztere Studie wäre es wert, näher unter liturgiewissenschaftlichem Fokus untersucht zu werden, was hier leider nicht erfolgen kann. Nur soviel: Mary Douglas legt mit ihrer berechtigten Kritik an der Säkularisierungsthese die Annahme nahe, daß auch bei primitiven Kulturen, „ein ebenso vielfältiges Nebeneinander von Skeptizismus, Materialismus und spiritueller Inbrunst wie bei einem beliebigen Querschnitt der Bevölkerung von London“ zu konstatieren sei (DOUGLAS, Ritual S. 33). Bei alledem scheint deutlich, daß ein wissenschaftstheoretisch abgesicherter interdisziplinärer Dialog von Liturgiewissenschaft und Soziologie neben den Bemühungen von BECKER, HILBERATH, WILLERS, Gottesdienst - Kirche - Gesellschaft, für das deutsche Sprachgebiet noch aussteht. Anders ist dies in den Niederlanden, vgl. die Auseinandersetzungen mit den „ritual studies“ bei POST, Interference, bes. S. 60-61, bei POST, Bewegungen, bes. 30, Anm. 12 (mit Literatur) und bei POST, Life Cycle Rituals. Vgl. hier auch LUKKEN, L'«autre côté». Eine Auseinandersetzung mit den „ritual studies“ bietet auch SCHILLEBEECKX, Wiederentdeckung, bes. S. 317-318, Anm. 8. - Für den italienischen Sprachraum vgl. die Auseinandersetzung mit Luhmann bei GRILLO, Teologia, S. 255-260. Eine anthropologische und phänomenologische Zugangsweise zur Liturgie findet sich auch bei VALENZIANO, Liturgia e antropologia, und bei TERRIN, Il Rito, in ihren Ausführungen über die symbolische Verfaßtheit bzw. Ritualität des Menschen.

beeckx ergibt (siehe Kapitel 4.1.). Damit folgt diese Arbeit alten theologischen Grundsätzen. Schon das Trienter Konzil hat den Stellenwert des Rituals, die „Natur der symbolischen Handlung“, nicht nur, wie Messner es fordert, am gottesdienstlichen Geschehen abgelesen, sondern anthropologisch bestimmt. Wenn das Konzil in seinem Dekret über das Meßopfer von 1562 sagt, Christus habe seinen Leib und sein Blut unter den Gestalten von Brot und Wein dem Vater dargebracht, um seiner Kirche ein sichtbares Opfer zu hinterlassen, erklärt es das Adjektiv ‚sichtbar‘ durch die Wendung: ‚wie es die Natur des Menschen erfordert‘[95].Und der Konzilstext fügt etwas später hinzu:

> „Und da die Natur des Menschen so beschaffen ist, daß sie sich nicht leicht ohne äußere Hilfsmittel zur Betrachtung der göttlichen Dinge erheben kann, deswegen hat die gütige Mutter Kirche bestimmte Riten eingeführt (...); desgleichen verwandte sie aufgrund der apostolischen Lehre und Überlieferung Zeremonien (...)“[96].

Damit bindet das Konzil den sakramentalen Bereich und das gottesdienstliche Ritual eng an die Bedingungen menschlicher Natur. Dies auszuleuchten und zu problematisieren ist eine der Aufgaben der folgenden Untersuchung, die somit uralten Wegen katholischer Theologie folgt[97]. Die Überlegungen wollen in diesem Sinne näher beleuchten, welcher Art denn die Natur des Menschen sei und wie von hier aus eine liturgiewissenschaftliche, d.i. praktisch-theologischen Theorie des Rituals entworfen werden kann.

1.4. Forschungsüberblick

Das Phänomen des Christentums und seiner Rituale ist schon früh Gegenstand tiefenpsychologischen Interesses[98]. Dies forderte die Theologie zu einem Dialog heraus, der im deutschsprachigen Raum hauptsächlich über die Pastoralpsychologie als jüngste Ausdifferenzierung der Praktischen Theologie geführt wird[99], im frankophonen Raum, zum Teil auch im deutschsprachigen Raum, hauptsächlich über einen

---

[95] Doctrina de ss. Missae sacrificio, Cap. 1: „...ut dilectae sponsae suae Ecclesiae visibile (sicut hominum natura exigit) relinqueret sacrificium (...), corpus et sanguinem suum sub speciebus panis et vini Deo Patri obtulit...“ (DH 1740).

[96] Doctrina de ss. Missae sacrificio, Cap. 5: „Cumque natura hominum ea sit, ut non facile queat sine adminiculis exterioribus ad rerum divinarum meditationem sustolli, propterea pia mater Ecclesia ritus quosdam (...) instituit“ (DH 1746). Zur Unterscheidung von Ritus und Zeremonie in der Tradition vgl. den Hinweis bei NEBEL, Entwicklung, S. 79, Anm. 8. Ritus bezeichnet hiernach die wesentlichen, Zeremonie die akzidentellen Dinge des Gottesdienstes.

[97] Wie sollte es auch anders sein können innerhalb einer Theologie wie der christlichen, die aus ihrem innersten Kern her inkarnatorisch bestimmt ist. Daß die Auffassung des Trienter Konzils der Anagogik nahesteht, also der Annahme, die Sinnenwelt sei nötig zur Anschauung Gottes, wie es Pseudo-Dionys Areopagit lehrte, sei hier nur am Rande erwähnt. Vgl. dazu Kapitel 2.2..

[98] Etwa schon 1913 in Freuds Schrift „Totem und Tabu“ kommt Freud auf die Messe zu sprechen, vgl. FREUD, GW IX, S. 185-186. Vgl. dazu auch ODENTHAL, Opfer. REIK, Ritual, widmet sich 1919 hauptsächlich jüdischen gottesdienstlichen Bräuchen. C.G. Jung setzt sich 1941 mit der Messe und ihrem „Wandlungssymbol“ auseinander. Vgl. dazu die Studie von ODENTHAL, Wandlungssymbol.

[99] Vgl. zur Wissenschaftstheorie, näherhin der Einbindung der Pastoralpsychologie in die Praktische Theologie etwa WAHL, Pastoralpsychologie; POMPEY, Geschichte und FÜRST, Art. Praktische Theologie, Sp. 502.

philosophisch vermittelten Symbolbegriff, mit entsprechenden Auswirkungen auf die Dogmatik und ihre Sakramententheologie[100]. Die Liturgiewissenschaft des deutschen Sprachraums hat vor geraumer Zeit die Bedeutung des Symbolischen benannt[101], jedoch ohne daß damit auf breiter Basis eine neue Grunddimension liturgiewissenschaftlichen Denkens erschlossen worden wäre[102]. Ansätze vom Gedanken des Symbolischen her bilden die Ausnahme, obgleich schon GUARDINI die Frage nach der Fähigkeit des modernen Menschen zum liturgischen Akt – und dies ist die Frage nach der Symbolfähigkeit des heutigen Menschen – gestellt hatte[103]. Einzelne Publikationen seien nun, ohne Anspruch auf Vollständigkeit[104], herausgegriffen und auf ihr Ritualverständnis hin befragt. Dabei interessiert vor allem, ob dem Ritual „nur" eine stabilisierende oder auch eine kritische Funktion zuerkannt wird.

Schon 1962 hat Louis BOUYER eine anthropologische Sondierung der Liturgie anhand der Ritualität des Menschen vorgenommen[105]. Ein Kapitel widmet er auch neueren Entwicklungen der Psychologie, so der Psychoanalyse[106]. Diese Erkenntnisse nutzt er, um sozusagen den anthropologischen Unterbau des sakramentalen Lebens der Kirche zu sichern[107]. Beachtlich ist seine ausdrückliche Betonung der Opferriten und ihrer Ambivalenz (siehe Kapitel 8.8.)[108].

Die liturgietheologische Debatte um Symbol und Ritual, die besonders in den siebziger und achtziger Jahren geführt wurde, ist dokumentiert im Jahrgang 31 des Liturgischen Jahrbuches 1981, beginnend mit einem Bericht von Albert GERHARDS über die Studientagung der Arbeitsgemeinschaft Katholischer Liturgikdozentinnen und –dozenten (AKL) von 1980 zum Thema Symbol und Liturgie[109]. Es zeigt sich dabei die Notwendigkeit einer anthropologischen Begründung des Symbolischen und Rituellen. Dennoch bleibt man auf katholischer Seite dem Ritual eher kritisch

---

[100] Vgl. etwa CHAUVET, Symbole et Sacrament, bes. S. 80-86. Zu Chauvet vgl. auch GRILLO, Ragioni del simbolo. Vgl. auch VERGOTE, DESCAMPS, HOUSSIAU, L' eucharistie. Vgl. dazu auch MÜLLER, Symbol.

[101] Vgl. etwa den Artikel von KOHLSCHEIN, Symbol und Kommunikation, von 1985. Hier sei auch darauf hingewiesen, daß schon beim 2. internationalen Studientreffen auf dem Odilienberg bei Straßburg (20. bis 24. Oktober 1952) bei der Frage nach den Symbolen der Messe eine tiefenpsychologische Deutung angeregt wurde, ohne daß dieser Gedanke näher vertieft wurde oder gar zur Ausführung kam. Vgl. dazu SCHMITT, Studientreffen, S. 97.

[102] Etwa die Arbeit von HAHNE, Gottes Volksversammlung, zeigt deutlich einen handlungstheoretischen, keinen symboltheoretischen Ansatz. Konsequent wird dann das Rituelle nachgeordnet, manchmal gar abgewertet. Meines Erachtens droht liturgischem Tun, so es nicht mehr symbolisch-rituell verstanden wird, der Aktionismus. Zur Ausblendung der rituellen Dimension der Religion vgl. auch UHL, Rituale, S. 208-218 (mit einem Rekurs auf Lorenzer).

[103] Vgl. dazu GUARDINI, Kultakt S. 106.

[104] Vor allem kann in diesem Zusammenhang nicht die Vielzahl theologischer Literatur bemüht werden, die sich um einen Brückenschlag zur Psychoanalyse bemühen. Hier interessiert lediglich die Verbindung psychoanalytischer Gedanken mit einer Theorie des Symbolischen, die gottesdienstliche Relevanz hat.

[105] Vgl. BOUYER, Mensch und Ritus.

[106] Vgl. BOUYER, Mensch und Ritus, S. 52-69.

[107] Vgl. besonders das Kapitel „Phänomenlologie der Riten: Sakramente und Sakramentalien mit ihren natürlichen Analogien", in: BOUYER, Mensch und Ritus, S. 82-98.

[108] Vgl. BOUYER, Mensch und Ritus, S. 99-118.

[109] Vgl. GERHARDS, Symbol und Liturgie.

gegenüber eingestellt[110]. Eine bemerkenswerte Ausbuchstabierung des Symbolischen findet sich bei Dario ZADRA und Arno SCHILSON[111], neben Beiträgen von Franz KOHLSCHEIN[112]. Letztgenannter Beitrag war Teil eines interdisziplinären Symposions der AKL mit dem Titel „Symbol und Kommunikation" 1985[113]. Dabei zeigt sich einmal die Frage nach der Valenz des Symbolbegriffs innerhalb einer Theologie der Sakramente, zum anderen die Frage nach einer angemessenen Bewertung des Kommunikationsgeschehens der Liturgie durch Begriff und Sache des Symbolischen. Bemerkenswert ist ein Blick in die evangelische Tradition, die stärker als die katholische Seite das Thema Ritual forcierten. Hier finden sich grundlegende Publikationen, etwa von Werner JETTER[114], Karl-Heinrich BIERITZ[115] und Peter CORNEHL[116]. Aus diesen nur summarischen Nennungen[117] seien nun jene Positionen hervorgehoben und näher dargestellt, die für den folgenden Gedankengang wichtig sind. Es werden hier aber hauptsächlich solche Publikationen vorgestellt, die sich dezidiert mit psychoanalytischen oder tiefenpsychologischen Theorien auseinandersetzen.

Mit dem Begriff des Symbolischen rücken vor allem zwei pastoralpsychologische Ansätze in unser Blickfeld, die hier nur kurz benannt, in einem eigenem Kapitel ausführlich vorgestellt werden (Kapitel 6.1. und 6.2.): der von Dieter FUNKE und Heribert WAHL. Beide Ansätze führen den Dialog mit der Psychoanalyse über Begriff und Sache des Symbolischen, indem sie etwa Theorien der Objektbeziehungspsychologie rezipieren. Denkt Funke aber vor allem von der Bedeutung der Trennung für die Subjektwerdung des Menschen her, betont Wahl im Anschluß an die Selbstpsychologie von Kohut den Aspekt der Verbindung, der über symbolische Erfahrung geleistet werden kann. So haben beide, je nach ihrer psychoanalytischen Theoriesetzung, auch unterschiedliche liturgiewissenschaftliche Konsequenzen. Hebt Funke die (auch und vor allem unbewußte) Bedeutung des Dinglichen im Symbolgeschehen hervor, fokussiert Wahl eher den Beziehungsaspekt symbolischer Erfahrung, der eines empathisch-redemptiven Millieus innerhalb der Kirche bedarf. Beide Ansätze bedürfen weiterer liturgiewissenschaftlicher Ausbuchstabierung. Die vorliegende Arbeit möchte hier ansetzen, um sozusagen von der anderen Seite, der Liturgiewissenschaft her, den Dialog zu führen.

Unter Rekurs auf den Freudschen Dreischritt „Erinnern, Wiederholen, Durcharbeiten" versucht Yorick SPIEGEL das psychoanalytische Therapiemodell auf den Gottesdienst zu

---

[110] Vgl. etwa HAHNE, Handwerk 70. Vgl. HAHNE, Art. Ritus/Ritual. Sehr differenziert und würdigend, unter Verwendung des Begriffes Kult, HÄUSSLING, Art. Ritus und Art. Kult.

[111] Vgl. ZADRA, SCHILSON, Symbol und Sakrament. Vgl. vor allem den Literaturbericht von SCHILSON, Symbolwirklichkeit und Sakrament.

[112] KOHLSCHEIN, Symbol und Kommunikation.

[113] Vgl. den Bericht von BÜSSE, JEGGLE, Symbol und Kommunikation.

[114] JETTER, Symbol und Ritual.

[115] BIERITZ, Gottesdienst als ‚offenes Kunstwerk'; Gottesdienst als Ritual; Erlebnis Gottesdienst.

[116] CORNEHL, Aufgabe.

[117] Vgl. dazu auch den Überblick bei WAHL, Glaube, S. 29-30, insgesamt zum Symbol in der Theologie ebd. S. 13-52.

beziehen[118]. Was hier geschieht, ist also nicht eine Anwendung der Psychoanalyse als Forschungsmethode, eine kulturpsychoanalytische oder kulturanalytische Arbeit, sondern eine Parallelsetzung gottesdienstlichen und therapeutischen Handelns. Als Ziel gibt Spiegel an, dadurch würden gewisse Aspekte des Gottesdienstes verständlicher und durchsichtiger. Der von Spiegel herausgestellte Charakter des Gottesdienstes wird als das Herausrufen aus Vertrautem beschrieben, analog zu den Veränderungen, die eine Therapie bewirken kann. Mit anderen Worten: Erinnerung und Wiederholung werden hier nicht im Sinne liturgischer Anamnese oder Gegenwärtigsetzung im sakramentalen Sinne, sondern therapeutisch verstanden – bezogen auf das Unbewußte. Der Gottesdienst hat nach Spiegel ähnliche Funktion wie eine Therapie, also im Freudschen Diktus: Unbewußtes bewußt zu machen. Da Gottesdienst und Therapie gleichgestellt werden, wird die Spannung, die die Annahme des Unbewußten (so man sie macht) im gottesdienstlichen Kontext macht, aufgelöst[119]. Gerade so aber kann m.E. die Dimension des Unbewußten in einer Theorie des Gottesdienstes nicht als fruchtbar angesehen werden. Spiegel stellt nicht die Frage nach dem Unbewußten im Ritual, wie dies von der Kulturpsychoanalyse Diergartens her zu tun wäre, sondern löst letztlich den Gottesdienst in Therapie auf. Daß aber, wie später zu sehen ist, etwa Konflikte unbewußt präsent sind, *ohne* bearbeitet, geschweige denn gelöst zu werden[120], und dies dennoch heilsam ist, kann so nicht in den Blick geraten. Abgesehen davon, daß der Versuch, Gottesdienst dem Dreischritt Erinnern, Wiederholen, Durcharbeiten parallelzusetzen, nicht stringent durchzuhalten ist: Ist es nicht eine Überforderung für den Gottesdienst, etwa einen psychischen Konflikt durchzuarbeiten[121]? Ich möchte an dieser Stelle vorsichtiger sein: der Dialog zwischen Psychoanalyse und Theologie muß auch die Frage nach dem Unbewußten im Ritual stellen. Die Frage ist aber, ob die Bewußtmachung des Unbewußten im Ritual nicht gerade den Tod des Rituals bedeuten würde. Im Zusammenhang dieser Arbeit liegt das Interesse gerade auf der Einführung der Dimension des Unbewußten, nicht auf dessen Auflösung (zur Problematik vgl. etwa auch Kapitel 6.3.2.).

Helmut LIERSCH ordnet vier Gottesdienstpositionen die durch Fritz Riemann in die Diskussion um die Persönlichkeitsstrukturen eingebrachten vier „Grundformen der Angst" zu[122]. Demnach entspräche das kultische Gottesdienstverständnis der zwanghaften Persönlichkeitsstruktur, die auf Sicherung des Lebens aus ist, das kerygmatische dem schizoiden Typus, der zwischen eigenem Erleben und Gottes Wort scharf trennt, das politisch- meditative dem depressiven Typus, der immer bereit ist, sich mit

---

[118] Vgl. SPIEGEL, Erinnern. Vgl. dazu auch BECKS, Gottesdienst, S. 216-218, der solche Gottesdiensttheorie dem Harmoniemodell innerhalb der Erlebnisgesellschaft zuweist (vgl. dazu näher Kap. 2.3.)

[119] Zur Spannung von Seelsorge und Therapie allgemein vgl. WITTRAHM, Seelsorge, S. 23-60.

[120] Vgl. in Kritik an Scharfenberg WAHL, Glaube, S. 507.

[121] Dieselbe Anfrage richtet sich übrigens an HAHNE, Gottes Volksversammlung, S. 168-170: „Das Konflikt-Tabu im Gottesdienst und seine Folgen für die Subjektwerdung der Versammlung". Hahne befrachtet hier den Gottesdienst mit Prozessen, die eigentlich im Gemeindeleben zu situieren wären, abgesehen davon, daß Gottesdienst als Feier des Pascha immer einen Konflikt symbolisch inszeniert: den des Todes Jesu.

[122] Vgl. RIEMANN, Grundformen.

Problemen anderer zu befassen, schließlich das kreative Gottesdienstverständnis dem der hysterischen Lebensform, die immer Neues erproben und erleben will. Liersch macht zu Recht darauf aufmerksam, daß, wie sich die Persönlichkeitsmerkmale auch in jeder Person mischen, jeder Gottesdienst vier Grundgesetzen folgen sollte: ein durchschaubarer Ablauf (zwanghaft), Entfaltungsmöglichkeiten des Einzelnen (hysterisch), klar erkennbare Verkündigung (schizoid), schließlich eine Atmosphäre von Vertrauen und Gemeinschaft (depressiv). Der Entwurf liefert eine sehr große Erfahrungsnähe. Dennoch scheint mir fragwürdig, ob ohne eine Theorie des Rituals, die einen „dritten, symbolischen Bereich" einführt (siehe Kapitel 5.3.), die Gedanken Lierschs nicht zu schnell zu einer bloßen Anwendung psychologischer Einsichten führen könnten[123].
Schon 1978 erschien auf evangelischer Seite das erste Standardwerk, das sich dem Themenbereich Symbol und Ritual widmete, nämlich das bereits erwähnte Werk von Werner JETTER. Er macht Anleihen bei der Sprachphilosophie und Psychologie, kommt dabei ganz aus der Tradition des evangelischen Gottesdienstes. Eine Definition des Gottesdienstes als Symbolgefüge, somit Ort symbolischer Erfahrung findet sich dort noch nicht. Der Fokus liegt hier nicht auf symbolischer Erfahrung, daß also der Mensch als Symbolwesen Gottesdienst gar nicht anders erleben könne denn als symbolisches Tun. Eher geht es um die rituelle (also eher äußerliche) Seite des Gottesdienstes, die beleuchtet werden solle. Dabei fällt auf, daß zwar Rituale als „gefährliche Unentbehrlichkeiten"[124] apostrophiert werden, aber ihre Gefahr eher im Ritualismus zu liegen scheint. Das Moment des Aufbruchs eignet den also eher (und nur) stabilisierenden Ritualen nicht[125]. Im Rahmen der Aufbruchsstimmung zu Beginn der 70er Jahre scheint dieses Werk genau den Finger in eine Wunde zu legen: als sei das Ziel erreicht, wenn bloß alles verändert werden könne. Die Bedeutung des Werkes liegt denn auch gerade darin, damals das stabilisierend-rituelle Moment betont zu haben.
Hans-Joachim THILO kommt in seinem 1985 erschienenen Buch „Die therapeutische Funktion des Gottesdienstes" das Verdienst zu, therapeutische Dimensionen in den vielfältigen Gottesdienstformen aufzuspüren[126]. Ebenfalls wie Spiegel bedient er sich hierzu des Freud'schen Dreischrittes Erinnern, Wiederholen, Durcharbeiten (Deuten), jedoch gelegentlich mit recht fragwürdigen Konkretionen[127]. Thilo weiß um die Grenzen der Übertragbarkeit des psychoanalytischen Dreischrittes[128]. Ein Manko ist sicherlich,

---

[123] Zu Liersch vgl. BECKS, Gottesdienst, S. 169-170 (vgl. auch Kapitel 3.2.2.).
[124] JETTER, Symbol und Ritual, S. 112.
[125] Vgl. JETTER, Symbol und Ritual, etwa S. 94-98. Zur Kritik an Jetter vgl. auch WAHL, Glaube, S. 540 mit dem Hinweis, bei Jetter fielen „symbolisch", „religiös" und „kulturell-rituell" in eins.
[126] Vgl. THILO, Die therapeutische Funktion. So für die Messe ab S. 80, im Stundengebet ab S. 97 und in den Kasualien ab S. 122. Ein Verweis auf die therapeutisch-psychohygienische Wirkung der Liturgie unter Rückbezug auf Thilo bei STENGER, Qualität, S. 360.
[127] So die Anwendung auf die Feier der Messe in einem doch sehr konstruierten Schema, vgl. THILO, Die therapeutische Funktion, S. 83.
[128] Vgl. THILO, Die therapeutische Funktion, S. 85-86.

daß er sich innerhalb psychoanalytischer Theorie nicht näher festmacht[129]. Beachtlich ist, daß eine Gegenposition zu Spiegel vertritt, indem er den Gottesdienst weitgehend als „Rasthaus, in das wir müde einkehren“[130], um gestärkt zu werden, deutet, also die stabilisierende Funktion favorisiert. Problematisch in Thilos Ansatz scheint mir das Ganzheitsideal zu sein, das seinen Überlegungen zugrunde liegt und optimistisch den Gottesdienst zum therapeutischen Geschehen macht (siehe auch Kapitel 8.6.), ferner seine Sicht des Symbols, die im Grunde platonischem (und damit Jung'schem) Gedankengut (Symbol als Abbild des Urbildes) verhaftet bleibt[131].
Ruthard OTT formuliert als eine These für den Schwund der Kirchenbesucher, psychologische Bedürfnisse der Menschen würden nicht gestillt[132]. Charakteristisch hierbei ist, daß nur positive, konstruktive Bedürfnisse benannt werden. Jede Form von Infragestellung, Verunsicherung durch das Ritual wird aber außer acht gelassen. Wenn allen Lerntheorien gemeinsam ist, etwas werde gelernt, wenn eine positive Erfahrung gemacht ist, so scheint mir dies auf das Ritual kaum übertragbar zu sein. Denn das Ritual hat, nach dem hier zu entwickelnden Verständnis, auch aufbrechenden Charakter im Sinne einer Infragestellung von Identität. Deshalb zieht Ott nach meiner Vorstellung zu voreilige Schlüsse, wenn etwa die Messe verzweckt wird zur Stabilisierung des Lebens, ihr gar eine therapeutische Wirkung zugesprochen wird, die Ott sogar an eine kritische Haltung dem Ritual gegenüber bindet.
Es verstärken sich somit die Fragen für diese Untersuchung: Wie ist die Zuordnung von therapeutischen Dimensionen und „symbolischer Erfahrung“? Wie kann das Ritual verstanden werden?
Die bei Joachim SCHARFENBERG und Horst KÄMPFER so bezeichneten Narrativen Liturgien versuchen, die Lebenswirklichkeit des Menschen wieder einzubinden[133]. Dabei fällt jedoch auf, daß zugunsten der Erfahrbarkeit die Geschichten der Bibel eine (willkürliche) Veränderung erfahren[134]. Normgebend bleibt hierbei die psychologisch gewonnene Erfahrung des Menschen. Das Ritual als Symbolgeschehen, das sich zwischen den Polen der eigenen Erfahrung und der symbolisch aufgehobenen Glaubenstradition ansiedelt, wird hier also nach einem Pol hin aufgelöst. Dabei wird jede Differenzerfahrung vermieden, und, als Vorgriff weiterer Überlegungen, die damit gegebene kreative Spannung beseitigt.
Im „Handbuch der Pastoralpsychologie“ von 1990 finden sich zwei Beiträge von liturgiewissenschaftlicher Relevanz, von Isidor BAUMGARTNER und Guido KREPPOLD.

---

[129] So finden sich Rekurse auf Freud, Jung und Frankl (vgl. THILO, Die therapeutische Funktion, etwa S. 22 u.ö).
[130] THILO, Die therapeutische Funktion, S. 42.
[131] Vgl. THILO, Die therapeutische Funktion, S. 30 und S. 60. Vgl. dazu die Wertung bei BECKS, Gottesdienst, S. 218-219, der auch diese Gottesdienstauffassung dem Harmoniemodell zuordnet (vgl. Kap. 2.3.).
[132] Vgl. OTT, Psychologie, S. 26-27.
[133] Vgl. SCHARFENBERG, KÄMPFER, Mit Symbolen leben, S. 276-296. Zum Gesamtansatz von Scharfenberg, auf den hier nicht näher eingegangen wird, vgl. STEINMEIER, Wiedergeboren, S. 19-68, und WITTRAHM, Seelsorge, S. 136-146. Vgl. auch den Rekurs auf Scharfenberg in Kapitel 6.3.2..
[134] So etwa die dualistische Neuformulierung des Schöpfungsberichtes bei SCHARFENBERG, KÄMPFER, Mit Symbolen leben, S. 280-281.

BAUMGARTNER entwirft in seinem Artikel „Von der heilenden Kraft der Sakramente" eine kurze Übersicht über den Symbolbegriff bei Freud, Jung und Ricœur und entwirf von letzterem her ein „progressiv-heilendes Verständnis der religiösen Symbole"[135]. Er betont die heilende Kraft der Sakramente mit ihrer „ganzheitlichen Heilkraft des Glaubens"[136], ja behauptet, „menschliche Aporien erhalten dann von der in den Sakramenten lebendig bewahrten, heilenden Praxis Gottes her eine Antwort"[137]. Zwar stellen Symbole zunächst eine ambivalente Grunderfahrung des Menschen zum Ausdruck, aber diese Lebenserfahrung korreliert mit der Antwort des Glaubens. So können Sakramente zum curriculum vitae werden[138]. Die Frage nach dem heilenden Verständnis des Rituals wird in dieser Arbeit ebenso zur Sprache kommen wie die Wertung der Liturgie und des Glaubens als Antwort auf menschliche Fragen. Hierfür wird auch der Korrelationspunkt von Leben und Glauben noch näher bestimmt werden müssen (siehe Kapitel 4.1.1.).

KREPPOLD macht sich in seinem Beitrag „Heilende Dimensionen in Liturgie und Kirchenjahr" theoretisch stark an C.G. Jung fest und übernimmt von hierher auch die Hintergrundfolie ganzheitlichen Denkens: „Die Ganzheit des Ritus" oder „Der heilige Kreis" lauten seine Überschriften. Als Ziel gottesdienstlichen Tuns benennt er im Anschluß an die Liturgiekonstitution die vollere Einheit mit Gott und untereinander, präzisiert dies aber wie folgt: „Die konfliktvolle Spannung im Innern, von Natur und Geist und im Äußern, von Mensch zu Mensch, soll überwunden werden"[139]. Ich halte es für problematisch, das Jungsche Denksystem mit dem Christentum zu verbinden[140], ferner frage ich weiter, ob solche konfliktlösenden Dimensionen nicht Liturgie und Gottesdienst überfordern (siehe auch Kapitel 8.7.).

Umrisse einer „Liturgiepsychologie" entwirft aus evangelischer Sicht Dietrich STOLLBERG 1991 in der Quaestio „Gemeinsame Liturgie in getrennten Kirchen?" unter Hinweis auf die anthropologische Wende der Theologie und ihren Paradigmenwechsel. Summarisch benennt Stollberg die Koordinaten Ritual, Symbol, Leiblichkeit und knüpft an Yorick Spiegel und die Analogie zwischen Gottesdienst und dem Freudschen Dreischritt Erinnern, Wiederholen, Durcharbeiten an. Der Entwurf einer Liturgiepsychologie besteht aus folgenden Punkten: Beobachtungen würden nicht nur an Texten, sondern vor allem an Menschen gemacht. Dies bedeute eine Relativierung mancher für absolut gehaltener Positionen. Ziel ist einmal eine ökumenische Verständigung. Zudem, im Aufgreifen menschlicher Bedürfnisse, werde das liturgische Handeln empirisch: Der Mensch wird wieder zum Gegenstand des Gottesdienstes[141]. Kann man dem Anliegen, den Menschen wieder – in recht verstandener Weise – zum

---

[135] BAUMGARTNER, Kraft, S. 557.
[136] BAUMGARTNER, Kraft, S. 558.
[137] BAUMGARTNER, Kraft, S. 549.
[138] Anläßlich seiner Überlegungen zur Eucharistie greift Baumgartner – unter Verweis auf Thilo – erneut den Freudschen Dreischritt „Erinnern, Wiederholen, Durcharbeiten" auf, vgl. BAUMGARTNER, Kraft, S. 560.
[139] KREPPOLD, Heilende Dimensionen, S. 588.
[140] Vgl. dazu ODENTHAL, Wandlungssymbol.
[141] Vgl. STOLLBERG, Aspekte, S. 130-132.

Gegenstand (besser: Paradigma, siehe dazu Kapitel 4.3.) des Gottesdienstes zu machen, nur zustimmen, so bin ich beim Begriff der Liturgiepsychologie[142] eher skeptisch. Diesen Begriff übernehme ich deshalb nicht, weil er meines Erachtens die Spannung im Dialog zwischen Psychologie (im Fall dieser Arbeit: Psychoanalyse) und Theologie aufhebt[143].

Schließlich verdienen die Studien von Wolfgang W. MÜLLER Beachtung, die, ausgehend von einem vor allem im frankophonen Raum ausgebildeten philosophischen und psychoanalytischen Symbolverständnis (Ricœur), liturgiewissenschaftliche Fragestellungen beleuchten[144]. Seine in einer Publikation als Untertitel vermerkte Frage „Welche Bedeutung kommt dem Symbol in der Liturgie zu?"[145] weist allerdings in eine andere Richtung als der hier auszufaltende Ansatz, denn der hier vertretene Ansatz geht davon aus, daß Liturgie Symbol(-geschehen) *ist* und nicht (nur) Symbole hat. Ferner wird sich der hier vorgelegte Ansatz auch darin unterscheiden, daß er nicht wie Müller das Symbol als Form der Teilhabe und Ähnlichkeit zwischen Symbolisiertem und Symbolisierenden auslegt[146], sondern nach „symbolischer Erfahrung" fragt.

Im italienischen Sprachraum sind vor allem zwei Publikationen erwähnenswert, nämlich die von Aldo Natale TERRIN herausgegebene Sammelbände „Liturgia e terapia" von 1994 und „Liturgia e incarnazione" von 1997. Beidemale geht es um Fragestellungen in Kontakt mit humanwissenschaftlichem Ansätzen. Der erste Sammelband legt den Schwerpunkt auf die therapeutische Dimension der christlichen Tradition, die sich auch im rituellen Tun der Kirche niederschlägt[147]. Im zweiten Sammelband widmet sich der Beitrag von Livio PASSALACQUA den psychischen Dimensionen der Liturgie[148]. Dabei geht es, trotz mehrfachen Rekurses auf Freud, aber nicht um einen Dialog mit der Psychoanalyse.

Schließlich hat TERRIN 1999 sein Werk „Il Rito. Antropologia e fenomenologia della ritualità" vorgelegt. Hier widmet er, neben mehreren Verweisen auf Freud, ein Kapitel psychoanalytischer Interpretation[149] und setzt sich auch mit soziologischen Forschungen auseinander, so den Studien von Mary Douglas[150]. Seine Grundthese sieht das Ritual in den Koordinaten von Zeit und Raum im Kontext der Weltdeutung des Menschen. Es bewegt den Menschen hin zur Notwendigkeit, die Welt im Verstehen und Denken anzugehen. Gerade in Musik, Tanz und Performance schafft das Ritual Orientierung und Deutung[151].

---

[142] Vgl. STOLLBERG, Aspekte, S. 120 und S. 130-132.

[143] Zu den Wurzeln des Rekurses auf Psychologie bis hin zu aus heutiger Sicht psychologischer Argumentationsmuster bei Luther oder Schleiermacher usw. vgl. STOLLBERG, Aspekte, S. 120-123.

[144] Vgl. MÜLLER, Symbol, zu Ricœur vgl. etwa S. 175-229.

[145] Vgl. MÜLLER, Liturgische Symbolik; MÜLLER, Nur ein Symbol?

[146] Vgl. MÜLLER, Liturgische Symbolik, S. 183.

[147] So vor allem der Beitrag von HÄRING, La dimensione terapeutica, über die heilsame Dimension der Sakramente und von FIZZOTTI, I riti di guarigione, über Viktor Frankl (zum Theorieunterschied zu Freud siehe ebd. S. 206).

[148] Ein Rekurs auf Kernberg, Winnicott und Kohut bei PASSALACQUA, Rilevanza. S. 348.

[149] Vgl. TERRIN, Il Rito, S. 54-55.

[150] Vgl. TERRIN, Il Rito, S. 84-85.

[151] Vgl. etwa TERRIN, Il Rito, S. 14.

Manfred JOSUTTIS leistet in seinem Buch „Der Weg in das Leben“ wie in seinem Artikel „Der Gottesdienst als Ritual“[152] Brückenschläge zwischen Psychoanalyse und dem Gottesdienst (beider) Kirchen. Geht der Artikel „Der Gottesdienst als Ritual“ von Freudschen Gedanken aus, wertet das Ritual aber als ein Grundbedürfnis und –vollzug des Menschen, kritisiert also, hauptsächlich auf E.H. Erikson gestützt, die Freudsche Sicht der Religion als kollektiver Zwangsneurose (siehe dazu auch Kapitel 5.1.3.). Das Buch „Der Weg in das Leben“ rekurriert nur noch gelegentlich auf die Psychoanalyse, versucht vielmehr eine Einführung in den Gottesdienst auf verhaltenswissenschaftlicher Grundlage, mit Hilfe auch psychologischer Zugänge. Im Unterschied zu einem handlungswissenschaftlichen und somit notwendig bewußtseinsorientierten Zugang, wie er sich etwa bei Werner Hahne findet[153], kann es Josuttis so gelingen, auch unbewußte, irrationale Dimensionen des Rituals einzuholen. Dabei geht Josuttis von der Grundannahme aus, Gottesdienst sei etwas Urmenschliches: „Religiöses Verhalten im Kult verläuft separiert, aber nicht abgespalten und kann seine kreative Potenz nur freisetzen, wenn es nicht in Alltagsverhalten aufgelöst, aber auch nicht streng vom Alltagsverhalten getrennt wird. Damit stellt sich die Frage nach der Realität, die sich im Kult konstituiert“[154]. Dieser Frage wird auch in dieser Untersuchung nachgegangen.
Hans-Martin GUTMANN hat 1996 in seinem Buch „Symbole zwischen Macht und Spiel“ eine Konkretion des Symbolbegriffs am Thema Opfer geleistet. Seine Fragestellung ist dabei vor allem eine religionspädagogische, nämlich „eine bessere Orientierung *für die Arbeit mit Symbolen in der Religionspädagogik* zu gewinnen“[155]. Sein Rekurs auf die Psychoanalyse orientiert sich neben Freud an Lorenzer und vor allem Lacan[156]. Es geht Gutmann um eine Bewertung der „eigenständige(n) Macht des Symbols“[157], die er in einem praktisch-theologischen Gespräch inhaltlich mit der jüdisch-christlichen Symboltradition bestimmt. Gutmann kommt zur These: „Symbole haben Macht über den Menschen in einer Weise, daß diese Macht die Möglichkeiten ihres Selbstverhältnisses (benannt als ‚Selbstbewußtsein‘, ‚Affektkontrolle‘, ‚Selbstreflexion‘ oder wie auch immer) übersteigt“[158]. Genau diese entscheidende Frage nach dem psychoanalytischen Symbolverständnis und der Zuordnung zum Unbewußten bedarf in dieser Arbeit einer weiteren Klärung. Dabei scheint es mir jedoch fragwürdig, das Symbolische zu einer Metainstanz (jenseits) des Menschen zu machen. Ob hier nicht im Sinne des Jungschen Denksystems mit seinem Theorem des kollektiven Unbewußten, auch wenn Gutmann sich hierauf nicht beruft, letztlich ein neuplatonisches Weltbild durchscheint? Das aber hieße, wie ich an anderer Stelle gezeigt habe, daß menschliche Erfahrung unterbewertet wird und letztlich nicht konstitutiv in sym-

---

152 Vgl. JOSUTTIS, Gottesdienst.
153 Vgl. HAHNE, Gottes Volksversammlung.
154 JOSUTTIS, Weg, S. 29-30.
155 GUTMANN, Symbole, S. 9.
156 Vgl. GUTMANN, Symbole, S. 40-49.
157 GUTMANN, Symbole, S. 50.
158 GUTMANN, Symbole, S. 50.

bolische Erfahrung einzugehen vermag (siehe auch Kapitel 2)[159]. Der von mir vertretene Ansatz des Symbols als „geronnener Erfahrung" will alles andere als die Macht des Symbolischen leugnen, erdet aber das Symbol in menschlicher Erfahrung, ohne die Kategorie des Unbewußten (und *dessen* Macht) auszusparen.
Der Frage nach der therapeutischen Dimension der Liturgie geht katholischerseits erneut Frank WALZ an. Fußend auf anthropologischen und auch psychologischen Überlegungen erkennt er der Liturgie eine therapeutische Dimension zu, die ja der ursprünglichen Bedeutungsvielfalt des Wortes θεραπεύω als „der Gottheit dienen" und „ärztlich behandeln, heilen" entspricht[160]. Besonders in seiner Dissertation stellt er die therapeutische Dimension anhand der liturgischen Vielfalt der erneuerten Liturgie dar[161]. Hier seien kurz die Theoriebausteine benannt, in denen sich die folgende Arbeit unterscheidet. Zunächst: Die „symbolpsychologische(n) Überlegungen" bei Walz fußen weitgehend auf C.G. Jung und widmen sich dem Symbol als solchem, nicht der möglichen *symbolischen Erfahrung*[162]. Die Begriffe Heil und Heilung scheinen mir einer Problematisierung ebenso würdig wie die Rede von der therapeutischen Dimension der Liturgie[163]. Der vorliegende Ansatz wird vorsichtiger von einer „heilsamen" Dimension der Liturgie sprechen, vor allem aber einen genauen Unterschied zur psychoanalytischen Therapie ziehen, da gerade der Freud'sche Dreischritt „Erinnern, Wiederholen, Durcharbeiten" in der Liturgie nicht erfolgen muß – und sie dennoch heilsam ist (vgl. Kapitel 8.6.)[164]. Der Begriff „heilsam" versucht einer idealisierten Ganzheit, wie sie bei Walz mitgedacht ist[165], zu entgehen: Leben bleibt Fragment, Symbol und Symptom sind eng verwandt (vgl. Kapitel 5.1.4. und 8.6.).
Aus dem angloamerikanischen Raum seien hier kurz die Studien von William W. MEISSNER erwähnt, wenngleich sie nur am Rande Bezug auf die Sakramententheologie (und so die Liturgie) nehmen[166]. Meissner leistet einen Beitrag zum Dialog mit der Psychoanalyse hin zu einer Psychologie religiöser Erfahrung[167]. Dabei legt Meissner Wert auf die Grenzen des Dialogs, wenn etwa die Theologie weitgehend vorgegebene Größe und als solche unverändert bleibt. Als Ergebnis ist hier nicht eine *Theologie* symbolischer Erfahrung intendiert oder zumindest implizit enthalten, sondern eine *Psychologie* religiöser Erfahrung[168]. Die Psychoanalyse hellt dann den psychischen Unterbau auf, auf dem dann das sakramentale Tun der Kirche aufbaut[169]. Die vorliegende Untersuchung entscheidet sich hier anders. Es geht um eine theolo-

[159] Vgl. ODENTHAL, Wandlungssymbol, besonders S. 132-134.
[160] Vgl. WALZ, Liturgie als Therapie? S. 99; WALZ, Die therapeutische Dimension, S. 42 .
[161] Vgl. WALZ, Die therapeutische Dimension, vor allem S. 191-245.
[162] Vgl. WALZ, Die therapeutische Dimension, S. 133-136
[163] Vgl. hierzu WALZ, Die therapeutische Dimension, S. 39-84 u.ö.
[164] Vgl. hierzu auch ODENTHAL, Heilsames Ritual.
[165] Vgl. WALZ, Die therapeutische Dimension, S. 169-179
[166] Vgl. MEISSNER, Hermeneutics.
[167] Vgl. MEISSNER, Psychoanalysis und MEISSNER, Life.
[168] So der Titel bei MEISSNER, Psychoanalysis, S. 3.
[169] Dies wird etwa deutlich in der Dichotomie von Natur un Gnade, die Meissner in einer „Psychology of Grace" vermittelt. Vgl. MEISSNER, Life, S. 20-60.

gische Verortung, von der her symbolische Erfahrung als theologische und psychoanalytische Kategorie in den Dialog eingebracht werden kann.
Reinhold GESTRICH hat 1998 insbesondere die Kategorie des Unbewußten für die Seelsorge nutzbar zu machen versucht[170]. Sein Durchgang durch die Psychoanalyse, insbesondere auch sein Rekurs auf Winnicott (siehe Kapitel 5.3.), führt zur Bedeutung des Symbolischen, die er in Teil IV herausstellt. Im Abschnitt „Heilige, heilende Rituale" wird dies dann auf das Feld des Gottesdienstes hin ausbuchstabiert[171]. Betont er zu Recht die leiblich-sinnliche Dimension des Rituals, das Schritte der Individuation begleiten kann oder Konflikte bewältigen hilft, fällt auf, daß die versichernde und bestärkende Dimension des (religiösen) Rituals deutlich überwiegt im Sinne heilender Lebenshilfe. Ob und wie dem so ist, wird noch zu fragen sein (siehe Kapitel 8.6.).
Die vorgestellten Versuche leisten je unterschiedliche Verbindungen liturgiewissenschaftlicher Fragestellung mit tiefenpsychologischen Einsichten. Dabei zeigt sich die Tendenz einer Parallelisierung von Gottesdienst und Therapie, jedoch gelegentlich ohne ein „tertium comparationis". Als ein solches Drittes benenne ich zunächst allgemein das Symbolische, den symbolischen Raum, in dem auch Kunst angesiedelt ist (siehe Kapitel 5.3.). Von hierher wird die Rede von „therapeutischen Dimensionen" des Gottesdienstes meines Erachtens als eher kurzschlüssig herausstellen. Bei aller Wertschätzung dieser Ansätze werden also hier Fragen sichtbar, die es im Laufe dieser Arbeit zu klären gilt:

- Wie kann eine genaue Differenzierung zwischen Therapie und Ritual beschrieben werden?
- Wie ist die Rolle des Unbewußten in der Liturgie zu bestimmen?
- Welchen Stellenwert kann den Begriffen „heilend" und „heilsam" zuerkannt werden[172]?
- Kann das liturgische Leben der Kirche Antwort geben auf Lebenskrisen, Konflikte bearbeiten oder gar lösen, und, wenn ja, wie? Oder, mit anderen Worten:
- Wie korrelieren Leben und Glauben?
- Schließlich: Wie ist jener „dritte Bereich", in dem sowohl Gottesdienst wie auch Kunst angesiedelt ist, näher zu bestimmen?

Damit zusammenhängend tut ferner eine genaue Begriffsbestimmung not, was unter Symbol, Ritual, Kult, Gottesdienst, Liturgie und Ritus zu verstehen ist. Sie soll nun geleistet werden.

1.5. Vorläufige Begriffsbestimmung

Die folgenden Begriffsbestimmungen sind in dem Sinne vorläufig, da es ja ein Fokus dieser Arbeit ist zu zeigen, was denn genau symbolische Erfahrung meine, was denn darunter zu verstehen sei, wenn die Liturgie der Kirche als Ritual bezeichnet wird.

---

170 Vgl. GESTRICH, Seelsorge.
171 Vgl. GESTRICH, Seelsorge, S. 184-188.
172 Vgl. hierzu die kurz vor der Fertigstellung stehende Doktorarbeit von Wolfgang REUTER über heilsame Seelsorge.

Insofern handelt es sich um Arbeitsdefinitionen, die eine Differenzierung zwischen oft synonym gebrauchten Begriffen einführt. Daß (wie die Psychoanalyse und die Theologie) auch diese Begrioffe nicht unverändert aus dem Gespräch hervorgehen, wird deutlich werden. Dabei bin ich mir bewußt, daß gerade im Bereich soziologischer Forschungen manche Definition anders lautet. Die Begriffsbestimmung zeigt demnach an, wie ich im folgenden diese Begriffe verwende.

- Symbol

Besonders die Soziologie widmet sich den Phänomenen des Rituals und des Symbolischen[173]. Mit „Symbol" bezeichne ich im Anschluß an Alfred Lorenzer *„Objektivationen menschlicher Praxis,* die als *Bedeutungsträger* fungieren, also ‚sinn'voll sind"[174] (vgl. auch Kapitel 5.2.). Mit andern Worten, Symbole sind geronnene oder verdichtete Erfahrungen, die kulturell bedeutsames Lebenswissen transportieren. In symbolischer Erfahrung fallen nun konkrete Lebenserfahrung und die bereits geronnenen Erfahrungen der Menschheit zusammen. Dieser Symbolbegriff ist damit streng an menschliche Erfahrung gebunden[175]. Es geht dabei nicht um einzelne Symbole, die dann (etwa tiefenpsychologisch) gedeutet werden[176], sondern um das Symbolgeschehen als ganzes. Kern des Symbolischen, seine Grundlage ist demnach menschliche Erfahrung, die in Kapitel 4 auch als *theologische* Kategorie einzuführen ist. Der Durchgang durch die psychoanalytische Theorie in Kapitel 5 wird diesen Symbolbegriff noch modifizieren und erweitern.

- Ritual

Phänomenologisch bestimme ich zunächst in allgemeinster Form „Ritual" als ein Symbolgeschehen, dessen Kennzeichen die gleiche Abfolge bestimmter Handlungen darstellt. Anders gesagt: Ein Ritual ist eine „Handlungsform von Symbolen"[177]. Als

---

[173] Vgl. hierzu vor allem die im folgenden zitierten Beiträge von SOEFFNER, Zur Soziologie des Symbols; Die Ordnung der Rituale und LUCKMANN, Überlegungen. Vgl. zum Begriff „Symbol" und zum Stand der Symbol-Diskussion WAHL, Glaube, S. 13-63. – Zum Begriff vgl. auch MERKT, Symbolum. Er verweist darauf, daß in der Väterzeit, etwa bei Cyprian und Tertullian, „Symbolum" die Zeichen*handlung*, den liturgischen Akt der Taufe meint (etwa S. 15-16). Erst seit dem 4. Jahrhundert geht der Name von der Taufhandlung auf das Taufbekenntnis über.

[174] LORENZER, Konzil der Buchhalter, S. 23.

[175] Wenn LUCKMANN, Überlegungen, S. 24, schreibt: „Die symbolischen Bedeutunge sind also an bestimmten Bedeutungsträgern festgemachte Erinnerungen an Erfahrungen außeralltäglicher Wirklichkeiten, die in den Normalzustand des Alltags zurückgebracht worden sind", dann fehlt hier der in unseren Überlegungen so wichtige „Dritte Wirklichkeitsbereich" (siehe dazu Kapitel 5.3.). Genau hiermit werden auch unsere Differenzen zu Luckmanns Transzendenzbegriff (siehe Kapitel 4.2.) benannt. Zu diesem vgl. KNOBLAUCH, Verflüchtigung, S. 12-16.

[176] Dies wäre die Vorgehensweise C.G. Jungs, vgl. dazu Kapitel 5.0.. Die Rede vom Symbolischen meint denn oft entweder einzelne Symbole oder Symbolzusammenhänge, so etwa bei SCHMID-KEISER, Aktive Teilnahme, S. 497-501. Der hier verwendete Symbolbegriff bezeichnet indes eine anthropologische Grundkategorie rituellen Tuns.

[177] So die Definition bei LUCKMANN, Überlegungen, S. 11-13. Vgl. auch LUCKMANN, Die unsichtbare Religion, S. 174-178, hier S. 177. Vgl. auch die Begriffsgeschichte und Klärung bei KRAML, Rituale, S. 29-31. Vgl. auch GAY, Freud on Ritual, S. 41-49. Vgl. auch GUTMANN, Symbole, S. 63-65, mit der nicht unproblematischen Feststellung, der Ritualbegriff schließe „von vorneherein seine Bestimmung von der menschlichen Subjektivität her aus" (ebd. S. 63). - Die Zuordnung menschlicher Lebensge-

normierte und fixierte (typisierte) Handlung eignet dem Ritual eine objektive Komponente, die eine breite kulturelle Gültigkeit sichert, die vom einzelnen Menschen subjektiv genutzt werden kann. Damit ist Ritual, eine „öffentlich und gemeinschaftlich inszenierte, gestalthafte Verdichtung (Kontraktur) und Abbreviatur symbolischer Erfahrungsprozesse im hic et nunc; sie fungieren als punktuell-situative (selbstobjektale) Stützen (...), die sich dann in komplexen, langandauernden, psychischen und sozialen Prozessen des Lebens (...) raum-zeitlich entfalten und bewähren müssen“[178]. Als Symbolgeschehen ist das Ritual zunächst ein allgemeinmenschliches Phänomen vor jeder Religiosität, dann, spezifischer, im Bereich des Religiösen eine „wieder-holbare Art und Weise des Kult-Vollzugs in Wort und Zeichen“[179]. Es nimmt den Aspekt der Wiederholbarkeit äußerer Formen und Vollzüge in den Blick, und zwar zunächst unabhängig von jeglichem Inhalt, somit im profanen wie religiösen Raum[180] Das Ritual ist aber dann wesentliches Bestandteil menschlicher Wirklichkeitskonstruktion[181] und als solches ist, wie noch gezeigt werden wird, das Ritual immer auch schon Inhalt (siehe Kapitel 6.1.). Der Ritualbegriff wird in dieser Arbeit näher bestimmt werden im Durchgang durch psychoanalytische Theoriebildung, dabei aber der weiteren Diskussion bedürfen, hauptsächlich im Hinblick auf die soziologischen Forschungen der „ritual studies“[182]. Nicht zuletzt im Hinblick auf diese noch ausstehenden Diskussionen und aus der Grunddynamik des Christentums wird hier – bei Wahrung des fixierten und normierten Charakters – ein dynamischer Ritualbegriff entwickelt, der historischen Bedingungen Rechnung trägt und menschliche Lebenswelt mit einbezieht[183]. Damit entsteht eine Spannung: Das Ritual lebt von der Wiederholung, darf aber nicht als grundsätzlich unveränderlich gedacht werden, gerade wenn es vom symboltheoretischen Hintergrund als „geronnene Erfahrung“ gedacht wird. Notwendige Veränderungen etwa soziologischer Strukturen oder theologischer Akzentsetzungen werden immer auch Auswirkungen auf die Gestalt des christlichen Gottesdienstes – als Ritual verstanden – haben[184]. Unter dem Stichwort „Paradigmenwechsel“ werden solche Veränderungen gefaßt werden, die das Ritual zwar variieren, aber seinen Charakter nicht zerstören.

---

schichte, seiner Subjektivität und dem Bereich des Symbolischen und Rituals wird in Kapitel 5 und 6 vorgenommen.

[178] WAHL, Glaube, S. 537-538. Mit dem zweiten Teil der Definition ist bereits ein Vorgriff auf die hier auszufaltende Bedeutung des Rituals getan.

[179] KRANEMANN, Art. Ritus, Ritual (Abkürzungen hier ausgeschrieben). Die Ausführungen bei BERGER, Art. Ritual, legen allerdings zu sehr auf die beiden Pole der Wiederholbarkeit und Veränderung Gewicht, ohne dies anthropologisch einzuholen. Dies geschieht bei HÄUSSLING, Art. Kult, der generell Kult als anthropologisches Phänomen deutet.

[180] Vgl. HAHNE, ART. Ritus/Ritual, S. 891.

[181] Vgl. SOEFFNER, Zur Soziologie des Symbols, S. 78; SOEFFNER, Die Ordnung der Rituale, S. 7-16. Ebd. S. 120-129 findet sich übrigens eine interessante Kritik der Rituale der Papstreisen. Hierauf einzugehen übersteigt jedoch die Grenzen unserer Untersuchung.

[182] Vgl. hierzu BELLIGER, KRIEGER, Ritualtheorien.

[183] Vgl. dazu ODENTHAL, Liturgiereform, etwa S. 158-161.

[184] Vgl. den Duktus der Ausführungen bei HÄUSSLING, Liturgiereform. Materialien.

- Kult

Mit Kult bezeichne ich eine Sonderform rituellen Tuns des Menschen. Kult meint zunächst eine urtümliche, allgemeinmenschliche Haltung, die der Verehrung der Gottheit durch den Menschen. Damit wird jene „dem Menschen eigene Befähigung verstanden, mittels symbolischen Verstehens und mittels Symbolhandlungen den Sinn des eigenen Daseins und der Welt im ganzen zu lichten, ihren Bestand trotz Gefahr des Untergangs und der Vernichtung zu wahren und zu erneuern und mit dem Göttlichen in eine Gemeinschaft des Friedens zu gelangen und darin zu verbleiben“[185]. Bei aller Kultkritik, die der jüdisch-christlichen Tradition eigen ist, wurde jedoch nie auf diese Kategorie für die Liturgie verzichtet. Die Liturgiewissenschaft bezeichnet mit Kult gemeinhin die menschlichen Akte der Verehrung und Anbetung Gottes durch den Menschen, denen die Zuwendung Gottes zum Menschen immer vorausgeht[186]. Die Liturgiekonstitution des II. Vatikanischen Konzils hat nun die Gleichsetzung von Liturgie und Kult aufgegeben, also einen weiteren Liturgiebegriff entwickelt, der den Aspekt der Gottesverehrung durch den Menschen (als kultische oder anabatische Dimension) und den Aspekt des Dienstes Gottes am Menschen (als heilshafte oder katabatische Dimension) gleichwertig nebeneinanderstellt[187]. Ein für die Liturgiewissenschaft tauglicher Ritualbegriff muß folglich diesen beiden Polen von Liturgie gerecht werden können und darf nicht nur das kultische Element meinen[188]. Gleichwohl bleibt Kult ein unverzichtbares Wesensmerkmal christlicher Liturgie (siehe auch Kapitel 8.7.)[189].

- Gottesdienst

Unter dem Begriff Gottesdienst werden in dieser Untersuchung alle Formen der Gottesverehrung innerhalb der jüdisch-christlichen Tradition gefaßt. „Gottesdienst“ wird damit als Oberbegriff verwendet[190].

- Liturgie

Von Liturgie rede ich in dieser Arbeit immer dann, wenn die christliche Liturgie gemeint ist, die als Feier des Pascha-Mysterium bestimmt werden kann[191]. Ich bezeichne in diesem allgemeinen Sinne auch die Liturgie der Kirche als Ritual, das –

---

185 HÄUSSLING, Art. Kult, Sp. 509 (Abkürzungen hier ausgeschrieben).

186 Vgl. KACZYNSKI, Art. Kult, Sp. 742-746. Der Aspekt des vorangigen Handelns Gottes vor allem betont bei HAHNE, Handwerk, S. 70. Hahne wertet den kultischen Aspekt der Liturgie hingegen ab.

187 Vgl. KACZYNSKI, Art. Kult, Sp. 744. Eine andere Unterscheidung bietet HÄUSSLING, Liturgiereform. Materialien, S. 34: „...der Frage des Glaubens an Gott (und dem Bekenntnis zu ihm) entspricht der Kult, der Frage des Glaubens an Christus (und dem Bekenntnis zu ihm) Liturgie“. Zur Kult und Kultkritik des Christentums vgl. ebd. S. 33-35.

188 Gleichwohl gilt es, im interdisziplinären Gespräch symboltheoretisch zu reformulieren, was mit der Glaubensaussage vom „Dienst Gottes am Menschen“ (der Gnade) gemeint ist. Vgl. dazu etwa Kapitel 4.1..

189 Vgl. hierzu weitblickend SALMANN, Kult, der den gesamten Gottesdienst von einem neugefaßten Kultbegriff und der Leiblichkeit des Menschen her denkt.

190 Vgl. ausführlich HÄUSSLING, Art. Gottesdienst.

191 Diese inhaltliche Festlegung gilt *im Rahmen dieser Arbeit* und ist eine Arbeitsdefinition. Daß sie problematisch ist, vor allem im Hinblick auf das Judentum, zeigt GERHARDS, Kraft.

als Liturgie der Kirche – durch besondere Kennzeichen spezifiziert ist. Wodurch wird nun ein Ritual ein christliches Ritual, zur Liturgie der Kirche? Ich werde zwei Kriterien entfalten, zum einen das mögliche Widerfahrnis der Transzendenz Gottes, zum anderen die Berufung auf Jesus von Nazareth, sein Pascha, sein Wort und Handeln, wachgehalten durch die Gemeinschaft der Glaubenden, die Kirche. Damit ist genau das umschrieben, was die Liturgiewissenschaft gemeinhin als die kultische und die heilshafte Dimension der Liturgie beschreibt.

- Ritus

Unter Ritus hingegen verstehe ich hier die lokal oder zeitlich zuzuordnenden speziellen Ausprägungen christlicher Liturgie[192].

Für die weitergehenden Überlegungen ist zentral, daß die hier vorgestellten Begriffe des Symbolischen und Rituellen neben der stabilisierenden Funktion auch immer die Funktion des Unterbrechens von Gewohntem betonen, was schon bei der Sichtung des Forschungsstandes mitschwang. „Die Bindung an die rituelle Form der Worte und Handlungen ist deshalb nicht primär Ausdruck eines Verlangens nach Sicherung der rechtlich verstandenen „Gültigkeit", sondern die angemessene Darstellung dieses Verzichtes auf alle Eigenweisheit und Eigenmacht, der notwendige Ausdruck für die selbstlose Dienstfunktion des Bildes, das die Gegenwart fremden Wortes und Werkes vermittelt"[193].

---

[192] Anders HAHNE, Art. Ritus/Ritual, S. 891-892. Ähnlich WIEDENMANN, Ritual, S. 17. Ähnlich auch UHL, Rituale, S. 234-235, der unter Ritus im Gegensatz zu Ritual kleinste Bestandteile meint.

[193] SCHAEFFLER, Kultus, S. 59. Zu Schaefflers Thesen vgl. UHL, Rituale, S. 230-231; GRILLO, Teologia, S. 246-250.

II. Abschnitt

Gottesdienst. Bedingungen zwischen traditionellen Vorgaben und neuzeitlichen Herausforderungen

Die Kapitel des folgenden Abschnittes eröffnen einen weiten Fragehorizont, der mit einem Rekurs auf die liturgische Tradition der Kirche beginnt. Als traditionelles Verstehensmuster gottesdienstlichen Tuns kommt das Paradigma der „himmlischen Liturgie“ zur Sprache. Es soll ausdrücklich gewürdigt werden, da es mit dem Bild des Himmels das symbolisiert, was im 4. Kapitel mit dem Begriff „Widerfahrnis der Transzendenz Gottes“ eingeführt wird. Dennoch darf die Problematik dieses Paradigmas nicht verkannt werden, wenn menschliche Erfahrung und Lebenswirklichkeit aus dem Blick geraten und im Gottesdienst nicht mehr symbolisiert werden können. Im Hinblick auf einen Dialog mit der Psychoanalyse wird die theologische Bewertung menschlicher Erfahrung und die Zuordnung ihrer Geschichtlichkeit zur Transzendenz zu befragen sein. Dieser Fragepunkt wird im 3. Kapitel dargelegt: Eine Theorie des Rituals, wie sie hier im Gespräch mit der Psychoanalyse entwickelt werden soll, muß sich bewähren angesichts der Veränderungen im Welt- und Menschenverständnis, die die Gegenwart prägen und über Begriffe wie „Postmoderne“, „Nachmetaphysisches Denken“ usw. eingeholt werden. Damit steht die Valenz traditioneller Verstehensparadigmen der Liturgie, etwa dem der „himmlischen Liturgie“, in Frage. Es zeigt sich hier meines Erachtens die Notwendigkeit eines Neuansatzes, der menschliche Erfahrung und Geschichte einholen kann und dies mit dem Bild der „himmlischen Liturgie“ zu vermitteln versteht, um so diesem altehrwürdigen Paradigma in neuem Gewand seinen eigentlichen Platz zuzuweisen.

Ich sehe einen solchen Neuansatz in der Wertung der Liturgie als Ritual, als Symbolgeschehen. Die Überlegungen gehen bei alledem von der Grundthese aus, daß christlicher Gottesdienst keineswegs obsolet geworden ist, sondern gerade mit seinem Symbolgehalt (etwa dem der „himmlischen Liturgie“) eine wichtige Funktion für den Menschen übernehmen könnte. Wenn bei den Positionen neuzeitlichen Welterlebens im 3. Kapitel die Bedeutung des Symbolisch-Rituellen den Leitfaden bildet, so beruht dies auf der Entdeckung, daß gerade im Fluß postmodener oder erlebnisorientierter Kultur diesem Bereich große Bedeutung für den Menschen und sein soziales Umfeld beigemessen wird. Dann müßte die Theologie, näherhin die Liturgiewissenschaft jenen Bereich neu schätzen lernen, dies umso mehr, als die ins Gespräch gebrachte Psychoanalyse zur Kritik der Aufklärung wird, wenn sie dem sich absolut setzenden Rationalismus die Bedeutung des Sinnlich-Symbolischen entgegenhält.

Vor diesem Hintergrund versuchen die folgenden Kapitel, Facetten der traditionellen Position wie neuzeitlichen Weltempfindens einzuholen, wobei im Duktus dieser Untersuchung manches fragmentarisch bleibt. Das Hauptziel dieses Abschnittes besteht darin, den Fragehorizont auszuspannen, vor dem der Dialog von Theologie und Psychoanalyse sinnvoll erscheint.

2. Kapitel
Das traditionelle Verstehensmuster: „Himmlische Liturgie" oder die Schau des Jenseitigen

Die Wertung des Gottesdienstes als Abbild der himmlischen Liturgie zählt zur Tradition der Liturgie und ihrer Wissenschaft[1]. Es handelt sich hierbei um einen großen Schatz der Tradition, der als Paradigma der Liturgie dienen kann, solange in kosmologischen Bezügen ein einheitlicher Deutehorizont der Lebenswirklichkeit durch den Glauben zur Verfügung steht, innerhalb dessen auch die Liturgie ihren fest umrissenen Standort hat. Damit klingt der Fragekreis des 3. Kapitels schon an, denn die Herausforderungen der Neuzeit erfordern meines Erachtens eine andere Begründung liturgischen Tuns, die diese Untersuchung im Gespräch von Theologie und Psychoanalyse leisten will, nämlich in einer nicht mehr kosmisch geprägten, sondern gesellschaftlich konstruierten Wirklichkeit[2]. Die Schwierigkeiten des modernen Menschen angesichts traditioneller Liturgie resultieren letzlich aus der Frage, wie denn menschliche Erfahrung solch „himmlischer" Liturgie zuzuordnen ist. Der Genese des Paradigmas himmlischer Liturgie wie den Konsequenzen will dieses Kapitel nachspüren. Die Überlegungen vollziehen sich in folgenden Schritten. Es sollen zuerst einige Wurzeln und soziologisch-philosophische Hintergründe des Paradigmas der himmlischen Liturgie untersucht und bewertet werden. Eine knappe Skizzierung mittelalterlicher Entwicklungen wird an der Theologie des Abtes Suger von St.-Denis und seiner Kirchweihtheologie konkretisiert. Sodann wird ein Gespräch mit der Liturgietheologie bei Erik Peterson geführt, der als einer der markantesten Vertreter neuplatonischen Denkens gelten kann und dieses Denkmuster auf die Liturgie angewandt hat. Ein Rekurs auf Aspekte der Mysterientheologie von Odo Casel bietet eine weitere Position, der es um die Zuordnung von menschlicher Erfahrung und Liturgie zu tun ist. Sodann wird die Liturgiekonstitution des II. Vatikanischen Konzils zur Sprache kommen, die unter anderem auch auf das Paradigma der himmlischen Liturgie rekurriert. Die Interpretation einiger Aussagen des Hebräerbriefes bemüht sich schließlich um eine theologische Relecture der „himmlischen Liturgie", die hier, in Vorausschau auf Kapitel 4, anhand der Interpretation von Edward Schillebeeckx vorgenommen wird. Das Kapitel schließt in einer Konkretion wiederum mit einem Rekurs auf das Mittelalter und den sich um die erste Jahrtausendwende ausbildenen Ordo Missae rheinischen Typs, anhand dessen markante Aspekte traditioneller liturgischer Frömmigkeit zur Sprache gebracht werden. Die Darstellung der einzelnen Positionen ist mit ihrer Problematisierung bereits verknüpft. Insofern mündet dieses Kapitel von selbst in das folgende,

---

[1] Vgl. hierzu etwa die traditionsgeschichtliche Skizze bei HOFIUS, Gemeinschaft. Vgl. zu den Entwicklungen im anglikanischen Raum im Rahmen der Bewegung des sog. Traktarianismus BERGER, Liturgie – Spiegel der Kirche, S. 177-188. Vgl. auch MESSNER, Was ist systematische Liturgiewissenschaft, S. 265-266; MESSNER, Konzeptionen, bes. S. 131-152; 156-160.
[2] Vgl. hierzu HÄUSSLING, Kosmische Dimension.

das anhand einiger markanter Schlagworte neuzeitliche Positionen einholen will, an denen sich eine für die christliche Liturgie taugliche Theorie des Rituals abzuarbeiten hat.

2.1. Zwischen Feier und Frömmigkeit: Aspekte der Liturgieauffassung des Mittelalters

Schon oft ist auf den Umbruch der religiösen Kultur des Mittelalters durch den kulturellen Verschmelzungsprozess römischer und fränkischer Denk- und Lebensart hingewiesen worden[3]. Die Liturgiewissenschaft fokussiert hierbei vor allem die Karolingische Liturgiereform, die als Fixpunkt innerhalb der vielschichtigen Prozesse angesehen werden kann. Es ist erklärtes Ziel dieser Reform, die Liturgie des Frankenlandes der römischen anzugleichen. Gerade damit aber vollziehen sich kulturelle Austauschprozesse, deren Endergebnis eine römisch-fränkische Liturgie ist, die das liturgische Leben des Mittelalters prägen wird.

> „Es ist in den zwei Jahrtausenden der Kirchengeschichte an keiner Stelle ein größerer Umbruch sowohl im religiösen Denken wie in den entsprechenden Einrichtungen erfolgt, als es in den fünf Jahrhunderten zwischen dem Ausgang der Patristik und dem Beginn der Scholastik der Fall ist“[4].

Diese Wertung von Josef Andreas Jungmann war zu ihrer Zeit durchaus neu. Gegenüber der Sicht, der große Umbruch habe im Zeitalter der Gotik, also im Spätmittelalter stattgefunden, war Jungmann einer der wenigen, die diesen Umbruch schon ins frühe Mittelalter datieren[5]. Diese Epoche zieht nun das Interesse der Liturgie- wie Profanhistoriker auf sich. Das Frühmittelalter, das das kirchliche Altertum ablöst, steht vor der schwierigen Aufgabe, antikes und christliches Denken neu zu inkulturieren, nämlich in Verschmelzung mit der Denk- und Lebensart der Völker nördlich der Alpen. Es entsteht, unter der Führung der Kirche, eine einheitliche „abendländische“ Kultur[6]. Dies hat enorme Auswirkungen auf das gottesdienstliche Leben. Theodor Klauser hat liturgiehistorische Bedingungen und Konsequenzen dieses Austausches zwischen Rom und dem Frankenland benannt, der sich bis zur Mitte des 8. Jahrhunderts unter der Führung einzelner fränkischer Äbte oder Bischöfe, danach aber unter der Führung des Königtums herstellt[7]. Rudolf Schieffer hat aus Sicht eines Profanhistorikers die von Klauser angesprochenen Prozesse nochmals untersucht und auf den Leitspruch Karls des Großen

---

[3] Zum ganzen vgl. ANGENENDT, Geschichte der Religiosität, bes. S. 34-42. Ebd. S. 1-4 eine kritische Wertung der auch in liturgiegeschichtlicher Perspektive noch weit verbreiteten Wertung des kulturellen Umwälzungsprozesses unter dem Stichwort „germanisch“. Das Pontificale Romano-Germanicum meint übrigens kein „germanisches“ Buch, sondern schlicht ein auf deutschem Boden entstandenes. Vgl. auch ODENTHAL, Messfeier. Eine Übersicht auch bei KOLPING, Amalar, S. 424-427.

[4] JUNGMANN, Abwehr, S. 3.

[5] Vgl. zu dieser These ANGENENDT, Liturgik, S. 95-98.

[6] Vgl. MEYER, Eucharistie, S. 182.

[7] Vgl. KLAUSER, Austauschbeziehungen. Vgl. zum ganzen auch HÄUSSLING, Mönchskonvent, etwa S. 174-297. Zu den Auswirkungen dieser Austauschprozesse etwa auf die Kölnische Liturgie vgl. ODENTHAL, Gottesdienst. Dort Verweise auf andere Studien des Autors.

für seinen Reichsausbau, und damit auch für die Liturgiereform damals, hingewiesen: „Redeamus ad fontem", „Gehen wir zurück zur Quelle", womit Rom selbst gemeint ist[8]. Angelus Häussling hat vor allem die Veränderungen in Anzahl, Anlaß und Gestalt der Eucharistiefeier untersucht, die das Frühmittelalter mit sich bringt. Er macht darauf aufmerksam, daß zumindest im Frühmittelalter neben den neuen Entwicklungen im Eucharistieverständnis noch die Prägungen der Alten Kirche dominieren[9]. Arnold Angenendt hat in ähnlichem Sinne, durchaus als Korrektur des Jungmannschen Diktums vom „größten Umbruch" nach der Antike, darauf hingewiesen, daß zwar tiefgreifende Veränderungen erfolgt seien, aber offenbar unauffällig[10]. Deshalb sind oft nur tendenzielle Auswirkungen feststellbar, die auch liturgisches Geschehen betreffen. Sie sind aber insofern von nicht zu unterschätzender Bedeutung, als sie bis heute liturgisches Leben und Frömmigkeit bestimmen.

Für den Gedankengang dieser Untersuchung, die eine Theorie des Gottesdienstes als Symbolgeschehen entwickeln will, ist nun die Facette im Rahmen der vielfältigen Prozesse um die mittelalterliche Liturgie beachtenswert, die den Erfahrungsbezug liturgischen Lebens betrifft. Das mittelalterliche Liturgieverständnis verändert sich nämlich insofern, als nun die in der Väterzeit angewandte Methode der Allegorese verstärkt auf die christliche Liturgie Anwendung findet, ja zum hauptsächlichen Erklärungsmuster wird[11]. Anscheinend besteht ein neuer Erklärungsbedarf, da die Liturgie in ihrer Eigendynamik und sakramentalen Feiergestalt nicht mehr verstanden wird: „Im frühmittelalterlichen Prozeß der Ritualisierung mußte die Liturgie ihre Fähigkeit verlieren, ‚selbstredend' zu sein und bedurfte daraufhin einer besonderen Erklärung"[12]. Dies hat weitreichende Folgen etwa für das Sakramentenverständnis, die allerdings wohl erst im hohen Mittelalter greifen[13]. Als Exponent dieser Entwicklung kann Amalar von Metz gelten[14]. Adolf Kolping hat gezeigt, wie bei Amalar nicht mehr die Kraft der Sakramente an sich, sondern ihre äußere Erscheinungsform, vom inneren Heilsgehalt sorgfältig getrennt, ins Zentrum des Interesses rückt: Sakramente werden verdinglichte Heilsmittel[15]. Die Konzentration auf die rituelle Handlung als solche läßt spätestens in der Hochscholastik die personal-dynamische Begegnungsdimension,

---

[8] Vgl. SCHIEFFER, Redeamus ad fontem.

[9] Vgl. HÄUSSLING, Mönchskonvent, etwa S. 253: „Sofort muß auch gesagt werden, daß in den Köpfen nicht ausschließlich die neuen Akzente des Liturgieverständnisses herrschten, sondern die Elemente der anfänglichen Glaubenserfahrung noch bewußt und wirksam waren, ja daß Praxis und Theorie stärker von den herkömmlichen Elementen beherrscht scheinen". Erst im hohen Mittelalter kommen die neuen Entwicklungen zur eigentlichen Entfaltung.

[10] Vgl. ANGENENDT, Geschichte der Religiosität S. 35.

[11] Zur Allegorischen Liturgieerklärung vgl. MESSNER, Hermeneutik. Die Folgen für die Sakramententheologie und den Opferbegriff in der Reformation und beim Trienter Konzil beschreibt JORISSEN, Verhältnis, S. 92-99. Vgl. auch ANGENENDT, Liturgiereform, S. 230-232.

[12] ANGENENDT, Liturgik, S. 139.

[13] So die Wertung der Allegorese als Liturgieerklärung bei HÄUSSLING, Mönchskonvent, S. 255, Anm. 369.

[14] Vgl. hierzu etwa Amalars Liber Officialis, ediert bei HANSSENS, Opera Liturgica II, S. 13-543. Vgl. auch STECK, Der Liturgiker Amalarius.

[15] Vgl. KOLPING, Amalar, S. 433-437. Zur Sakramententheologie des Mittelalters anhand des Problems der Konsekration vgl. MAZZA, L' anafora eucaristica.

zumindest in der äußeren Gestalt sakramentlichen Handlens, verlorengehen[16]. Die aufgrund der Verobjektivierung verlorene personale Dimension meldet sich aber sogleich in einer neu erwachenden Innerlichkeit zurück. Im Zeitalter der Gotik kommen diese Veränderungen in der Feierkultur zu einem vorläufigen Abschluß: Eine neu erwachte Subjektivität, eine neue Innerlichkeit, hat aus dem gefeierten Kultmysterium eine Sakramentsmystik gemacht[17]. Arnold Angenendt hat darauf aufmerksam gemacht, daß diese Veränderungen nicht im Sinne einer „Verfallsthese" gewertet werden dürften, so als sei

> „die spätmittelalterliche Liturgie (...) nurmehr Verfall, was sich bei näherem Zusehen als ‚ideologisches' Beurteilungsschema erweist: das erste christliche Jahrtausend sei ein Zeitalter der ‚Objektivität' und gerade dadurch auch der ‚wahren" Liturgie gewesen, demgegenüber spätestens mit der Gotik eine subjektivistische Auflösung eingesetzt habe"[18].

Vielmehr gehe es darum, zwei gegenläufige Tendenzen zur Kenntnis zu nehmen, die Tendenz zum selbstwirksamen Ritual als der objektiven Komponente und der erwachenden Subjektivität, die liturgisch und künstlerisch eine große Kreativität freisetze und zu ungeheurem Reichtum führe[19]. Angenendt selbst resümiert angesichts seines Rekurses auf die altkirchliche Situation bei Hippolyt:

> „Die Balance zwischen freier und fixierter Liturgie hat sich im Laufe der weiteren Christentumsgeschichte verschoben, und zwar nach beiden Seiten hin: zunächst in Richtung auf den selbstwirksamen Ritus, später in Richtung auf Subjektivität"[20].

Genau diese Aufspaltung in ‚subjektiv' und ‚objektiv' verdient symboltheoretisches Interesse, denn damit ist die Grundfrage nach dem Symbolischen gestellt. Symboltheoretisch gesprochen bedeutet dies, daß das kultische Symbol als ursprüngliche Einheit subjektiven Erlebens und begegnender göttlicher Wirklichkeit in seine zwei Bestandteile zerbricht: das subjektive Erleben einerseits und die Frage nach der „objektiven" Präsenz Jesu Christi im Sakrament andererseits[21]. Der Aspekt der Feier eines Sakramentes weicht mehr und mehr der Frage nach der Gegenwart des

---

[16] Vgl. MEUFFELS, Kommunikative Sakramententheologie, S. 147.

[17] Vgl. dazu schon MAYER, Liturgie.

[18] ANGENENDT, Liturgik, S. 9.

[19] Vgl. ANGENENDT, Liturgik, S. 56-60. In Angenendts Anfrage wird mir zu wenig folgendes Problem bedacht: Jede Wissenschaft bedarf ihrer Arbeitshypothesen. Solche für das Frühmittelalter aufzustellen, ist insofern einfacher, als durch die karolingische Liturgiereform gemeinsame Grundlagen liturgischen Lebens für weite Teile des Abendlandes ausgemacht werden können. Spätmittelalterliche Zeit mit ihren lokalen Unterschieden in einer These zu beschreiben, ist demgegenüber wesentlich schwieriger. Dies scheint mir ein triftiger Grund zu sein, warum sich Liturgiewissenschaftler bis heute mit jener Epoche schwer tun. Sie als Verfall abzuqualifizieren, hierin stimme ich Angenendt zu, ist unsachgemäß.

[20] ANGENENDT, Liturgik, S. 120.

[21] Auf die Veränderung des Symboldenkens wiesen schon Odo Casel und Ildefons Herwegen hin. Daß diese Überlegungen ebenfalls einer neuen Problematisierung bedürften, die hier nicht geleistet werden kann, sei wenigstens erwähnt. Es geht hier lediglich darum, Tendenzen aufzuspüren, die sich m.E. in modernen Fragestellungen wiederholen.Vgl. zu diesen Positionen und zur Kritik daran KOLPING, Amalar, S. 425-427. Zur Tendenz der Verdinglichung im Mittelalter vgl. SCHUPP, Glaube, S. 108-119 und S. 132-153. Zur Problematik des Symbolbegriffs im Mittelalter vgl. etwa auch MÜLLER, Symbol, S. 35-38, mit Rekurs auf Hugo von St. Viktor. Vgl. auch MEIER-OESER, Spur, bes. S. 42-113.

Herrn: „Aus der Eucharistia ist eine Epiphania geworden, ein Kommen Gottes, der unter den Menschen erscheint und seine Gnaden austeilt“[22]. Dementsprechend wird die Rolle des Gläubigen mehr und mehr die des gläubigen Betrachters, der die Liturgie als Abglanz jenseitiger Wirklichkeit und himmlischer Schönheit anschaut[23].
Josef Andreas Jungmann hat darauf hingewiesen, daß die allegorische Deutung der Liturgie im Grunde in einem neuplatonischen Weltbild ihre Wurzeln hat[24]. Das solchem Denksystem zugrunde liegende Weltverständnis sei hier in aller Kürze beschrieben, um die Rolle, die nun menschlicher Erfahrung zukommt, besser einordnen zu können. Der das Christentum prägende Neuplatonismus bildet, vereinfachend gesagt, eine Synthese aristotelischen und platonischen Gedankengutes, die auf zwei Grundaussagen beruht. Die erste Aussage ist an Aristoteles angelehnt und besagt, daß alle Erkenntnis mit der Sinnenwelt beginne. Die zweite Aussage ist platonisch geprägt und wertet jede sichtbare Erscheinung als Symbol und Spiegel einer unsichtbaren, höheren Welt[25]. Diese Sicht prägt nun auch die Liturgie. Es ist bezeichnend, daß Amalar, der am neuplatonischen Denken Augustins geschult wurde[26], die Entdeckung der Allegorese als Liturgieerklärung in Anlehnung an das platonische Höhlengleichnis beschreibt:

> „Praeterita proxima aestate videbatur mihi, quasi in crypta posito, fenestratim lucis scintillas radiare usque ad nostram parvitatem de re quam desiderabam“[27].

Für den Duktus dieser Überlegungen ist beachtenswert, daß nun ein Denkmodell zur Verfügung steht, um die Spannung zwischen dem inzwischen angesammelten religiösen Erfahrungsbesitz und der subjektiven, je neuen Erfahrung zu vermitteln, nämlich das Analogiemodell[28]. Es geht hier um eine Interpretation der Welt, deren Phänomene auf einen dahinterliegenden transzendenten Sinn, auf Gott selbst hindeuten. Walter Haug unterscheidet als Sonderform einmal die Allegorese, sodann das ontologische Modell[29]. Faßt das allegoretische Modell das Verhältnis von Welt- und Gotteserfahrung über die Relation von Bild und Bedeutung, so das ontologische „als

---

[22] Jungmann, MS I, S. 155.

[23] Für das Frühmittelalter ist jedoch festzuhalten, daß das Subjektive noch nicht losgelöst vom Gesamtkontext verstanden werden darf: Auch der Einzelfeier liegt ein gesamtkirchliches Liturgiesystem zugrunde, das den Einzelnen in das Gesamt der feiernden Kirche einbindet. Vgl. Häussling, Mönchskonvent, der dies (S. 262-270) sogar für die Priestermessen feststellt.

[24] Vgl. Jungmann, MS I, S. 149-156.

[25] Vgl. dazu Jungmann, MS I, S. 149.

[26] Zu Augustins Sakramententheologie vgl. Meuffels, Kommunikative Sakramententheologie, S. 125-140. Meuffels macht deutlich, daß Augustins Sakramententheologie aufgrund des neuplatonischen Denksystems in der Gefahr steht, der Materie der Sakramente durch Spiritualisierung nicht gerecht zu werden. Ebenso ist dadurch die Kommunikationsrichtung von Gott über den Spender zum Empfänger vorgezeichnet.

[27] So Amalar im Vorwort „Gloriosissime“ zum Liber Officialis: Amalarius, Liber Officialis, Praefatio *Gloriosissime*, Nr. 2, Hanssens, S. 19. Vgl. dazu Kolping, Amalar, S. 430.

[28] Die klassische Definition der Analogie legte das IV. Laterankonzil (1215) fest: „...quia inter creatorem et creaturam non potest similitudo notari, quin inter eos maior sit dissimilitudo notanda“ (DH 806).

[29] Vgl. Haug, Grundformen.

Relation zwischen dem relativen Sein des Irdischen und dem absoluten Sein Gottes“[30]. Beginnen alle Überlegungen zwar mit der sichtbaren Welt, also der Erfahrung, so ist nicht zu übersehen, daß der Schwerpunkt sich zunehmend auf die dahinterliegende, „jenseitige“ Realität verschiebt – zunächst durchaus auf Kosten des Erfahrungsaktes, der seine Bedeutung erst in seiner Funktion als Abbild gewinnt. Das allegoretische Modell wird in der Anwendung auf die Liturgie zur Meßallegorese: Die gefeierte, erfahrbare Feier ist Hinweis auf eine andere, dahinterliegende Realität. Die erfahrbare Liturgie wird somit zur Anagogie, gemäß des Hebräerbriefes (Hebr 8,2) zur Hinführung und zum Verweis auf die „himmlische Liturgie“ - wie die Kathedrale gotischer Zeit Abbild des himmlischen Jerusalem sein will.
Bezogen auf die Überlegungen dieser Untersuchung heißt dies zweierlei. Zum einen besteht am Übergang von der Antike zum Mittelalter ein neuer Erklärungsbedarf für liturgisches Geschehen. Sich verändernde Lebens- und Denkbedingungen erfordern ein neues Paradigma für den Gottesdienst. Diese Feststellung ist nicht unerheblich, denn sie bestätigt die Einsichten soziologischer Forschung bezüglich der Interdependenz von rituellem Tun und sozialer Kommunikation, sozialer und symbolischer Erfahrung[31]. Zum andern scheint das Diktum der „himmlischen Liturgie“ ein solches Paradigma liefern zu können. Der Gottesdienst kann als Teilhabe an der Schönheit jenseitiger Herrlichkeit gewertet werden und wird so, trotz oder gerade angesichts seiner ‚Objektivierung‘, zum Ort neuer religiöser Erfahrung. Diese Fragestellung prägt die Liturgie und den Umgang mit ihr bis heute, nämlich etwa in Bezug auf den subjektiven Mitvollzug des als ‚objektiv‘ vorgegeben, erlebten Ritus oder bei der Frage nach dem ‚Wert‘ des Gottesdienstes für das alltägliche Leben. Genau dies ist auch eine der Grundfrage der symboltheoretischen Überlegungen dieser Arbeit.
Die bisherigen Überlegungen sollen nun anhand der Entstehung der gotischen Kathedrale und ihrer geistesgeschichtlichen Wurzeln weiter verdeutlicht werden.

2.2. Eine Konkretion: Abt Suger und die Liturgie von Saint-Denis

Die Liturgie der Königsabtei St. Denis ist vor allem durch die Publikation des ältesten Liber Ordinarius in den Blickpunkt der Liturgiewissenschaft gerückt[32]. Dennoch sind damit nicht alle Fragen um die höchst komplexen Wechselwirkungen der verschiedenen Ausstattungssysteme und ihrer Nutzung geklärt[33]. Der Fokus soll im Folgenden auf der theologischen Grundidee der Architekturkonzeption des Abtes

---

[30] HAUG, Grundformen, S. 84.
[31] Vgl. DOUGLAS, Ritual, S. 7.
[32] Vgl. Edward FOLEY, Ordinary. Vgl. auch Edward FOLEY, St.-Denis revisited. Speziell zu Sugers Kirchweihliturgie vgl. NEUHEUSER, Materialiter aedificare; NEUHEUSER, Kirchweihbeschreibungen; NEUHEUSER, Ars aedificandi; NEUHEUSER, Ne lapidum materia.
[33] Eine Studie von JACOBSEN, Liturgische Kollisionen, ist hierüber in Vorbereitung. Das interdisziplinäre Gespräch zwischen Kunstgeschichte und Liturgiewissenschaft vermag in erstaunlicher Weise neue Gesichtspunkte zum Verstehen eines Bauwerks aus seiner Nutzung heraus zu liefern. Daß dies für die Liturgiewissenschaft immer wichtiger wird, zeigt etwa die Publikation von KOHLSCHEIN,

Suger (1081/82-1151) liegen, soweit sie sich in der äußerst kontroversen Forschung erschließt.
Das ontologische Modell, das Walter Haug als Sonderform des Analogiemodell beschreibt, kann er auch in der Theologie des Abtes Suger von St. Denis und seiner Architekturkonzeption nachweisen. „Die ontologische Grundidee ist neuplatonisch. Es ist die Idee, daß sich die Gottheit ins Seiende ausgießt und sich in ihm darstellt, so daß alles, insofern es Sein hat, auf das absolute Sein als seinen Ursprung zurückweist... Alles Seiende ist Theophanie“[34]. Für die Konzeption der gotischen Kathedrale ergibt sich folgende Konsequenz: Der Kirchenraum ist zunächst, wie bei der Allegorese, Abbild jenseitiger Welten, des himmlischen Jerusalem. Darüberhinaus aber, gemäß des ontologischen Modells, ist das in ihr erfahrbare irdische Licht Abglanz jenes Lichtes, das Gott selber ist. So ist oftmals für den Neubau der Königsabtei St. Denis bei Paris durch Abt Suger anhand des Begriffes der Lichtmetaphysik auf die Zusammenhänge zwischen Neuplatonismus und Kirchenbau hingewiesen worden[35]. Suger, so die dieser Deutung zugrunde liegende These, sei im Konzept seiner Kathedrale dem Neuplatoniker Pseudo-Dionys Areopagit verpflichtet, der damals mit dem in Saint-Denis begrabenen ersten Bischof von Paris identifiziert wurde[36]. Pseudo-Dionys betont nämlich, für Sugers Konzeption und die der Gotik überhaupt passend, die Materie könne man nicht einfach hinter sich lassen, denn sie sei notwendig für die Anagogie des Menschen zu Gott. Nur über das Sinnliche gelangt der Mensch zum Übersinnlichen. Materie wird zur „Mystagogin“[37]. Gegenstand der Erfahrung ist also nicht eigentlich die Welt mit ihren je konkreten Lebensbedingungen, die in den religiösen Akt eingebracht werden können. Erfahrung meint in diesem Kontext, sicherlich ganz konkret sinnenhaft, die Erfahrung der Schönheit einer *jenseitigen* Wirklichkeit, der des Himmels.
Die Thesen über einen Zusammenhang zwischen Pseudo-Dionys Areopagit und dem Sugerschen Konzept sind nun oft kritisiert worden, vor allem im Hinblick auf ihre Kernaussage, der Kontakt Sugers mit den Schriften des Pseudo-Dionys habe eine Theologie der gotischen Kathedrale entstehen lassen[38]. Es ist hier nicht der Ort, dies abschließend zu beurteilen. Für den dieser Untersuchung zugrundeliegenden Gedankengang ist wichtig, daß die Verwendung der allegorischen Methode durch Suger im Hinblick auf die Liturgie nicht zu leugnen ist, wie dies für Sugers Zeit als Liturgie-

---

WÜNSCHE, Heiliger Raum. Übrigens vermag die Theorie des Symbolischen, wie sie hier entwickelt wird, diesen Dialog über die Wertung des liturgischen Raumes als Symbol zu vermitteln.
[34] HAUG, Grundformen, S. 87.
[35] So die Thesen von Erwin Panowsky und Otto von Simson. Sie sind referiert bei MARKSCHIES, Theologie, S. 13-39.
[36] Vgl. dazu etwa NEUHEUSER, Materialiter aedificare, S. 36-37. Edward FOLEY, Ordinary, S. 36, macht darauf aufmerksam, daß unter Abt Hilduin St. Denis einen Kodex mit den Werken des Pseudo-Dionys erhalten habe. Vgl. dazu auch PANOVSKY, Sinn, S. 145.
[37] Vgl. Panofskys These bei MARKSCHIES, Theologie, S. 17-18. Vgl. auch PANOFSKY, Sinn, S. 125-166 (Abt Suger von St.-Denis).
[38] Die These von Erwin Panofsky und, in seinem Gefolge, Otto von Simsons, finden sich referiert und kritisiert bei MARKSCHIES, Theologie, zu Panofsky S. 13-23. Die Kritik zielt hauptsächlich darauf, ein

allegorese grundsätzlich üblich ist[39]. Sie findet sich in seiner Schrift „De consecratione", in der er über den Kirchweihritus von St. Denis berichtet[40]. Andreas Speer wie auch Hanns Peter Neuheuser haben diese Schrift untersucht und konnten dabei die Parallelen der Suger'schen Weiheliturgie zum Pontificale Romanum XII saeculi nachweisen[41]. Somit wurde nochmals deutlich, daß gerade die liturgische Feier zum Schlüssel wird, um die Konzeption von St. Denis zu verstehen. Denn, wie andernorts auch, prägte und beeinflußte die tagtäglich gefeierte Liturgie das komplizierte System der Ausstattung der Sugerschen Kirche mit ihren zahlreichen Altären, Abschrankungen und Reliquienschreinen[42]. Suger, im Unterschied zur zisterzienserischen Tradition des Bernhard von Clairvaux[43], stattet seine Abtei denn auch pretiös aus: Die Fülle, das Licht und die Schönheit sind unabdingbare Abbilder Gottes selbst[44]. Wie die gotische Kathedrale Abbild des himmlischen Jerusalem, so wird die höchst sinnenfreudig gefeierte Liturgie zum Abglanz himmlischer Liturgie, theologisch abgesichert durch einen Rekurs auf den Hebräerbrief und seine Rede von der himmlischen Liturgie. Edward Foley gelingt es, im ältesten Liber Ordinarius der Abtei noch Nachwirkungen Suger'scher Liturgietheologie auszumachen und die in St. Denis gefeierte Liturgie als „pseudo-dionysianisch" zu charakterisieren[45]. Der mindestens noch im 13. Jahrhundert bestehende Brauch, am Oktavtag des Dionys die Messe in griechischer Sprache zu feiern[46], mag ebenso ein Beleg für Anklänge an die griechischen (auch philosophischen) Traditionen sein wie die im Ordinarius häufig erwähnten wertvollen vasa sacra, die auf die Bedeutung des Schönen für die Liturgie verweisen[47]. Sugers Schrift „De consecratione", das die Liturgie der Kirchweihe schlidert, schließt denn auch mit einem Gebet, das die neuplatonischen Wurzeln von Sugers Gottesdienstverständnis eindrucksvoll aufdeckt. Dieses Gebet dürfte, wie Hanns Peter Neuheuser gezeigt hat, von Suger eigens für den Anlaß der Kirchweihe

---

Zusammenhang zwischen Suger'schem Denken und Pseudo-Dionys sei quellenmäßig nicht belegbar. Vgl. auch SPEER, Stand und Methoden, bes. S. 13-17.

[39] Vgl. die vielen Belege bei MESSNER, Hermeneutik.

[40] In dieser Schrift findet sich übrigens ein Anklang an die Pseudo-Dionysische Hierarchienlehre Vgl. SPEER, Bedeutung, S. 78.

[41] Vgl. SPEER, Luculento ordine, vgl. hier besonders den synoptischen Vergleich S. 36-37. Vgl. NEUHEUSER, Kirchweihbeschreibungen, S. 119-141; NEUHEUSER, Ne lapidum materia.

[42] Die liturgische Ausstattung, die mit der französischen Revolution gänzlich beseitigt worden ist, war in den Jahrhunderten mehrfach gravierenden Eingriffen ausgesetzt. Sie von liturgiewissenschaftlicher Seite im Dialog mit der Kunstgeschichte zu rekonstruieren, wäre ein lohnendes Unterfangen. Einen ersten Schritt hierzu hat Werner Jacobsen gemacht. Vgl. JACOBSEN, Liturgische Kollisionen.

[43] Zum sich durch die klösterlichen Reformbewegungen des Mittelalters durchziehenden Streit um das Für und Wider prachtvoller Kirchenausstattungen vgl. auch FINGER, Erneuerung, mit Quellenbeispielen.

[44] Vgl. hierzu NEUHEUSER, Kirchweihbeschreibungen, bes. S. 143-162. Zum *pulchritudo*-Verständnis bei Suger vgl. NEUHEUSER, Ars aedificandi.

[45] Vgl. Edward FOLEY, Ordinary, S. 266-268.

[46] LO St. Denis 184r (Foley 637). Gewiß galt dies auch damaligen Zeitempfinden anachronistisch. Mir fehlt bei Markschies' Kritik an Panowskys Thesen übrigens eine Auseinandersetzung mit diesem Faktum, das mir ein Beleg für „innere Konvergenzen" zwischen Pseudo-Dionys und Suger'schem Denken zu sein scheint, selbst wenn Suger Pseudo-Dionys nicht selber studiert hätte. Marschies selber empfielt den Begriff der „inneren Konvergenzen" für die Vermittlung von Antike und Christentum. Vgl. MARKSCHIES, Metapher, S. 17.

verfaßt worden sein und gibt so in besonderem Maß Einblick in die theologische Gedankenwelt Sugers[48].

> „Gepriesen sei die Herrlichkeit des Herrn an seinem Ort, gespriesen, lobenswert und über alles verherrlicht ist dein Name, Herr Jesus Christus, den Gott Vater vor denen, die deiner teilhaftig sind, mit dem Öl jubelnder Freude zum Hohenpriester gesalbt hat. Du fügst durch diese sakramentale Salbung mit dem heiligsten Chrisam und durch den Empfang der heiligsten Eucharistie zu einer Form zusammen, das Materielle mit dem Immateriellen, das Körperliche mit dem Geistigen, das Menschliche mit dem Göttlichen und führst so durch das Sakrament die Reineren zu ihrem Ursprung zurück. Durch diese und ähnliche sichtbare Segenszeichen erneuerst du unsichtbar die gegenwärtige Kirche und verwandelst sie auf wunderbare Weise in das himmlische Königreich, um, wenn du das Reich Gott dem Vater dereinst übergeben hast, uns und die Kreaturen der Engel, Himmel und Erde mit Macht und Barmherzigkeit zu einem einzigen Gemeinwesen zu vereinigen, der du lebst und herrschst, Gott, von Ewigkeit zu Ewigkeit. Amen“[49].

Das Zitat macht, in den von Suger geliebten Dualismen Immaterielles – Materielles, Geist – Körper usw., die Hinordnung des Irdischen auf das Himmlische und die himmlischen Hierarchien zur Genüge deutlich[50]. Der Gottesdienst wird von hier aus als Angeld zukünftiger Herrlichkeit gesehen und ist zugleich deren Abbild. Die Welt und ihre Geschichte werden im Hinblick auf das ausstehenden Gottesreich nun ekklesiologisch definiert. Die Kirche und ihre Liturgie bildet den Bezugspunkt des Sugerschen Denkhorizontes. „Die Liturgie vermag hier als Klammer zwischen persönlicher Religiosität und öffentlich ‚kultischer' Handlung zu fungieren und bietet instrumentell ihren Gedächtnischarakter an“[51]. In der Liturgie „ist die Kirche Gegenstand von Visionen und zugleich deren Ort: die Kirche wird zum Raum der göttlichen Epiphanie“[52].
Der Rekurs auf Pseudo-Dionys macht deutlich, daß in dieser Weltsicht viele einzelne Dinge, ja letztlich der ganze Kosmos, zum „Symbol“ Gottes werden[53]. Das zieht eine ambivalente Haltung zur vorfindlichen Welt nach sich. Zunächst sind die einzelnen Phänomene auf Gott hin geordnet und haben hinweisende Funktion. Die Frage ist aber, ob damit nicht zugleich eine Abwertung der Realität der Welt einhergeht, die – nur noch ekklesiologisch verstanden - ihres Selbstandes verlustig geht. Weltgeschichte und Lebensgeschichte haben dann kaum mehr eigenständige Bedeutung, sondern werden relativiert in ihrer Verweisfunktion auf das, was schon längst als Plan, Grund

---

47 Der jüngere Liber Ordinarius der Abtei wäre indes noch zu erforschen. Eventuell finden sich hier nochmals Hinweise. Vgl. zum ganzen auch Edward FOLEY, St.-Denis revisited.

48 Vgl. NEUHEUSER, Materialiter aedificare, S. 49-75. Neuheuser weist anhand dieses Gebetes neuplatonischen Einfluß über Pseudo-Dionys ebenso nach wie den Zusammenhang mit der Sakramententheologie des Hugo von St. Viktor. Vgl. hierzu auch NEUHEUSER, Kirchweihbeschreibungen, S. 172-173.

49 Sugerus, De Consecratione 100 (Binding/Speer 205).

50 Vgl. NEUHEUSER, Materialiter aedificare, S. 51; NEUHEUSER, Kirchweihbeschreibungen, bes. S. 162-168.

51 NEUHEUSER, Materialiter aedificare, S. 63.

52 SPEER, Kunst als Liturgie, S. 115. Vgl. zum ganzen auch SPEER, Bedeutung.

53 Zur Einordnung der neuplatonischen Symbolvorstellung bei Pseudo-Dionys vgl. MÜLLER, Symbol, S. 36.

und Ziel der Schöpfung von Gott her festliegt. Gott ist weniger der in der offenen Geschichte, auch der konkreten Lebensgeschichte Handelnde und dort zu Findende, als vielmehr der, der die Welt- und Lebensgeschichte schon immer auf ihr Ziel hin festgelegt und ausgerichtet hat. Und dies prägt auch die religiöse Haltung des Menschen. Das Leben mit seinen konkreten Bedingungen wird nicht mehr Thema des Glaubens und vermag kaum mehr konstitutiv in den religiösen Akt einzugehen, auch nicht in das gottesdienstliche Geschehen. Die Liturgie ist nicht Horizont des Glaubens, der – oft paradox genug – auf eine Lebenssituation bezogen würde, sondern beschreibt das schon vorgegebenes Ziel: „...und führt so durch das Sakrament die Reineren zu ihrem Ursprung zurück", schreibt Suger. Nicht die offene Zukunft des kommenden Reiches Gottes wird symbolisch-sakramental gefeiert, sondern die Rückkehr zum Himmel als dem Ursprung, der schon immer für Mensch und Kosmos als Bild und Ziel von Gott her bestimmt ist. Das Reich Gottes wird kosmisch gedacht: als Verwandlung der Kirche „in das himmlische Königreich". Der Mensch hat daran teil, so er sich sakramental in die Kirche einfügt.
Es soll hier keineswegs darum gehen, die Bedeutung dieser hier nur in Umrissen dargestellten Konzeptionen zu schmälern. Doch dürfte die ambivalente Rolle von Welt und Geschichte in solch etwa neuplatonisch begründeter Deutung offensichtlich geworden sein. Dies führt zum Fragepunkt dieser Arbeit zurück, wie denn menschliche Erfahrung und Geschichte zu werten sei und wie dies in eine Feier des Gottesdienstes als Symbolgeschehen eingehen könne. Zunächst geht es darum, weitere Stationen des anhand von Suger dargestellten Paradigmas zu benennen. Es kommt nun ein markanter Vertreter des 20. Jahrhunderts zur Sprache, nämlich Erik Peterson.

2.3. In platonischen Kategorien: Die Liturgietheologie von Erik Peterson

Für die hier verfolgte Fragestellung ist von Bedeutung, daß sich die Position des Neuplatonismus durch die Geschichte der Liturgie und ihrer Wissenschaft bis in die Gegenwart vermittelt. Ein markanter Vertreter dieser Sicht aus der jüngsten Vergangenheit ist Erik Peterson. Sein wissenschaftlicher wie persönlicher Werdegang wurde in einer umfassenden Monographie von Barbara Nichtweiss untersucht[54]. Dabei widmet sie ein Kapitel auch der Liturgieauffassung Petersons und weist neuplatonische Denkstrukturen nach[55]. Die Liturgie als vorgegebene Größe wird bei Peterson nicht, wie es Ziel dieser Untersuchung ist, symboltheoretisch begründet,

---

[54] Vgl. NICHTWEISS, Erik Peterson. Zum geistes- und liturgiegeschichtlichen Hintergrund der Epoche Petersons vgl. auch ANGENENDT, Liturgik, S. 17-106, hier vor allem S. 39-40 u.ö..

[55] Vgl. NICHTWEISS, Erik Peterson, S. 407-456. Ein Rekurs auf die Position Petersons findet sich anläßlich der Diskussion um den Hebräerbrief bei MESSNER, Konzeptionen, S. 137-138, Anm. 31 und 33. Zum Problem des Neuplatonismus bei Peterson vgl. NICHTWEISS, Erik Peterson, S. 404-405. Peterson selbst sah Neuplatonismus und Christentum, da verschiedenen Ordnungen angehörend, nie als Gegensatz. Mochte auch manches in der Theologiegeschichte in neuplatonischer Begrifflichkeit formuliert sein, so sah er das Christentum doch als eine von Neuplatonismus verschiedene Größe an. Unter diesem Vorbehalt ist denn auch die hier folgende Wertung der Position Petersons zu lesen.

sondern mit Rekurs auf die „himmlische Liturgie“[56]. Nicht umsonst entwickelt Peterson im Rekurs auf Pseudo-Dionys seine Liturgieauffassung von der Angelologie her und deckt so die kosmische Dimension jedweden liturgischen Tuns auf[57]. Peterson findet eine solche Transzendenz vermittelnde Liturgie vor allem im benediktinischen Mönchtum verwirklicht. Für ihn ist das Katholische das Objektive dieser Liturgie, das, gerade auch sakramental, unabhängig von Disposition und, für Peterson zentral, unabhängig von subjektiver Erfahrung des Einzelnen existiert. Er schreibt:

> „Es ist durchaus begreiflich, daß dem Eingetauchtsein in Christo ein wirkliches Untertauchen im Taufwasser korrespondiert, und wenn dieses Untertauchen und Auftauchen aus dem Wasser dann mit Christi Tod und Auferstehung in Verbindung gebracht wird, so ist das etwa nicht – wie viele Autoren der Gegenwart behaupten – ein *mystisches* Miterleben von Christi Tod und Auferstehung, sondern ein realer sakramentaler Vollzug, für den im Gegenteil gerade das charakteristisch ist, daß alles Erleben, alles in irgendeinem Sinne *mystische* Erleben, dabei ausgeschaltet ist“[58].

Damit baut Peterson einen scharfen Gegensatz zwischen innerem Erleben und äußerer Realität auf und vertieft den Graben zwischen Subjektivität und Objektivität. Daß es hierbei natürlich auch um eine Abgrenzung von der Mysterientheologie Odo Casels ging, sei nur am Rande erwähnt (siehe Kapitel 2.4.). Nun geht es auch im Duktus dieser Überlegungen nicht darum, die objektive Dimension der Liturgie und des Sakramentalen in Abrede zu stellen. Die Frage ist aber, ob eine einseitige und ausschließliche Betonung des objektiven Pols nicht letztlich dazu führt, daß der Liturgie der Mensch verloren geht, nämlich immer dann, wenn seine Lebensgeschichte und sein aktuelles Erleben nicht konstitutiv in den sakramentalen Vollzug einzugehen vermögen. Die Zuordnung von menschlicher Lebenswelt und Liturgie bei Peterson ist hierfür markant. Nichtweiss konstatiert, in „den Sakramenten (..) gehe es nicht um das einzelne Subjekt und seine Erlebnisse, sondern um das eschatologische ‚wir‘ als Objekt, *an* dem *Gott* etwas vollziehe“[59]. Hauptsächlich auf der Angelologie fußend entwirft Peterson sein Liturgieverständnis und zieht für die Rolle des Menschen in der Liturgie folgende Konsequenzen:

> „Man kann den *laos*, der akklamatorisch sein Amen ruft, ebenso wenig als das handelnde Subjekt des Gottesdienstes bezeichnen, als man etwa im Staatsrecht das Volk, das in Akklamationen seine Wünsche zum Ausdruck bringt, als das Subjekt der staatlichen Gewalt bezeichnen kann“[60].

---

[56] NICHTWEISS, Erik, Peterson, S. 448 weist auf die Nähe von Artikel 8 der Liturgiekonstitution und dem Denken Peterson hin. Es gibt Anlaß zur Annahme, daß Petersons Werk den Rekurs des 8. Artikels auf die himmlische Liturgie mit beeinflußt haben könnte (Vgl. ebd. Anm. 499).

[57] Vgl. Belege bei NICHTWEISS, Erik Peterson, etwa S. 405.

[58] Peterson, Vorlesung „Geschichte der Mystik“, 5. Vorlesung, zitiert nach Nichtweiss, Erik Peterson, S. 415.

[59] NICHTWEISS, Erik Peterson, S. 415.

[60] So ein Zitat aus Petersons Buch „Heis Theos“, hier nach NICHTWEISS, Erik Peterson, S. 436, Anm. 389.

Mit dem Verweis auf die Akklamationen des Volkes macht Peterson die antike Staatsverfassung zum Vergleichspunkt. Die Rolle des christlichen Volkes wird, zumindest in der Liturgie, hier eher abgewertet[61].

> „Unsere These, daß es einen Kult im Himmel gibt, an dem die irdische Kirche teilhat, wird also durch die heilige Schrift bestätigt. Charakteristisch für diesen Kult im Himmel ist aber, daß in ihm politische und religiöse Symbolsprache (...) durcheinander gehen, was sich am deutlichsten darin zeigt, daß sich die Doxologien den Akklamationen nähern. Daß der himmlische Kult in der Geheimen Offenbarung eine ursprüngliche Beziehung zu der politischen Sphäre hat, erklärt sich daraus, daß die Apostel das irdische Jerusalem, das politisches Zentrum und Kultzentrum war, verlassen haben, um sich dem himmlischen Jerusalem, das Stadt und Königshof und doch auch Tempel und Kultstätte ist, zuzuwenden"[62].

Von hierher hebt sich für Peterson der Priester- und Mönchsstand besonders ab, die „sich als eigener Stand den Ordnungen der Engel eingliedern" und „als besonders qualifizierte Teilnehmer der kirchlichen Liturgie" gelten können[63]. Demnach ist in der Liturgie das privilegiert handelnde Subjekt der Priester. Letzter Grund für diese Sicht ist für Peterson der Kosmos und seine Ordnung selbst.

> „Daß die Kirche in den also gearteten Sanctus-Ruf der Engel mit einstimmt, bestimmt natürlich das Wesen ihrer Liturgie. Das bedeutet zuerst: der Kultus der Kirche ist nicht die an einen Tempel gebundene Liturgie einer menschlichen Religionsgemeinschaft, sondern ein Kult, der durch den ganzen Kosmos geht, an dem Sonne, Mond und alle Sterne teilnehmen"[64].

> „Der Lobpreis des Menschen kommt erst zum Lobpreis der Engel hinzu, das besagt, daß der Mensch in der Liturgie nur in einem kosmischen Ganzen gesehen wird und daß er nur aus diesem kosmischen Ganzen heraus handelt"[65].

Der Epheser- und Hebräerbrief sowie die Apokalypse „führten Peterson zu den Prinzipien seiner Auffassung von Liturgie, derzufolge die Liturgie auf einer kosmischen Ordnung basiere und Ausdruck dieser kosmischen Ordnung sei"[66].

> „Daß wir uns mit den Engeln im Sanctus vereinen, ist eigentlich eine Unverschämtheit von uns, die nur durch das Mysterium der Menschwerdung entschuldbar ist"[67].

Gerade durch diese Zitate wird die Hinordnung des liturgischen Tuns des Menschen auf die eigentliche, die himmlische Liturgie deutlich. Aber dies bedeutet für Peterson zugleich eine beträchtliche Entwertung menschlicher Lebenswelt. Dabei fallen die Parallelen im Denken Petersons zur platonischen Weltanschauung auf: Diese Welt ist

---

[61] Dies korrespondierte übrigens seiner politischen Einstellung, vgl. NICHTWEISS, Erik Peterson, S. 409.
[62] PETERSON, Von den Engeln, S. 206.
[63] Zitate bei NICHTWEISS, Erik Peterson, S. 409.
[64] PETERSON, Von den Engeln, S. 212.
[65] PETERSON, Von den Engeln, S. 213.
[66] NICHTWEISS, Erik Peterson, S. 408.
[67] So eine Tagebucheintragung Petersons, zitiert bei NICHTWEISS, Erik Peterson, S. 410. Zur Bedeutung der Engel in der Liturgie vgl. VAGAGGINI, Theologie, S. 222-232 (mit Literaturhinweisen). Vgl. zum ganzen auch HOFIUS, Gemeinschaft.

als Abbild jenseitiger Wirklichkeit auf diese hingeordnet[68]. „Die Liturgie ist nach Peterson primär eine Angelegenheit der himmlischen Festversammlung, zu der die irdische Ekklesia hinzutritt (vgl. Hebr 12,22 ff)"[69]. Jede Wertung der Liturgie als Symbolgeschehen, jede in der Geschöpflichkeit des Menschen begründete Bild- und Zeichenhaftigkeit des Gottesdienstes, wie sie etwa das Trienter Konzil noch formulierte (siehe Kapitel 1.3.3.), verbietet sich für ihn angesichts dieses Paradigmas.

> „Der Kult der Kirche stellt also eine *reale* Verbindung mit dem ‚Himmel', mit der Welt, in der die Engel wohnen, her und nicht bloß eine bildliche. Weil im Kult eine reale Verbindung mit der Welt der Engel hergestellt wird, darum hat der Kult der heiligen Kirche dann auch ganz reale Folgen für die Menschen"[70].

Die in Umrissen dargestellte Position Petersons ist sicher differenziert zu bewerten. Zunächst verleiht die kosmische Dimension dieser Sicht von Liturgie etwas Großartiges, denn sie liefert eine Gesamtschau auf Welt und Mensch. Der Mensch erfährt sich in einen auf Gott hin ausgerichteten Kosmos eingebunden. Ein solchermaßen nahezu geschlossenes Weltbild erinnert an die Weltauffassung des Mittelalters[71]. Jedoch dürfen auch kritische Stellungnahmen nicht verschwiegen werden[72]. Christoph Theobald ordnet die Position Petersons dem „apokalyptischen Katholizismus" zu. Als seine Merkmale beschreibt Theobald erstens antimodernistischen Tendenzen, die die moderne Gesellschaft als krank diagnostizieren, zweitens das Festhalten an einem „holistischen" Weltbild[73]. Die Konsequenz dieser Position wäre dann ein Katholizismus im Ghetto, nicht eine Kirche im Dialog mit der Welt, wie es das II. Vatikanische Konzil gefordert hat[74]. Peterson hat zweifellos eine großartige Schau des „Jenseitigen", des Transzendenten, die sich in der Liturgie vermittelt. Der Mensch ist in der Liturgie zwar kein Akteur, wird aber von der himmlischen Liturgie mitgerissen. Die Frage aber bleibt, wie die oftmals als aufgespalten erlebte Wirklichkeit des modernen Menschen mit einer solchen Weltsicht vermittelt werden kann. Die Frage Guardinis nach der Liturgiefähigkeit des modernen Menschen stellt sich angesichts eines solchen Entwurfs desto dringlicher. Daß Peterson selbst diese Zerissenheit spürte, ist deutlich, wenn Barbara Nichtweiss von der „in seinem Leben und Werk durchgehenden, schon in den Göttinger Jahren deutlich ausgeprägten dialektischen Spannung zwischen der asketisch-gnostisch-mystischen und der leiblich-

---

[68] Daß diese zunächst philosophische Denkstruktur liturgietheologische Ansätze bis heute prägen, sei nur am Rande vermerkt. Vgl. die Analyse der Liturgietheologie Ratzingers bei MERZ, Liturgiewissenschaft. Zu Ratzingers differenzierter Kritik vgl. auch KOHLSCHEIN, Liturgiereform.

[69] NICHTWEISS, Erik Peterson, S. 409 im Rekurs auf Petersons Buch von den Engeln.

[70] PETERSON, Über die heiligen Engel, S. 117.

[71] Zumindest wird die Weltauffassung des Mittelalters im Rückblick so umfassend und geschlossen phantasiert. Daß das Erleben der Liturgie im Mittelalter selbst Veränderungen der Denk- und Erlebnisstruktur unterworfen ist, sei hier nur am Rande vermerkt. Vgl. HÄUSSLING, Kosmische Dimension.

[72] Vgl. zur Kritik an Peterson NICHTWEISS, Erik Peterson, S. 426-445.

[73] Vgl. THEOBALD, Glauben, S. 46-48.

[74] So etwa in der Pastoralkonstitution Die Kirche in der Welt von heute „Gaudium et spes", etwa in Art. 1: „Und es gibt nichts wahrhaft Menschliches, das nicht in ihren (d. sind die Jünger Christi, A.O.) Herzen seinen Widerhall fände".

sakramental-kirchlichen Dimsenison christlicher Existenz" spricht[75]. Daß Peterson mit seiner Position alsbald in Widerspruch zur Mysterientheologie Odo Casels geriet, der gerade das Moment subjektiver Erfahrung in der Liturgie wieder zurückzuholen sich bemühte, verwundert kaum[76]. Die Unvereinbarkeit seiner Position mit den Postulaten der Liturgischen Bewegung nach aktiver und tätiger Teilnahme der Gläubigen an der Liturgie wird ebenso deutlich.

Damit ist eine weitere Position ins Gespräch eingeführt, die einer kurzen Darstellung bedarf, nämlich die Mysterientheologie Odo Casels.

2.4. Sakramententheologie innerhalb und „jenseits" der Zeit: Odo Casel [77]

Petersons Position wird nun eine weitere an die Seite gestellt, nämlich die Mysterientheologie Odo Casels. Sie ist der Versuch, die Theologie im Duktus der Tradition der Väter als Sakramententheologie, ausgehend vom Begriff des Mysteriums, zu konzipieren. Sakramente sind dann die „Epiphanie Gottes unter den Menschen"[78]. Es kann hierbei nicht um eine umfassende Darstellung des Caselschen Werkes gehen, sondern ich folge weitgehend der Untersuchung von Arno Schilson[79]. Sie legt nämlich Casels Ansatz auf soziologische Kategorien einer Interaktionssymbolik hin aus[80]. Dies ist insofern von Belang, als die Position Casels mit einem dieser Untersuchung ähnlichen Paradigma versehen wird. Interesseleitend bleibt die Frage, wie denn menschliche Lebenswirklichkeit in den symbolisch-sakramentalen Akt einzugehen vermag. Casel macht in seiner Mysterientheologie die Sakramententheologie zum zentralen Thema der Theologie überhaupt und stellt so die Symbolhandlungen der Kirche in den Mittelpunkt[81]. Dieser Ansatz möchte damit antworten auf die Herausforderungen der damaligen Zeit. Schilson nennt hier als Stichworte etwa Individualismus und Positivismus sowie die Isolierung einzelner gesellschaftlicher Teilbereiche zu Beginn des 20. Jahrhunderts. Die Kehrseite dieser Veränderungen war eine neue Sehnsucht nach Transzendenz, dem Objektiven einerseits, nach Gemeinschaft andererseits[82]. Genau hier ist ein Ansatzpunkt der Mysterientheologie, die gleichwohl Maß am Patristischen Denken nimmt. Ihm wird von Casel eine normative Rolle zuerkannt. Damit bewegt er sich auf dem Boden der Liturgiereformen nach dem

---

[75] NICHTWEISS, Erik Peterson, S. 455.

[76] Vgl. zu dieser Kontroverse NICHTWEISS, Erik Peterson, S. 414-426.

[77] Eine Bibliographie Odo Casels findet sich bei HÄUSSLING, Bibliographie. Vgl. auch NEUNHEUSER, Odo Casels Beitrag, vor allem S. 650, Anm. 5. Eine differenzierte Wertung und Würdigung findet sich bei HÄUSSLING, Odo Casel. Zur geistesgeschichtlichen Einordnung vgl. auch ANGENENDT, Liturgik, S. 63-64 u.ö..

[78] Vgl. dazu HÄUSSLING, Odo Casel, S. 362-364, Zitat hier S. 363.

[79] Vgl. auch sonstige Untersuchungen zu Casel, so WINKELMANN-JAHN, Fülle der Zeit, und KRAHE, Der Herr ist Geist.

[80] So das Programm bei SCHILSON, Theologie als Sakramententheologie, S. 13.

[81] Ein Forschungsüberblick zur Mysterientheologie bei SCHILSON, Theologie als Sakramententheologie, S. 27-42. Eine Zusammenfassung und Kritik auch bei FREYER, Sakrament, S. 244-249.

[82] SCHILSON, Theologie als Sakramententheologie, S. 50-57.

Konzil von Trient – und bereitet mit seinem Denken die Liturgiereform des II. Vatikanischen Konzils vor[83].

Für den hier zu entwickelnden symboltheoretischen Ansatz ist die Zuordnung von Subjektivität und Objektivität bei Casel bemerkenswert, die sich von der Position Petersons unterscheidet. Ein Zitat soll dies verdeutlichen:

> „Die Erlösung Christi muß also auch an uns Wirklichkeit werden. Dies aber geschieht nicht durch eine bloße ‚Applikation', bei der wir uns rein passiv verhielten, durch eine ‚Rechtfertigung' rein aus dem ‚Glauben' oder durch eine Zuwendung der Gnaden Christi, bei der wir nur negativ die Hindernisse wegzuräumen hätten, um sie zu empfangen. Sondern es ist eine lebendige, tätige Teilnahme an der Erlösungstat Christi notwendig, die passiv ist, insofern als der Herr sie an uns wirkt, aktiv, insofern als wir tätig daran durch eine Handlung teilnehmen. Dem Wirken Gottes an uns *(opus operatum)* soll unser in Gott gnadenhaft vollzogenes ‚Mitwirken' *(opus operantis)* entsprechen"[84].

Dieses Mitwirken an den Heilsgeheimnissen, bei denen „Gott und Mensch wahrhaft Mitarbeiter"[85] sind, ist für Casel in den Mysterien des Kultes möglich. Hier kommt dem Menschen also eine grundsätzlich andere Rolle zu als bei einer Liturgie, die bloß „Hinzutreten zur himmlischen Liturgie" ist, wie dies Peterson beschrieb. Doch reicht dies aus? Die einzig angemessene subjektive Dimension bleibt für Casel die persönliche Ergriffenheit vom heiligen Pneuma, die ganz auf das Objektive bezogen ist: die Offenbarung Gottes in Jesus Christus[86]. Damit ist Casel zwar bemüht, die subjektive Dimension der Liturgie zurückzugewinnen, doch sie bleibt auf die Erfahrung des Glaubens, der Liturgie bezogen. Casel schreibt:

> „Die großen Erlösungstatsachen gilt es zu begehen und sich anzueignen, nicht bloß etwa das irdische Leben des Herrn in seinen Einzelheiten gemütvoll zu betrachten und nachzuahmen. Das könnte auch ein Nichtgetaufter, aber christlich und katholisch ist es, das Mysterium Christi zu feiern. Und zwar mitzufeiern in einer ganz konkreten, unmittelbaren, göttlich-großen Weise. Nicht durch unsere eigenen Gedanken – wie ohnmächtig sind sie gegenüber den Taten Gottes! – sondern in der Kraft des Pneumas Gottes. Und auch dies wiederum nicht in bloßen Erleuchtungen und Gnadengaben, sondern in objektiver, pneumatischer Wirklichkeit"[87].

Die eigene Lebenserfahrung, die natürlich nicht in Gegensatz zur Erfahrung der Transzendenz gebracht werden darf, sich vielmehr, wie zu zeigen sein wird, in symbolischer Erfahrung mit dieser verbindet, fließt bei Casel, wie die Zitate belegen, noch nicht in die persönliche Ergriffenheit vom heiligen Pneuma mit ein – die pneumatische Wirklichkeit meidet alles Subjektive. Dies hängt mit den philosophischen Implikationen bei Casel zusammen. Wenn er etwa von „göttlichen Urbild" spricht, zeigt sich zumindest in der Begrifflichkeit eine platonische Färbung seiner

---

[83] So der Hinweis bei HÄUSSLING, Odo Casel, S. 360 (unter Verweis auf G. Wainwright). Vgl. SCHILSON, Theologie als Sakramententheologie, S. 98-108. Zur „Norm der Väter" bei den Liturgiereformen vgl. HÄUSSLING, Liturgiereform. Materialien, S. 38 u.ö.

[84] CASEL, Kultmysterium, S. 31.

[85] CASEL, Kultmysterium S. 31.

[86] Vgl. SCHILSON, Theologie als Sakramententheologie, S. 111.

[87] CASEL, Kultmysterium, S. 94.

Denkstruktur[88]. Dabei bleibt die Frage, inwieweit Casel letztlich dualistischen Tendenzen verhaftet bleibt, wenn er den Menschen als Ebenbild Gottes in platonischen Kategorien versteht: Der Mensch als „Abbild Gottes" wird als Abbild des Urbildes (Gott selbst) verstanden. Die leiblich-geistige Seinsweise des Menschen, seine geschichtliche Dimension, ist dann in Gefahr abgewertet zu werden[89]. Theologie wird von hierher als Gnosis konzipiert: Um das göttliche Urbild zu schauen, zu erkennen, bedarf es des Symbolischen[90]:

> „Wir feiern pneumatische Feste, die gebunden sind an natürliche Zeichen, die aber Symbole für himmlische Dinge sind. Denn im Pneuma sind wir in der Ewigkeit, dem Leibe nach noch in der Zeitlichkeit"[91].

Über den Symbolbegriff holt Casel allerdings die leib-geistige Verfassung des Menschen wieder ein: Gerade das Sakrament hat „die rechte Mitte zwischen überspitztem Materialismus und einem, jenem oft parallel gehenden, materialistischen Ultrarealismus" gewahrt[92]. Casel knüpft hier an den antiken Symbolbegriff an, der im Symbol die Wirklichkeit sieht und besitzt[93]. Die Objektivität dieses antiken Symbolbegriffes möchte Casel hier retten, das Realsymbol zurückgewinnen: das Symbol hat nicht nur Verweischarakter, sondern ist Bild und Teilhabe des Symbolisierten. Damit bleibt Casel einer platonischen Denkfigur verhaftet[94], bei der die Differenz zwischen dem Pascha-Mysterium und seiner Präsenz in der aktuell feiernden Gemeinde nivelliert wird[95]. Die Symbolwirklichkeit ist für Casel eine liturgische. Damit ist der „eigentliche Ort der ganzheitlichen Gnosis und damit der klassische ‚locus theologicus' (...) die Liturgie der Kirche"[96]. Die erlebte liturgische Symbolwirklichkeit wird für Casel zur Erfahrungsgrundlage, christliche Existenz so liturgisch-sakramental begründet[97]. Häussling stellt zwar die Nähe von Fragestellungen Casels zur modernen Sakramententheologie fest, kommt aber letztlich zu dem Schluß: „Sein Akzent lag eben doch anders: ihm ging es darum, daß und wie Gott kraft des Geistes des Auferstandenen in der Kirche handelt. Er nahm diese Spur wahr, wo Heutige eher davon betroffen und fasziniert sind, wie die von solchem Handeln

---

[88] Vgl. SCHILSON, Theologie als Sakramententheologie, S. 116-117. Vgl. zur Zuordnung von Symbol und platonischer Weltsicht bei Casel SCHMID-KEISER, Aktive Teilnahme, S. 235.

[89] Vgl. dazu SCHILSON, Theologie als Sakramententheologie, S. 185-189.

[90] Zum Gnosisbegriff als platonischer θεωρία Gottes vgl. SCHILSON, Theologie als Sakramententheologie, S. 109-113. FREYER, Sakrament, S. 245, macht zudem darauf aufmerksam, daß die heidnischen Kultmysterien und deren zyklisch-naturalistische Zeitlosigkeit sogar „in Form eines *systematisch-methodischen Apirori* in sein Konzept des Kultmysterium" eingegangen seien. Die fehlende Einbeziehung der jüdischen Komponente des Christentums ist das große Manko.

[91] CASEL, Kultmysterium, S. 175.

[92] SCHILSON, Theologie als Sakramententheologie, S. 275-277, Zitat von Casel hier S. 276.

[93] Vgl. SCHILSON, Theologie als Sakramententheologie, S. 127.

[94] Vgl. SCHILSON, Theologie als Sakramententheologie, S. 279-301. Vgl. FREYER, Sakrament, S. 248.

[95] So die Wertung bei FREYER, Sakrament, S. 246.

[96] SCHILSON, Theologie als Sakramententheologie, S. 126.

[97] Vgl. SCHILSON, Theologie als Sakramententheologie, S. 134-147; S. 150-184. Zum Begriff der Erfahrung bei Casel als Antrieb des Pneuma vgl. KRAHE, Der Herr ist Geist 2, S. 315-330. Zu den Auswirkungen Casel'schen Denkens etwa auf Begriff und Sache der tätigen Teilnahme aller Gläubigen vgl. SCHMID-KEISER, Aktive Teilnahme, S. 204-237.

Gottes berührten und daran – wie auch immer – beteiligten Menschen sich verhalten oder verhalten sollten"[98]. Dies ist der Unterschied zum Erfahrungsbegriff, der im Anschluß an Edward Schillebeeckx dieser Untersuchung zugrunde liegt (siehe Kapitel 4)[99]. Nach dem hier zu entwickelnden Ansatz mündet es in eine Sackgasse, engt man menschliche Erfahrung, so sie konstitutiv in den Glauben eingehen kann, auf die Feier der Liturgie ein. Gerade die (für das Symbol notwendige) Spannung der Differenz zwischen Leben und Glauben droht dann verloren zu gehen[100]. Macht die Mysterientheologie zwar den Versuch, auf Bedürfnisse und Herausforderungen der Zeit zu antworten („innerhalb der Zeit"), liegt Casels Theologie letztlich „quer zur Geschichte, zur Welt und ihrer Zeit" („jenseits der Zeit")[101]. Eine Theologie der Zeit wird hier zum Problem[102]. Casel macht nicht in derselben Konsequenz wie Peterson die „himmlische Liturgie" zum Paradigma. Anders gesagt: Gott handelt geschichtlich, und der Mensch ist „je und je Zeitgenosse des Handelns Gottes"[103]. Geschichte als Lebensgeschichte und menschliche Erfahrung können in diesem Ansatz noch nicht adäquat gedacht und in das Symbolgeschehen eingebracht werden. Dies soll weniger Kritik sein, als vielmehr deutlich machen, daß Casel zeitbedingt seinen eigenen Fokus auf das liturgische Leben der Kirche hatte, und daß dies nicht in allem mehr heutigen Fragestellungen entspricht. Beachtenswert scheint indes, daß die grundlegende Problemstellung, nämlich die Frage nach der Zuordnung von Mensch und Glauben, Liturgie und Leben mit dem Ansatz von Odo Casel deutlich benannt ist. Damit gilt, was Häussling über Odo Casels Theologie schrieb: „Doxologie, so lehrt es Odo Casel neu, ist eine kritische Instanz der Theologie. Trotzdem, so müssen wir heute beifügen: es läßt sich von Gott nicht einfach ohne den Menschen reden; oder: man wird umsichtiger von Gott reden müssen, als dies der Theologe Odo Casel (noch) tun konnte"[104].

---

[98] HÄUSSLING, Odo Casel, S. 366.

[99] Nichtsdestotrotz wertet Schilson Casel als Vordenker jüngerer Sakramententheologie, zu deren Vertretern dann auch Schillebeeckx gehört. Vgl. SCHILSON, Theologie als Sakramententheologie, S. 272. Zum Verhältnis von Casels Mysterientheologie und der „anthropologischen Wende" der Theologie vgl. auch HÄUSSLING, Odo Casel, S. 361-362.

[100] So versuchen die folgenden Überlegungen einen Brückenschlag in die Humanwissenschaft der Psychoanalyse. Damit ist ein anderer anthropologischer Zugang erschlossen als bei HAHNE, Gottes Volksversammlung, S. 239-282. Dort handelt es sich um einen Rekurs auf *biblische* Anthropologie, von der her eine Brücke zur Lebenswelt des modernen Menschen geschlagen wird.

[101] So die Wertung von SCHILSON, Theologie als Sakramententheologie, S. 319. Gerade in diesem Zusammenhang macht Meyer auf den Ansatz von C. Giraudo aufmerksam, der denkerisch eng an Casel anschließt, aber stärker als Casel eine biblische, somit geschichtliche Grundlegung eines Mysterienverständnisses versucht. Vgl. dazu MEYER, Odo Casels Idee. MEYER, Odo Casels Idee, S. 395 macht auch hier auf die Gefahr eines Liturgieverständnisses ohne die Welt und ihre Geschichte aufmerksam. Zum Casel'schen Zeit- und Geschichtsverständnis vgl. KRAHE, Der Herr ist Geist 1, S. 169-192. Daß Casels Geschichtsverständnis durchaus ambivalent bleibt, macht der Hinweis von HÄUSSLING, Odo Casel, S. 368-369, deutlich: Gott ist bei Casel streng heilsgeschichtlich Handelnder – mit dem Menschen.

[102] Vgl. FREYER, Sakrament, S. 247. Freyer entwirft im Gegenzug seinen liturgisch-ästhetischen Ansatz, vgl. dazu auch die Hinweise auf Josef Wohlmuth in Kapitel 4.2..

[103] Vgl. HÄUSSLING, Odo Casel, S. 368-370, Zitat hier S. 369.

[104] HÄUSSLING, Odo Casel, S. 362.

Der Hinweis auf den Einfluß, den die Theologie Casels auf die Liturgiekonstitution des II. Vatikanischen Konzils übte, führt zu einer weiteren Facette, die in das Bild traditioneller Wertungen der Liturgie eingetragen werden soll, nämlich die Wertung und Einordnung des Paradigmas der himmlischen Liturgie durch die Liturgiekonstitution des II. Vatikanischen Konzils.

2.5. Himmlische Liturgie: Eine Kategorie innerhalb der Liturgiekonstitution

Die Liturgiekonstitution hat als Paradigma der nachfolgenden Liturgiereform die tätige, volle und bewußte Teilnahme an der Feier des Pascha-Mysteriums (SC 6b und SC 14) bestimmt (siehe Kapitel 4.3.). Sie rekurriert aber auch auf das Paradigma der „himmlischen Liturgie" und beruft sich dazu auf den Hebräerbrief. Deshalb sollen nun beide näher beleuchtet werden. Zunächst geht es darum, dem Paradigma der himmlischen Liturgie in der Genese der Liturgiekonstitution nachzuspüren und seinen Stellenwert anzugeben. In einem weiteren Kapitel soll dann der Hebräerbrief näher beleuchtet werden, der sich ja des Bildes des Himmels mit Hilfe auch gottesdienstlicher Kategorien bedient (etwa Hebr 8).
Der Artikel 8 der Liturgiekonstitution lautet:

> „In der irdischen Liturgie nehmen wir vorauskostend an jener himmlischen Liturgie teil, die in der heiligen Stadt Jerusalem gefeiert wird, zu der wir pilgernd unterwegs sind, wo Christus sitzt zur Rechten Gottes, der Diener des Heiligtums und des wahren Zeltes (...) In der irdischen Liturgie singen wir dem Herrn mit der ganzen Schar des himmlischen Heeres den Lobgesang der Herrlichkeit. In ihr verehren wir das Gedächtnis der heiligen und erhoffen Anteil und Gemeinschaft mit ihnen. In ihr erwarten wir den Erlöser, unseren Herrn Jesus Christus, bis er erscheint als unser Leben und wir mit ihm erscheinen in Herrlichkeit" (SC 8).

Angelus Häussling macht darauf aufmerksam, daß dieses Paradigma erst im 8. Artikel eingeführt werde und nicht schon vorher. Die Liturgiekonstitution, so Häussling weiter, „mindert aber das Befremdliche dieses Hinweises gleich durch einen erneuten Verweis auf die Bedingungen der menschlichen Existenz in der folgenden Text-Nr. 9."[105]. Dort wird sozusagen das Vorfeld liturgischen Tuns thematisiert, nämlich Glaube und Bekehrung sowie die Rolle der kirchlichen Verkündigung. Sie hat an der jeweiligen Situation Maß zu nehmen. Artikel 9 unterscheidet hier Nicht-Glaubende und Glaubende, die jeweils unterschiedlicher Aktivitäten der Kirche bedürfen. Wie ist der Rekurs auf die himmlische Liturgie näher zu bewerten? Zunächst stellt er im Duktus des 8. Artikels die Liturgie unter den eschatologischen Vorbehalt. Das Bild himmlischer Liturgie wäre dann schlicht Ausdruck des in seiner Vollendung noch ausstehenden Reiches Gottes, das wachend und betend erwartet wird[106]. Aber die Sachlage ist vielschichtiger. Eine nicht unerhebliche Textänderung bei der Entstehung

---

[105] HÄUSSLING, Liturgiereform und Liturgiefähigkeit, S. 5, Anm. 6

[106] Damit wäre eine Dimension der authentischen Jesusverkündigung eingefangen. Zur eschatologischen Ausrichtung der Reich-Gottes-Botschaft Jesu vgl. MERKLEIN, Gottesherrschaft, und MERKLEIN, Jesu Botschaft.

des Artikels 8 der Liturgiekonstitution spiegelt die Schwierigkeiten mit diesem Bild wider, die schon bei den Beratungen um die Liturgiekonstitution auftauchten. Sie zeigen zugleich die Bemühung, die Rede von der himmlischen Liturgie nicht als Abwertung irdischer Wirklichkeiten oder, anders gesagt, in einem platonischen Denkmuster des Urbild-Abbild-Schema erscheinen zu lassen. Im ursprünglichen, im April 1961 vorbereiteten Schema hieß es im Artikel „Liturgia terrena et cultus caelestis" (nach damaliger Zählung Artikel 6):

> „Terrena igitur liturgia est praelibatio caelestis illius quae vere eadem est: ‚cum omni militia caelestis exercitus hymnum gloriae Domini canimus'. Sed cum Christus apparuerit vita nostra, tunc et nos apparebimus cum ipso in gloria"[107].

Hier wird in der Überschrift terminologisch unterschieden: Dem Himmel wird der Begriff Kult zugeordnet („cultus caelestis"), der Erde der Begriff Liturgie („liturgia terrena"). Beide werden sodann mit einem leicht veränderten Zitat des Praefationstextes („cum omni militia caelestis exercitus hymnum gloriae tuae canimus") aufeinander bezogen. Damit ist eine wichtige Weichenstellung getan, denn das Präfationszitat holt die Ebene der Gebetssprache ein, auf deren Hintergrund die Aussage zu verstehen ist: Die Menschen singen mit dem himmlischen Heer das Lob Gottes. Der himmlische Kult (nicht: die himmlische Liturgie) wird ausdrücklich als Lobpreis definiert („hymnum gloriae Domini"). Dies ist folglich eine Ausdeutung des Symbolgehalts der Liturgie selbst: Sie vollzieht sich in Gemeinschaft mit den himmlischen Mächten, das heißt in ihrer Hinordnung auf die Transzendenz Gottes selbst. Der Akzent liegt dabei deutlich auf der irdischen Liturgie, die es zu beschreiben gilt. Sie wird gedeutet in ihrer Hinordnung auf den himmlischen Lobpreis, also die eschatologische Vollendung des Reiches Gottes.

Das Schema, das am 26.3.1962 zur Diskussion vorgelegt wurde, brachte nun einen veränderten Textentwurf, aber wählte in Anlehnung an die Vorlage unter der Überschrift [... quae est caelestis Liturgiae praelibatio] die Formulierung:

> „In terrena Liturgia caelestem illam praelibamus, quae in sancta civitate Ierusalem (...) celebratur..."[108].

Die Differenzierung zwischen Liturgie als irdischer und Kult als himmlischer Größe wird nun aufgegeben. Es handelt sich nicht um zwei getrennte Wirklichkeiten, sondern um die Einheit beider und ihre gegenseitige Bezogenheit. Die himmlische Liturgie ist dabei Interpretament der irdischen. Zur Verdeutlichung dieses Sachverhalts wird denn auch ein neues Bild eingeführt, das Bild des himmlischen Jerusalem. Das *praelibamus* (wir kosten im voraus) rückt jedoch in Verbindung mit dem Bild des himmlischen

---

[107] Textedition bei BRAGA, La genesi, S. 408-412, hier S. 410. Zur weiteren Entstehungsgeschichte dieser Textstelle vgl. auch BRAGA, La seconda redazione, hier S. 104 und 121. Vgl. zu den Beratungen bis hin zur endgültigen Textfassung BRAGA, Il primo capitolo. Braga führt noch andere Textvarianten von A.-G. Martimort und der Subkommission auf. Martimorts Entwurf lautete: „In sacra ergo liturgia iam aspicimus civitatem Ierusalem novam et nostra conversatio in caelis est ubi Christus est in dextera Dei sedens..." (ebd. S. 104). Hier wird die (irdische) Liturgie als eschatologisches Verweiszeichen deutlicher als im dann vorgelegten Schema.

[108] Acta et Documenta 2,2,3, S. 29, Artikel 4.

Jerusalem die himmlische Liturgie als die eigentliche ins Zentrum. Gemäß des Urbild-Abbild-Schemas wird die irdische Liturgie zum Vorauskosten der eigentlichen, himmlischen Liturgie, auf der - so verstanden - dann das Schwergewicht liegt.
Auch diese Textfassung genügte den Konzilsvätern nicht. Das Schema, das der 30. Generalversammlung am 29.11.1962 vorgelegt wurde, legte diese Textstelle wiederum in überarbeiteter Form vor, die aber nun die endgültige blieb:

> „In terrena Liturgia caelestem illam praegustando participamus, quae in sancta civitate Ierusalem (...) celebratur..."[109].

Durch die Änderung des *praelibamus* in die Wortwahl *praegustando participamus* (vorkostend haben wir Anteil) werden himmlische und irdische Liturgie nochmals stärker aufeinander bezogen: Schon die irdische Liturgie *ist* die himmlische im Modus der (symbolischen) Teilhabe. Zugleich aber ist die Liturgie hier in ihrer Vorläufigkeit auf die eschatologische Vollendung hin verwiesen. Die „himmlische Liturgie" wird damit zum Bild der Eschatologie und hält auch die Vorläufigkeit liturgischen Tuns wach. Liturgie ist wie christliche Existenz überhaupt unter den eschatologischen Vorbehalt gestellt. Diesen Sachverhalt wird die vorliegende Untersuchung, nun losgelöst vom Bild der himmlischen Liturgie, symboltheoretisch als symbolische Differenz wieder einholen (vgl. Kapitel 6.3.1.). Mit den Worten von Albert Gerhards: „Liturgie ist nicht die Verwirklichung der Koinonia, sondern dient ihrer eschatologischen Verwirklichung"[110].
Die Liturgiekonstitution nimmt erneut im Zusammenhang mit der Stundenliturgie in Artikel 83 auf die himmlische Liturgie Bezug:

> „Als der Hohepriester des Neuen und Ewigen Bundes, Christus Jesus, Menschennatur annahm, hat er in die Verbannung dieser Erde jenen Hymnus mitgebracht, der in den himmlischen Wohnungen durch alle Ewigkeit erklingt."

Diese Wendung war schon im Schema propositum vom 30.3. 1962 enthalten und als Zitat der Enzyklika „Mediator Dei" von Papst Pius XII. kenntlich gemacht[111]. Nicht zuletzt diese hohe Autorität ließ den Satz unverändert bis in die endgültige Fassung der Liturgiekonstitution gelangen[112]. Mit dem Hinweis auf die Verbannung dieser Erde wird auch die Stundenliturgie eschatologisch ausgerichtet: Symbolisch eröffnet sie einen Raum der Transzendenz, in dem Bilder des Reiches Gottes („himmlische Wohnungen") ihren Ort haben.
Der Blick in die Entstehung des 8. Artikels der Liturgiekonstitutin zeigt, daß das Konzil mit dem Bild der himmlischen Liturgie ein anderes Denkschema bemühen möchte als ein einfaches Urbild-Abbild-Schema in platonischem Sinne. Es zeigt sich vielmehr das Bemühen, über das Bild der himmlischen Liturgie die Liturgie insgesamt eschatologisch zu qualifizieren, um so einen unverzichtbaren Symbolgehalt christ-

---

109 Acta Synodalia 1,3, S. 697, Artikel 8. Vgl. zum Prozeß hin zur Endfassung BRAGA, Il primo capitolo.
110 So GERHARDS, Koinonia, These 4, S. 114.
111 Text in den Acta et Documenta 2, 2, 3, S. 317 und Anmerkung 1, S. 322.
112 Vgl. die Gegenüberstellung von Schema und endgültigem Text in den Acta Synodalia 2, 3, S. 117.

licher Liturgie festzuhalten. Das Umfeld des 8. Artikels zeigt dabei, daß dem Konzil keineswegs daran gelegen war, mit dem Rekurs auf die himmlische Liturgie die reale Wirklichkeit irdischer Liturgie wie ihrer menschlich-sozialen Bedingtheiten abzuwerten.

Der ausdrückliche Bezug auf den Hebräerbrief durch die Liturgiekonstitution macht es notwendig, nun auf den Hebräerbrief selbst einzugehen und ihn als Abschluß der Beschreibung traditioneller Vorgaben zur Sprache zu bringen. Dies geschieht jedoch im Hinblick auf die theologische Positionierung dieser Arbeit in Kapitel 4 durch die Interpretation des Hebräerbriefes, wie sie Edward Schillebeeckx vorgelegt hat.

2.6. Die „Himmlische Liturgie" nach den Aussagen des Hebräerbriefs

Wenn die Liturgiekonstitution sich in Artikel 8 auf den Hebräerbrief (Hebr 8,2) bezieht, stellt sich nun die Frage, welches denn die Position des Hebräerbriefes bezüglich der himmlischen Liturgie eigentlich sei. Ich möchte im folgenden neben dem Rekurs auf die exegetische Forschung[113] die Deutung von Edward Schillebeeckx vorstellen, womit das 4. Kapitel vorbereitet wird. Schillebeeckx stellt seine Ausführungen in seinem Buch „Christus und die Christen" ausdrücklich in den Kontext von Betrachtungen über die Liturgie. Er nimmt dort zur himmlischen Liturgie Stellung und fügt dies in den Zusammenhang seiner Deutung des Hebräerbriefes ein unter dem Titel „Die Welt der Zukunft als die große Gnade Gottes"[114]. Ein Abschnitt ist wie folgt überschrieben: „Kirche Gottes auf Erden als Teilnahme an der himmlischen Liturgie Jesu"[115]. Diese Interpretation soll im folgenden anhand des neueren Forschungsstandes vorgestellt und diskutiert werden. Zunächst sei die entscheidende Aussage des Hebräerbriefes erwähnt.

> „Hauptsache aber bei dem Gesagten (ist): Wir haben einen solchen Hohenpriester, der sich zur Rechten des Thrones der Majestät in den Himmeln gesetzt hat, ein Diener am (himmlischen) Allerheiligsten und am (ganzen) wahren Zelt, das der Herr errichtet hat, nicht ein Mensch" (Hebr 8, 1-2)[116].

Der Hebräerbrief, auf den sich die Liturgiekonstitution beruft, rekurriert auf das geschichtlich einmalige, aber gerade geschichtliche Lebensopfer Jesu im Geschehen um seinen Tod und seine Auferstehung[117]. Diesem Geschehen folgt die ewige Sabbatruhe, das heißt sein bei Gott sein:

---

[113] Vgl. GRÄSSER, An die Hebräer.

[114] Vgl. SCHILLEBEECKX, Christus und die Christen, S. 226-281. Das Unterkapitel „Jesu himmlische Liturgie: ewigwährende Fürsprache" ebd. S. 260-262.

[115] Vgl. SCHILLEBEECKX, Christus und die Christen, S. 263-266.

[116] Hebr 8, 1-2, in der Übersetzung von GRÄSSER, An die Hebräer 2, S. 76 (dort mit Verszählung).

[117] Vgl. auch GRÄSSER, An die Hebräer 2, S. 74-76, der auf die eschatologische Einmaligkeit des Kreuzesopfers Jesu abhebt, zugleich aber die Spannung aufweist, die das Endes des kultischen Opfers verbindet mit der weitergehenden menschlichen Geschichte, die Opfer fordert. In einem Zitat von Josuttis beschreibt Grässer, daß die Chöre der Engel das Lob der göttlichen Herrlichkeit auch über den Gaskammern von Auschwitz singen. Diese Spannung dürfte wohl seit Auschwitz menschliche Rede von Gott nicht mehr verlassen. Vgl. zum Hebräerbrief auch kurz HOFIUS, Gemeinschaft, S. 190-193.

„Der Hebräerbrief gibt eine Theologie des Leidens und des himmlischen Sieges oder der himmlischen ‚Ruhe'. Die Auferstehung wird vorausgesetzt, findet aber als solche keine Beachtung. Der himmlische Hohepriester *sitzt*, der jüdische Hohepriester *steht* (...). Das heißt, der auferstandene Jesus, der Christus, feiert die Liturgie der ewigen Sabbatruhe. (...) Der Betriebsamkeit des täglichen jüdischen Morgen- und Abendopfers, der Geschäftigkeit der jährlichen Schlachtungen am Kippurfest stellt der Hebräerbrief das eine und einzige Lebensopfer Jesu gegenüber, auf das eine ewige Sabbatruhe folgt, das heißt ‚bei Gott sein' (...)"[118].

Die himmlische Liturgie Jesu besteht dann aber nicht mehr in Kulthandlungen oder neuen Opfern, sondern in ewigwährender Fürsprache im Angesicht des einmaligen Opfers.

„*Vollendete* Liturgie ist *himmlische* Liturgie, wirklicher Zugang zum himmlischen Gott; priesterlicher Dienst an der ‚Welt der Zukunft', dem zweiten Äon (...). Im Himmel *opfert* Jesus nicht *mehr* (im Gegensatz zu späteren theologischen Opfertheorien, die man gerade auf den Hebräerbrief gründen will). Doch verrichtet er priesterlichen Dienst, nämlich: *auf der Grundlage* des vollbrachten Lebensopfers (...) *vermittelt* der jetzt sitzende Jesus (...), ‚indem er für uns eintritt' ..."[119].

Damit kann die irdische Liturgie als Teilnahme an der himmlischen, zumindest in ihrer Opferkategorie, nicht in einem Urbild-Abbild-Schema adäquat beschrieben werden. Die irdische Liturgie ist nicht bloß Hinzutreten zur himmlischen, weil die himmlische Liturgie selbst auf das *irdische* Jesusgeschehen, seinen Tod und seine Auferstehung, sein Pascha, bezogen bleibt. Die himmlische Liturgie ist keine Opferliturgie mehr. Der Hebrärbrief denkt „nicht an einen besonderen ‚himmlischen' Kult des Erhöhten. Sondern er denkt an den als eschatologisches Opfer gedeuteten Kreuzestod (...) und legt dabei alles Gewicht auf das Hineingehen Jesu ins himmlische Allerheiligste, also in die unmittelbare Nähe Gottes selbst"[120]. Beide Liturgien, die himmlische wie die irdische, beziehen sich auf das geschichtliche Lebensopfer Jesu.

„Als Teilnahme an der himmlischen Liturgie Jesu ist die kirchliche Liturgie auf Erden für den Hebräerbrief ein Lob- und Dankopfer." Die „(...) kirchliche Liturgie" ist „eine Teilnahme an der *himmlischen* Liturgie Jesu (...), die kein Opferkult mehr ist, sondern *auf der Grundlage* des historischen Lebensopfers Jesu eine ewigwährende Fürsprache bei Gott"[121].

Das Denksystem des Hebräerbriefes ist hierbei durchaus durch die Apokalyptik gefärbt, die eine Art platonischer Parallelsetzung von Himmel und Erde postuliert[122]. Dennoch wird deutlich: Die irdische Liturgie ist *Teilhabe* an der himmlischen, nicht *Abbild*: Teilhabe an der Fürbitte Jesu, denn sonst bedürfte es keines Gebetes mehr. Sie ist keinesfalls Abbild eines sich im Himmel vollziehenden Opferkultes, bleibt vielmehr wie die himmlische auf einen historischen Kern bezogen: das geschichtlich

---

118 Vgl. SCHILLEBEECKX, Christus und die Christen, S. 258.
119 SCHILLEBEECKX, Christus und die Christen, S. 261.
120 GRÄSSER, An die Hebräer 2, S. 85.
121 SCHILLEBEECKX, Christus und die Christen, S. 266.
122 Zum Dualismus des Hebräerbriefes vgl. die Hinweise bei GRÄSSER, An die Hebräer 2, S. 61; S. 87-89; S. 115.

einmalige Lebensopfer Jesu in Kreuz und Auferstehung[123]. Deshalb bedarf es der Versammlung der feiernden Kirche, der Verkündigung, um die Memoria des Pascha Christi vollziehen zu können.
Die Linie, die schon anhand der Liturgiekonstitution aufgezeigt werden konnte, wird nun deutlicher. Aus dem bisher Gesagten kann das Paradigma der „himmlischen Liturgie" zu Recht verwendet werden, wenn damit die eschatologische Dimension des Glaubens symbolisch eingeholt werden soll. Eine reale, nach einem einfachen Urbild-Abbild-Schema gedachte Größe liegt dabei nicht auf der Linie, die sich vom Hebräerbrief bis zur Liturgiekonstitution aufweisen läßt, und erweist sich als unkompatibel mit dem im folgenden zu entwickelnden Ritualbegriff. Denn es geht immer auch um Geschichte: die Geschichte des Menschen, der ja in der Liturgie Gott feiernder ist, und um die Geschichte Jesu, dessen einmaliges historisches Lebensopfer Grundlage der irdischen wie der himmlischen Liturgie nach dem Verständnis des Hebräerbriefes ist. Die Kategorie der himmlischen Liturgie erscheint dann als fraglich, wenn sie dazu dient, menschliche Lebenswirklichkeit auszublenden. Sie ist jedoch eine unverzichtbare Kategorie, wenn auf symbolischer Ebene der eschatologische Vorbehalt und die eschatologische Zieldimension liturgischen Tuns benannt und die Transzendenz Gottes symbolisiert werden soll. Dann wird das Paradigma der himmlischen Liturgie zur Korrektur einer fragwürdigen platten Alltäglichkeit im Gottesdienst[124]. Birgt eine rein jenseitige Wertung der Liturgie die Gefahr, den Menschen mit seiner Lebensrealität über der großartigen Schau des Jenseitigen zu vergessen, so ist die entmystifizierende Reduktion auf Alltäglichkeit das andere Extrem: der Verlust der Transzendenz. Bei beiden Extremen würde der Gottesdienst der Kirche belanglos. Deshalb versuchen Begriff und Sache des Symbolischen, die Schwebe zu halten zwischen einer platten Auflösung ins Alltägliche und einer welt- und menschenvergessenden rein „jenseitigen", aber von menschlicher Lebensrealität gänzlich abgekoppelten Liturgie.
Bevor im nächsten Kapitel die Herausforderungen menschlicher Lebenswelten beschrieben werden, an denen sich liturgisches Leben wie eine Theorie des Rituals zu bewähren haben, soll eine Konkretion des traditionellen liturgischen Paradigmas anhand des Meßordo der Zeit um 1000 vorgenommen werden.

---

[123] In die gleiche Richtung zielt die Auswertung des Hebräerbriefes auf Fragen des Gottesdienstes durch KNOCH, Überlegungen, mit dem Gesamtergebnis: „... der Verfasser des Hebräerbriefs hält Gottesdienst und Sakramente für wesenhaft zur christlichen Glaubenswirklichkeit gehörend. Das gilt auch für die Eucharistiefeier, solange sie nicht magisch mißverstanden oder als Ersatz für den christlichen Lebensvollzug und das Glaubenszeugnis in der Welt angesehen wird" (ebd. S. 187). In die gleiche Richtung geht auch GRÄSSER, An die Hebräer 2, S. 213.
[124] So etwa die Hinweise bei RATZINGER, Fest. Ebd., S. 122-123, übrigens ein Rekurs auf Peterson anläßlich der Ausführungen zur Zelebrationsrichtung.

2.7. Eine Konkretion: „me peccatorem a tua non repellas pietate". Akzentsetzungen des Rheinischen Messordo als Ausdruck priesterlicher Frömmigkeit

Versucht man, einzelne Aspekte in der Entwicklung der Messe in mittelalterlicher Zeit nachzuzeichnen, stößt man unweigerlich auf die soziokulturellen Bedingungen, die den Gottesdienst prägen und in Wechselwirkung zu Form und Gehalt liturgischer Frömmigkeit stehen. Dies kann an der Ausgestaltung des Messordo festgemacht werden, der sich ungefähr um die Jahrtausendwende in einer neuen Grundform präsentiert. Es handelt sich um den sogenannten Rheinischen Meßordo, der wohl zwei Vorgängerformen, den Apologientypus und den Fränkischen Typus, ablöst. Es ist hier nicht der Ort, seine immer noch in weiten Teilen im Dunkeln liegende geschichtliche Entwicklung nachzuzeichnen[125]. In diesem Zusammenhang interessiert vielmehr ein im Rheinischen Meßordo deutlich zutage tretendes Phänomen, nämlich seine Ausrichtung auf die Privatfrömmigkeit des Priesters. Sie ist eingebunden in eine Verhältnisbestimmung himmlischer und irdischer Liturgie, die nun deutlich werden soll. Dabei stellt sich das bekannte methodische Problem, welchen Informationswert die liturgischen Quellen tatsächlich besitzen[126]. Schildern sie die Intention des Autors oder die tatsächlich gefeierte Liturgie? Was berichten sie nicht? Und berichten sie etwas nicht, weil es als selbstverständlich vorausgesetzt wird oder weil es gerade verschwiegen werden soll? Die folgende Konkretion interessiert sich, um diese methodischen Schwierigkeiten zu umgehen, für die im Meßordo auftauchenden Phänomene, unabhängig von ihrer tatsächlichen Praxis. Welche Bedeutung hat es, daß nun eine neue Grundform des Meßordo entsteht? Welche theologischen Akzentverschiebungen lassen sich hier ablesen, auch wenn sie vielleicht stärker die Intention des Schreibers als konkrete Übung darstellen?

Zwei liturgische Quellen dienen im folgenden als Beispiel, zum einen ein um das Jahr 1000 geschriebener Messordo aus Bamberg[127], zum anderen ein Ordo Missae des 12. Jahrhunderts aus dem Kölner Stift St. Aposteln[128]. Die Beispiele wollen einzelne Aspekte mittelalterlicher Meßauffassung zeigen, die vor allem die Rolle des Priesters, die Zuordnung der Liturgie zur himmlischen sowie die rememorative Deutung der Messe betreffen.

[125] Vgl. ODENTHAL, Formular, Formulare des Apologientyps, Meßordo, Ordo Missae und PIERCE, Sacerdotal spirituality; BAROFFIO, L'Ordo Missae; MEYER, Eucharistie, S. 204-208, sowie jüngst WITCZAK, St. Gall Mass Orders. Die Entwicklung des Messordo anhand der Ordines Romani, also bis zum Anfang der Karolingischen Liturgiereform, beschreibt NEBEL, Entwicklung. Auch dort kristallisieren sich ein gallischer und ein rheinischer Typus heraus. Vgl. NEBEL, Entwicklung, S. 548-550. Vgl. zu den Entwicklungen des 8./9. Jahrhunderts auch MEYER, Benedikt von Aniane, S. 255-260.

[126] Vgl. zu solchen methodischen Schwierigkeiten ODENTHAL, Liber Ordinarius, S. 20-24. Vgl. zum Problem des Rückschlusses auf geübte Bräuche in Kontrast zur Intention des Quellenschreibers auch das Beispiel bei ODENTHAL, Gottesdienst, S. 32-35.

[127] Ediert bei ODENTHAL, Ordo Missae.

[128] Ediert bei ODENTHAL, Formular.

Im Meßordo der Bischofsmesse vermerkt die Handschrift aus Bamberg folgendes Gebet, das der Bischof spricht, nachdem er sich mit den liturgischen Gewändern bekleidet, die Kirche betreten und die Messe eröffnet hat[129].

> „Deus, qui non mortem sed penitentiam desideras peccatorum, me miserum flagilemque peccatorem a tua non repellas pietate, neque aspicias ad scelera mea et inmunditias turpesque cogitationes, quibus flebiliter a tua disiungor voluntate, sed ad misericordias tuas et ad fidem devotionemque eorum, qui per me peccatorem tuam expetunt misericordiam. Et quia me indignum medium inter te et populum tuum fieri voluisti, fac me talem, ut digne possim tuam exorare misericordiam pro me et pro eodem populo tuo, et adiunge voces nostras vocibus sanctorum angelorum tuorum, ut, sicut illi te laudant incessabliliter in aeterna beatitudine, ita nos quoque eorum interventu te mereamur laudare inculpabiliter in hac peregrinatione. Per."[130]

An diesem Gebet fallen folgende theologischen Akzentsetzungen auf, zunächst die Bedeutung der Rolle des Priesters. Er ist zwischen Gott und seinem Volk als „Mittler" eingesetzt: „medium inter te et populum". Durch seine Darbringung des eucharistischen Opfers erflehen andere Menschen Gottes Erbarmen: „qui per me peccatorem expetunt misericordiam". Mit dieser besonderen Rolle des Priesters geht gleichzeitig das Bewußtsein eigener Unwürdigkeit einher. Zu Beginn erinnert das Gebet Gott an sein Erbarmen und bittet ihn, nicht auf die Schuld des vor ihm Stehenden zu schauen. Das Gebet spricht der Priester leise, von der Gemeinde ungehört. Der Messordo ist dabei auf die persönlichen Frömmigkeitsbedürfnisse des Priesters abgestimmt: Um der bedeutenden Mittlerrolle würdig zu sein, bedarf es der besonderen Schuldanklage vor Gott. Die besondere Rolle des Priesters ist Maßstab des liturgischen Tuns und bedarf der Ausgestaltung durch die Gebete, denn der Priester kann sich so nur als Sünder erfahren: „me miserum flagilemque peccatorem". Er bedarf in besonderm Maße der Gnade und Vergebung Gottes. Die Mittlerfunktion wird nochmals unterstrichen, wenn die irdische Liturgie auf die himmlische hingeordnet wird. Das Gebet schließt mit der Bitte, Gott möge die Stimmen irdischen Lobes mit denen der Engel verbinden. So wie die Engel Gott in der Ewigkeit loben, so die Menschen Gott in der Zeit, der Pilgerschaft[131]. Die rubrikalen Anweisungen der Handschrift aus St. Aposteln, die dieses Gebet ebenfalls vermerkt, geben ausdrücklich an, der Priester möge dieses Gebet während des Gloriagesanges beten[132]. Dieser liturgische Ort ist auch für die Bamberger Handschrift als möglich anzunehmen. Dann wird das Gebet noch einmal zur Ausdeutung des Gloria selber, das ja, als Zitat von Lk

---

[129] Zu Alter und Herkunft der Oration (mit einigen Textabweichungen) vgl. PIERCE, Sacerdotal spirituality, S. 394-395. Im Mindener Meßordo ist die Oration während des Sanctus zu beten (Nr. 153, S. 231-232 Pierce).

[130] Bamberg, Staatsbibliothek, Msc. Lit. 1, 220v (124 Odenthal).

[131] Man könnte weitere Beispiele anfügen: Etwa den Offertoriumsgesang am Erzengelfest, im Graduale Triplex, S. 610. Er vertont Verse der Geheimen Offenbarung, Kap. 8, V. 3+4: „Stetit angelus iuxta aram templi, habens thruibulum aureum in manu sua...". Der Inzens zur Gabenbereitung ist dann rituelle Visualisierung dieses Textes.

[132] Evangelistar, Köln, Schnütgenmuseum G 532, fol. 51-51v (341 Odenthal). Zu den verschiedenen liturgischen Orten des Gebetes vgl. PIERCE, Sacerdotal spirituality, S. 394-395. Die Placierung zum Sanctus im Mindener Ordo, also zum Gesang der Engel, hebt nochmals die Dimension der himmlischen Liturgie in den Blick.

2,14, die Verbindung himmlischer und irdischer Liturgie anzeigt. Dem Lob der Engel in der ewigen Seligkeit wird damit das Lob der pilgernden Kirche zugeordnet.
Mit diesem Beispiel kann als Paradigma mittelalterlicher Liturgie die himmlische Liturgie ausgemacht werden, die der Vermittlung in die irdische Feier bedarf, die durch das liturgische Handeln des Priesters bewirkt wird. Gerade die Hinordnung auf die himmlische Liturgie legt die Sündenhaftigkeit menschlicher Existenz erst frei und bedarf des reumütigen Gebetes. Mit diesem Beispiel zeigt sich auch, daß der Rheinische Meßordo ein beredtes Zeugnis der Fokussierung auf den Priester als Rollenträger des liturgischen Tuns ist. Träger der Liturgie, jedenfalls in ihrer Hochform, ist ja zudem ein mittelalterliches Dom-, Stifts- oder Ordenskapitel. Die Hochform der Liturgie ist also an des Lateins kundige Kleriker gebunden. Das Kirchenvolk nimmt dabei weitgehend die Rolle des Zuschauers ein, die lediglich über ihre Opfergabe im stellvertretenden Gebet des Priesters zugegen bleiben[133]. Diese Aussonderung des Priesters in seiner Mittlerrolle spiegelt sich in den Einleitungsriten. Bereits das Bekleiden mit den liturgischen Gewändern ist hoch ritualisiert und auf die geistliche Vorbereitung des Priesters hin durchkomponiert. So fügt der Rheinische Meßordo vor den eigentlichen Meßbeginn eine ganze Anzahl von Gebeten ein, die – wiederum nur vom Priester allein zu beten – das rituelle Ankleiden mit den liturgischen Gewändern begleiten[134]. Dabei liefert die Allegorese das Interpretationsmodell, wie nun an einem Beispiel gezeigt werden soll. Einige dieser Gebete, die übrigens auch in der Bamberger Handschrift zu finden sind, werden anhand einer Handschrift des 12. Jahrhunderts aus dem Kölner Apostelnstift vorgestellt. Dies macht die weite räumliche und zeitliche Verbreitung dieser Gebete zur Bekleidung deutlich, die sich durchgehend in den Handschriften finden[135]:

> „*Cum exuit vestes suas dicat:*
> Exue me, Domine, veterem hominem cum actibus suis, et indue novum, qui secundum Deum creatus sum in iusticia et sanctitate veritatis.
> (...)
> *Ad humerale*
> Humeros meos gratia sancti Spiritus, Domine, protege, renesque meos a viciis omnibus praecinge ad sacrificandum tibi, Deo viventi et regnanti, in secula seculorum. Amen.
> *Ad albam*
> Indue me, Domine, vestimento salutis et iusticie et intellectu spirituali.
> *Ad cingulum*
> Precinge lumbos mentis mee, Pater clementissime, et circumcide vicia cordis mei.
> *Ad stolam*
> Stola iusticie circumda, Domine, cervicem meam et ab omni corruptione peccati purifica mentem meam.

133 Die liturgischen Zeugnisse berichten denn auch selten von der normalen Messe eines Leutpriesters im Mittelalter, als vielmehr von der liturgischen Hochkultur der Stifts- und Kathedralkirchen. Sie allein verdiente Interesse und wurde als überlieferungswürdig angesehen.
134 Vgl. hierzu JUNGMANN, MS 1, S. 360-377. Ein Hinweis auf die allegoretische Deutung der Gewandstücke findet sich bei HÄUSSLING, Messe, S. 143.
135 Vgl. zu Alter und Herkunft der Orationen auch PIERCE, Sacerdotal spirituality, S. 294-315.

Ad casulam
Indue me, Domine, ornamento humilitatis et caritatis, et concede michi protectionem contra hostem insidiatorem, ut valeam puro corde laudare nomen tuum gloriosum in secula seculorum. Amen.
Ad fanonem
Da, Domine, virtutem manibus meis ad abstergendam omnem maculam immundam, ut sine pollutione mentis et corporis valeam tibi servire. Per."[136]

Die Orationen zeigen, daß die liturgischen Gewänder nun allegorisch gedeutet werden im Hinblick auf die spirituelle Intention und Würdigkeit des Priesters[137]. Das Ablegen der Oberbekleidung vor dem Anlegen der Gewänder soll den Priester - fast pädagogisch - daran erinnern, was vor der Messe nötig ist: das Ablegen des alten und Anziehen des neuen Menschen. Daß hierüber die Tauftheologie anklingt, wie sie Paulus im Römerbrief (Kapitel 5 und 6) entwickelt, scheint kaum mehr bewußt zu sein. Der eigentlich befreiende Charakter, den eine Tauferinnerung haben könnte, wird durch ein hohes Schuldbewußtsein überlagert[138]. Auch die Oration zur Bekleidung mit der Albe spricht vom Kleid des Heiles und spielt auf die Neuwerdung des Menschen durch die Taufe an, die Paulus an anderer Stelle darlegt: „Denn ihr alle, die ihr auf Christus getauft seid, habt Christus als Gewand angelegt" (Gal 3, 27). Die Gebete zur Ankleidung des Priesters beziehen sich aber nicht mehr auf die erlebte Symbolik des Taufaktes, in dem das Anlegen des Taufgewandes als ein ausdeutendes Zeichen des sakramentalen Vollzuges erscheint. Es geht hier vielmehr um eine spirituelle Ausdeutung der einzelnen liturgischen Gewänder, die den Priester als solchen kennzeichnen, und nicht mehr um das allen Christen gemeinsame Taufgewand. Allegorisch wollen die Gewandstücke den Priester spirituell-moralisch zur Feier der Messe vorbereiten. So, wie er die Albe anlegt, möge er eingehüllt werden von geistlicher Einsicht. Die Kasel sei ihm Zeichen für Demut und Barmherzigkeit, um ihn vor allen Gefahren des Bösen zu bewahren. So, wie er das Manipel (Fanon) anlegt, möge Gott ihm Kraft geben, das Böse abzuwehren. Damit zeigen auch die Gebete zur Ankleidung, wie sehr die liturgische Feier auf die Person des Priesters und dessen Würdigkeit konzentriert ist.
Die besondere Rolle des Priesters geht einher mit seiner Funktion als Opferndem. Dafür sei nun ein drittes Beispiel angefügt, nämlich eines aus den reichlich vorhandenen Suscipe-Gebeten der Gabenbereitung. Wiederum ist das Gebet der Bamberger Handschrift entnommen.

„Suscipe, sancta Trinitas, hanc oblationem, quam tibi offero pro me peccatore et nostrae aecclesiae congregationis salute, et pro omnibus in Christo fratribus et

---

[136] Evangelistar, Köln, Schnütgenmuseum G 532, fol. 49r-50 (339-340 Odenthal).
[137] JUNGMANN, MS 1, S. 365 unterscheidet drei Ebenen der Deutung: die sittliche Ordnung, der der Priester genügen muß, seine Vertretung der Person Jesu Christi und die Ebene des Leidens Christi, das kommemoriert wird. Die erste Ebene ist indes die geläufige.
[138] ANGENENDT, Liturgik, S. 107-110, hat anhand der Pollutio-Vorstellungen des Mittelalters darauf aufmerksam gemacht, daß nun der Gedanke der kultischen Reinheit wieder ins Christentum eindringt. „Dabei war es eine der großen religionsgeschichtlichen Leistungen des Neuen Testaments und der Alten Kirche gewesen, daß man sich von all dem frei gewußt hatte" (ebd. S. 109). Angenendt wertet diese Vorstellungen schlichtweg als „krass unchristliche Phänomene".

sororibus nostris, et pro omni populo christiano et omnibus nobis bona facientibus et pro his etiam, qui se commendaverunt nostris orationibus, et qui nostri memoriam in suis orationibus habent, ut hic veniam recipiamus peccatorum et in futuro praemia consequi mereamur aeterna. Per.“[139]

Die Gebete der Gabendarbringung erfuhren im Rahmen des Rheinischen Meßordo eine deutliche Ausgestaltung[140]. Sie betreffen die von Gott erhoffte Annahme des Opfers, das der Priester einmal für sich darbringt, und zwar für sich als sündigen Menschen, sodann für die ganze Kirche bis hin zu denen, die sich seinem Gebet anempfohlen haben. Die Vergebung der Sünden und die Erlangung des ewigen Lohnes („in futuro praemia“) sind Ziel des Gebetes und des Opfers. Hierbei kommt dem Priester eine Mittlerrolle zu, deren Bedeutung desto größer wird, je mehr die Mittlerschaft Jesu Christi als des Gottmenschen zugunsten der Betonung der Gottheit Christi verblaßt. Diese Mittlerschaft übernimmt nun die Kirche als hierarchisch geordnete und ständisch gegliederte Gemeinschaft[141]. Die Beispiele zeigen deutlich, daß der Messe das Handeln des Priesters in seinem Gebet und Opfer als Paradigma zugrunde liegt. Sie wird nicht mehr von der Versammlung der Getauften in hierarchischer Ordnung her gedacht, sondern lediglich von der Person des Priesters her, so daß die Anwesenheit derer, die sich dem Gebet des Priesters anempfohlen haben, nicht mehr unbedingt notwendig ist[142].
Ein weiteres Beispiel aus der Gruppe der Suscipe-Gebete sei angefügt, wiederum der Bamberger Handschrift entnommen.

„Suscipe, sancta Trinitas, hanc oblationem, quam tibi offero inprimis, ut iustum est, in memoriam incarnationis, passionis, resurrectionis ascensionisque Domini nostri Iesu Christi et in honore omnium sanctorum tuorum, qui tibi placuerunt ab initio mundi et eorum, quorum hodie in conspectu gloriae tuae sollempniter celebratur triumphus et quorum reliquiae et nomina hic habentur, ut eorum precibus et meritis adiuvari mereamur in caelis, quorum memoriam facimus in terris. Per.“[143]

Dieses Gebet ist ein Beispiel für die Veränderung im Liturgieempfinden, bezogen auf die Wertung der Liturgie als symbolische Aktualisierung, die nun einer rememorativen Deutung weicht. „Das Bild- und Symboldenken der Väter und der Liturgie der Alten Kirche hatte die personale Realpräsenz des Herrn und die Aktualpräsenz der im Pascha Christi gipfelnden Heilstaten erfaßt und zum Ausdruck gebracht. (...) Die Idee der Mysteriengegenwart des Heilswerkes Christi ging (...) verloren. Sie wurde – höchst unzureichend – kompensiert durch die rememorative, im Sinn mimetischer Darstellung

---

[139] Bamberg, Staatsbibliothek, Msc. Lit. 1, 222v (125-126 Odenthal).
[140] Vgl. dazu PIERCE, Sacerdotal spirituality, S. 370-383, zur hier abgedruckten Oration vgl. ebd. S. 379.
[141] Vgl. hierzu MEYER, Eucharistie, S. 201.
[142] Nicht zufällig erfährt der Römische Meßkanon in der 1. Hälfte des 9. Jahrhunderts im Memento vivorum vor den Worten „qui tibi offerunt“ den Zusatz „pro quibus tibi offerimus vel“. Das vel war dabei ursprünglich als eine Rubrik gedacht. Je nachdem, ob Gläubige an der Messe teilnehmen, wählt der Priester die Formulierung „die Dir opfern” oder „für die wir Dir opfern” (gemeint ist der Klerus). Es wird also der Fall denkbar, daß keine Gläubigen mehr anwesend sind und die Kleriker in Vertretung für die Gläubigen die Gaben Gott darbringen. Vgl. dazu KOLPING, Der aktive Anteil, S. 147-150.
[143] Bamberg, Staatsbibliothek, Msc. Lit. 1, 222r-222v (125 Odenthal). Vgl. zu dieser Oration PIERCE, Sacerdotal spirituality, S. 374-376.

heilsgeschichtlicher Ereignisse verstandene Meßallegorese (...)", so urteilt Meyer[144]. Dies macht die Oration deutlich, wenn sie die Menschwerdung, die Passion, Auferstehung und Himmelfahrt Christi im Opfer memoriert („in memoriam"). Mit dieser Neudeutung ist aber zugleich eine Möglichkeit des subjektiven Mitvollzugs gegeben, der wettmachte, was den Gläubigen an aktiver Teilnahme an der Feier verlorengegangen war[145]. Dieser noch weiterer Erforschung bedürfende Sachverhalt ist symboltheoretisch von großer Bedeutung, da sich die Frage stellt, ob und wie „symbolische Erfahrung" – um diesen Begriff vorweg zu nehmen – als „Zusammenschau" von Leben und Glauben möglich ist, wenn rememoratives Gedenken des Priesters unter Ausschluß der Gläubigen von der tätigen Teilnahme das Grundmuster der Feier bildet. Die positive Seite der mittelalterlichen Entwicklung darf nicht verschwiegen werden. Neben einer begrifflichen Klärung der Realpräsenz und der Ausbildung der Eucharistiefrömmigkeit ist hier vor allem die sinnlich-künstlerische Dimension zu nennen, die die spätmittelalterliche Liturgie prägt und zu großem Reichtum führt: Stoff, Gerät, Raum – all dies wird zu einem ästhetischen Erlebnis des gläubigen Zuschauers[146]. Die mystischen Tendenzen einer Passionsfrömmigkeit oder die Meßandacht und vieles mehr scheinen für das Spätmittelalter die Lösung gewesen zu sein, subjektives Erleben mir der objektiven Gestalt der Liturgie verbinden zu können[147].
Die im soziokulturellen Kontext einer Klerikergemeinschaft einer Abtei oder eines Bischofssitzes entstandene Meßform wurde als Grundlage und auch dem Textbestand nach bis ins 20. Jahrhundert beibehalten. Die Trennung zwischen Klerus und Laien wurde noch einmal virulent, als die Messe aus dem Kontext einer Klerikerliturgie gelöst wurde, jedoch ohne ihr Paradigma zu ändern. Sie wurde ja im weiteren Verlauf der Kirchengeschichte nicht mehr, wie in den Stiften und Klöstern des Mittelalters, mit des Lateins und der Theologie kundigen Klerikern gefeiert, sondern vor des Lateins unkundigen Menschen, und zwar Laien, zelebriert[148]. Der Ausschluß der Laien verschärfte sich, wobei sich seit dem 19. Jahrhundert Versuche mehrten, diese Kluft zu überwinden. Denn es war eine Reform überfällig, die die Liturgiereformen des 20. Jahrhunderts, vor allem die im Gefolge des II. Vatikanischen Konzils umgesetzt haben.

2.8. Ergebnis

Das Kapitel hat versucht, Facetten des Reichtums der liturgischen Tradition einzuholen. Dabei trat die Zeitgebundenheit mancher Formen zutage, vor allem aber

---

[144] MEYER, Eucharistie S. 202.

[145] Vgl. ANGENENDT, Liturgik, S. 137-142 u.ö.. Daß dies zu einer besonders prächtigen Ausgestaltung etwa liturgischer Utensilien führte, sei nur am Rande erwähnt, zeigt aber den von Angenendt herausgestellten Sachverhalt, daß die Entwicklungen hin zum Spätmittelalter keineswegs nur als Verfall gewertet werden dürfen.

[146] Zur Ambivalenz der Entwicklung vgl. MEYER, Eucharistie, S. 202-203.

[147] Vgl. ANGENENDT, Liturgik, S. 149-168.

[148] Hier bedürfte es im Grunde einer Untersuchung der Feierform der Messe im 19. Jahrhundert. Die Sozialform des Katholizismus schuf ja eine kirchliche Binnenwelt, die auch durch das Band der Liturgie

auch die Ambivalenz mancher Entwicklungen. Es wurde deutlich, daß die Kategorie der „himmlischen Liturgie“ differenziert zu bewerten ist. Durch platonisches Gedankengut beeinflußt und besonders in mittelalterlicher Zeit ausgestaltet, prägt sie nachhaltig liturgisches Tun und Beten, bis in theologische Entwürfe der Gegenwart. Schon der Hebräerbrief zeigte den Versuch, diese Kategorie an die Geschichte anzubinden, näherhin an das Christusereignis, Jesu historisches Lebensopfer. Dabei zeigte sich die Stärke der Rede von der himmlischen Liturgie, wenn sie den eschatologischen Bezug liturgischen Tuns angibt. Die Kehrseite darf aber nicht außer acht gelassen werden, nämlich die Problematik der Zuordnung menschlicher Lebenswelt und Geschichte. Es ist durchaus die Gefahr der Kategorie, den Menschen mit seinen Lebens- und Glaubenserfahrungen aus dem Blick zu verlieren, wie etwa anhand der Position Petersons deutlich wurde. Anhand dieser unterschiedlichen theologischen Entwürfe zeigte das Kapitel die oft nur implizit anklingende Spannung auf, die sich aus der Zuordnung der Erfahrung des Menschen und der Feier des Glaubens ergibt. Die Liturgiekonstitution versuchte, hier einen vermittelnden Weg zu gehen. Die Frage nach der Zuordnung von Leben und Glauben und die Spannung zwischen beiden wird nochmals virulent angesichts eines Weltbildes, das mit Begriffen wie Postmoderne oder mit dem Stichwort der Erlebnisgesellschaft charakterisiert werden kann. Konnte eine Prägung der Liturgie durch das jeweilige Weltbild zumindest für die Vergangenheit festgestellt werden, geht es im nachfolgenden Kapitel darum, die Bedingungen des Menschen heute einzuholen, die sein Weltempfinden und Glaubenserleben prägen. Dies leitet dann über zu dem in dieser Untersuchung geführten Dialog mit der Psychoanalyse, mit dessen Hilfe der oftmals verlorene Erfahrungsbezug wieder eingeholt werden soll, um von hieraus ein Paradigma der Liturgie zu begründen, das sowohl menschliche Erfahrung als auch die Rede von der himmlischen Liturgie zu integrieren vermag.

geeint war. Vgl. zu den hier nur kurz erwähnten Zusammenhängen die Untersuchungen von GABRIEL, Wandlungen; GABRIEL, Gesellschaftsentwicklung; GABRIEL, Lebenswelten.

3. Kapitel
Anfragen an die traditionelle Position: Die Herausforderungen der Neuzeit

Das vorangegangene Kapitel machte anhand der Kategorie der himmlischen Liturgie die Frage deutlich, wie denn menschliche Erfahrung und Geschichtlichkeit mit dem Glauben und seiner Feier vermittelt werden können. Damit ist ein Grundproblem der Theologie des 20. und 21. Jahrhunderts angeschnitten, nämlich das nach der Zuordnung von Transzendenz und Immanenz. Dieses Problem wird im 4. Kapitel anhand der theologischen Position von Edward Schillebeeckx wieder aufgegriffen. Zuvor aber werden Aspekte der Geschichtlichkeit und Erfahrung, wie sie durch die Bedingungen des 20. und 21. Jahrhunderts geprägt sind, eingeholt. Denn eine Theorie des Rituals im 21. Jahrhundert muß sich bewähren an den Herausforderungen, die neuzeitliches Denken und Welterleben darstellen. So werden in diesem 3. Kapitel drei Anfragen dargestellt, eine philosophische, eine soziologische und eine theologische. Die Fragepunkte sind indes paradigmatisch; es kann hierbei nicht um eine vollständige Analyse oder eine umfassende Darstellung dessen gehen, was mit Schlagwörtern wie Erlebnisgesellschaft oder Postmoderne gemeint ist. Der Fokus, unter dem die drei Anfragen vorgestellt werden, ist zum einen die schon angedeutete Frage nach dem Verhältnis von Transzendenz und Erfahrung. Sie bildet den umfassenden Fragehorizont. Zum andern geht es darum, in diesen Anfragen Ansätze aufzuspüren, die für eine Theorie des Rituals von Bedeutung sind.

Die drei Anfragen sind:

- Die philosophische Anfrage. Neuzeitliches Denken kann mit Jürgen Habermas als „nachmetaphysisches“ Denken charakterisiert werden. Die Frage hierbei ist, wie sich dieses Denken vom metaphysischen Weltbild unterscheidet und, im Duktus dieser Arbeit, welche Rolle Religion und Glauben, schließlich auch dem religiösen Ritual, hier zuerkannt werden kann. Es geht hier um die Zuordnung von Transzendenz und Erfahrung. Dies führt im 4. Kapitel zu einer Problematisierung und Präzisierung des in dieser Arbeit verwendeten Transzendenzbegriffes und seiner Einfügung in die Theorie des Rituals.

- Die soziologische Anfrage. Schlagworte wie „Erlebnisgesellschaft“, verbunden mit dem Begriff der „Postmoderne“, berühren das Welterleben des Menschen zutiefst. Es geht um die „Funktion der Religion“ (Luhmann) in der Gesellschaft, vor allem mit Blick auf die religiösen Rituale im Kontext einer Erlebniskultur. Dies führt, wiederum im 4. Kapitel, zu einer Präzisierung des Erfahrungsbegriffes, der der Theorie des Rituals zugrunde liegt.

- Die theologische Anfrage. Jede Theologie, also auch jede Theorie des Rituals, so sie sich theologisch begründet, sieht sich mit dem Faktum der Shoa des 20. Jahrhundert konfrontiert. Die Frage, wie denn nach der Shoa ein Reden von Gott noch möglich sei, betrifft auch rituelles Tun, die Feier der Liturgie.

Damit soll der Fragehorizont abgesteckt werden, in dem der interdisziplinäre Dialog von Theologie und Psychoanalyse, der dieser Arbeit zugrunde liegt, beheimatet ist. Das 4. Kapitel wird die theologische Auseinandersetzung mit den nun zur Sprache gebrachten Herausforderungen anhand der Positionen von Edward Schillebeeckx und Josef Wohlmuth vorstellen. Gleichzeitig wird die Theorie des Rituals so theologisch in einer erfahrungsbezogenen Theologie verortet. Das 5. Kapitel wird psychoanalytische Theorie einführen, um den Erfahrungsbezug zum innerseelischen Erleben des Menschen herzustellen. Dabei versteht sich, daß nicht alle Anfragen, die das folgende Kapitel referiert, zu einer befriedigenden Antwort gelangen können – aber vielleicht ist auch dies ein Kennzeichen „postmoderner" Identität[1]. Zumindest wird deutlich, daß ein interdisziplinäres Gespräch mit der Soziologie ein Postulat weiterer liturgiewissenschaftlicher Forschung ist.

Der Hinweis auf den Paradigmenwechsel der Liturgiekonstitution und der nachfolgenden Reform hat schon den gewaltigen Wandel deutlich gemacht, der sich gesellschaftlich und kirchlich vollzogen hat. Aspekte der geistesgeschichtlichen Dimensionen versucht dieses Kapitel einzuholen. Dabei kann es jedoch nur um einzelne „Aspekte des neuzeitlichen Paradigmas" gehen[2]. Dies scheint umso wichtiger, als die ins Gespräch einzuführende Psychoanalyse ja gerade auch wieder Kritik dieses neuzeitlichen Paradigmas ist und so zur „anderen Aufklärung"[3] wird, die eine ausschließlich rationale Prägung neuzeitlichen Weltverstehens kritisch hinterfragt. Damit bestätigt sich, daß mit dem neuzeitlichem Denken die Geschlossenheit eines (symbolischen) Weltbildes, wie sie vielleicht noch für den mittelalterlichen Menschen angenommen werden kann[4], ebenso fragwürdig ist wie ein die gesamte Wirklichkeit bestimmendes Paradigma. Die Frage wird brisant: Unter welchen Bedingungen leben und denken heutige Menschen und interpretieren ihre Welt? Und wie kann mit diesen Bedingungen die Rede von der Transzendez Gottes vermittelt werden? Im Rekurs auf

---

[1] Es kann hier nicht eingegangen werden auf die Kritik der Frankfurter Schule an der Psychoanalyse, wie denn ihre Grundannahmen mit „postmoderner Identität" zusammenpassen. Vgl. hierzu die Ausführungen von HONNETH, Objektbeziehungstheorie.

[2] Eine zum Teil andere Auswahl von Aspekten des neuzeitlichen Paradigmas bietet VON HEYL, Praktische Theologie, S. 24-51.

[3] So der Titel von POHLEN, BAUTZ-HOLZHERR, Aufklärung. Ebd., S. 493, der Hinweis auf die Ambivalenz der Aufklärung durch den Verlust der Sinnlichkeit und den Verlust des Irrationalen: „Die Analogie zu den *electi* der bürgerlichen Aufklärung, denen die erotische Inbrunst der Erleuchtung abhanden gekommen ist, wie Descartes die Sinnlichkeit der Körperwelt ins Unbewußte verlorengegangen ist, läßt Aufklärung als entsakralisierte Lichtmetaphysik erscheinen". Zum Projekt der Aufklärung der Aufklärung über sich selbst bei Habermas vgl. VON HEYL, Praktische Theologie S. 33-38 und S. 159-162.

[4] HÄUSSLING, Odo Casel, S. 368-369: „Der strikt durchgehaltene Hinweis, daß Gott nur insofern existiert, als er handelt – mit dem Menschen und auf den Menschen und seine Welt hin die Geschichte des Heils wirkt -, dieser Hinweis ist Odo Casels Beitrag zur Frage, wie dem Atheismus der Neuzeit zu begegnen sei. Das fatale Erbe des mittelalterlichen Denkens, dem Zeit und Geschichte nicht philosophisches und theologisches Thema werden konnte, hat Odo Casel nicht übernommen". Was aber, wenn Geschichte ein Thema der Theologie wird? Dem gelten die folgenden Überlegungen. Dabei gilt die Wahrnehmung bei MENKE, Art. Symbol, Sp. 1159: „Ein christlicher Symbolismus im Sinne eines universalen Verweisungszusammenhangs ist in der nachkantianischen Situation des Denkens wohl schwer möglich" (Abkürzungen hier ausgeschrieben).

Jürgen Habermas, der die Bedingungen nachmetaphysischen Denkens untersucht hat, geschieht eine Annäherung an diese Fragen.

3.1. Die philosophische Anfrage: „Nachmetaphysisches Denken“ (Jürgen Habermas)[5]

Jürgen Habermas hat die vielfältigen Veränderungen, die die abendländische Aufklärung der Denkstruktur und dem Welterleben mit sich gebracht hat, mit dem Begriff des „nachmetaphyischen Denkens“ einzuholen versucht. Die abendländische Geistesgeschichte seit Ende des Mittelalters und Beginn der Neuzeit trägt ja als ein Kennzeichen die Frage nach den Möglichkeiten und Bedingungen einer Metaphysik als Wissenschaft[6]. Die folgenden Überlegungen verstehen sich nicht als eine umfassende Auseinandersetzung mit dem Habermas'schen Denksystem. Es geschieht hier zum Beispiel keine Auseinandersetzung mit seiner Ausprägung der Kritischen Theorie oder seiner These einer „universalen Kommunikationsgemeinschaft“[7]. Es geht vielmehr zunächst um den Begriff des „nachmetaphysischen Denkens“, anhand dessen Jürgen Habermas versucht, den Paradigmenwechsel der Neuzeit im Welt- und Menschenbild einzuholen. Sodann soll die Bedeutung des Religiösen und des Symbolischen anhand der Stichworte der „Transzendenz“ und der „metaphysischen Reste“ zur Sprache kommen.

3.1.1. Metaphysisches und nachmetaphysisches Denken

Habermas benennt vier Aspekte, die metaphysisches Denken prägen und so von *nach*metaphysischem Denken trennen. Die von Habermas genannten Kriterien sind:

a) Das Identitätsdenken[8]. Ein metaphysisches Weltbild behält den Blick auf das Ganze. Das Viele leitet sich vom Einen her. Nicht ‚transversale Vernunft‘ ist hier gefragt, die aufgrund der Disparatheit menschlicher Erfahrung von einer Weltsicht in eine andere überzuleiten vermag (siehe weiter unten), sondern eine Sicht, die die Welt mit allen ihren Phänomenen als *eine* erkennt („Identität“). Die Idee des Unendlichen, der der Welt des Endlichen gegenübersteht, hat hier ihren Ort.

> „Ob als weltttranszendender Schöpfergott, als Wesensgrund der Natur oder schließlich abstrakter als das Sein konzipiert – in allen Fällen entsteht eine Perspektive, aus der

---

[5] Vgl. HABERMAS, Nachmetaphysisches Denken.

[6] Zu diesem Problem, das hier natürlich nur verkürzt angerissen werden kann, vgl. FISCHER, Die philosophische Frage.

[7] Vgl. hierzu etwa HABERMAS, Theorie des kommunikativen Handelns. Ein Forschungsüberblick über die theologische Rezeption Habermas‘ findet sich bei ARENS, Theologie (mit Bibliographie). Eine Anwendung der Kommunikationstheorie Habermas‘ hin auf die Sakramententheologie findet sich bei MEUFFELS, Kommunikative Sakramententheologie, S. 185-196. Eine durch und durch kritische Wertung der „universalen Kommunikationsgemeinschaft“ findet sich bei POHLEN, BAUTZ-HOLZHERR, Aufklärung, S. 50-157. Zur Habermas-Rezeption in der Theologie vgl. auch VON HEYL, Praktische Theologie, S. 226-231. Zur Kritischen Theorie nach Habermas vgl. die Auseinandersetzung bei SCHILLEBEECKX, Die hermeneutische Theologie.

[8] Vgl. HABERMAS, Nachmetaphysisches Denken, S. 36-37.

> die innerweltlichen Dinge und Ereignisse, in ihrer Mannigfaltigkeit auf Distanz gebracht, zu besonderen Entitäten vereindeutigt und zugleich als Teile eines Ganzen begriffen werden können"[9].

Damit ist ein universaler Erklärungshorizont für Mensch und Welt gewonnen, und in dieses als vorgegeben erlebte Weltbild kann der Mensch sich einzufügen. Für den neuzeitlichen Menschen wird gerade dies fraglich, seine eigene Identität zum Problem[10]. Er erfährt die Welt weitgehend als gesellschaftlich statt kosmisch konstruiert[11]. Der Individualisierungsschub der Neuzeit läßt menschliche Wirklichkeit als so differenziert erscheinen, daß universale Antworten vielfach fragwürdig sind oder unbedeutend werden[12].
Mit diesem ersten Kriterium der Identität eng verbunden ist ein zweites.

b) Der Idealismus[13]. Dieser besonders im platonischen Weltbild beheimatete Begriff bezeichnet bei Habermas eine Deutung der Wirklichkeit, bei der die Einzeldinge dieser Welt aus ihnen zugrundeliegenden Ideen deduziert werden.

> „Plato zieht (...) die Konsequenz, daß die einheitsstiftende Ordnung, die der Mannigfaltigkeit der Phänomene als Wesen zugrunde liegt, selber begrifflicher Natur ist. Die Arten und Gattungen, nach denen wir die Phänomene ordnen, folgen der idealen Ordnung der Dinge selbst. Die platonische Idee ist freilich weder reiner Begriff noch reines Bild, sondern das aus den anschaulichen Mannigfaltigkeit herausgehobene Typische, Formgebende"[14].

Die Ideen

> „führen das Versprechen der All-Einheit mit sich, weil sie auf die Spitze der hierarchisch geordneten Begriffspyramide zulaufen und intern auf diese verweisen: auf die Idee des Guten, die alle anderen in sich befaßt"[15].

Die Idee des Guten bietet das Schema, in klassisch christlicher Theologie Gott selbst ins Spiel zu bringen. Daß die zunehmende Individualisierung und Differenzierung der modernen Gesellschaft, gepaart mit der Wahrnehmung menschlicher Gestaltungsmöglichkeiten, bei all ihren Grenzen, eine solche Weltsicht kaum mehr teilt, liegt auf der Hand.
Für den hier zu entwickelnden symboltheoretischen Ansatz sei als Vorgriff schon gesagt, daß symbolische Erfahrung hier gerade nicht auf der Grundlage eines solchen Idealismus konstruiert wird. Denn das hieße, „im Allgemein-Ideellen das Individuell-Besondere anzuschauen (Goethe)"[16]. Die eigene Existenz mit ihren Fragen und Erfahrungen wäre dann „nur" eine unter vielen Konkretionen des ideell Vorgegebenen.

---

[9] HABERMAS, Nachmetaphysisches Denken, S. 37.
[10] Vgl. FUNKE, Identität des Subjekts. Vgl. auch HONNETH, Objektbeziehungstheorie.
[11] Vgl. HÄUSSLING, Kosmische Dimension, S. 5.
[12] Daß die Individualisierung auch den religiösen Bereich betrifft, zeigt GABRIEL, Christentum, S. 142-146.
[13] Vgl. HABERMAS, Nachmetaphysisches Denken, S. 37-38.
[14] HABERMAS, Nachmetaphysisches Denken, S. 37-38.
[15] HABERMAS, Nachmetaphysisches Denken, S. 38.

Damit aber wäre ihr Wert wieder relativiert. Vielmehr wird „pragmatisch-symbolisch“ gedacht, in den fremden Erfahrungen können die eigenen wiedererkannt werden; sie behalten so für die menschliche Existenz ihren individuellen Wert. Zugleich werden Rolle und Funktion des Symbolischen anders (zur Problematik als ganzer vgl. Kapitel 6.2.).

c) Die Bewußtseinsphilosophie[17].

> „Das Selbstbewußtsein, die Beziehung des erkennenden Subjekts zu sich, bietet seit Descartes den Schlüssel zur innerlichen und absolut gewissen Sphäre der Vorstellungen, die wir von den Gegenständen haben“[18].

Ein solches auf Descartes aufbauendes Weltbild ist zweidimensional: Es ist aus dem erkennenden Subjekt und der zu erkennenden Sache konstruiert. Descartes ist markanter Exponent eines weitgehend dualistisch gefärbten Weltempfinden, das die Wirklichkeit in nur zwei Bereiche, das Objekt und das (logifizierende) Denken aufspaltet[19]. Gerade an diesem Punkt wird die Psychoanalyse zur Kritik der Aufklärung, denn eine vermittelnde, „symbolische“ Weltsicht ist in einer solchen Wirklichkeitskonstruktion nicht mehr vorgesehen. Descartes‘ Dualismus kann bei näherem Hinsehen als eine neue Form der platonischen Trennung von Ideal und Realität verstanden werden[20]. Die Weltsicht Descartes verdient insofern der Erwähnung, als in Kapitel 5.3. diese dualistische Weltsicht um einen dritten, den sogenannten intermediären Raum erweitert wird und über das Gespräch mit der Psychoanalyse gerade eine andere Dimension als die logifizierende Rede, nämlich die Dimension des Unbewußten, in den Diskurs eingefügt wird[21].

d) Der „Starke Theoriebegriff“. Damit meint Habermas einen Vorrang der Theorie vor der Praxis.

> „Die kontemplative Vergegenwärtigung der Proportionen von Gestirnsbahnen, kosmischen Kreisläufen überhaupt, behält etwas von den sakralen Ursprüngen der Theorie (...). Diese Bindung ans sakrale Geschehen verliert der Theoriebegriff in der Neuzeit (...). Was sich erhält, ist die idealistische Deutung der Distanzierung vom täglichen Erfahrungs- und Interessenzusammenhang“[22].

Hat die Theorie aber Vorrang, bedeutet dies eine Relativierung menschlicher Erfahrung: sie hat sich vorgegebenen Verstehensmustern einzupassen, das Menschenbild sich an einem Ideal auszurichten[23]. Dies prägte ein weitgehend kosmologisch und

---

[16] WAHL, Glaube, S. 569.
[17] Vgl. HABERMAS, Nachmetaphysisches Denken, S. 38-39.
[18] HABERMAS, Nachmetaphysisches Denken, S. 39.
[19] Vgl. dazu die Kritik bei POHLEN, BAUTZ-HOLZHERR, Aufklärung, S. 404-495.
[20] Vgl. POHLEN, BAUTZ-HOLZHERR, Aufklärung, S. 477.
[21] Vgl. zu Descartes auch VON HEYL, Praktische Theologie, S. 28-30. Nicht näher eingegangen werden kann auf die Problematik des Gottesdienstes angesichts der Weltsicht von Descartes. Vgl. hier HÄUSSLING, Religiöse Sprache, S. 58.
[22] HABERMAS, Nachmetaphysisches Denken, S. 40.
[23] Daß dies zu massiven Überforderungen des Menschen führen kann, sei hier nur am Rande erwähnt.

religiös geprägtes Weltbild. Wiederum ist der Hinweis angebracht, daß neuzeitliche Welterfahrung weitestgehend als durch gesellschaftliche Konstruktionen geprägt erfahren wird und von daher die von Habermas als metaphysisch charakterisierte Weltsicht nachmetaphysischem Denken weicht.
Die Charakterisierung metaphysischen Denkens ist insofern bedeutsam, als auch traditionelle Theologie hierdurch geprägt ist. Der Dogmatiker Elmar Salmann hat die solchen Denkstrukturen verpflichtete Theologie einzuholen versucht und beschreibt sie als „ontologisch-sapientiales Denken“[24]. Salmann charakterisiert dies etwa mit dem Begriff vom „Primat der Gesamtschau“, der dem oben Gesagten entspricht. Zu solchen Denkstrukturen zählt er übrigens auch den Ansatz von Karl Rahner (siehe Kapitel 4.0.)[25]. Da Weltempfinden immer auch die Gestalt des Gottesdienstes prägt, können die Habermas'schen Kriterien metaphysischen Denkens in der traditionellen Wertung der Liturgie nachgewiesen werden[26]. Die Grundannahme einer kosmisch ausgerichteten, streng hierarchisch gegliederten Liturgie etwa, wie sie das Mittelalter hatte, stellt ein geschlossenes Weltbild metaphysischer Prägung vor Augen. Der Osten ist Zielrichtung des Gebetes, die irdische Liturgie als ganze Abbild der himmlischen Liturgie - ein seit mittelalterlicher Zeit klassischer Verstehenshorizont. Die himmlische Liturgie ist die eigentliche, deren Abbild die real wahrnehmbare ist. Nur der Kleriker hat zum Heiligen Zutritt. Die Liturgie bleibt so weitgehend eine unverfügbare Größe, nur den Fachleuten, den Klerikern zugänglich, die die Sakramente „verwalten“ und an die Menschen austeilen. Es ist nicht schwer, die Aspekte metaphysischen Denkens in der eben skizzierten Position Petersons nachzuweisen. Die Vielfalt dieser vorfindlichen Welt ist hingeordnet auf die himmlischen Mächte und die von ihnen vollzogene himmlische Liturgie. Und diese Sicht prägt und normiert das menschliche Tun. Die Theorie hat Vorrang vor der Praxis menschlicher Erfahrung. Der Mensch tritt zu dieser Liturgie, die Spiegelbild eines universalen Verstehenshorizontes ist, bloß hinzu.

3.1.2. Zur Bedeutung des Religiösen in nachmetaphysischer Zeit

Anhand der Kriterien metaphysischen Denkens dürfte wiederum deutlich geworden sein, daß die Wertung menschlicher Erfahrung das eigentliche Problem darstellt. Die folgenden Überlegungen, vor allem die im 4. Kapitel erfolgende theologische Ver-

---

[24] Vgl. zu dieser Denkstruktur und ihrer Bewährung angesichts des neuzeitlichen Denkens SALMANN, Logos, S. 37-40. Vgl. insgesamt hierzu SALMANN, Neuzeit und Offenbarung. Das Werk von Salmann wird des öfteren zu Rate gezogen, geht allerdings nicht konstitutiv in den in dieser Arbeit entwickelten Gedankengang ein. Nichtsdestotrotz wäre auch für eine Liturgiewissenschaft ein Bedenken seines Ansatzes hilfreich. Wenn ich recht verstehe, ist Salmann insofern ein typisch postmoderner Denker, als es in seinem Buch „keine zentrale These“ gibt (SALMANN, Logos, S. 12), außer der, daß Menschen von heute eine ontologische Argumentation kaum noch verstünden, „dennoch leben wir immer noch von den Resten und in den Ruinen jenes Denkens der Väter“ (SALMANN, Logos, S. 11). Damit ergäbe sich, ähnlich wie bei Habermas, ein (beliebiges?) Nebeneinander unterschiedlichster Weltsichten, auch in der Theologie.
[25] Vgl. SALMANN, Logos S. 36.
[26] Vgl. zu diesem selten thematisierten Problem vgl. etwa SALMANN, Andacht; WINTER, Gebet.

ortung, möchte menschliche Erfahrung gerade mit der Rede von Gott und seiner Transzendenz vermitteln. Doch wie kann man von Transzendenz reden, was ist darunter zu verstehen? Und wie ordnet sich hier die rituelle Seite der Religion zu? Darum soll es nun gehen.
Wenn versucht wird, Bedingungen „nachmetaphysischen Denkens“ gerecht zu werden, ist gerade nicht die Auflösung dieser Spannung durch den Verzicht auf die Sinnfrage oder die Frage nach Gott gemeint, denn der Theologe darf nie auf die Rede von Gott verzichten[27]. Aber es wird ein anderer Weg für die Theologie notwendig, den Henning Luther wie folgt charakterisiert:

> „Religiös sein heißt hier nicht, Sinn für eine (die) andere Welt zu haben, sondern die Welt anders zu sehen, einen anderen Sinn für die Welt zu bekommen. Dieser Weg ist der nichtmetaphysische. Dieser Weg ist nicht dichotomisch, sondern dialektisch. Er sieht keine andere als diese unsere Welt und beschränkt sich doch nicht, wie der Positivismus oder der Zynismus, auf das, was der Fall ist, sondern spürt in ihr das auf, was über sie hinausweist“[28].

Nun hat Maureen Junker-Kenny auf die Fragwürdigkeit des Metaphysikbegriffes bei Habermas hingewiesen und eine neue Wertung des Symbolischen postuliert[29]. Damit macht sie auf eine Ambivalenz im Denken von Habermas aufmerksam. Denn der Rekurs auf Habermas wäre verkürzt, wollte man nicht auf die „metaphysischen Reste“ hinweisen, die seinem (späten) Denken innewohnen. Zwei Zitate mögen dies verdeutlichen:

> „Das Moment Unbedingtheit, das in den Diskursbegriffen der fehlbaren Wahrheit und Moralität aufbewahrt ist, ist kein Absolutes, allenfalls ein zum kritischen Verfahren verflüssigtes Absolutes. Nur mit diesem Rest von Metaphysik kommen wir gegen die Verklärung der Welt durch metaphysische Wahrheiten an – letzte Spur eines Nihil contra Deum nisi Deus ipse“[30].

Mit dem Verweis auf die metaphysischen Reste bemüht sich Habermas nach eigenen Worten,

> „zwischen der Scylla eines einebnenden, transzendenzlosen Empirismus und der Charybdis eines verstiegenen, die Transzendenz verhimmelnden Idealismus hindurchzusteuern“[31].

Es scheint sich hier jener Zwischenbereich des Symbolischen anzudeuten, der den Weg zur Kunst und zum Glauben weist und der – im hier zu entwickelnden Gedankengang – für ein Verständnis der Liturgie unverzichtbar ist. Josef Wohlmuth hat nun den dem nachmetaphysischen Denken entsprechenden Verzicht auf Letztbegründungen bei

---

[27] Daß jede Kritik der Metaphysik selbst auf metaphysischen Thesen basiert, zeigt FISCHER, Die philosophische Frage, S. 19 u.ö. Vgl. auch JUNKER-KENNY, Argumentationsethik, S. 150: „Gravierender für die Theologie (...) erscheint mir deshalb die Abwicklung der Metaphysik. Sie betrifft die Bedingung der Möglichkeit vernünftigen Redens von Gott.“

[28] So die Beschreibung bei LUTHER, Religion und Alltag, S. 29.

[29] Vgl. JUNKER-KENNY, Argumentationsethik, S. 140-150 und S. 161-163.

[30] HABERMAS, Nachmetaphysisches Denken, S. 184-185.

[31] HABERMAS, Texte und Kontexte, S. 155.

Habermas in eine erstaunliche Nähe zum ersttestamentlichen Bilderverbot gerückt[32]. Damit würde das nachmetaphysische Denken in säkularer Gestalt eine ureigene, aber oft vergessene Wahrheit der jüdisch-christlichen Tradition wieder aufleben lassen. Zudem hat Wohlmuth in diesem Zusammenhang auf die Bedeutung von Kunst als einem für Habermas entscheidenden Kristallisationspunkt der gefährdeten Ressourcen moralischen und affektiven Lebens hingewiesen[33]. Dies führt zu einem weiteren Zitat von Habermas:

> „Die ihrer Weltbildfunktion weitgehend beraubte Religion ist, von außen betrachtet, nach wie vor unersetzlich für den normalisierenden Umgang mit dem Außeralltäglichen im Alltag. Deshalb koexistiert auch das nachmetaphysische Denken noch mit einer religiösen Praxis“[34].

Wie wichtig für diese religiöse Praxis das Ritual ist, zeigt der Hinweis Habermas‘, eine solche religiöse Praxis bestehe etwa in der „rituellen Vergewisserung der kollektiven Identität“, mittels der kulturelles Wissen gespeichert und überliefert werde[35]. Dem Ritual kommt also hier gemeinschafts- und identitätsbildende Kraft zu, ein Gedanke, der für den Communio-Gedanken liturgischer Feier wichtig ist (siehe dazu Kapitel 8.4.).

Die Gedanken von Jürgen Habermas gestatten, den Begriff „Transzendenz“ nun näher zu umreißen, zumindest seine Verwendung in der vorliegenden Arbeit zu beschreiben. Zunächst muß mit Wohlmuth zurecht jeder begrifflichen Festlegung dessen, was mit Transzendenz gemeint ist, Skepsis entgegengebracht werden[36]. Im Gefolge von und in Kritik zu Habermas und im Vorgriff auf die Theologie von Edward Schillebeeckx wird der Begriff „Transzendenz“ zunächst in Bezug auf den Menschen und seine den Alltag übersteigenden Sinnerfahrungen verwendet, vor allem die Sinnerfahrungen symbolischer Natur, deren Sonderform die Liturgie ist. Mit dem Begriff „Transzendenz“, sofern er auf den Menschen Anwendung findet, wird zunächst das menschliche Befragen des Alltags beschrieben, das – und hier nehme ich noch einmal Bezug auf den Soziologen Thomas Luckmann – „auf der Unterscheidung zwischen eigenem und anderem“[37] beruht. „Im weitesten Sinn des Wortes heißt Erfahrung von ‚Transzendenz‘, daß der jeweilige Inhalt der Erfahrung, was immer dieser auch sein mag, also auch, wenn er nicht etwas Fremdes erfaßt, über sich selbst hinausweist“[38]. Oder mit anderen Worten: „Transzendenz ist, was die unmittelbare Evidenz lebensweltlicher Erfahrung überschreitet“[39]. Dann wird der Begriff „Transzendenz“ in Bezug auf Gott

---

[32] Vgl. WOHLMUTH, Bilderverbot, S. 97-118.
[33] Vgl. WOHLMUTH, Bilderverbot, S.108.
[34] HABERMAS, Nachmetaphysisches Denken, S. 60.
[35] HABERMAS, Theorie des kommunikativen Handelns 2, S. 135.
[36] Vgl. WOHLMUTH, Jesu Weg, S. 45, in Auseinandersetzung mit Adorno.
[37] LUCKMANN, Religion – Gesellschaft - Transzendenz, S. 118. Zum Sozialkonstruktivismus von Peter Berger und Thomas Luckmann und dessen erkenntnistheoretischer Problematik vgl. WOIWODE, Heillose Religion, S. 36-40.
[38] LUCKMANN, Überlegungen S. 14.
[39] KNOBLAUCH, Verflüchtigung, S. 13. Zum Begriff Transzendenz vgl. ebd. S. 12-16. Vgl. auch LUCKMANN, Die unsichbare Religion, S. 166-171.

selbst verwendet, der, wie im Bilderverbot deutlich wird, alle menschlichen Vorstellungen übersteigt. Es wird darauf ankommen, das liturgische Ritual als den Ort zu bestimmen, an dem sich die Begegnung mit dem transzendenten Gott ereignen kann[40]. Über die Problematisierung der Transzendenz im Kontext metaphysischen Denkens bei Habermas scheint nun das Ritual wie die Kunst, oder allgemeinder, der symbolische Raum, in den Blick zu geraten. Dies ist nicht unerheblich, weil es um die Zuordnung von menschlicher Erfahrung und Glauben in ebendiesem symbolisch-rituellen Raum geht und darum, eine Theologie solcher symbolischen Erfahrung zu entwickeln (siehe Kapitel 6). Im vierten Kapitel wird der Erfahrungsbegriff anhand der Theologie von Edward Schillebeeckx näher verortet, anhand der Theologie von Josef Wohlmuth wird dann nochmals der Begriff der Transzendenz zur Sprache kommen.
Der Exkurs auf Habermas hat versucht, die Prägungen neuzeitlichen Welterlebens einzuholen. Er hat gezeigt, daß im „nachmetaphysischen" Weltempfinden der Mensch mehr denn je Fragender geworden ist und eines geschlossenen Sinnsystems entbehrt, mit all den negativen Folgen, die dies auch hat. Nochmals das schon mehrfacht bemühte Zitat von Angelus Häussling: „Die ‚Wirklichkeit' scheint weniger physikalisch kosmisch, als vielmehr gesellschaftlich konstruiert"[41]. Das macht es der Liturgiewissenschaft jedenfalls schwerer denn je, eine himmlischen Liturgie als das eine bestimmende Paradigma des Gottesdienstes anzugeben, ohne die „Subjektivität" des Menschen genügend zu berücksichtigen und im gottesdienstlichen Symbol einzuholen. Der Durchgang durch Aspekte neuzeitlicher Philosophie verweist auf die Bedeutung des Symbolischen, der Ästhetik. Das „ästhetische Denken" als Kennzeichen der Postmoderne wertet Salmann wie folgt:

> „Erstmals seit Platon begegnen wir einem Denktypus, der nicht primär um allgemeine Begriffe und Ideen, sondern um individuelle Anschauung, sinnlich-ästhetische Wahrnehmung kreist. Sinne und Kunst, von Platon aus dem Olymp philosophischer Würde verbannt, werden nun zum vornehmen Ort möglicher Wahrheit"[42].

Damit rückt unter anderem der von Josef Wohlmuths entwickelte Begriff einer „liturgischen Ästhetik" in den Blick, der weiter unten gewürdigt werden soll (siehe Kapitel 4.2.).

3.2. Die soziologische Anfrage

Wenn auf evangelischer Seite Rainer Volp davon gesprochen hat, daß „‚Liturgik' kein theologisches Spezialgebiet bleiben kann, sondern die wohl wichtigste Pointe des Zusammenspiels von Theologie, Kirche und Kultur darstellt"[43], dann verschärft sich

---

[40] Vgl. zum Problem des Transzendenzbegriffes bei Habermas ARENS, Tod und Transzendenz, S. 157.
[41] HÄUSSLING, Kosmische Dimension, S. 5.
[42] SALMANN, Logos, S. 432-433. Salmann selbst macht allerdings auf die geistesgeschichtlichen Wurzeln dieses „Ästhetischen Denkens" aufmerksam, so daß sie zwar zu „Koordinaten postmoderner mentalität" werden (so die Kapitelüberschrift S. 428), aber in einer langen Tradition stehen.
[43] VOLP, Liturgik, 1, S. 9.

die hier vorgestellte Fragestellung im Kontext soziologischer Forschung. Die Versuche, gesellschaftliche Bedingungen der Gegenwart zu beschreiben, bedienen sich der Begriffe der Postmoderne, der Multikulturellen Gesellschaft sowie der Erlebnisgesellschaft. Der folgende Abschnitt versteht sich dabei eher als eine Sammlung unterschiedlicher Facetten, die in diesem Zusammenhang nur kurz beleuchtet werden können[44]. Gleichwohl bedürfen sie der Erwähnung, um die Auswirkungen solcher gesellschaftlicher Bedingungen auf das kirchliche Ritual und seine Theorie zu beschreiben. Denn eine „zeitgemäße Pastoral wird die Entwicklungslinien der Postmoderne als ihren Optionen, Konzepten und Handlungsleitlinien vorgegeben betrachten"[45].

3.2.1. Multikulturelle Gesellschaft und Postmoderne

Mit den Begriffen der Postmoderne[46] und der Multikulturellen Gesellschaft[47] wird der Versuch unternommen, die disparaten Entwicklungen der Gesellschaft begrifflich einzuholen. Die Kultur ist nichts Statisches, sondern immer in den Tradierungsprozeß von einer Generation zur nächsten eingebunden. Somit verändert sich die Kultur beständig. Ebenso kann der einzelne Mensch nicht als Träger einer kollektiven kulturellen Identität angesehen werden. Seine Identität ist, wie die Kultur, in einen ständigen Veränderungsprozeß hineinverwoben[48].
Damit ist ein erstes Kennzeichen der Postmoderne gegeben, nämlich die *Pluralisierung*[49]. Multikulturalität, also ein kultureller Pluralismus, hat hier seinen Ort. Der Pluralismus betrifft indes auch die Vernunft. Wolfgang Welsch hat in diesem Zusammenhang den Begriff der transversalen Vernunft eingeführt, die Kennzeichen postmoderner Wirklichkeitsrezeption und -reflektion ist[50]. Transversale Vernunft meint das Vermögen, zwischen verschiedenen Rationalitätstypen abzuwägen und von einem zum anderen Typus überzugehen, anstatt nur ein Erklärungsmodell für die gesamte Wirklichkeit zur Anwendung zu bringen. Ein Zitat soll dies verdeutlichen.

---

[44] Aus der Vielzahl der Literatur sei hier verwiesen auf KOCHANEK, Religion und Glaube; die Publikationen von GABRIEL.
[45] So WITTRAHM, Seelsorge, S. 94.
[46] Vgl. hier aus der Vielzahl der Literatur etwa den Überblick bei VON HEYL, Praktische Theologie, S. 133-152. Vgl. WELSCH, Moderne. Eine Ausbuchstabierung für die Pastoralpsychologie findet sich bei WITTRAHM, Seelsorge, S. 73-109.
[47] Vgl. zum Begriff der multikulturellen Gesellschaft RIVINIUS, Gesellschaft, S. 14-17 (mit Literatur). Vgl. auch GRÖZINGER, Differenz-Erfahrung, der den Begriff „Säkularisierung" aufgrund seiner theologischen Implikate (ebd. S. 2-6) und den Begriff der „pluralen Gesellschaft" (ebd. S. 6-9) aufgrund geringer Valenz kritisiert, um den Begriff der multikulturellen Gesellschaft zu entfalten (ebd. S. 9-26).
[48] Vgl. zu diesen Einwänden gegen eine zu naive Verwendung des Begriffs der Multikulturellen Gesellschaft HAN, Multikulturelle Gesellschaft, S. 18-23. Vgl. auch FUNKE, Identität des Subjekts.
[49] Vgl. dazu WITTRAHM, Seelsorge, S. 93-94. GRÖZINGER, Differenz-Erfahrung, S. 10-18, nennt als weitere Kriterien neben der Individualisierung die Polarität von Arbeits- und Erlebnisgesellschaft, das sich ständig verändernde Verhältnis der Individuen zueinander sowie die Tatsache, daß es kein einheitliches Deuteschema mehr gibt.
[50] Vgl. WELSCH, Moderne, S. 315-318, vgl. zum ganzen auch WELSCH, Vernunft.

„Wie die moderne und postmoderne Pluralisierung von Rationalität den Subjekten Erweiterungen und Polyperspektivität abverlangt, so konturiert sie zugleich einen Vernunfttypus, der sowohl mit solcher Pluralität im Bunde ist wie den Subjekten die Einheitlichkeit verbürgt, die sie für den Umgang mit solcher Pluralität brauchen: die Einheitsform transversaler Vernunft. Sie ist Subjekten eigentümlich, die zwischen verschiedenen Rationalitätstypen abzuwägen gehalten sind und überzugehen vermögen. Solche Subjekte haben gewiß nicht die Entschlossenheit derer, die alles nach nur einem Maß beurteilen, weil sie nur dieses eine kennen und alles andere ignorieren. (...) Nur Subjekte, die nicht so sehr herrscherlich als vielmehr übergangsfähig sind, vermögen der wirklichen Verfaßtheit von Rationalität gerecht zu werden und eine entsprechende Praxis von Vernunft auszubilden“[51].

Das heißt, daß „nachmetaphysisch“ nicht mehr das *eine* Denkmodell zur Anwendung kommt, sondern mehrere, die sich nicht nur in ihrem Inhalt, sondern auch in ihrer Struktur unterscheiden. Dies ist für den Gedankengang dieser Arbeit insofern von Bedeutung, als im Zusammenhang mit der Psychoanalyse jener „Rationalitätstyp“ eingeführt wird, den Freud das Unbewußte genannt hat und dessen Bedeutung für das Seelenleben und die Vernunfttätigkeit des Menschen er aufgezeigt hat. Das scheinbar Irrationale liefert damit einen Beitrag zum Wirklichkeitsverstehen.

Daß der postmodern wiederkehrende Subjekttypus anders konturiert ist ist als der moderne, daß der einzelne Mensch nicht mehr stereotyp Träger einer allgemeingültigen kulturellen Identität ist, führt zum nächsten Kennzeichen der Postmoderne: die *Individualisierung*[52]: „Der Lebenslauf von Frauen und Männern in der gegebenen Kultur ist entnormiert“[53]. Damit verbunden ist die Last des Menschen, seine Biographie selbst konstituieren zu müssen – oftmals eine Überforderung[54]. Dies betrifft dann auch den religiösen Bereich: Die religiöse Individualisierung, die unter anderem die Frage nach dem individuellen Nutzen des Religiösen stellt, geht Hand in Hand mit einer Skepsis gegenüber religiösen Institutionen[55]. Religion wird zur Privatsache, da ein einheitlicher weltanschaulicher Deutehorizont fehlt[56]. Von hierher wird die Aufgabe, in eine multikulturelle Gesellschaft eine spezifisch christliche (und dann näherhin katholische) Identität einzubringen, zu einer großen Herausforderung[57]. Gerade „Differenz-Erfahrungen“ zur Gesellschaft scheinen eine solche Identität erst begründen zu können[58].

Im Duktus dieser Arbeit ist nun von nicht zu unterschätzender Bedeutung, welche Rolle der Religion und auch den religiösen Ritualen zugemessen wird. Besonders die

---

[51] WELSCH, Moderne, S. 316.

[52] Vgl. dazu u.a. GRÖZINGER, Differenz-Erfahrung, S. 10-12.

[53] WITTRAHM, Seelsorge, S. 94.

[54] Vgl. WITTRAHM, Seelsorge, S. 96-97.

[55] Vgl. hierzu etwa GABRIEL, Christentum, S. 142-150.

[56] Vgl. hierzu den Sammelband von KOCHANEK, Ich habe meine eigene Religion. GRÖZINGER, Differenz-Erfahrung, S. 17-18. Dies trifft sich mit den Kriterien nachmetaphysischen Denkens (s.o.)

[57] Vgl. dazu etwa die Dokumentation von RENÖCKL, HALIK, Katholische Identität, hier etwa die Ansprache von Václav Havel, ebd. S. 14-15.

[58] Zur auch theologischen Notwendigkeit solcher Differenzerfahrungen vgl. GRÖZINGER, Differenz-Erfahrung, S. 38-48. Ich werde anläßlich des Begriffs der symbolischen Differenz hierauf zurückkommen (vgl. Kapitel 6.3.1.).

Systemtheorie von Niklas Luhmann hat sich dem Phänomen der Religion gewidmet. Eine der Schriften Luhmanns trägt den Titel „Funktion der Religion“[59]. In diesem Zusammenhang kann es nicht um eine umfassende Auseinandersetzung mit Luhmann gehen. Hier sei auf die vielfältigen Studien verwiesen[60]. Aber eine Spur ist in diesem Zusammenhang von Interesse. Es ist durchaus eine der Funktionen der Religion, Rituale zur Verfügung zu stellen, „in denen die ‚Welt-Anschauung‘ in ihrer Tiefenstruktur symbolisch zur Darstellung kommt“[61]. Im Anschluß an die Systemtheorie von Luhmann hat nun der Soziologe Peter Fuchs das religiöse Ritual in den Blick genommen. Von Luhmann her definiert er das Ritual als Kommunikationsprozess, da „diejenige Einheit, über die sich Gesellschaft konstituiert, Kommunikation“ sei[62]. Das Spezifikum von Ritualen als einer Form von Kommunikation beschreibt Fuchs sodann mit dem Kriterium der „Restriktivität“. Mit diesem auch durch Forschungen der Ethnologie belegten Begriff umschreibt Fuchs einen Sachverhalt, den Luhmann Negationsverbot benennt[63]. Damit ist die Ausschaltung von Negationsmöglichkeiten gemeint: im Ritual ist zum Schutz des Glaubensinhaltes etwa kontroverse Diskussion ausgeschlossen. Der einzelne Teilnehmer mag sich zwar nur partiell mit Inhalten des Rituals identifizieren, diesem Sachverhalt darf aber im Ritual selbst nicht Ausdruck verliehen werden. Damit verknüpft ist ein weiteres Kennzeichen, das der „Invarianz“, das Verbot von Variation[64]. Das Ritual lebt von der Wiederholung. Grund für diese beiden Verbote ist nach Fuchs die schon bei Luhmann benannte Aporie, im Ritual die „nichtsymbolisierbaren Grundlagen“[65] einer Religion symbolisieren zu müssen. Ein solches Vorhaben sei höchst negationsanfällig und müsse also geschützt werden. Inwieweit sich die Systemtheorie Luhmanns als adäquate Beschreibung religiöser Kommunikation in einem interdisziplinären Dialog eignet, kann hier nicht zur Gänze diskutiert werden. Hier sei auf die bereits erfolgten theologischen Auseinandersetzungen verwiesen[66]. In diesem Zusammenhang verdient nur Interesse, daß zentrale Fragen, die im nächsten Kapitel der Klärung bedürfen, bei Luhmann bereits gestellt sind. So verweist die Luhmannschen Codierung immanent-transzendent als Beschreibung religiöser Kommunikation auf das schon mehrfach benannte Grundproblem, wie denn menschliche Erfahrung und Glaube zuzuordnen seien[67]. Seine Beschreibung des Rituals als Symbolisierung unsymbolisierbarer Grundlagen der Religion (= Gott?) bedarf hier ebenfalls näherer Prüfung. Die Kritik trifft also den zugrundeliegenden Transzendenzbegriff. Fraglich erscheint hier, ob das für den christlichen Glauben zentrale Inkarnati-

---

[59] Vgl. LUHMANN, Funktion der Religion. Vgl. auch LUHMANN, Soziale Systeme.
[60] Vgl. hierzu WOIWODE, Heillose Religion. DALLMANN, Systemtheorie.
[61] GABRIEL, Christentum S. 170.
[62] Vgl. FUCHS, Gefährliche Modernität, S. 2.
[63] Vgl. LUHMANN, Funktion der Religion, S. 87.
[64] Vgl. dazu auch SOEFFNER, Zur Soziologie des Symbols, S. 76.
[65] Vgl. FUCHS, Gefährliche Modernität, S. 2. Vgl. LUHMANN, Funktion der Religion, S. 56-57, Anm. 82. Dort übrigens auch die Wertung des Rituals als „symbiotischer Mechanismus“.
[66] Vgl. DALLMANN, Systemtheorie, vor allem S. 210. Vgl. das Resümee bei WOIWODE, Heillose Religion, S. 228-239.
[67] Vgl. dazu WOIWODE, Heillose Religion, S. 162-165.

onsparadigma (Gott wird in der Person des Jesus von Nazareth anschaubar) in solch soziologischer Begrifflichkeit adäquat ausgelegt werden kann[68]. Das Zueinander von Geschichtlichkeit und Transzendenz ist näher zu bestimmen, was im 4. Kapitel geschehen wird. Beachtlich erscheint indes, daß das religiöse Ritual Thema soziologischer Forschung wird und in einer postmodernen Gesellschaft keineswegs obsolet ist[69]. Desweiteren wird „Kommunikation“ als eine Facette des Rituals durch die soziologische Forschung in den Blick genommen. Gerade im Zusammenhang mit der Psychoanalyse und ihrer speziellen Form der Kommunikation des Unbewußten wird dies im Kontext des Postulates der „tätigen Teilnahme“ zu problematisieren sein (siehe Kapitel 8.4). In diesem Zusammenhang ist vor allem die ambivalente Bedeutung des Rituals in der säkularen Gesellschaft von nicht zu unterschätzender Bedeutung. Auf der einen Seite hat in der Postmoderne eine Entritualisierung des Alltagslebens stattgefunden. Überkommene kirchliche Rituale, die das Alltagsleben prägten, bilden nicht mehr den Identifikationspunkt einer Gemeinschaft. Auf die katholische Kirche bezogen: Die Liturgie ist oft Ort der Auseinandersetzung statt integrierenden Konsenses. Damit hätten die Rituale ihre „Funktion als integrierende Gruppenrituale“ verloren[70]. Auf der anderen Seite ist die Ritualisierung wohl eine anthropologische Grundgegebenheit, versteht man sie als „Formalisierung und Stilisierung menschlichen Handelns bzw. menschlicher Handlungsketten zu einem festgelegten und wiederholbaren Muster“[71]. Dem Individualisierungsschub der Postmoderne verdankt sich die Ausprägung von Ritualen im Rahmen einer „Sakralisierung des Subjekts“[72]. Auch die Entstehung von Szenen bedarf der Gruppenrituale[73]. Im solchermaßen aufzuweisenden Bedürfnis nach Ritualen liegt eine der religionsproduktiven Tendenzen der Gegenwart[74]. Angesichts dessen verschärft sich die Notwendigkeit, über die Rituale, die die Kirche seit Jahrhunderten zur Verfügung stellt, neu nachzudenken. Dabei stellt sich ein Problem, das der weiteren Klärung bedarf. Kann das Ritual lediglich als existenzsichernd verstanden werden, als Kontingenzbewältigung[75]? Wenn es aber auch darum geht, die Endlichkeit und Bedrohtheit des Lebens darzustellen, wäre das religiöse Ritual nicht mehr (nur) Symbolisierung der unsymbolisierbaren Grundlagen einer Religion (Luhmann), sondern auch Ausdruck menschlicher Existenz. So wird die Frage nach Rolle und Bedeutung des Symbolischen im Ritual, der diese Studie gilt, virulent.

---

[68] Vgl. DALLMANN, Systemtheorie, S. 202-204, vor allem das Resümee S. 207-211. „Die Besonderheiten der verschiedenen religiösen Kommunikationsformen - gerade in Gottesdienst, Sakramenten und auch in der Seelsorge - können mit der Luhmannschen Kommunikationstheorie nicht angemessen reformuliert werden. Hier ist der theologische Widerspruch herausgefordert“ (ebd. S. 210). Vgl. zum ganzen auch ODENTHAL, Liturgiereform und Ritual.

[69] Hier ist nochmals auf die verschiedenen Ansätze der „ritual studies“ zu verweisen. Vgl. BELLIGER, KRIEGER, Ritualtheorien.

[70] GABRIEL, Christentum, S.172.

[71] GABRIEL, Ritualisierung, S. 4. Ähnlich auch LUCKMANN, Überlegungen, S. 13.

[72] Dieser Begriff findet sich bei LUCKMANN, Die unsichtbare Religion, S. 181.

[73] Vgl. GABRIEL, Ritualisierung, S. 6-10.

[74] Vgl. das Buch von HÖHN, GegenMythen, das die Bruchstelle von Kontingenz und Transzendenz in den Blick nimmt. Vgl. auch LUCKMANN, Die unsichtbare Religion.

[75] So SOEFFNER, Zur Soziologie des Symbols, S. 78.

Am Ende diese Abschnittes wird die Bedeutung von Ritualen anschaulich. Fragwürdig bleibt der Begriff der (kulturellen wie persönlichen) Identität. Daraus ergibt sich für die folgenden Überlegungen die im Kontakt mit der Psychoanalyse zu lösende Frage, ob denn das religiöse Ritual identitätssichernd, gar identitätsstiftend sein kann. Ferner bleibt die Frage nach der Zuordnung von Geschichtlichkeit und Transzendenz, gerade im rituellen Tun. Bevor in Richtung dieser Fragen die nächsten Schritte getan werden, gilt es, Begriff und Sache der „Erlebnisgesellschaft" einzuholen, die mit den bereits genannten Stichworten „Postmoderne" und „Multikulturelle Gesellschaft" verbunden ist.

3.2.2. Die Erlebnisgesellschaft

Gerhard Schulze hat in die Debatte um die Postmoderne für die Bundesrepublik Deutschland das Stichwort „Erlebnisgesellschaft" eingebracht[76]. Das Erlebnis wird zur zentralen Kategorie menschlichen Handelns. Dies ist charakteristisch für eine Epoche, die sich, wie oben beschrieben, nachmetaphysischem Denken verpflichtet weiß. Nachmetaphysisches Denken nimmt von einer Epoche Abschied, in der gerade aufgrund ihres metaphysischen Bezugs „schöne Erlebnisse allenfalls als Nebeneffekt, ohne zentrales Lebensziel zu sein"[77], erschienen. Der Mensch empfand sich eher als Teil einer umfassenden Ordnung, die ihm seine Lebensaufgabe zuwies. In der Erlebnisgesellschaft ist das Empfinden anders: Der Mensch will sein Leben selbst gestalten:

> „Erlebnisse werden nicht vom Subjekt empfangen, sondern von ihm gemacht"[78].

Die „Ästhetisierung des Alltagslebens", das heißt, die Besetzung des Alltags mit Erlebnisabsichten[79], führt zu einer vermehrten Hinordnung der Alltagswelt auf „schöne Erlebnisse". Diesem Bedürfnis antwortet der Erlebnismarkt[80]. Dies macht ohne Zweifel manchmal die Last, vor allem aber den Reichtum der gegenwärtigen Epoche aus[81]. Last deshalb, weil die Fülle der Möglichkeiten den Menschen nun in Verlegenheit bringt und der Mensch selbst für seine Erlebnisse verantwortlich ist, was immer ein Enttäuschungsrisiko birgt[82]. Angesichts solcher Vermehrung der Möglich-

---

[76] Vgl. hierzu SCHULZE, Erlebnisgesellschaft. Kritisch dazu KOCHANEK, Erlebnisgesellschaft, S. 166-180. Vgl. auch KOCHANEK, Kirche und Gemeinde; KOCHANEK, Kirche und Christsein. Vgl. auch GRÖZINGER, Das Heilige. Vgl. SCHILSON, Inszenierung, S. 42-51. Vgl. auch BECKS, Gottesdienst, S. 51-126.

[77] SCHULZE, Erlebnisgesellschaft, S. 40.

[78] SCHULZE, Erlebnisgesellschaft, S. 40.

[79] Vgl. SCHULZE, Erlebnisgesellschaft, S. 33-91; 98-102; 126. Die Alltagsästhetische Episode wird in auffallender Nähe zum in Kapitel 5 entwickelten Symbolbegriff zwischen Individualität und Sozialität, doch beiden zugehörig, angesiedelt (mit Verweis auf Huizingas „Homo ludens" ebd. S. 102). Vgl. hierzu auch SCHILSON, Liturgie(-reform), S. 982-983.

[80] Vgl. dazu SCHULZE, Erlebnisgesellschaft, S. 417-457.

[81] So spricht etwa SALMANN, Logos, S. 180, von einer lebendigen und reichen Gesellschaft. Vgl. auch KOCHANEK, Erlebnisgesellschaft, S. 151 und S. 179.

[82] Vgl. SCHULZE, Erlebnisgesellschaft, S. 14.

keiten nimmt die Handlungsform des Wählens zu[83]. Alles wird veränderbar, nichts ist mehr gegeben. Damit stellt sich in bedrängendem Maße die Sinnfrage.

> „Daß Lebenslust zum Problem wird, wenn man endlich dafür freigestellt ist, sich darauf zu konzentrieren, ist nichts Neues. Neu ist die gesellschaftliche Verbreitung dieses Problems“[84].

Damit überlagert das Paradigma „Erlebnisgesellschaft“ alle anderen auch auf die Gesellschaft zutreffenden Paradigmen[85]. Zugleich sind die hohen Ansprüche an das Erleben (auch an das Erleben des kirchlichen Rituals) benannt. „Politische, soziale respektive kirchlich gemeindliche Teilnahme ist abhängig von einer verstärkten Tendenz zur Ästhetisierung und der Erlebnisorientierung“[86]. Mit dem Deutungsmuster der Erlebnisgesellschaft werden zugleich ein wachsender Individualisierungsschub, Veränderungen in der Milieustruktur durch das Aufbrechen neuer Milieus sowie das Fehlen eines einheitlichen Deutungsschemas ausgesagt:

> „Es gibt kein allgemeinverbindliches Wirklichkeitsmodell in unserer Gesellschaft“[87].

Zugleich geht es um eine Verhältnisbestimmung der Trias von Sozialität, Individualität und Situation. Die Frage lautet, wie ein subjektives Erlebnis, gebunden an eine konkrete Situation, sozial mitteilbar wird. Der springende Punkt liegt im Übergang individuellen Erlebens zur sozialen Dimension. Gibt es Gemeinsamkeiten im menschlichen Erleben? Als Antwort auf diese Frage deutet Schulze einen Weg an, der in die Richtung des Rituellen menschlicher Vollzüge weist:

> „Gemeinsamkeiten beruhen immer auf Wiederholungen. Nur Regelmäßigkeiten können Menschen voneinander abschauen“[88].

Sollte es so sein, daß gerade das Rituelle in der Erlebnisgesellschaft eine neue Chance hätte[89]? Schulze nimmt sodann die Rolle der Situation in den Blick. Zur Situation kann der Mensch in Kontakt treten durch Einwirken, Wählen oder Symbolisieren.

> „Symbolisieren ist kein situationsverändernder, sondern ein sichtbarmachender Modus“[90].

Auch hier gilt die Tendenz vom fremdbestimmten zum selbstbestimmten Symbolisieren. Der Mensch der Erlebnisgesellschaft übernimmt nicht unbedingt alte Vorgaben als Symbol. Nicht dadurch, daß etwas lange als Symbol fungierte, kann es weiter verwendet werden, sondern nur dann, wenn seine Verwendung selbstbestimmendem

[83] Vgl. SCHULZE, Erlebnisgesellschaft, S. 55.
[84] SCHULZE, Erlebnisgesellschaft, S. 61.
[85] Vgl. KOCHANEK, Erlebnisgesellschaft, S. 153.
[86] KOCHANEK, Erlebnisgesellschaft, S. 174.
[87] SCHULZE, Erlebnisgesellschaft, S. 227. Vgl. KOCHANEK, Kirche und Gemeinde, S. 14-15.
[88] SCHULZE, Erlebnisgesellschaft, S. 53.
[89] Daß generell die Gegenwart religionsproduktive Tendenzen hat, zeigt HÖHN, Gegen-Mythen.
[90] SCHULZE, Erlebnisgesellschaft, S. 50. Vgl. auch SCHULZE, Erlebnisgesellschaft, S. 202-203. Der Unterschied zum hier entwickelten Symbolbegriff dürfte weiter unten deutlich werden.

Wählen plausibel bleibt[91]. Für die Fragestellung nach dem Rituellen des Menschen ist Schulzes Definition des Stils bedeutsam:

> „Als Stil sei nun die Gesamtheit der Wiederholungstendenzen in den alltagsästhetischen Episoden eines Menschen definiert. Erlebnisorientiertes Handeln gerinnt im Stil zu einem stabilen situationsübergreifenden Muster"[92].

Im Stil konkretisiert sich menschliche Identität[93].

Gerade wenn es in der Fragestellung dieser Arbeit um eine Theorie des Gottesdienstes als Symbolgeschehen geht, liegt die Problemstellung ähnlich. Wie ist das je individuelle religiöse Erleben im Gottesdienst einzubringen und, etwa mit den alten Formen, zu vermitteln? Schulze gibt drei Stichworte, die einen Weg weisen könnten: Das Rituelle, das Symbolische und der Stil. Dies hätte etwa die Konsequenz, daß das Ritual erlebnisübergreifend, objektiv sein müßte, um nicht exklusiv zu sein. Zugleich müßte seine Erlebnisqualität gewahrt bleiben („stilvoll")[94].

Er beschreibt sodann drei Muster des Genießens, denen er jeweils ein Kulturschema und einen Gesellschaftyp zuordnet: das Muster der Kontemplation (Hochkulturschema), das der Gemütlichkeit (Trivialschema) und das der „Action" (Spannungsschema)[95]. Die zugeordneten drei Gesellschaftstypen sind: die Korporative Gesellschaft. Hier nimmt jeder den ihm zugewiesenen Platz ein. Die Kompetitive Gesellschaft: sie ist zwar hierarchisch strukturiert, aber prinzipiell offen für Statusverbesserungen des Einzelnen. Die Erlebnisgesellschaft schließlich ist geprägt durch einen voll entwickelten Erlebnismarkt mit einem unendlich großen Möglichkeitsraum[96].

Es seien einige Anmerkungen zu den Schemata angefügt, die für die Fragestellung dieser Arbeit von Bedeutung sind. Das Genußmodell des Hochkulturschemas ist geprägt von der Zurücknahme des Körpers. Versenkung und Kontemplation bilden die Schlüsselbegriffe. Alles dies wird zum Genuß:

> „Die intensive, introvertierte Zuwendung zum Zeichen ermöglicht sowohl besonders tiefe Ich-Erfahrung als auch Ich-Überschreitung – wenigstens einen Abglanz dessen, was in der philosophischen Mystik des europäischen Mittelalters mit „Kontemplation" gemeint war, die unmittelbare Vereinigung mit dem Göttlichen"[97].

Das Kennzeichen des Hochkulturschemas ist Perfektion. Das Trivialschema ist gekennzeichnet durch Gemütlichkeit. Der Körper darf sich bewegen, ohne sich anstrengen zu müssen. Hier ist Bedürfnis nach Sicherheit und Heimat vorherrschend. Das Kennzeichen ist Harmonie. Das Spannungsschema ist geprägt durch Unruhe. Der Körper spielt eine zentrale Rolle. Das Ich ist nur mit sich selbst konfrontiert, wofür

---

[91] Vgl. SCHULZE, Erlebnisgesellschaft, S. 204.
[92] SCHULZE, Erlebnisgesellschaft, S. 103.
[93] Vgl. SCHULZE, Erlebnisgesellschaft, S. 104.
[94] Eine solche Verhältnisbestimmung wird in dieser Arbeit unter anderen Vorzeichen anhand einer Theorie des Rituals und dem zugeordneten Symbolbegriff (Kapitel 5 und 6) vorgenommen.
[95] Vgl. SCHULZE, Erlebnisgesellschaft, S. 108.
[96] Vgl. SCHULZE, Erlebnisgesellschaft, S. 139-141.
[97] SCHULZE, Erlebnisgesellschaft, S. 145.

Schulze interessanterweise den psychoanalytischen Begriff des Narzißmus einführt[98]. Diese drei Schemata werden dabei nicht exklusiv, sondern kombinatorisch verwendet. Herrschte lange Zeit das Hochkulturschema vor, wurde es ergänzt um seinen Gegenpol, das Trivialschema. Mit der Erlebnisgesellschaft ist eine freie Kombination aus allen dreien möglich.

Solch freie Kombinationsmöglichkeiten führen zur Ausbildung neuer Milieustrukturen, die nicht mehr nach Beruf, Familienstand und Ortsansässigkeit gebildet sind, sondern durch Stil, Alter und Bildung, Milieus, die im Markt der Möglichkeiten einen „Entscheidungssog" bewirken und quer durch traditionelle Familienstrukturen verlaufen[99]. Dabei tragen die neuen Milieus folgende Merkmale: es handelt sich um zeitlich wie räumlich begrenzte Kontakte mit revidierbaren Mitgliedschaften, die nur partielle Identifikation erfordern[100].

Mit Schulze können fünf Milieus ausgemacht werden. Zunächst das Niveaumilieu, das von Menschen mit hohen kulturellen Interessen gebildet wird. Sein Kennzeichen ist Kontemplation, seine Philosophie ist die der Perfektion: der Mensch dieses Milieus genießt betrachtend („kontemplativ") hohe („perfekte") Kunst. Das Harmoniemilieu setzt als Gegenbewegung zum ersten auf Gemütlichkeit, seine Lebensphilosophie ist die der Harmonie. Das Integrationsmilieu bildet als Zwischending eine Verbindung der ersten beiden Milieus und kann hier vernachlässigt werden Das Selbstverwirklichungsmilieu ist geprägt durch hohes soziales oder politisches Interesse, sein Kennzeichen ist Action und Kontemplation, seine Lebensphilosophie Narzißmus und Perfektion: Das eigene Ich steht dabei im Blickpunkt („Selbstverwirklichung"). Das Unterhaltungsmilieu mit dem Stichwort der Freizeit verengt nun den Blickwinkel des Selbstverwirklichungsmilieus auf den Narzißmus und die Action hin. Der schnelle Genuß („Unterhaltung") wird zum Maßstab[101].

Was bedeutet all dies nun im Zusammenhang einer Theorie des Gottesdienstes?

Hartmut Becks ordnet nun aus dem Blickwinkel evangelischer Liturgik den hier kurz umrissenen Milieus (mit Ausnahme des Integrationsmilieus[102]) vier religiöse Erlebnishorizonte zu: Erhabenheit, Regression, Utopie und Exzeß[103]. Dem Niveaumilieu entspricht die „Erhabenheit"[104]. Der Gottesdienst soll von seiner Erlebnisqualität her traditions- und geschichtsbewußt sein, das Unbenennbare benennen. Becks verweist hier etwa auf das bei Josuttis sogenannte kultische Gottesdienstverständnis[105]. Dem Niveaumilieu ordnet Becks sodann die Begriffe Kultur, Rhetorik, Raum und Musik als

---

[98] Vgl. SCHULZE, Erlebnisgesellschaft, S. 156.

[99] Vgl. KOCHANEK, Erlebnisgesellschaft, S. 159.

[100] Vgl. KOCHANEK, Erlebnisgesellschaft, S. 162.

[101] Vgl. hierzu SCHULZE, Erlebnisgesellschaft, S. 277–333.

[102] Becks vernachlässigt das Integrationsmilieu, da es ein Zwischending zwischen Niveaumilieu und Harmoniemilieu ist. Vgl. BECKS, Gottesdienst, S. 155.

[103] Vgl. BECKS, Gottesdienst, S. 156.

[104] Zur Begriffsgeschichte vgl. BECKS, Gottesdienst, S. 162-166.

[105] Vgl. BECKS, Gottesdienst, S. 169. Ebd. ein Verweis auf Liersch und die Zuordnung von Gottesdiensttypen zu den psychologischen Grundmustern (s.o. Kapitel 1.4.).

Erlebnisaspekte zu[106]. Dem Harmoniemilieu weist Becks den Erlebnishorizont der Regression zu: Im Gottesdienst wird Geborgenheit verlangt. Familialität und Seelsorge sind die zugehörigen Erlebnisaspekte. Hier gibt es große Nähe zum Diktum von der therapeutischen Funktion des Gottesdienstes[107]. Das Selbstverwirklichungsmilieu hat als religiösen Erlebnishorizont die Utopie. Aspekte wie Kontemplation (im Sinne der Selbsterfahrung) und Kampf sind seine Merkmale[108]. Das Unterhaltungsmilieu hat als religiösen Erlebnishorizont den Exzeß, mit den Kriterien Entertainment und Werbung[109]. Es gilt also auch für den Gottesdienst:

> „Der Gottesdienstbesuch in der Postmoderne ist zunehmend ein Erlebnisgeschehen, immer weniger ein Traditionsgeschehen"[110]

Hermann Kochanek macht darauf aufmerksam, daß die Kategorie des Erlebnis immer schon in der Kirche beheimatet war und schlägt die „Inkulturation" der Erlebnisgesellschaft vor[111]. Das bedeutet, auf eigene Erlebnisressourcen hinzuweisen, zugleich aber das eschatologische Veto bezüglich einer vollkommenen irdischen Beglückung einzulegen[112]. Gleichzeitig damit hätte nach Kochanek die Kirche die Aufgabe, Menschen zu Differenzerfahrungen zu befähigen und Raum für solche produktiven Differenzerfahrungen zur Gesellschaft anzubieten – so wie die Liturgie der Kirche immer Differenzerfahrungen vermitteln will und in der Spannung von Innen und Außen, Gott und Welt steht[113]. Der Begriff der Differenz wird im Zusammenhang mit symbolischer Erfahrung wieder begegnen (Kapitel 6.2. und 6.3.1.). Kochanek diagnostiziert als Kehrseite der Erlebnisgesellschaft die Sinnenfeindlichkeit, die alles einer wirtschaftlichen Zweck-Nutzen-Rechnung unterwirft. Hier hätte die Kirche die Aufgabe, „stärker die Emotionalität und Affektivität des Menschen in der Erlebnisgesellschaft, alle Sinne des Menschen in Liturgie, Verkündigung und Diakonie anzusprechen und miteinzubeziehen"[114]. Mit anderen Worten: Kirche muß sich selbst „in Szene setzen".

Damit kommen die Schlußfolgerungen in den Blick, die aus der Diagnose der Erlebnisgesellschaft für eine Theorie des Rituals gewonnen werden können. Der Durchgang durch die unterschiedlichen und zugleich existierenden Milieus bringt zunächst das Stichwort Pluralität, die aber nicht mit Banalität zu verwechseln ist. Schilson plädiert in diesem Sinne für die Schlichtheit der Vollzüge, jedoch nicht für eine grenzenlose

---

[106] Vgl. BECKS, Gottesdienst, S. 155-197.

[107] Vgl. BECKS, Gottesdienst, S. 197-227. S.o. Kapitel 1.4..

[108] Vgl. BECKS, Gottesdienst, S. 227-263.

[109] Vgl. BECKS, Gottesdienst, S. 263-312. Eine Graphik gottesdienstlicher Erlebnistheorie ebd. S. 312.

[110] BECKS, Gottesdienst, S. 361.

[111] Vgl. KOCHANEK, Erlebnisgesellschaft, S. 183-186.

[112] Diese Richtung forciert noch stärker BIERITZ, Erlebnis Gottesdienst, der einen Exodus aus der Erlebnisgesellschaft vorschlägt, zumindest für den Bereich des Gottesdienstes.

[113] Vgl. KOCHANEK, Kirche und Gemeinde S. 15-16; 44-47. In die gleiche Richtung geht der Beitrag von KRANEMANN, Unterbrechung, der das Fest von der Unterbrechung des Alltags her definiert und so seine Erlebnisqualität aufdeckt.

[114] KOCHANEK, Erlebnisgesellschaft, S. 191.

Vielfalt[115]. Dennoch gilt: *Die* liturgische Gestaltung wird es ebensowenig geben wie *den* Glauben. So wird die Schnittstelle im Übergang vom Individuellen zum Allgemeinen wichtig. Hier führte Schulze die Bedeutung der Wiederholung, also des Rituellen, ein. Das Ritual der Liturgie könnte an dieser Schnittstelle zur Differenzerfahrung im Sinne Kochaneks befähigen: Differenz zwischen Allgemeinem und Individuellen, zwischen innerem Wunsch und äußerer Realität, zwischen Kirche und Gesellschaft. „Leben wird im Ritus nicht einfach imitiert oder wiederholt, sondern gefeiert und verdichtet, auf verknappte und verfremdete Weise begangen: von daher die Notwendigkeit und Gefahr der Mechanisierung, des Stereotypen"[116]. Eine Schlußfolgerung von Becks lautet: „Multiperspektivität ist nötig. Vor allem muß die Liturgiewissenschaft eine ‚binnentheologische' Sichtweise überwinden, die die Lebenswirklichkeit der konkret versammelten Menschen im Verhältnis zur theologiehistorischen Korrektheit des Rituals als sekundäres Problem erachtet"[117]. Das heißt, daß die Erlebnisgesellschaft als „Lebenswirklichkeit" des Menschen der reflektierenden Einholung bedürfe. Im Sinne des hier vorgestellten Gedankenganges bedarf es dazu einer Symboltheorie, die zwischen „binnentheologischer" Sichtweise und Lebenswirklichkeit vermittelt. Mit Schulze konnte das Symbolisieren in der Erlebnisgesellschaft als sichtbarmachender Akt charakterisiert werden. Die hier zu entwerfende Symboltheorie wird dies bedenken müssen[118]. Dabei erweist sich als problematisch, daß die Liturgie sich dem Hochkulturschema verdankt, sich von hierher also eher dem Niveaumilieu zuordnet. Dies steht im Kontrast zum Befund Schulzes, daß sich eher die Menschen des Harmonie- und Integrationsmilieus als religiös beschreiben. Hat die Kirche die Menschen der Kultur verloren? Die hier vertretene These mit ihrem Begriff von Symbol ordnet das kirchliche Ritual in die Nähe des Hochkulturschemas, zumindest vom traditionellen Reichtum der Liturgie und seiner Entstehung her[119]. Der hierfür von Schulze festgemachte meditative Typus der Körperlichkeit bedarf jedoch der weiteren Klärung im Hinblick auf die Sinnlichkeit, die der psychoanalytische Diskurs in die Diskussion einbringen wird (siehe Kapitel 5.2.). Ähnliches gilt für das Stichwort der Perfektion. Wird nicht in jeder Kunst, so auch im Ritual, zugleich die Gebrochenheit des Menschen symbolisiert? Dies berührt die Frage des Zueinander von Form und Inhalt des Rituellen (siehe Kapitel 6.1.) Muß also ein Ritual, das in einem Markt der Möglichkeiten konkurrieren will (wenn dies das Ziel ist) so beschaffen sein, daß möglichst viele Erlebnismodi eingebracht werden können? Soll man den vielfachen Forderungen, der Gottesdienst solle Harmonie herstellen, gelegentlich zum Schmunzeln anregen (trivial), auf alle

---

115 Vgl. SCHILSON, Inszenierung, S. 57.
116 SALMANN, Kult, S. 251.
117 BECKS, Gottesdienst, S. 313.
118 Ganz im Sinne des Schillebeeckx'schen Korrelationskriteriums (Kapitel 4.1.1.) ginge es zunächst weniger darum, Sinn zu vermitteln, sondern bereits erfahrenen Sinn zu symbolisieren und zu ritualisieren.
119 Es mutet von hierher merkwürdig an, wenn Häussling von der „Armut an religiöser Sprache und sakralen Symbolen" spricht (HÄUSSLING, Religiöse Sprache, S. 66). Trifft dies für einen über 2000 Jahre alten Reichtum zu?

Fälle, gerade im Hinblick auf Jugendliche, mehr Action und Spannung bieten, nachkommen? Eine Liturgie, die sich in den wesentlichen Wurzeln dem Hochkulturschema verdankt, hat es zunächst schwer, sich zu behaupten. Dies führt erneut zurück zum theologischen Grundproblem, dem Erfahrungsbezug des Rituellen. An dieser Stelle führt Kochanek in Auseinandersetzung mit der Erlebnisgesellschaft den pastoralpsychologischen Ansatz von Dieter Funke ein (siehe dazu Kapitel 6.1.): Es bedarf einer neuen Verflüssigung der im kirchlichen Ritual verborgenen Grundkonflikte wie Liebe und Haß, es bedarf ihrer sinnlichen Wiederbelebung[120]. Dies zeigt am Ende des Abschnittes die unverzichtbare Bedeutung des Rituals. Alle diese Fragen bedürfen einer Sichtung, die im Kapitel 8 erfolgen wird. Bevor die theologische Verortung vorgenommen wird, geht es um die dritte große Anfrage, diesmal eine theologische, nämlich die Frage nach den Bedingungen und Möglichkeiten einer Theologie nach der Shoa.

3.3. Die theologische Anfrage: Die Rede von Gott nach der Shoah

Das bittere Ereignis der Shoa betrifft das Christentum im Kern. Das Projekt einer Theologie nach Auschwitz kann dabei, im Gefolge von Johann Baptist Metz, als das Projekt einer „Theologie der Unterbrechung" charakterisiert werden[121]. Damit stellt sich die Frage, ob nicht auch die Tradierung des überkommenen Ritualsystems einer solchen Unterbrechung bedürfe, eventuell ganz zur Disposition stehe, oder umgekehrt eine neue Berechtigung erhalte. „Da der Auferweckte kein anderer ist als der gekreuzigte Jude Jesus von Nazareth, muß das liturgische Gedenken in besonderer Weise der ‚Leidensgeschichte' seines jüdischen Volkes eingedenk sein, was nicht ohne Folgen für die christliche Liturgie bleiben kann (...)"[122].

Der Titel dieses Kapitels wurde gewählt in Anlehnung an die Arbeit von Lydia KOELLE über das Werk Paul Celans aus theologischer Sicht. Wie viele seiner jüdischen Leidensgenossen hat sich Celan des Mediums der Sprache bedient, um das Unfaßliche an Grausamkeit, das mit dem Begriff Shoa belegt wird[123], vor dem Vergessen zu bewahren. Mit der Shoa ist gleichzeitig ein Kontinuitätsbruch verbunden, dem sich die christliche Rede von Gott zu stellen hat. Wie ist Theologie als Anrede Gottes, wie sind Lobpreis und Gedenken noch vorstellbar?

Als Beispiel eines solchen Kontinuitätsbruches sei hier aus dem Gedicht „Tenebrae" von Paul Celan zitiert.

---

[120] KOCHANEK, Erlebnisgesellschaft, S. 200-202.

[121] DIENBERG, Tränen, S. 73. Für das Gebet nach Auschwitz vgl. insgesamt die Studie von DIENBERG, Tränen, der (ebd. S. 73-95) auf J.B. Metz rekurriert.

[122] HOPING, Gedenken, S. 193.

[123] Zum Begriff Shoa (= totale Vernichtung) vgl. KOELLE, Judentum, S. 33. Zu einer psychoanalytischen Sicht des Werks Paul Celans vgl. etwa BOLLACK, Wahngänge.

„Wir haben getrunken, Herr.
Das Blut und das Bild, das im Blut war, Herr.
Bete, Herr.
Wir sind nah."[124]

Paul Celan stellt damit traditionelle Inhalte des Betens grundsätzlich in Frage. Nicht mehr der Mensch betet, sondern der angesichts menschlicher Grausamkeit machtlose Gott[125]. Zugleich bleibt Celan dem liturgischen Kontext in Zitaten verpflichtet: „Tenebrae" ist der Titel der Trauermetten der Kartage und verweist auf die Gottesfinsternis beim Tode Jesu. Gott ist zur leidensfähigen Menschengestalt erniedrigt, ein Thema, das schon der Philipperhymnus angibt[126].
Für die symboltheoretische Fragestellung dieser Arbeit ist von höchster Bedeutung, daß Celan überhaupt noch die Form des Gedichtes, also eine Kunstform (oder: ein Symbol), wählt. In paradoxer Weise kann gesagt werden, daß Kunst nach der Shoa noch möglich ist, wenn zugleich auch das Unfassliche sich jedem Begriff versagt[127].
Für Celan wurde wesentlich,

> „daß er die Sprache als das einzig Unverlorene in der Vernichtung erlebte"[128].

Wenn Celan im zitierten Gedicht an die Form des Gebets anknüpft und den Titel der Stundenliturgie der Kartage wählt, kann mit aller Vorsicht gefolgert werden, daß auch eine Theologie „nach Auschwitz", rituelles Tun, ja Beten nach der Shoa möglich sei. Aber das Reden von Gott muß sich an bestimmten Kennzeichen messen lassen.
Koelle folgert für eine Theologie nach der Shoa zunächst „theologische Versehrtheit"[129]. Jedes glorifizierende religiöse Reden verbietet sich: der Glaube ist nicht mehr heil, sondern versehrt (vgl. dazu auch Kapitel 8.6.). Die Kreuzestheologie ist durch die bitteren Erfahrungen des Judentum im 20. Jahrhunderts zum ersten Mal nicht nur Thema, sondern Denkform der Theologie geworden[130]. Gleichzeitig muß aber mit Koelle vor einer Vereinnahmung der Shoah vom Kreuzesgedanken her gewarnt werden:

> „Sofern Auschwitz mit dem Kreuz Christi in Verbindung gebracht würde, so dürfte dies nicht ein christlicher Allgemeinplatz sein, sondern: *dies wäre ein Vorrecht der jüdischen Opfer und ihrer Nachkommen.* Wenn Celan in dem Gekreuzigten des Isenheimer Altars die Verkörperung des millionenfachen Leidens durch die nationalsozialistische Gewaltherrschaft, insbesondere das Leiden seiner Eltern, erkennt, so ist

[124] Hier zitiert nach CELAN, Gedichte, S. 59.
[125] Vgl. zum Paul Celan gegenüber geäußerten Einwand, Gott könne nicht beten, KOELLE, Judentum, S. 186. Celan verweist hier selbst auf den Karfreitag und den Schrei der Gottverlassenheit Jesu als Gebet. Zur Machtlosigkeit Gottes vgl. KOELLE, Judentum, S. 219-225, Verweis auf „Tenebrae" hier S. 222.
[126] Vgl. KOELLE, Judentum, S. 175. Zum Philipperhymnus ebd. S. 180-182.
[127] Vgl. KOELLE, Judentum, S. 337. Zu Celans ironischer Haltung gegenüber Adornos Diktum, nach Auschwitz sei kein Gedicht mehr möglich, vgl. KOELLE, Judentum, S. 342.
[128] KOELLE, Judentum, S. 342.
[129] Vgl. zu einer solchen Theologie KOELLE, Judentum, vor allem S. 397-405.
[130] „Es ist, als ob die *Kreuzestheologie* in solchem Denken, das von den Besiegten, Schwachen, Ohnmächtigen ausgeht, zum ersten Mal in die *Methode des Denkens* eingewandert wäre, und das nach zweitausend Jahren christlicher Rede vom Kreuz", so SALMANN, Logos, S. 479.

dies eine individuelle, persönliche Erfahrung und nicht die Frucht einer Theo-logik, die gerade dort versagen muß, wo sie auf den kalkulierten Massenmord trifft"[131].

Der Logos auch der Theo-logik bleibt geteilt[132]:

„Die Hermeneutik einer *christlichen Theologie nach Auschwitz* wäre eine ‚Hermeneutik des Bruchs'"[133].

Ein weiteres Kennzeichen wäre eine „Theologie des Ephemeren": Die Erscheinung Gottes ist vorübergehend (Transitus), nie Besitz[134]. Es wird eine der Aufgabe dieser Arbeit sein, die Nähe der Theorie des Rituals zum Pascha-Mysterium, somit zum vorübergegangenen und abwesenden Gott, darzulegen (siehe etwa Kapitel 4.2.1. und 8.5.).

Als drittes Kennzeichen einer Theologie nach der Shoa ergibt sich die Bedeutung der „Memoria" als Aufgabe für Kunst und Religion. Genau hierin ereignet sich Erinnerung als Ausdruck des Innersten im Menschen, gegen das Vergessen von Leid. Kunst ist also in dem Sinne möglich, daß gerade fragmentarisches Leben und Leiderfahrungen hier symbolisiert werden können. In der Darstellung des gemarterten Menschen ist zugleich immer Protest. Gott offenbart sich hier als Veto, als Gericht[135]. Leiden wird symbolisch erfahrbar, zugleich damit in einen anderen Kontext gestellt:

„Ich habe in meinen Gedichten ein Äußeres an menschlicher Erfahrung in dieser unserer Zeit eingebracht. So paradox das auch klingen mag: gerade das hält mich auch",

so Paul Celan 1970[136]. Mit Koelle kann zusammengefaßt werden:

„Christliche Theologie nach Auschwitz hat, gemeinsam mit der jüdischen Theologie der *Shoa*, Anteil an der *heiligen Aufgabe*, die Geschichte der Zeugen, der toten wie der überlebenden Opfer, zu bewahren, wiederzuerzählen und von ihnen zu lernen"[137].

Spätestens hier verbietet sich ein einheitlich-glatter Gesamtentwurf von Theologie, der jedes Phänomen schon immer gedeutet und seinen Platz im Kosmos zugewiesen hat[138]. Nichtsdestotrotz gerät erneut die Bedeutung des Symbolischen für menschliches (Über-)Leben in den Blick. Nur wird alles darauf ankommen, und dies ist die Grundfrage der Überlegungen, wie menschliche Geschichte und Erfahrung, die immer auch Leid- und „Kontrasterfahrung" ist, dem rituellen Tun und dem hier symbolisch zugänglichen Glauben zugeordnet werden können.

---

[131] KOELLE, Judentum, S. 218.
[132] Dieser Satz verweist auf den Buchtitel bei SALMANN, Logos. Es ist Salmanns Grundposition, daß der Dialog zwischen Christentum und neuzeitlichem Denken in einen offenen Prozeß mündet, in dem es keine abschließende Antwort gibt. Der Logos bleibt geteilt.
[133] KOELLE, Judentum, S. 400.
[134] Vgl. KOELLE, Judentum, S. 373-377.
[135] Vgl. SCHILLEBEECKX, Menschen, S. 29.
[136] Zitat nach KOELLE, Judentum, S. 339, Anm. 10.
[137] KOELLE, Judentum, S. 404.
[138] Vgl. zum jüdischen Denken nach Auschwitz auch SALMANN, Logos, etwa S. 199-200.

3.4. Ergebnis

In diesem Kapitel wurden die wichtigsten Problemkreise dieser Arbeit angerissen, so die Frage nach der Transzendenz und der Zuordnung menschlicher Erfahrung. Darüber rückte heutiges Weltempfinden in den Blick. Immer schwang die Frage nach der Bedeutung der Rituale mit. Dabei konnten, entgegen einer an Descartes orientierten dualistischen Weltauffassung, Züge eines dritten Wirklichkeitsbereiches, des symbolischen Raumes, ausgemacht werden. Dies verlangt nach einer theologischen Positionierung und Klärung, die im nächsten Kapitel geschieht. Die Infragestellung durch neuzeitliches Gedankengut zeigte die Bedeutung des Rituals auf. Dies scheint eine „religionsproduktive Tendenz" der Gegenwart zu sein[139]. Auch gegenwärtiges Zeiterleben ist durch die „metaphysischen Reste" geprägt. Der Religion kann hier durchaus eine Funktion zuerkannt werden, die nicht zuletzt mit der Bedeutung des Rituellen in der Erlebnisgesellschaft zusammenhängt. Diese Facetten führen zum zentralen Problem einer theologischen Einholung menschlicher Erfahrung und ihrer Zuordnung zur Transzendenz. Damit ist die Frage verbunden, wie von „Transzendenz in der Liturgie" zu sprechen, unter welchen Bedingungen sie erfahrbar zu machen ist. Angesichts der Herausforderung durch die Shoa wird sich eine Theorie des Rituals nur noch bewähren können in ihrer Kraft, Fragmentarität, Gebrochenheit und Verletztheit menschlicher Existenz zu symbolisieren und dies als heilsame Erinnerung in den Kontext des Glaubens zu stellen (siehe Kapitel 8.6.: Leben im Fragment).

Damit ist der Fragepunkt des 4. Kapitels erreicht. Der Gedankengang wird sich in folgenden Schritten entfalten: Der Rekurs auf Edward Schillebeeckx liefert eine Theologie, die menschliche Erfahrung und Geschichte thematisiert. Der Rekurs auf Josef Wohlmuth wird die Fragepunkte nach Transzendenz und Zeit näher einholen. Dies alles hat Konsequenzen für ein Sakramenten- und Ritualverständnis. Es wird theologisch eine erfahrungsbezogene Basis symbolischen, also auch des gottesdienstlichen Tuns des Menschen geschaffen. Das 5. Kapitel kann dann den Beitrag der Psychoanalyse erarbeiten als eine erfahrungsbezogene Sichtung symbolisch-rituellen Tuns des Menschen unter dem Blickwinkel des Unbewußten.

Es ging in diesem Kapitel um die Bedingungen einer den Gottesdienst prägenden, sich verändernden Welt. Fragmentarisch wurden Facetten modernen Welterlebens und –verstehens eingesammelt. Als Ergebnis kann die Bedeutung des Religiösen festgehalten werden, die sich gerade auch über das Ritual in die multikulturelle Gesellschaft vermittelt. In dieser Arbeit wird dieser „säkularen" Sicht dadurch Rechnung getragen, daß über die Psychoanalyse eine Symboltheorie in den Dialog eingeführt wird, die von ihrer Genese her nicht religiös ist, somit etwa auch auf die Bildenden Künste angewendet werden könnte. Darin wird das Proprium christianum einzutragen sein, das in einem zweiten Schritt diese Symboltheorie zu einer „Theologie der symbolischen Erfahrung" macht (Kapitel 6) und dann zu einer Theorie des Gottesdienstes als der kirchlichen Liturgie (Kapitel 7) ausdifferenziert wird.

---

[139] Vgl. zu diesem Begriff HÖHN, GegenMythen.

III. Abschnitt
Mensch und Symbol. Theologische und psychoanalytische Positionierung

Das 3. Kapitel führte den Wandel im Selbst- und Welterleben des neuzeitlichen Menschen vor Augen, der mit den Begriffen „Nachmetaphysisches Denken“ oder „Erlebnisgesellschaft“, aber auch durch die bittere Erfahrung der Shoa gekennzeichnet ist. Die Disparatheit der Aspekte macht deutlich, daß es nicht mehr den einen verbindenden Horizont, die eine verbindliche Gesamtschau auf die Wirklichkeit gibt[1]. Dies läßt auch das Christentum und den Glauben nicht unberührt. Die Theologie des 20. Jahrhunderts hat versucht, auf die damit gegebenen Herausforderungen zu antworten, indem sie selbst eine anthropologische Wende[2] vorgenommen hat: Mit der Frage nach Gott ist die Frage nach dem Menschen unlösbar verbunden. Damit rücken Welterfahrung und Lebenserfahrung des Menschen in den Blickwinkel theologischen Interesses. Doch was bedeutet diese anthropologische Wende genau? Zwei Positionen werden hier vorgestellt, die des flämischen Theologen Edward Schillebeeckx und Überlegungen des Bonner Dogmatikers Josef Wohlmuth. Bei beiden Positionen, auf die die weitere Untersuchung gründet, geht es um die Zuordnung menschlicher Erfahrung zur Transzendenz Gottes. Die Wahl einer solchen Positionierung wird zu Beginn des Kapitel näher begründet, und zwar in Abgrenzung zu einer Theologie des Symbols, wie sie Karl Rahner entwickelt hat. Die weiteren Überlegungen fußen auf dieser Weichenstellung. Mit diesem Ansatz in der Erfahrung des Menschen wird die theologische Basis des interdisziplinären Gespräches zwischen Theologie und Psychoanalyse gelegt (4. Kapitel). Der Erfahrungsbegriff bildet den Angelpunkt im Gespräch mit der Psychoanalyse. Er erfährt hier eine neue Entfaltung in Form der symbolischen Erfahrung und ihrer durch die Psychoanalyse freigelegten Tiefenschicht (5. und 6. Kapitel). Dies mündet im IV. Abschnitt in die zentrale These dieser Arbeit und ihre Ausfaltungen (7. und 8. Kapitel).

Der Rekurs auf die beiden Theologen liefert ferner nähere Überlegungen zum Ritual sowie eine Problematisierung liturgischer Zeitlichkeit. Die Interpretation des Todes Jesu durch Schillebeeckx und die Theologie des Pascha bei Wohlmuth sind insofern von Bedeutung, als das 4. Kapitel in der Definition der Eucharistie als Feier des Pascha-Mysteriums mündet und dieses Theorem einer Einbindung in die grundsätzliche theologische Akzentsetzung bedarf. Die symboltheoretische Relecture am Ende dieser Arbeit (Kapitel 8.8) anhand der Opferkategorie wird auf die hier vorgestellte Deutung des Todes Jesu wieder Bezug nehmen.

---

[1] Zum Primat der Gesamtschau als eines Kennzeichens ontologisch-sapientialen Denkens vgl. SALMANN, Logos, S. 37-40.

[2] Zu Begriff und Sache vgl. SCHILLEBEECKX, Wende. Vgl. auch SALMANN, Logos, bes. S. 17-77 zur Charakterisierung traditioneller Positionen.

4. Kapitel

Die theologische Verortung: Im Gespräch mit Edward Schillebeeckx und Josef Wohlmuth

Das folgende Kapitel wird die „kopernikanische Wende" des theologischen Denkens im 20. Jahrhundert anhand zweier theologischer Positionen beschreiben, die, anders als in den vorausgehenden Kapiteln, noch nicht auf das Thema Ritual und Symbol enggeführt sind. Das Kapitel leistet somit eine grundsätzliche Verortung in der „anthropologischen Wende"[3], vertreten durch den Theologen Edward Schillebeeckx. Mit dem Begriff der Erfahrung und dem Korrelationskriterium wird der Boden für das Gespräch mit der Psychoanalyse bereitet. Das Gespräch mit Josef Wohlmuth ist insofern bedeutsam, als gerade so eine nähere Bestimmung des Sakramentalen als Raum der Transzendenz versucht werden kann. Anhand einzelner Theoreme (Erfahrung des Abwesenden) wird sich deren Notwendigkeit gerade im Dialog mit der Psychoanalyse zeigen. Es geht also um eine Grundlegung vom Begriff der Erfahrung her, über den der Kontakt zur Psychoanalyse als Humanwissenschaft entstehen kann. Der Kontakt mit der Psychoanalyse wird im 4. und 5. Kapitel sodann das Proprium der Psychoanalyse, den Blick auf die Tiefenschichten der Seele, das Unbewußte, in den Dialog einbringen.

4.0. Zum Problem einer Theologie des Symbols. Der Beitrag Karl Rahners

Karl Rahner, einer der bedeutendsten Vertreter der „anthropologischen Wende" der Theologie, hat schon früh das Problem der Interdisziplinarität im Rahmen praktisch-theologischer Theoriebildung angedacht (siehe oben Kapitel 1.3.) und dient der vorliegenden Untersuchung als ein Gewährsmann für die Notwendigkeit und die Chancen interdisziplinärer Arbeit.

Eine zweite Facette im umfangreichen Werk Rahners muß an dieser Stelle gewürdigt werden, nämlich seine „Theologie des Symbols"[4]. Der Rekurs hierauf führt zu einer wesentlichen Weichenstellung, denn seine in diesem Kapitel kurz umrissene Theologie des Symbols wird nicht konstitutiv in den Gedankengang dieser Arbeit eingehn[5].

---

[3] Vgl. dazu HÄUSSLING, Religiöse Sprache, S. 59-60, mit Rekurs auf die Enzyklika „Redemptor hominis" von Papst Johannes Paul II.

[4] Vgl. etwa RAHNER, Zur Theologie des Symbols. Zum Symbol bei Rahner vgl. MÜLLER, Symbol, S. 49-113. Zum Symbolbegriff in der Theologiegeschichte, etwa bei Hugo von St. Viktor, vgl. ebd. S. 35-38. Vgl. auch HÄUSSLING, Odo Casel, S. 371-380.

[5] Daß sehr wohl im Anschluß an eine solche Theologie liturgiewissenschaftliche Entwürfe getätigt werden können, zeigen GRILLO, Teologia, zu Rahner ebd. S. 56-66, oder der Ansatz bei LUKÁCS, Communication. Wie bedeutsam Begriff und Sache des Symbolischen im Rahmen der Theologie sind, zeigt der zur Theologie des Symbols genau umgekehrte Entwurf einer „symbolischen Theologie" bei BERNARD, Teologia simbolica, der sich (S. 31-37) unter anderem auch mit der Psychoanalyse Freuds und Jungs auseinandersetzt. Bernards Grundlage ist ein eher neuplatonisch angehauchtes Symbolverständnis, das nach archetypischen Gegebenheiten fragt, wie der oftmalige Rekurs auf Pseudo-Dionys Areopagit (S. 129-139) und Jung (etwa S. 416) zeigt. Auch dieser Versuch entspricht nicht der hier entworfenen Gedankenlinie, die Begriff und Sache des Symbolischen gerade über den interdisziplinären Dialog mit der Psychoanalyse zur Sprache bringen will.

Dies bedarf der Begründung. Denn die theologische Positionierung könnte doch auch im Anschluß an Rahner den Menschen als Realsymbol fassen und die so gewonnene theologische Basis in einen Dialog mit der Psychoanalyse bringen können, letztere etwa mit dem philosophisch angereicherten Begriff des Symbolischen bei Jaques Lacan oder Paul Ricœur aus der französischen Schule der Psychoanalyse[6]. Es fehlt nicht an Versuchen hierzu. Wolfgang W. Müller ist diesen Weg gegangen und hat einen symboltheologischen Entwurf der Christologie vorgelegt, der liturgiewissenschaftlich höchst brauchbar ausgefaltet werden kann[7]. Müller hat den Symbolbegriff bei Rahner im Kontext seiner transzendental-anthropologischen Theologie dargestellt und charakterisiert die Theologie des Symbols wie folgt:

> „Das Sein wird als Überschritt und Verwandlung verstanden. Das Seiende impliziert nicht mehr nur eine Hinweisfunktion, sondern ist sich selbsttranszendierend. Die Selbstmitteilung Gottes offenbart somit den symbolischen Charakter allen Daseins, das Gottes und des Menschen Wesen zugleich offenbart“[8].

Das Seiende hat nicht nur Hinweisfunktion wie noch im neuplatonischen Denksystem, sondern ist selbsttranszendierend, ist selbst Symbol. Mit dieser Charakterisierung macht Müller deutlich, daß es Rahner um eine Ontologie des Symbolischen zu tun ist[9]. Dies ist das große Verdienst Rahners, zugleich aber auch ein Kritikpunkt. So hat Angelus Häussling als Kritik an Rahner darauf hingewiesen, das Sakrament scheine „von Entleerung bedroht“, denn der „glaubende Mensch sieht sich zwar aufgerufen, Sakramente mitzufeiern, aber dieser sein Einsatz vermag nur zu realisieren, was er schon längst anderswoher als eigen zugewiesen erhielt...“[10]. Zu diesem Ergebnis kommt Häussling, indem er auf die philosophischen Setzungen Rahners aufmerksam macht und als deren Ergebnis eine neuscholastische Sakramententheologie bei Rahner ausmachen kann[11]. Mit anderen Worten, gerade die Ontologie des Symbolischen, die transzendental-anthropologische Setzung des Menschen als Symbolwesen legt den Schwerpunkt nicht auf den je konkreten Vollzug, die je konkrete Erfahrung des Menschen, sondern fügt beides in den immer schon gegebenen Horizont Gottes ein. Hier wird „auf eine transzendentale Ebene“ verlagert, „was nur auf der Ebene einer gewissen Zuständigkeit des Kategorialen entschieden werden kann“[12]. Letztlich wird so die geschichtliche Dimension abgewertet[13]. Ein zweiter Einwand schließt sich an.

---

[6] Vgl. hierzu MÜLLER, Symbol, S. 175-310. Zu Lacan vgl. TRAUTH, Regulationsprinzipien, S. 364-368. In eine ähnliche Richtung geht WOHLMUTH, Opfer, wenn er symboltheoretische Prämissen nach Ricœur formuliert und damit weitgehend ein philosophisches Symbolverständnis zugrunde legt. Vgl. zum Symbolbegriff RICŒUR, Interpretation, S. 18-32; S. 50-60; S. 505-564. Vgl. zur Bedeutung der Ricœur'schen Interpretation für den vorliegenden Gedankengang Kapitel 5.1.3.

[7] Vgl. MÜLLER, Symbol. Vgl. zu liturgischen und sakramententheologischen Implikationen MÜLLER, Nur ein Symbol? und MÜLLER, Liturgische Symbolik.

[8] MÜLLER, Symbol S. 111.

[9] Vgl. etwa RAHNER, Zur Theologie des Symbols, S. 278 u.ö.

[10] Vgl. HÄUSSLING, Odo Casel, S. 379-380, Zitat S. 380.

[11] Vgl. HÄUSSLING, Odo Casel, S. 379.

[12] So die Kritik bei GRILLO, „Intellectus fidei“, S. 154.

[13] So kritisiert MÜLLER, Symbol, S. 112 als Mangel am Rahnerschen Ansatz, daß mit einer mangelnden Differenzierung zwischen Symbol und Zeichen keine geschichtliche Dimension als Verflüchtigung von Symbolen zu Zeichen eingeholt werden kann. In Bezug auf die Christologie kritisiert Schillebeeckx an

Wenn man sich im interdisziplinären Dialog an diesem Denksystem orientiert, stellt sich die Frage, ob nicht letztlich doch die Theologie die Metaebene abgibt, in die Erkenntnisse der Psychoanalyse *intra*disziplinär, gar als Fremdprophetie oder nach dem Ancilla-Modell, integriert werden. Wenn nämlich die Selbstmitteilung Gottes den symbolischen Charakter allen Daseins offenbart, also universaler Horizont ist, ist dann nicht jede Symboltheorie schon notwendig christlich[14]? Mir scheint ein solches Grundmodell auch in der Untersuchung von Müller vorzuliegen. Ist das erklärte Ziel der Untersuchung von Müller, von einer anthropologischen Perspektive des Symbolphänomens die Berechtigung eines theologischen Diskurses aufzuweisen, der mit der Kategorie des Symbols arbeitet[15], so liegt zumindest die Gefahr nahe, die anthropologische Perspektive nicht in ihrer Eigenständigkeit zu belassen, sondern immer schon auf die Theologie hinzuordnen[16]. Dann ist das Tertium comparationis nicht, wie in der vorliegenden Arbeit, Begriff und Sache der Erfahrung, von der her das Symbolische betrachtet wird, sondern eine philosophische Setzung des Menschen als Symbolwesen, verbunden mit der Ausrichtung des Symbolischen auf die Transzendenz.
Nochmals: Diese Einwände wollen nicht das Verdienst Rahners schmälern, sondern Gründe benennen, aufgrund derer im Duktus dieser Arbeit eine andere theologische Positionierung, nämlich bei Edward Schillebeeckx, vorgenommen wird. Der hier zu entwickelnde Gedankengang ist folgender: Gerade aus der theologischen Positionierung beim Erfahrungsbegriff von Schillebeeckx und anhand des Korrelationskriteriums wird die Berechtigung eines anthropologisch orientierten Diskurses aufgewiesen, der eine nicht-theologische Symboltheorie in ihrer Eigenständigkeit beläßt, sie aber so in einen interdisziplinären Dialog einbindet, daß schließlich über Begriff und Sache der symbolischen Erfahrung eine „Theologie der symbolischen Erfahrung" entwickelt wird. Demgemäß leistet diese Arbeit auch keinen Überblick über die Geschichte des Symbolischen in der Theologie[17]. Von hierher wird vor allem deutlich, daß die Ontologie des Symbols ein Grund ist, sich im vorliegenden Projekt, das sich nachmetaphysischem Denken stellen und den Dialog mit einer erfahrungsbezogenen Wissenschaft über Begriff und Sache des Symbolischen führen will, nicht an Rahners Theologie des Symbols zu orientieren. Gleichwohl erfolgt in Kapitel 6 ein Entwurf einer Theologie symbolischer Erfahrung, aber in anderem Sinne. Daß sich das

---

Rahner ähnliches. Die menschliche Vernunft als universaler Verstehens- und Handlungshorizont drohe zur unhistorischen Vernunft zu werden. Vgl. SCHILLEBEECKX, Jesus, S. 536. Daß Schillebeeckx selbst einen anderen Weg gegangen ist, benennt Schillebeeckx, wenn er sagt, er habe im Unterschied zu Rahners philosophischer Anthropologie „den Akzent eher auf eine phänomenologisch-anthropologische Betrachtung der Symbolaktivität oder von metaphorischen Handlungen" gelegt (vgl. SCHILLEBEECKX, Wiederentdeckung, S. 315). Aus diesem Grund fußt der folgende Ansatz auf Schillebeeckx.

[14] Damit ist das Problem des Postulats eines „anonymen Christen" berührt. Schillebeeckx äußert sich hierzu kritisch: „...und andere werden dann ungefragt und unerwünscht als ‚implizite oder anonyme Christen' bezeichnet" (SCHILLEBEECKX, Menschen, S. 141).

[15] Vgl. MÜLLER, Symbol, S. 20.

[16] So nennt MÜLLER, Symbol S. 167, ausdrücklich als einen Beitrag von Tillich zur Fragestellung, daß die theologische Beschäftigung mit dem Symbol *innerhalb* der Theologie geschehe. Gerade dies ist nicht das dieser Arbeit zugrunde liegende Verständnis von Interdisziplinarität.

[17] Vgl. den Überblick hierzu bei MÜLLER, Symbol, S. 35-38; WAHL, Glaube, S. 19-44.

Konzept von Schillebeeckx in diesen Gedankenduktus besser fügt als Rahners Gedankengang, wird durch ein Zitat Schillebeeckx' deutlich.

> „Aus seinem ‚transzendentalen' philosophisch/theologischen Konzept heraus betonte Karl Rahner seinerzeit, daß man sich für eine adäquate Interpretation stärker auf die philosophische Anthropologie berufen müsse, wohingegen ich selbst – inspiriert von der damaligen Phänomenologie eines Georges Gusdorf oder Maurice Merleau-Ponty – den Akzent eher auf eine phänomenologisch-anthropologische Betrachtung der Symbolaktivität oder von metaphorischen Handlungen legte"[18].

Es geht hier weniger um eine Kritik am Ansatz Karl Rahners oder seiner Anwendung bei Wolfgang Müller, sondern schlicht darum, an dieser entscheidenden Stelle auf die andere Weichenstellung dieser Arbeit aufmerksam zu machen[19]. Mit der nun erfolgenden theologischen Positionierung wird deutlich werden, daß die hier aufgezeigte Fragestellung eine andere ist. Die Einführung des Erfahrungsbegriffes nach Schillebeeckx dient dazu, unter den Bedingungen nachmetaphysischen Denkens eine Symboltheorie im Kontakt mit der Psychoanalyse zu entwerfen. Hierbei werden, anders als bei Müller, gerade jene Zweige der Psychoanalyse zur Sprache gebracht, die weitgehend erfahrungsbezogen orientiert sind[20]. Gemäß des von Schillebeeckx bereitgestellten Korrelationskriteriums werden Begriff und Sache des Symbolischen zunächst in nicht-theologischer Perspektive, nämlich der der Psychoanalyse, wahrgenommen. Eine solchermaßen entworfene Symboltheorie bleibt in ihrer Eigenständigkeit gültig, „etsi Deus non daretur". Diese Sicht erst mündet in den interdisziplinären Dialog mit der Theologie ein. An dieser Schnittstelle dann wird die Symboltheorie zu einer „Theologie der symbolischen Erfahrung". Dies ist etwas anderes als eine ontologisch fundierte Theologie des Symbols. Symbolische Erfahrung ist, wenn auch nicht eo ipso christliche Erfahrung, dennoch offen für eine mögliche Erfahrung der Transzendenz Gottes. Die Erfahrung der Transzendenz Gottes vermittelt sich ja gerade *in* den menschlichen Erfahrungen, und nicht jenseits von ihnen, bedarf aber des Deutehorizontes der Kirche, um als christliche symbolische Erfahrung spezifiziert zu werden. Die Anwendung des Korrelationskriteriums auf die Frage nach der symbolischen Erfahrung führt zu einer theologischen Positionierung jenseits einer Symboltheologie, wie sie etwa mit dem Namen Karl Rahners verbunden ist. Sie führt zu einer interdisziplinär entworfenen praktisch-theologischen Theorie des Rituals.

Die auf solchen Prämissen beruhende Theorie des Rituals macht sich also *theologisch* fest am Erfahrungsbegriff bei Schillebeeckx und der damit verbundenen Sicht von Welt und Natur des Menschen. Sie führt, um es nochmal zu sagen, nicht zu einer Symboltheologie im Sinne Rahners, die von vorneherein den Menschen als Symbol-

---

[18] SCHILLEBEECKX, Wiederentdeckung, S. 315.

[19] Es wäre einer eigenen Untersuchung Wert, die Positionen Rahners und Schillebeeckx' miteinander zu vergleichen.

[20] Dies heißt jedoch nicht, daß gänzlich auf eine Metaphysik, oder besser: Metapsychologie, zu verzichten wäre. Gerade beim Mythosbegriff Freuds wird seine Metapsychologie problematisiert werden müssen (siehe Kapitel 5.1.). Zur Metapsychologie Freuds vgl. auch DIERGARTEN, Kulturpsychoanalyse, S. 28-45. Neuere (unveröffentlichte) Überlegungen von Dieter Funke bezüglich der platonischen Denkstruktur Freuds wären hier ebenfalls einzubeziehen.

wesen auf Gott hingeordnet sieht, sondern kann ihren Blick auf symboltheoretische Ansätze der Psychoanalyse lenken, um in einem zweiten Schritt zur Theologie symbolischer Erfahrung zu werden. Damit verortet sich die vorliegende Arbeit im Bereich der Praktischen Theologie, die auch die „Offenbarung selbst als Geschichte und als Erfahrungsgeschehen wiederentdeckt" hat. „Die biblische Offenbarung selbst ist Erzählung und Interpretation von Erfahrungen, die Menschen gemacht haben"[21]. Dieser Erfahrungsbegriff muß nun theologisch eingeholt werden.

4.1. Erfahrung – Glaube – Ritual. Aspekte der Theologie von Edward Schillebeeckx[22]

4.1.1. Glaube und Erfahrung. Das Korrelationskriterium

In Auseinandersetzung mit den Geistesströmungen der Gegenwart, die im Rahmen dieser Arbeit etwa anhand von Jürgen Habermas nachbuchstabiert wurden[23], nimmt Edward Schillebeeckx, ähnlich wie schon Karl Rahner[24], menschliche Erfahrung zum Ausgangspunkt seiner Theologie. Denn „Menschen sind die Worte, mit denen Gott seine Geschichte erzählt"[25]. Mit diesem Satz beschreibt er, was als anthropologische Wende der Theologie bezeichnet wird: Der Mensch selbst rückt mit seinen Lebenserfahrungen in den Blickpunkt und wird zur Geschichte Gottes[26]. Wer also von Gott reden will, muß zuerst vom Menschen erzählen. Mit dieser grundlegenden Akzentsetzung erweist sich Schillebeeckx als ein Theologe, der die alte Unterscheidung natural-supranatural hinter sich läßt und damit kein dualistischer Denker mehr ist[27]. Die Erfahrung des Menschen läßt sich nicht in religiös und nicht-religiös aufspalten, sondern ist vielmehr eine:

---

[21] KARRER, Erfahrung, S. 209. Diese Sicht der Offenbarung deckt sich mit der Wertung religiöser Symbole bei Funke, sie seien geronnene Erfahrunge, die die Menschen mit Gott gemacht haben. Vgl. Kapitel 6.1.

[22] Aus der Vielzahl der sich mit Schillebeeckx beschäftigenden Literatur sei hier vor allem die Arbeit von KENNEDY, Deus humanissimus, erwähnt.

[23] Schillebeeckx hat sich vor allem mit der Phänomenologie von De Petter auseinandergesetzt, vgl. KENNEDY, Deus humanissimus, S. 41-44, 95-99 u.ö. Zu seiner Auseinandersetzung mit der Kritischen Theorie von Habermas vgl. SCHILLEBEECKX, Die hermeneutische Theologie, und KENNEDY, Deus humanissimus, S. 197-200 und S. 280-281.

[24] Angelus Häussling hat der Mysterientheologie Odo Casels (s. Kap. 1.4.) die Theologie Karl Rahners zur Seite gestellt und damit Casel in sachliche Nähe zur „anthropologischen Wende" in der Theologie gebracht. Vgl. HÄUSSLING, Odo Casel, S. 371-380. Dabei hält Häussling als Kritik am Rahnerschen Denksystem fest: „Der glaubende Mensch sieht sich zwar aufgerufen, Sakramente mitzufeiern, aber dieser sein Einsatz vermag nur zu realisieren, was er schon anderswoher als eigen zugewiesen erhielt...". Dann folgert Häussling: „...es (das Sakrament, A.O.) scheint von Entleerung bedroht" (HÄUSSLING, Odo Casel, S. 380). Dieses Defizit bestärkt mich im Versuch, den theologischen Entwurf von Schillebeeckx für die hier aufgestellte These fruchtbar zu machen. Zu einer Nutzung des symbolischen Ansatzes von Rahner für eine „Symboltheologie" vgl. MÜLLER, Symbol, S. 49-113. Daß Rahners Symbolbegriff letztlich idealistisch bleibt, kritisiert SCHUPP, Glaube, S. 215.

[25] SCHILLEBEECKX, Menschen, S. 7.

[26] Vgl. zum ganzen auch SCHILLEBEECKX, Erfahrung.

[27] Vgl. KENNEDY, Deus humanissimus S. 106.

> „Religiöse Erfahrungen macht man an, in und mit persönlichen menschlichen Erfahrungen, wenn auch im Licht und mit Hilfe einer bestimmten religiösen Tradition, in der man steht und die dabei als sinngebender Interpretationsrahmen wirksam ist“[28].

Dieser sinngebende Interpretationsrahmen des Christentums ist dabei durch die Offenbarung vorgegeben. Aber die Offenbarung Gottes in Jesus Christus bindet Schillebeeckx wiederum eng an menschliche Erfahrung, ohne die Offenbarungskategorie dabei aufzulösen.

> „In dieser religiösen Offenbarungsgeschichte hat die menschliche Erfahrung einen eigenen unentbehrlichen Platz; aber wie bei jeder, auch der profanen ‚Offenbarungserfahrung‘ ist Offenbarung dabei nicht die Frucht der Erfahrung, sondern die Erfahrung Frucht der Offenbarung“[29].

In den menschlichen Erfahrungen der Geschöpflichkeit (Kontingenz) offenbart sich Gott[30]. Damit nimmt Schillebeeckx das Grundproblem des theologischen Denkens nach der Aufklärung in den Blick: Wie kann man Universalität (Gottes) und Partikularität (des Menschen und der Welt) zusammendenken? Oder anders: Wie kann sich Gott im geschichtlich konkreten Menschen Jesus von Nazareth zeigen, von dem die Christen behaupten, hier fände Gottes endgültige und entscheidende Offenbarung statt? In paradoxer Rede formuliert er, Jesus, die Offenbarung Gottes, enthülle Gott, aber, da geschichtlicher Mensch, also geschichtlichen Dimensionen unterworfen, verhülle er Gott zugleich:

> „Wenn die christliche Offenbarung einen Sinn hat, dann ist, nach dieser christlichen Auffassung, Gott, wie er in sich selbst ist, genau so, wie er sich im Menschen Jesus von Nazareth in unserer Geschichte gezeigt hat (...). So gewinnen wir einen Ausblick auf sein *wahres* und *einziges* (wenn auch nicht voll anschauliches und erschöpfendes, weil in Jesu menschlicher Begrenzung wie durch ein Prisma gesehenes und doch einigermaßen gebrochenes) wirkliches göttliches Antlitz. Das menschliche Antlitz Jesu offenbart nicht nur das Antlitz Gottes in seinen sehr markanten Konturen, sondern verhüllt dieses Antlitz zugleich (weil es eine Offenbarung des unaussprechlichen Gottes durch Jesu *wirklich-menschlichen*, geschichtlichen und damit kontingenten und begrenzten Ausdruck ist)“[31].

Schillebeeckx hält so an der Einzigartigkeit der Offenbarung Gottes in Jesus fest, sichert aber zugleich die Radikalität der Inkarnation[32]: Über Jesus selbst gerät der Mensch mit seiner Welterfahrung in den Blickpunkt. Unter dem Stichwort einer relationalen Ontologie[33] klärt Schillebeeckx die Frage nach der Beziehung des Homo

---

[28] SCHILLEBEECKX, Menschen S. 48.

[29] SCHILLEBEECKX, Menschen, S. 51. Die Nähe zum Beitrag Bions (s. Kapitel 5.5.) wird noch zu zeigen sein.

[30] Vgl. KENNEDY, Schillebeeckx, S. 62. Hier führt Schillebeeckx ein Thema aus, das sich schon bei Thomas von Aquin findet. Vgl. etwa Sth I, q. 1, a. 7, ad 1 oder I, q. 12, a. 12. Vgl. dazu KENNEDY, Deus humanissimus S. 125-126. Zur Thomasrezeption bei Schillebeeckx vgl. ebd. S. 134-142.

[31] Vgl. SCHILLEBEECKX, Menschen, S. 138.

[32] Schillebeeckx scheidet hier sauber die Ebene wissenschaftlichen Diskurses von der Ebene der Glaubensaussage, um deutlich zu machen, daß „die Behauptung, daß in Jesus Gottes endgültige und entscheidende Offenbarung stattfindet, eine *Glaubensaussage* ist, keine feststellende und somit keine außerhalb des eigenen Glaubens verifizierbare Behaputung“ (SCHILLEBEECKX, Menschen, S. 190).

[33] Vgl. KENNEDY, Deus humanissimus S. 19-23; 105-107; 363-364.

absconditus zum Deus absconditus. Er unterscheidet zwei Ebenen: Vom Menschen aus gedacht gibt es keine direkte Beziehung zu Gott, wohl aber von Gott aus zum Menschen[34]. Deshalb gilt zunächst, vom Menschen aus gesprochen, daß

> „alle unsere Bilder und Begriffe von Gott, ohne eine Ausnahme (Paul Tillich zum Trotz), in jedem Fall menschliche Erfindungen und Produkte sind“[35].

Schillebeeckx würde also Freuds Religionskritik zunächst zustimmen, daß Religion menschliche Projektion ist, daß

> „...alle unsere Gottesbilder (nicht seine Wirklichkeit selbst!) in der Tat menschliche Produkte und Projektionen sind...“[36].

Im Unterschied zu Freud hält Schillebeeckx jedoch fest: Gerade in den menschlichen Gottesbildern und Projektionen offenbart sich ein Gott, der letztlich nicht in den Bildern und Projektionen aufgeht noch sich darin erschöpft. Im Zerbrechen aller Gottesbilder

> „offenbart sich ein Gegenüber *in und in bezug auf* alle unsere Projektionen“[37].

Der Mensch steht vor einer radikalen Grenze, der seiner Endlichkeit, auch der Endlichkeit seiner Gottesbilder.

> „Wenn Gott existiert, liegt die Grenze zwischen Gott und dem Endlichen allein auf seiten des Endlichen, nicht auf seiten Gottes“[38].

Angesichts dieser Grenze zwischen Gott und Mensch, die gleichwohl *nicht* auf seiten Gottes liegt, kommt der Begriff der Transzendenz in den Blick, den Schillebeeckx Gott zuordnet[39]. Nicht nur der Mensch „erfährt“ die Transzendenz, sondern sie ist eine Eigenschaft Gottes. Damit ist ein menschliches Erleben gemeint, das gerade Gott als den Ausstehenden, nicht Zuhandenen, der mir zugleich ganz nahe ist, erfährt.

> „Es gibt eine *Erfahrung Gottes* als *des Nicht-Erfahrbaren*, ohne daß dabei von einem Widerspruch (möglicherweise jedoch von einem ‚Paradox‘) gesprochen werden kann“[40].

Schillebeeckx bindet den Begriff der Transzendenz streng an Gott selbst. Für den Menschen gilt:

---

[34] KENNEDY, Deus humanissimus, S. 23.

[35] SCHILLEBEECKX, Menschen, S. 88.

[36] SCHILLEBEECKX, Menschen, S. 107. Ähnlich denkt übrigens SALMANN, Logos, S. 408: „Gott ist (...) reine Projektion eines jeden im Kern seiner unmittelbaren Erfahrungsgeschichte, reine Möglichkeit ihrer Vollendung, Offenheit und Strenge ihrer Bedeutung, Wirklichkeit des in ihr Stimmigen: jene Dimension, die die Existenz als Gnade, Zusage und Anspruch erscheinen läßt“.

[37] SCHILLEBEECKX, Menschen, S. 107. Gerade damit hält Schillebeeckx die Zuordnung des natürlichen Zuganges zu Gott kraft des Verstandes und der von Gott herkommenden Offenbarung, wie sie Thomas beschreibt (S.Th. I, 1,2), bei.

[38] SCHILLEBEECKX, Menschen, S. 112. Zum Problem der Grenze vgl. STRAZZARI, Schillebeeckx, S. 99.

[39] Zur Problematik vgl. SCHILLEBEECKX, Menschen, S. 86-89. Damit ist die Transzendenz Gottes in der Nähe dessen gemeint, was Luckmann „große Transzendenzen“ (LUCKMANN, Überlegungen S. 15-16; LUCKMANN, Die unsichtbare Religion, S. 169-170) nennt.

[40] SCHILLEBEECKX, Menschen, S. 107.

> „Es gibt niemals eine direkte Begegnung Gottes, von Du zu Du, mit dem Menschen, diese Begegnung ist immer vermittelt“[41].

Dies ist nicht unerheblich, denn es geht im Rahmen dieser Untersuchung darum, die Vermittlung der Begegnung Gottes mit dem Menschen symboltheoretisch zu bestimmen.

Mit der Anbindung der Offenbarungskategorie an menschliche Erfahrung stellen sich weitere Fragen, die die Korrelation von Leben und Glauben betreffen. Wie ist das Verhältnis Gott und Mensch, Glaube und Lebensgeschichte näherhin zu charakterisieren? Schillebeeckx hat das sogenannte Korrelationskriterium herausgestellt[42]. Es besagt, daß das Verhältnis von Mensch und Glaube nicht in dem Sinne zu bestimmen ist, daß der Mensch der Fragende ist, der Glaube dann die Antwort auf diese Fragen sei. Dies verkenne, daß es viele mögliche Sinndeutungen für Lebensentwürfe wie für menschliche Fragen gebe, oder anders gesagt, daß die Frage nach der menschlichen Existenz und die Antwort der Offenbarung zwei verschiedenen Sprachspielen angehören. Gerade um der Religionskritik zu entgehen, die Rede von Gott sei nur Projektion menschlicher Wünsche und Bedürfnisse, weist Schillebeeckx der Rede von Gott einen anderen Ort zu, nämlich bei den Sinn*erfahrungen* des Menschen. Die Sinn*frage* beruht auf der Negativ-Erfahrung des menschlichen Leids[43]. Diese Negativ-Erfahrung führt die Menschheit zum Primat der Praxis: Aufgabe des Menschen ist es, Leiden auf dieser Erde zu begrenzen und zu verhindern. Die in solchem Tun enthaltene Sinnerfahrung macht das Wort „Gott“ von Nutzen[44]. Genau erst in dieser Sinnerfahrung korrelieren Leben und Glauben. Erst wo Menschen Sinn erfahren (und das ist immer auch mit der Kehrseite verbunden, nämlich „negative Kontrasterfahrungen“[45] zu machen, also Sinnlosigkeit ertragen zu müssen), kann das Sprachspiel des Glaubens eingeführt werden: Die Sinnerfahrungen werden zu Erfahrungen Gottes[46]. Werden menschliche Sinnerfahrungen in den Horizont des Glaubens gestellt, wird dieser zur umfassenden Sinnstiftung. Mit den Worten von Schillebeeckx: Der Glaube fungiert als „sinngebender Interpretationsrahmen“.

Damit postuliert Schillebeeckx die Einheit menschlicher Erfahrung, die sich eben nicht in religiös und nicht religiös aufspalten läßt. Der Glaube knüpft an die mensch-

---

[41] So Schillebeeckx bei STRAZZARI, Schillebeeckx, S. 90.

[42] Vgl. SCHILLEBEECKX, Korrelationskriterium.

[43] Vgl. KENNEDY, Schillebeeckx, S. 75.

[44] Vgl. SCHILLEBEECKX, Menschen, S. 118.

[45] Dieser Begriff findet sich etwa bei SCHILLEBEECKX, Menschen, S. 27.

[46] Es wäre durchaus eine eigene Untersuchung wert, inwieweit sich solches Denken mit dem Ansatz Karl Rahners und der Rede vom sinnsuchenden Menschen als „anonymen Christen“ vermitteln läßt. Daß sich Schillebeeckx hiervon absetzt, wird deutlich bei SCHILLEBEECKX, Menschen, S. 141: „Und in einem pluralistischen Zusammentreffen verschiedener Kulturen und Religionen gibt es vor allem das Problem der Vereinbarkeit des Glaubens an die Einzigartigkeit und Universalität Jesu Christi mit einer positiven Bewertung der anderen Weltreligionen, ohne daß sich das Christentum selbst als überlegen, geschweige denn als ‚imperialistisch‘, als die eine wahre Religion ansehen kann, die alle anderen Religionen ausschließt (sie in Wirklichkeit denn auch oft vernichtete), sie annektierend einschließt (Buddhisten, Hindus, Muslims und andere werden dann ungefragt und unerwünscht als ‚implizite oder anonyme Christen‘ bezeichnet)“.

lich relevanten Sinnerfahrungen an[47]. Er schafft deren Deutehorizont, der seinerseits als sinngebend qualifiziert werden kann. Menschliche Erfahrungen erscheinen nun in einem anderen Licht: Der Glaube wird zur Sinnerfahrung schlechthin. Wenn etwa das Volk Israel den Auszug aus Ägypten als Wirken Gottes interpretiert, geschieht eine solche Deutung des Erlebten. Der Glaube fügt das zunächst politische Ereignis der Befreiung Israels in einen größeren Horizont: Der Auszug aus Ägypten wird zur Heilsgeschichte, deren man sich in Form des Bekenntnisses und des Dankes (Ex 15) erinnert. In solch sinngebender Deutung wird Erleben zur Erfahrung – zur Erfahrung Gottes.

> „Der *religiöse* Sinn eines weltlichen Prozesses setzt einen *menschlichen* Sinn voraus... *Offenbarung* setzt einen menschlich sinnvollen Prozeß voraus, ein Geschehen, das schon menschlich relevant ist, menschen-befreiend, ohne direkten Bezug auf Gott – ‚etsi Deus non daretur'"[48].

Eine solche Sicht bedeutet eine Wende in der Bewertung menschlicher Erfahrung: Sie wird als sinnstiftende Erfahrung zum Kriterium der Rede von Gott.

> „Nur in einer profanen Geschichte, in der Menschen zu wahrer Menschlichkeit befreit werden, kann Gott sein eigenes Wesen offenbaren. Denn in dieser profanen Geschichte steckt auch viel Leidens- und Unheilsgeschichte; in ihr kann sich Gott nicht offenbaren, es sei denn ... als Veto oder als Gericht"[49].

Die Offenbarung Gottes knüpft also an menschliche Sinnerfahrungen an und ist als „sinngebender Interpretationsrahmen wirksam"[50]. Wie ist dieser Interpretationsrahmen für den Menschen verfügbar? Dies verdient nun nähere Beachtung, denn es stellt sich damit die Frage nach der Bedeutung des religiösen Rituals. Ich möchte deshalb in einem weiteren Angang eher verstreut aufzufindende Hinweise im Werk Schillebeeckx' zur Bedeutung von Ritual und Liturgie bündeln und ihre Zuordnung zum Begriff der Transzendenz versuchen. Vorher wird jedoch ein kurzer Rekurs auf christologische Positionen bei Schillebeeckx erfolgen, näherhin auf seine Deutung des Todes Jesu, sein Pascha. Dies geschieht im Hinblick auf die Definition der Liturgie als Feier des Pascha-Mysteriums.

4.1.2. Christologische Positionierung: Der Tod Jesu

Das von Schillebeeckx bereitgestellte Korrelationskriterium erfordert nun eine christologische Positionierung. Es geht ja um eine Theorie des Rituals, die für die christliche Liturgie anwendbar sein soll. Um dies über den Begriff des Pascha-Mysteriums tun zu können (Kapitel 8.8.), sei hier die Deutung des Todes Jesu bei Schillebeeckx referiert. Schillebeeckx denkt das Paradigma christlicher Theologie, die Inkarnation (Gott gibt sich in die Geschichte des Menschen hinein) stringent zu Ende:

---

[47] Die Betonung liegt, auch im Sinne von Schillebeeckx, hier auf dem *zunächst*. Der Glaube knüpft an Sinnerfahrungen an, fungiert aber seinerseits als „sinngebender Interpretationsrahmen".
[48] SCHILLEBEECKX, Menschen, S. 29.
[49] SCHILLEBEECKX, Menschen, S. 29.

Menschen, so sein Buchtitel, werden zur Geschichte von Gott. Von hierher offenbart sich die einzigartige Bedeutung des Jesus von Nazareth[51]. In Jesus hat sich

> „Gott selbst auf eine solche Weise geoffenbart hat, daß dadurch sein Heilswille für die ganze Menschheit sichtbar wurde, und zwar auf entscheidende und endgültige Weise“[52].

Von Jesu Verkündigung und seiner Lebenspraxis her gewinnt auch der Tod am Kreuz seine eigentliche Bedeutung. Schillebeeckx ist bemüht, den Kreuzestod Jesu zunächst nicht aus dem Willen Gottes heraus zu verstehen. Vielmehr muß der Tod Jesu aus seiner Botschaft und Lebenspraxis heraus verstanden werden, denn

> „sonst macht man aus der erlösenden Bedeutung des Todes Jesu einen Mythos, manchmal sogar einen sadistischen Blutmythos. (...) Jesu Tod war ein Leiden durch und für andere als unbedingte Geltung einer Praxis des Gutestuns und des Widerstandes *gegen* das Böse und das Leiden“[53].

Damit tätigt Schillebeeckx die eingangs erwähnte theologische Grundoption, die Befreiung des Menschen und Jesu Kampf gerade *gegen* das Leiden. Er wehrt so einer falschen Verherrlichung des Leidens, wenngleich die Bedingungslosigkeit der Verkündigung Jesu das Eingehen der Konsequenzen seiner Botschaft, letztlich Leiden und Kreuz, nötig macht. An anderer Stelle hat Schillebeeckx diesen Gedanken noch pointierter formuliert, wenn er schreibt, man werde

> „zunächst, sagen müssen, daß wir nicht *dank* dem Tod Jesu, sondern *trotz* seines Todes erlöst sind“[54].

Dieser Satz bedeutet zunächst eine radikale Umkehrung der theologischen Tradition, gerade *durch* das Leiden Jesu sei die Welt erlöst worden. Das von Schillebeeckx formulierte „trotz“ erläutert er:

> „Trotz der Hinrichtung, die das Werk von Menschen - Juden und Römern - war, wurde Gott dadurch nicht schachmatt gesetzt. Er nahm die historische Tatsache hinein in seinen Heilsplan“[55].

Damit gelingt Schillebeeckx zweierlei: Zum einen betont er die Grausamkeit des Todes Jesu. Leiden und gewaltsame Todesopfer dürfen, gerade im Hinblick auf die Shoa, nicht verharmlost werden, damals nicht wie heute. Die Kreuzigung Jesu ist in diesem Sinne zunächst ein unmenschliches Verbrechen[56]. Zum andern zeigt Schillebeeckx auf, daß die Menschen nicht durch das Verbrechen, sondern durch die sich gerade hier erweisende Liebe Gottes erlöst sind. Denn die Liebe Gottes läßt sich sogar durch das Verbrechen der Kreuzigung seines Sohnes nicht schachmatt setzen,

---

[50] SCHILLEBEECKX, Menschen, S. 48.
[51] Vgl. dazu vor allem SCHILLEBEECKX, Menschen, S. 136-138 und S. 211-216.
[52] SCHILLEBEECKX, Menschen S. 190.
[53] SCHILLEBEECKX, Menschen, S. 161 (Hervorhebung A. O.).
[54] SCHILLEBEECKX, Christus und die Christen, S. 710 (Hervorhebung E. Sch.).
[55] Zitat bei KENNEDY, Schillebeeckx, S. 160.
[56] Ob damit das Kreuz ein Zeichen ist, das verharmlosend als Wohnzimmerschmuck dienen kann, wird problematisiert bei WAHL, Das Kreuz Jesu.

sondern zeigt sich gerade im gekreuzigt-auferstandenen Jesus. Erst in diesem Sinne wird man von der „erlösenden Bedeutung des Todes Jesu“ sprechen können.

> „Gott ist auch dort im menschlichen Leben anwesend, wo er nach menschlicher Auffassung abwesend ist. (...) Am Kreuz teilte Jesus mit uns die Gebrochenheit unserer Welt“[57].

Diese menschliche Grunderfahrung der Gebrochenheit führt nun zum Primat der Praxis, nämlich Sorge zu tragen für eine menschliche Welt. Humanität wird zum „Symbol“ von Gott, Gott zum „Deus humanissimus“[58].
Diese Gedanken sind für eine Theologie des Pascha-Mysteriums unverzichtbar und fließen im Kapitel 8.6. und 8.8. wieder in diese Untersuchung ein. Christliche Liturgie als Feier des Pascha-Mysteriums hieße dann zu ritualisieren, daß Jesus die Gebrochenheit der Welt teilt. Damit ist das nächste Stichwort gefallen, nämlich die Wertung des Rituals bei Schillebeeckx.

4.1.3. Zur Bedeutung des Rituals bei Schillebeeckx

Edward Schillebeeckx hat sich in den letzten Jahren verstärkt dem Thema Ritual zugewandt. Die Ergebnisse seiner Studien werden in das in Vorbereitung befindliche Buch „Sacramenten – Jezus‘ visioen en zijn weg van het rijk Gods: Zin- en contrastervaringen to ritueel geloudert“ münden. Als Vorabveröffentlichung dieser Thesen publizierte er einen Aufsatz mit dem Titel „Hin zu einer Wiederentdeckung der christlichen Sakramente“[59]. In dieser Publikation buchstabiert er seine Grundoption der Einheit menschlicher Erfahrung auf den rituellen Bereich aus.
Die dort enthaltenen Gedanken werde ich nun vorstellen und in den Gedankenduktus seiner Theologie einordnen. In seinem sonstigen Werk sind Hinweise auf Liturgie und Ritual verstreut aufzufinden[60]. Ein Zitat bedarf in diesem Zusammenhang einer ausdrücklichen Würdigung, da es das Ritual in Beziehung mit der Erfahrungswirklichkeit des Menschen setzt.

> „...man darf – vor allem in einer sogenannten ‚säkularisierten‘ Welt – die Situationen, die zur Glaubenserfahrung führen können, nicht auf die Verkündigung des Wortes und den liturgischen Kult einengen, da sie ja selbst schon reflexive Äußerungen von Heilserfahrungen in der Welt sind. Kirchliche Liturgie und Wortverkündigung, so sagte ich schon, setzen selbst das Entstehen religiöser Erfahrung mit und in menschlichen Erfahrungen voraus (zum Beispiel den ersten, befreienden Umgang einer Gruppe von Menschen mit dem Menschen Jesus aus Nazareth), und diese setzen

---

[57] SCHILLEBEECKX, Menschen, S. 167-168. Vgl. zur Position von Schillebeeckx bezüglich des Kreuzesopfers Jesu hier näher ODENTHAL, Das Opfer.
[58] KENNEDY, Deus humanissimus, S. 24. Dort (Anm. 104) ein Beleg dieses Ausdrucks im Werk Schillebeeckx‘.
[59] Vgl. SCHILLEBEECKX, Wiederentdeckung.
[60] Vgl. die Ausführungen „Weltlicher Kult und kirchliche Liturgie“ in: SCHILLEBEECKX, Gott, S. 80-99, oder den Rekurs auf den Hebräerbrief und die „himmlische Liturgie“ bei SCHILLEBEECKX, Christus und die Christen, S. 260-262. Die himmlische Liturgie besteht demnach in der Fürsprache Jesu, gerade nicht im Opfern. Vgl. auch die Eucharistische Danksagung bei SCHILLEBEECKX, Christus und die Christen, S. 832-834. Sie bedürfte einmal einer gründlichen liturgiewissenschaftlichen Würdigung.

ihrerseits eine fundamentale Symbolerfahrung in und mit unserer menschlichen, erschaffenen Welt voraus"[61].

Schillebeeckx konstruiert hier einen Dreischritt. Bevor der Mensch überhaupt glauben kann, bedarf es der Fähigkeit zu symbolischer Erfahrung („fundamentale Symbolerfahrung"). Sie ist menschliche Voraussetzung von Erfahrung als gedeutetem Erleben[62]. Die Erlebnisse von Menschen mit dem befreienden Handeln Jesu werden in einem zweiten Schritt zu religiösen Erfahrungen, die sich – in einem dritten Schritt – zu „reflexiven Äußerungen von Heilserfahrungen in der Welt" verdichten, oder mit dem hier zu entwickelnden Begriff, zum Symbol werden. Verkündigung des Wortes und liturgischer Kult, das Ritual, werden zum „sinngebenden Interpretationsrahmen"[63] je neuer Erfahrungen und zum dankenden Erinnern und preisenden Begehen der Geschichte Gottes mit den Menschen. Damit bietet Schillebeeckx eine theologische Grundlage der Unterscheidung von Religiosität und Christianität: Sinnerfahrungen, Transzendenzerfahrungen sind nicht von sich aus schon christlich, sondern bewegen sich im vorchristlichen Bereich. Hier beginnt das Gespräch und kann zu einer „Bekehrung" im Sinne der Hinwendung zum Christentum führen[64]. Die Wortverkündigung und das Ritual geben durch ihre Berufung auf Jesus Christus den „sinngebenden Interpretationsrahmen" des Christentums und machen die Transzendenzerfahrungen zu christlichen Erfahrungen[65].

Für den Zusammenhang dieser Arbeit ist nun bemerkenswert, daß Schillebeeckx im symbolischen Tun des Menschen auch eine unterbewußte Dimension mitdenkt:

> „Die symbolisierende Tätigkeit, die vor allem bei Transzendenzerfahrungen auffällt, vollzieht sich nicht primär auf der bewußten, reflexiven Ebene, sondern bei dem Übergang vom Unterbewußtsein zum Bewußtsein. Außer ihrem wirklichkeitsartikulierenden Wert verbinden Symbole auch das Bewußtsein mit dem Strom der ganzen unterbewußten Welt"[66].

Damit rückt die anthropologische Basis des Rituals in den Blick, die Schillebeeckx in Auseinandersetzung mit den empirischen Wissenschaften, hier der Schule der „ritual studies", verstärkt rezipiert hat[67]. Gerade in Auseinandersetzung mit anthropologischen Ergebnissen gewinnt das Ritual an Bedeutung, da der Mensch eine leibseelische Einheit ist, also mehrdimensional – was jedoch von einer dualistischen Sicht des Menschen abzugrenzen ist[68]. Von hierher gewinnt die (präsentative) Sym-

---

[61] SCHILLEBEECKX, Menschen S. 49-50.
[62] Vgl. hierzu SCHILLEBEECKX, Menschen, S. 38-45, auch SALMANN, Logos, S. 402-403.
[63] Siehe das oben abgedruckte Zitat bei SCHILLEBEECKX, Menschen, S. 48.
[64] Vgl. BITTER, Religiosität.
[65] Dieses nur kurz angedachte Problem bedürfte näherer Untersuchung. Mir scheint, daß mit der hier vorgelegten Position eine völlig andere Weichenstellung getätigt ist als mit Rahners „anonymen Christen". Inwieweit dies sich auf den Verzicht einer „Ontologie des Symbols" gründet, wie Rahner sie versucht hat, wäre andernorts zu untersuchen.
[66] SCHILLEBEECKX, Erfahrung, S. 89.
[67] Vgl. SCHILLEBEECKX, Wiederentdeckung, bes. S. 315-324.
[68] Vgl. SCHILLEBEECKX, Wiederentdeckung, S. 313-314. Zur wissenschaftstheoretischen Vorsicht im Dialog, zu der Schillebeeckx mahnt, vgl. ebd., S. 324-325. „Die so genannte ‚Zweiheit' von anthropo-

bolik an Bedeutung: Sie ist Ausdruck von gemeinsam geteilter Glaubensidentität und deren Weitergabe[69]. Dabei gilt, daß man von Gott als dem Absoluten nur in historisch bedingter Relativität sprechen kann. Anders gesagt: Gott gibt sich gerade nicht überzeitlich zu erkennen, sondern in konkreter Geschichte[70]. Diese Erfahrung von Gott vermittelt sich also geschichtlich, durch Menschen. Wo immer Menschen leben, findet sich das Phänomen der Ritualisierung, von dem Schillebeeckx in Anlehnung an anthropologische Forschungen sagen kann:

> „In Ritualen geht es um alltägliche Dinge, die auf ihre letztendliche Bedeutung zurückgeführt werden: Eine Frage von Leben und Tod, von Wiederbeleben, Von Geburt und Wiedergeburt"[71].

Somit hat alles christlich-rituelle Tun, auch die Sakramente, eine anthropologische Basis, ohne jedoch ganz darin aufzugehen. Die Sakramente sind nicht direkt ableitbar aus dem religiösen Glauben, sie haben zwei Dimensionen, die anthropologische und die von Schillebeeckx so genannte „theologale"[72]. Aber die Erfahrung dessen ist eine. In den menschlichen Ritualisierungen bildet sich Gottes Geschichte ab. Jesus gelangt zu seinen Visionen vom Reich Gottes einmal durch die jüdisch-religiöse Erfahrungstradition[73], sodann durch die Kontrasterfahrungen, die Träume eines besseren Lebens und den Einsatz hierfür wachrufen. Die das Schillebeeckx'sche Denksystem prägende Einheit menschlicher Erfahrung betrifft nun auch seine Sicht des Rituals:

> „In zahlreichen historischen Lebensmomenten, die zu entschlüsseln sind, im alltäglichen Leben mitten unter den Menschen, im ‚*Jetzt*-seits' können wir Funken der Gnade des in unserer Geschichte immer wieder durchbrechenden Reiches auffangen. Dieses Erscheinen können wir wahrnehmen, erfahren und interpretieren. Als Menschen und Gläubige ‚ritualisieren' wir dies alles zur geeigneten Zeit"[74].

Und dieses Ritual ist für Christen schon an und für sich gnadenvermittelnd, wofür Schillebeeckx den Begriff ‚performativ' bemüht [75].

> „*Für Christen* ist *dieses rituelle Ganze als solches bereits Gottes Gnadenvermittlung, wie sie sich in und durch die eigene performative Kraft der durch den christlichen Glauben inspirierten liturgischen Performance auf kognitivem, emotionalen und ästhetischem Niveau realisiert*"[76].

Die christliche Gemeinschaft erfährt durch das Ritual (und gibt ihm) christliche Identität. Eine solche anthopologische Basis des Rituals sichert seine grundsätzliche

---

logischer Dimension und Gnadenniveau ist *ein* christliches Glaubensgeschehen, in dem das eine nicht der Unterbau eines Obergeschosses ist" (ebd. S. 327).

[69] Vgl. SCHILLEBEECKX, Wiederentdeckung, S. 311.

[70] SCHILLEBEECKX, Wiederentdeckung, S. 314: „Darum kann der christliche Glaube nur in historischer Relativität auf das Absolute verweisen: Er verweist auf absolute Wahrheit im Sinne des Wegweisens hin zu dem, was jegliche konkret-historische Formulierung übersteigt".

[71] SCHILLEBEECKX, Wiederentdeckung, S. 320.

[72] SCHILLEBEECKX, Wiederentdeckung, S. 334.

[73] SCHILLEBEECKX, Wiederentdeckung, S. 332.

[74] SCHILLEBEECKX, Wiederentdeckung,, S. 333-334.

[75] Vgl. die Nachschrift zum Term ‚*Performance*' bei SCHILLEBEECKX, Wiederentdeckung, S. 337-339.

[76] SCHILLEBEECKX, Wiederentdeckung, S. 335.

Veränderbarkeit[77], hält zugleich die Schwebe zwischen subjektiv und objektiv[78]. Schließlich weist Schillebeeckx auf die Besonderheit des Rituals mit seiner eigenen logischen Rationalität hin, die er statt „gesunder Irrationalität" lieber „Transrationalität" nennt[79]. Diese Gesetzmäßigkeit werde ich mit dem Begriff des 3. Wirklichkeitsbereichs einholen (s. Kapitel 5.3.).

Der Untertitel des in Vorbereitung befindlichen Buches „Sinn- und Kontrasterfahrungen zum Ritual geläutert" beschreibt das, was ich mit dem Begriff des Symbolischen im Duktus dieser Arbeit einholen möchte: Das Ritual als Symbolgeschehen bietet die Möglichkeit, eigene Lebenserfahrungen mit den geronnenen Erfahrungen des Glaubens zu verbinden. Anläßlich der zentralen These dieser Arbeit im 7. Kapitel werde ich auf diese Ausführungen von Schillebeeckx noch einmal zurückkommen.

Wie gezeigt werden konnte, bemüht sich Schillebeeckx, die Rede von Gott mit menschlicher Erfahrung zu vermitteln. Denn menschliche Erfahrung ist immer nur eine, und Offenbarung geschieht nicht an menschlichen Erfahrungen vorbei. Dabei kommt dem Begriff der Transzendenz Gottes eine große Bedeutung zu. Das bei Schillebeeckx formulierte Grundproblem bleibt: Wie können Universalität und Partikularität vermittelt werden? Oder anders gefragt: Wie vermitteln sich Zeit und Transzendenz? Die Problematik der Zeitlichkeit hat insbesondere Josef Wohlmuth in den Blick genommen. Dies soll nun weiter verdeutlicht werden.

4.2. Transzendenz – Zeit – Liturgie. Aspekte der Theologie bei Josef Wohlmuth

Vor allem in Auseinandersetzung mit jüdisch geprägtem philosophischem Denken hat Josef Wohlmuth die Liturgie der Kirche in den Blick genommen, um sich von hier aus dem Problem der Vermittlung von Immanenz und Transzendenz unter dem Fokus der Zeitstruktur menschlicher Existenz zu widmen[80]. Was geschieht im Gottesdienst, der ja in der Zeit stattfindet, Zeitgenossenschaft wahren muß und dennoch mit dem (zeit)-transzendenten Gott zu tun hat? Es verdient besondere Beachtung, daß Wohlmuth einerseits die Feier der Liturgie thematisiert, sie zum Objekt seiner Überlegungen macht, zugleich aber die Liturgie selbst als „locus theologicus" zur Sprache bringt, sie also selbst als Quelle der Theologie befragt. Damit hat Wohlmuth ein „Angebot zum Gespräch *an* die Liturgiewissenschaft"[81] gemacht, auf das die vorliegenden Überlegungen eingehen möchten. Welche Hinweise gibt nun die Liturgie selbst als „locus theologicus"[82]? Ein Begriff dürfte in den Überlegungen Wohlmuths im Zentrum stehen, der des „Widerfahrnisses der Transzendenz". „Für Wohlmuth ereignet sich in der christlichen Liturgie der Einbruch der Transzendenz in die Zeit"[83].

---

[77] SCHILLEBEECKX, Wiederentdeckung, S. 323.
[78] SCHILLEBEECKX, Wiederentdeckung, S. 327-328.
[79] SCHILLEBEECKX, Wiederentdeckung, S. 331.
[80] Dieser Ansatz und seine Modifizierung bei Thomas Freyer ist dargestellt bei HOPING, Gedenken.
[81] WOHLMUTH, Jesu Weg, S. 10.
[82] Vgl. zur Problematik der Liturgie als locus theologicus kurz GERHARDS, ODENTHAL, Liturgiewissenschaft, S. 53, und der Sammelband von RICHTER, Liturgie – ein vergessenes Thema.
[83] HOPING, Gedenken, S. 187.

4.2.1. Das Widerfahrnis der Transzendenz - Gottes Epiphanie als Vorübergang

Zunächst verdient der Hinweis Beachtung, daß das Denken Wohlmuths in Auseinandersetzung etwa mit Jürgen Habermas geschieht. Wie ich aufgezeigt habe, problematisiert Habermas gerade traditionelles metaphysisches Denken, in dessen Strukturen konsistent von Gott geredet werden konnte. Die nachmetaphysische Epoche, so Habermas, verlangt trotz einiger nachmetaphysischer Reste den Verzicht auf Letztbegründungen. Wie kann dann aber überhaupt noch von Gott geredet werden? Wohlmuth hat diesen Verzicht auf Letztbegründungen in die Nähe zum ersttestamentlichen Bilderverbot gebracht[84]: Der Verzicht auf das Bild, den bildhaften Gott, verlangt eine starke religiöse Askese, genauso ein Denken, daß Gott nicht als Lückenbüßer für Letztbegründungen einführt. Gott darf nicht ausschließlich als letzte Sicherheit dienen, seine Wirklichkeit ist eine gänzlich andere. Nur wenn Gott nicht in seiner Eigenschaft als letzte Begründung menschlicher Existenz aufgeht, kann seine Transzendenz gewahrt werden. Damit gelingt es Wohlmuth, in einer Facette nachmetaphysischen Denkens ein Urdatum jüdisch-christlicher Tradition wiederzufinden, freilich in säkularisierter Form. Mehr noch: Nachmetaphysisches Denken verweist das Christentum auf ein de facto vergessenes Stück der eigenen Tradition. Bei aller Kritik, die theologisch am Transzendenzverständnis Habermas' berechtigt scheint: Transzendieren erfordert immer auch Transzendenz, die (mögliche) Begegnung mit dem Transzendenten (= Gott)[85], wobei mit Wohlmuth zurecht auf die Skepsis Adornos gegen eine begriffliche Festlegung der Transzendenz hingewiesen werden muß[86]. Die Transzendenz im Denken auszuloten hieße ihr Geheimnis zerstören. Wohlmuth hat in diesen Kontext den Begriff des *Widerfahrnisses* eingeführt[87]. Die Begegnung mit Gottes Transzendenz kann nicht hergestellt werden, sie widerfährt dem Menschen. Dieser Gedanke bildet eine Nahtstelle zu den vorangegangenen Überlegungen bei Schillebeeckx: Gott offenbart sich als ein Gegenüber all unserer Projektionen, die notwendigerweise unser Gottesbild bestimmen. Im Widerfahren kommt der Mensch in Kontakt zu einer von uns unabhängigen Wirklichkeit, er kommt der Wahrheit näher[88].

Die Notwendigkeit, theologisches Reden nach der Shoah zu verantworten, führt, wie gezeigt wurde, zu einer „Theologie des Ephemeren" (Kapitel 3.3.): Gott ist nur im Vorübergang erfahrbar. Jedes Bild Gottes entgleitet, nachdem es gerade gefunden worden ist. Gerade in Auseinandersetzung mit Adorno plädiert Wohlmuth dafür, ein Festmachen der Transzendenz in Symbolen oder ein Widerfahrnis der Transzendenz in den Mysterien kritisch zu hinterfragen[89]. Hier scheint Wohlmuths Skepsis dem

---

[84] Vgl. WOHLMUTH, Bilderverbot, S. 97-118.
[85] Vgl. ARENS, Tod und Transzendenz, S. 157.
[86] WOHLMUTH, Jesu Weg, S. 45.
[87] Den Begriff „Widerfahrnis einer Transzendenz" bei WOHLMUTH, Jesu Weg, S. 225 (ähnlich S. 208: „Das Ich ist von der absoluten Transzendenz berührt worden", S. 224: „Widerfahrnis einer einzigartigen Begegnung mit Jesus als dem Christus"). Bei WOHLMUTH, Geheimnis, S. 163: „Einbruch der Transzendenz". Eine ähnliche Zuordnung von Transzendenzerfahrung und Symbolgeschehen findet sich bei SALMANN, Logos, S. 384.
[88] Vgl. SCHILLEBEECKX, Menschen, S. 53-54.
[89] Vgl. WOHLMUTH, Jesu Weg, S. 46.

Rituellen gegenüber begründet zu sein, gerade wenn man annimmt, dessen „bloße Wiederholung garantiere bereits den sakramentalen Erfolg“[90]. Die Liturgie feiert vielmehr

> „den ‚transitus‘ Jesu vom Tod zur Auferstehung als einen Weg, in den die Gemeinde durch die Feier der Liturgie einbezogen wird, ohne daß sie jemals das eigene Leiden und den eigenen Tod, das Leiden der Menschheit in Vergangenheit und Zukunft durch irgendwelche magische Machenschaften überspielen könnte“[91].

Damit wird das Pascha-Mysterium als Feier eines „Vorübergangs“ rememorativ und eschatologisch qualifiziert: Es ist nicht selbst schon die Vollendung – sie steht weiterhin aus. Gottes Gegenwart wird so niemals Besitz, sondern immer in den „transitūs“, den vielen Übergängen des eigenen Lebens frei gegebenes Geschenk, das der jeweiligen Lebensrealität nicht den Stachel nimmt[92].

In diesem Zusammenhang ist ein Vorausblick auf den Begriff der symbolischen Erfahrung angebracht, der nach Heribert Wahl in Kapitel 6.2. eingeführt wird. Wahl spricht von der transitorischen Struktur des Symbolischen, liefert also den erfahrungsbezogenen Unterbau einer Theologie des Transitus. „Sie (d.i. die symbolische Erfahrung, A.O.) zeigt zugleich die ‚transitorische‘ Struktur des Symbolischen, das immer ein geschichtliches Oszillieren in der Zeit, eine Bewegung ‚zwischen‘ (eschatologisch) *geduldigem Warten* und *vorübergehender ruhiger Sicherheit* ist“[93]. Der Transitus, das Transitorische ist solchermaßen eine Grundbedingung der menschlichen Psyche wie theologischen Redens. Mit diesen Hinweisen ist zugleich ein neues Spannungsfeld angesprochen, das in gebotener Kürze der Erwähnung bedarf, das Verhältnis von Liturgie und Zeit.

4.2.2. Liturgie und Zeit

Liturgie vollzieht sich in der Zeit und verdichtet, „symbolisiert“ sie doch auf ihre

---

[90] Zitat bei WOHLMUTH, Christologie, S. 205. Der Begriff des Rituellen scheint für Wohlmuth negativ besetzt zu sein. Gleichwohl teilt das Interpretationsmodell der Ritualität mit dem von Wohlmuth vorgeschlagenen ästhetischen Interpretationsmodell der Liturgie die „strenge Form und die Einbindung in Raum und Zeit“ (ebd. S. 204). Dennoch verwundert Wohlmuths Unterordnung der rituellen Elemente unter das ästhetische Phänomen (ebd. S. 205) unter dem Verweis auf den Wiederholungszwang. Umgekehrt könnte man genauso einwenden, wie Ästhetik ästhetizistisch mißverstanden werden kann, so auch das Ritual ritualistisch. Aber das Ritual als Symbolgeschehen ermöglicht doch geradezu erst eine Wertung der Liturgie als ästhetisches Phänomen. Der springende Punkt scheint mir hier der Ritualbegriff zu sein. Der in vorliegender Arbeit entwickelte ist meines Erachtens dazu geeignet, die zurecht bestehende Kritik Wohlmuths an einem sakramentalen Automatismus und Materialismus, die beide das Phänomen des „Vorübergangs“ gerade leugnen, gegenstandslos zu machen. Zum Wiederholungszwang als dem Vorwurf Freuds dem Ritual gegenüber vgl. Kapitel 5.1.3.

[91] WOHLMUTH, Jesu Weg, S. 48.

[92] Zur Problematik des Pascha als Transitus vgl. HÄUSSLING, „Pascha-Mysterium“. Daß von dieser Denkbewegung her auch Theologie nur immer den Vorübergang Gottes erspüren müßte, betont SALMANN, Logos, etwa S. 448 („Vorübergang des Logos und Geistes“). Damit wird Theologie ein „Plurales Denken der Pluralität“: „Damit begegnen wir erstmals seit der Sophistik einem Denktypus, dem es nicht mehr um Einheit und Versöhnung, sondern um das Spiel der Vielfalt als solcher geht. Es gibt hier nicht mehr das Ideal einer Metaerzählung (...)“, so SALMANN, Logos, S. 431. Die Auswirkungen dessen für Theologie und Liturgie sind noch lange nicht ausreichend bedacht.

eigene Weise, so daß liturgische Zeit als qualifizierte Zeit gewertet werden kann[94]. Somit hält liturgisch-rituelles Tun des Menschen immer auch Kontakt zu anderen künstlerischen Ausdrucksformen.

> „Präzisierend könnte also jetzt gesagt werden, die Liturgie sei als ästhetisches Phänomen sui generis ein *sakrales Kunstwerk der Kirche*, zu dessen Eigentümlichkeit es gehört, daß sie Darstellung des Heiligen in der Raum-Zeit des Universums ist, und zwar mit Mitteln der Darstellung und der Formgesetze, auf die auch die Künste nicht verzichten können“[95].

Die Nähe der Liturgie zur Kunst und ihren Formgesetzen stellt zugleich die Frage nach dem Distinctivum christlicher Liturgie. Dieses Unterscheidende ist, zunächst, die Darstellung des Heiligen. Die Liturgie schafft eine neue, mögliche Dimension: Das Widerfahrnis der Transzendenz Gottes. Möglich bleibt diese Dimension, weil sie nicht magisch herstellbar ist. Wie ist ein solches Widerfahrnis zu verstehen? Nach Wohlmuth nicht in dem Sinne, als könne sie „nur als Erscheinung des Ewigen in der Zeit verstanden werden“. Sie

> „betrifft ebenso die Erscheinung des Menschen in der Geschichte, so daß Liturgie niemals in der Dimension einer Präsenz der Ewigkeit aufgeht, sondern rememoriale und prognostische Dimensionen umschließt“[96].

Damit knüpft Wohlmuth ausdrücklich an Thomas von Aquin und seine Deutung des Sakramentes als signum rememorativum, demonstrativum und prognosticum an[97]. Mit der Dimension einer solchen „Zwischenzeit“ als „Schnittstelle“[98] zeigt sich nochmals, daß eine symbolisch vermittelte Repräsentanz des Ewigen, oder anders gesagt, die irdische Teilhabe an der himmlischen Liturgie zu kurz für ein Verständnis christlicher Liturgie ist. Es geht nicht mehr an,

> „eine heutige Sakramententheologie auf ein vermeintlich notwendiges Paradigma sakral-mythologischer Kunstbegründung auszurichten, als müßten die Sakramente der Kirche als ‚Erscheinung des Absoluten‘ oder als Symbole, in denen Allgemeines und Besonderes vermittelt wird, verstanden werden“[99].

Konnte für die Theologie nach der Shoah als ein Kennzeichen die Bedeutung der Memoria festgehalten werden, so zeigt sich von Wohlmuths Gedanken her ihre ganze Fülle. Memoria ist nicht nur Gedächtnis überzeitlichen Heils, nicht nur Gedächtnis des

---

93 WAHL, Glaube, S. 141.
94 Vgl. WOHLMUTH, Jesu Weg, S. 9.
95 WOHLMUTH, Christologie, S. 202.
96 WOHLMUTH, Jesu Weg, S. 28.
97 Vgl. WOHLMUTH, Geheimnis S. 163. Ebenso WOHLMUTH, Opfer 113.
98 Vgl. WOHLMUTH, Geheimnis S. 164.
99 WOHLMUTH, Überlegungen, S. 1111. Ausgehend von der Kritik an Freud, sein Symbolverständnis betone zu sehr die archäologische Dimension auf Kosten der teleologischen, orientiert sich das Symbolverständnis Wohlmuths übrigens an Paul Ricœur. Vgl. dazu WOHLMUTH, Opfer, S. 112-114. Die Frage scheint mir nur zu sein, ob sich das Ziel nicht gerade von der dunklen archäologischen Dimension des Menschen her entwirft (als „Projektion“) und so gerade die rememorative Dimension des Sakramental-Symbolischen zugleich die prognostische Dimension *ist*. Hier scheint genau der wunde Punkt liturgischen Tuns berührt: der Übergang von Zeit in Ewigkeit, Immanenz in Transzendenz, oder, im Rekurs auf Schillebeeckx: das Verhältnis von Partikularität und Universalität.

Heilswerkes Gottes, sondern ebenso ein Hereinholen der Zeitlichkeit und ihrer Abgründe, ihrer Negativität in das liturgische Geschehen. Zugleich spezifiziert die Reich-Gottes-Botschaft Jesu alles rituelle Tun und das darin mögliche Widerfahrnis der Transzendenz als christlich und eröffnet die Zukunftsdimension christlicher Existenz, die feiernd (oder: symbolisch) vorweggenommen wird.

> „Rätsel- und Scheincharakter gehören deshalb nicht nur zur modernen Kunst, sondern auch zur Liturgie, weil sie die vollendete Erlösung nicht einfach heraufzuführen vermag“[100].

Thomas Freyer konkretisiert diesen Gedanken Wohlmuths und grenzt sich von einem alleinig realpräsentischen Denken des Heils im gefeierten Mysterium, wie dies etwa Odo Casels Theologie zugrunde liegt (s. Kapitel 2.4.), ab:

> „Demgegenüber geht der von mir entwickelte liturgisch-ästhetische Ansatz von einem Zeitverständnis der Sakramente als *Mysterien der Basileia Gottes* aus. Als solche *unterbrechen* sie die kontinuierliche Zeit des Alltags und eröffnen den Weg einer nicht-intentionalen, totalitätskritischen Wahrnehmung der Einzigkeit Gottes *und* des Menschen. Die Nähe Jesu Christi (dessen Transitus) stellt die Liturgie-Feiernden in die Dramatik der bis heute unabgegoltenen Hoffnung vergangener Generationen, indem sie sie auf die noch ausständige eschatologische Versöhnung der ganzen Schöpfung verweist“[101].

Zeit in solchem Verständnis betrifft nicht nur die Heilsgeschichte, sondern ebenso die Unheilsgeschichte, also die gesamte Lebenswirklichkeit des Menschen[102]. Der Gottesdienst gelangt erst dann zu seiner Fülle, wenn er diese Lebenswirklichkeit ebenso umschließt wie die Heilsgeheimnisse des Glaubens. Dabei wird nochmals der Unterschied zum Paradigma der himmlischen Liturgie als einer abbildhaften Teilhabe deutlich: Der Mensch selbst und seine gesellschaftlich bestimmte Wirklichkeit wird Teil liturgischen Symbolgeschehens. Zugleich aber bewahrt sich die Liturgie Distanz zur Zeit des Alltags, wahrt „symbolische Differenz“, um diesen in Kapitel 6.3.1. zu erläuternden Begriff hier schon zu verwenden. Liturgie bildet den Alltag ebenso wenig ab wie sie nur ein Abbild himmlischer Liturgie ist, aber sie umfaßt beides und bildet so etwas Neues aus, das ich als „symbolischen Raum“ charakterisieren werde. Von ihm gilt, was Freyer die nicht-intentionale, totalitätskritische Wahrnehmung der Einzigkeit Gottes und des Menschen nennt. Der symbolische Raum der Liturgie existiert nur, solange er nicht verzweckt wird (und sei es zur Glaubensweitergabe). Er ist totalitätskritisch, wahrt die Einmaligkeit, Individualität und Identität des Menschen (vgl. hierzu auch Kapitel 5.2.) und schützt zugleich Gottes Transzendenz, die nicht in eine Kosten-Nutzen-Rechnung aufgelöst werden kann. Damit weitet sich der Blick auf die Vollendung des Reiches Gottes als der noch ausstehenden eschatologischen

---

100 WOHLMUTH, Jesu Weg, S. 29.

101 FREYER, Sakrament, S. 247. Vgl. zu dieser Abgrenzung gegen eine zu einseitige realpräsentische Interpretation der Gegenwart Christi auch HOPING, Gedenken, S. 187.

102 „Da der Auferweckte kein anderer ist als der gekreuzigte Jude Jesus von Nazareth, muß das liturgische Gedenken in besonderer Weise der ‚Leidensgeschichte‘ seines jüdischen Volkes eingedenk sein, was nicht ohne Folgen für die christliche Liturgie bleiben kann...“ (HOPING, Gedenken, S. 193).

Dimension[103]. Das Reich Gottes existiert ja nicht einfach schon „jenseits" der Zeit, sondern steht unter dem eschatologischen Vorbehalt. Nur insofern Liturgie dies deutlich macht, wahrt sie Zeitgenossenschaft mit dem oft leidenen Menschen und verkommt nicht zur Selbstdarstellung einer zufriedenen Beglückungsreligion[104]. Sie ist

> „keine Anbiederung an die Art und Weise der Bedürfnisbefriedigung der ohnehin Satten, sehr wohl aber jene neue Hellhörigkeit, in der die Glaubenden von heute das Seufzen und Stöhnen des Geistes vernehmen, der nach Befreiung der Unterdrückten und nach Vollendung der Schöpfung ruft"[105].

4.2.3. Das Pascha. Zur Theologie der Drei Österlichen Tage

Anhand der Liturgie der Drei Österlichen Tage hat Wohlmuth seine Gedanken auf die Liturgie angewendet und zugleich die Liturgie als „locus theologicus" sprechen lassen. Der Untertitel seines Buches lautet ja „Kleine mystagogische Christologie". Er gibt das Programm an, daß nämlich anhand des liturgischen Ganges der Feier der Geheimnisse eine Christologie entworfen werde. Dies tut Wohlmuth bezüglich der Liturgie des Triduum Paschale. Die Kernpunkte sollen nun vorgestellt werden. Die Rede von der Feier des Pascha-Mysteriums wird so in den Gedankenduktus dieser Arbeit eingebracht und kann, im Sinne des Korrelationskriteriums, das Proprium christianum liturgischen Tuns beschreiben. Dies mündet dann in eine Konkretion, die im folgenden Kapitel vorgenommen wird (Kapitel 4.3.).

> „Die christliche Liturgie durchbricht in eigenartiger Weise das Gesetz der Irreversibilität der Zeit, ohne dabei alles in abstrakte Gleichzeitigkeit aufzulösen. Vergangenheit bleibt Vergangenheit und erhält gerade als Vergangenheit ihre Aktualität; Zukunft bleibt unverfügbar und betrifft gerade so das Heute. Die christliche Gemeinde nimmt teil an dem Zeitverständnis der jüdischen Pascha-Tradition, in der es einmal heißt, nicht nur die Väter (und Mütter) der Mosezeit seien im Exodus gewesen, sondern auch die jetzt zum Pesach versammelte Tischgemeinschaft"[106].

Der Gedanke des Pascha hängt zunächst eng mit dem besonderen Zeitcharakter liturgischen Tuns zusammen. Dabei wird, ähnlich wie bei Schillebeeckx, Liturgie als performativ verstanden: Sie *ist* Ereignis des Pascha und vermag so, den zeitlichen Graben, der die Feiernden vom Ursprungsereignis trennt, zu transzendieren. Der Pascha-Begriff ist auch nicht ein rein christlicher. Er und das dem liturgischen Tun zugrunde liegende Zeitverständnis partizipiert an der jüdischen Pascha-Tradition. Wohlmuth hat im Anschluß an Hansjörg Auf der Maur auf die drei Bedeutungsnuancen des Wortes Pascha hingewiesen[107]: Leiden (Opfer), Vorübergang und Hinübergang (transitus). Damit wird der Begriff des Pascha zur liturgischen Füllung einer Theologie des Ephemeren, die die Nähe Gottes nur erst im Vorübergang erfahren, in der Feier des Hinübergangs Jesu vom Tod zur Auferstehung symbolisieren kann. Im Pascha-

---

[103] Vgl. dazu auch STENGER, Qualität, bes. S. 361-362.
[104] Vgl. WOHLMUTH, Jesu Weg, S. 225-227.
[105] WOHLMUTH, Jesu Weg, S. 227.
[106] WOHLMUTH, Jesu Weg, S. 108.
[107] Vgl. AUF DER MAUR, Feiern, S. 69. WOHLMUTH, Jesu Weg, S. 107, Anm. 4.

Mysterium geschieht die Epiphanie Gottes im Vorübergang[108]. Gott entzieht sich und erscheint so. Und das Pascha geschieht nicht an den Opfern der Weltgeschichte vorbei: Die Schlachtung, das Opfer des Lammes, sind ebenso Gegenstand der Liturgie.

> „Auch eine nachösterliche Christologie, die vom ‚Christus Sieger' singt, darf also nicht vergessen, daß Jesus von Nazareth zu den ‚Geschlagenen' und ‚Ermordeten' der Geschichte gehört"[109].

Wie Schillebeeckx versteht Wohlmuth Jesu Opfer nicht als ein von Gott abverlangtes, sondern als Selbsthingabe[110]. Dabei ist für Wohlmuth das „heute" der Liturgie von Bedeutung. Es geht nicht um ein bloßes Andenken, sondern um das Gedächtnis als ästhetische Aktualisierung in Form einer Erzählhandlung.

> „Es wird vielmehr in die Stunde hereinzitiert und in einer Erzählhandlung ästhetisch aktualisiert, was die versammelte Gemeinde mit den Sinnen wahr-nehmen, mit den Händen empfangen und im Glauben an-nehmen soll"[111].

Damit ist exakt das umschrieben, was ein christliches Ritual ist. Das, was das Pascha ausmacht, das Geschehen um den Gekreuzigt-Auferstandenen wie das Befreiungsgeschehen Israels aus Ägypten wird gegenwärtig. In dieser ästhetischen Aktualisierung wird zugleich der eschatologische Vorbehalt deutlich:

> „Eucharistie schon feiern zu können, ist eine hohe Berufung der Gemeinde; sie noch feiern zu müssen, verweist auf die noch ausstehende Vollendung. (...) Die Gemeinde bleibt in dieser Weltzeit eine um das Heil bittende, so daß der Ruf ‚Komm, Herr Jesus' (Maranatha) nicht verstummen darf"[112].

Wohlmuth findet all dies in der Liturgie des Triduum Paschale wieder. Dies kann hier nicht in allen Einzelheiten nachvollzogen werden. Als Beispiel sei seine Ausdeutung des Introitus der Gründonnerstagsmesse erwähnt[113]: „Wir rühmen uns des Kreuzes unseres Herrn Jesus Christus. In ihm ist uns Heil geworden und Auferstehung und Leben. Durch ihn sind wir erlöst und befreit". In diesem Introitus, der Galater 6,14 nachgebildet ist, wird der Bogen über die gesamte Liturgie des Triduum Paschale geschlagen: Die alltägliche Zeitstruktur scheint aufgehoben. Die Gemeinde feiert Abendmahl, Kreuz und Auferstehung zwar nacheinander, doch immer das ganze Geschehen des Gekreuzigt-Auferstandenen. Es geht um ein „dialektisches Ineinander der beiden Aspekte"[114]. Die Auferstehung verharmlost nicht das Leiden dieser Welt, sondern stellt die Frage danach noch eindringlicher. Dies symbolisch zu begehen, das

---

[108] Vgl. KOELLE, Judentum, S. 401-402.
[109] WOHLMUTH, Jesu Weg, S. 127.
[110] Vgl. WOHLMUTH, Jesu Weg, S. 109.
[111] WOHLMUTH, Jesu Weg, S. 123.
[112] WOHLMUTH, Jesu Weg, S. 129.
[113] Vgl. WOHLMUTH, Jesu Weg, S. 108-109. Der Introitus wäre weiterer Interpretationen wert. Sein theologischer Reichtum macht deutlich, daß eine Verkürzung der Gründonnerstagsthematik etwa nur auf das Abendmahlsgeschehen eine ungeheure Verarmung liturgischen Lebens darstellt.
[114] WOHLMUTH, Jesu Weg S. 108.

Seufzen und Stöhnen der Schöpfung zum Ausdruck zu bringen, ist Sinn christlichen Gottesdienstes[115].

4.3. Eine Konkretion: Liturgie als Feier des Pascha-Mysteriums. Akzentsetzungen der Liturgiereform und ihres Paradigmenwechsels

Die Konkretion versucht, die Veränderungen durch die Liturgiereform im Gefolge des II. Vatikanischen Konzils im Unterschied etwa zum „Rheinischen Meßordo" (Kapitel 2.7.) einzuholen. Die theologische Positionierung dieses Kapitels brachte zweierlei, zum einen die theologische Reflexion auf die Erfahrung des Menschen, zum anderen führte der Weg über das Korrelationskriterium zu einer inhaltlichen Beschreibung des christlichen Rituals als Pascha-Mysterium. Beide Punkte sind bestimmende Größen der Liturgiereform gewesen. Die Liturgie wird, wie schon auf dem Trienter Konzil[116], als Pascha-Mysterium beschrieben:

> „Seither hat die Kirche niemals aufgehört, sich zur Feier des Pascha-Mysteriums zu versammeln, dabei zu lesen, ‚was in allen Schriften von ihm geschrieben steht' ... , die Eucharistie zu feiern, in der ‚Sieg und Triumph seines Todes dargestellt werden' ..., und zugleich ‚Gott für die unsagbar große Gabe dankzusagen' ..., in Christus Jesus ‚zum Lob seiner Herrlichkeit'.... All das aber geschieht in der Kraft des Heiligen Geistes" (SC 6b).

Gerade über das Pascha-Mysterium also wird der Gottesdienst als christliche Liturgie ausgewiesen. Dem zugrunde liegt, wie etwa bei Wohlmuth gezeigt werden konnte, die Beschreibung der Liturgie, somit auch der Messe, als Feier des Pascha-Mysteriums, an dem jeder Christ aktiv teilzunehmen eingeladen ist[117]. Zwei historische Daten werden in das Bewußtsein der Feiernden gehoben, nämlich zuerst das historische Jesusgeschehen, besonders Tod und Auferstehung. Im Gedächtnis des Abendmahles Jesu als seiner Pascha-Feier klingt sodann der Exodus Israels aus Ägypten an[118]. Ausgangspunkt des Glaubens und somit Inhalt seiner Feier sind historische Daten in der Interpretation durch die Glaubensgemeinschaft, also Erfahrungen von Menschen mit Gott[119], die mitgeteilt und gefeiert werden.

---

[115] So WOHLMUTH, Jesu Weg, S. 109, Anm. 6, in der er Röm 8, 26-30 zum Ausgangspunkt einer christlichen Liturgieästhetik anempfielt.

[116] Vgl. etwa die Lehre und Kanones über das Meßopfer von 1562: DH 1741. Kurzer Überblick bei AUF DER MAUR, Feiern, S. 69. Das Trienter Konzil redet zwar schon vom Pascha, definiert aber noch nicht die Feier der Liturgie als Feier des Pascha-Mysteriums. Mit der Fixierung auf die eine Bedeutungsvariante, der des Opfers, gelingt hier also noch keine so weite Interpretationsmöglichkeit wie bei der Definition des II. Vaticanums.

[117] Vgl. SC 7 und 14. Vgl. HAHNE, De arte celebrandi, S. 184-191. Dem veränderten Paradigma der Liturgie ist denn auch eine andere Frömmigkeitsform zuzuordnen. Galt etwa dem mittelalterlichen Menschen als Höhepunkt der Messe die Elevation der Hostie, ohne Kommunionempfang, so hat die liturgische Erneuerung wieder zur Erhöhung der Frequenz des Kommunionempfanges geführt. Vgl. auch HAHNE, Art. Ritus/Ritual. Zum Pascha-Mysterium vgl. PAHL, Paschamysterium; STUBENRAUCH, Art. Pascha-Mysterium und die Kritik daran von HÄUSSLING, „Pascha-Mysterium".

[118] Die christliche Liturgie knüpft auch in der Kathedralvesper an die Pascha-Tradition an, und zwar vermittelt über die jüdische Tradition des Abendopfers. Hier verbindet sich mit dem Ritus zur Tagbeschließung in Ex 29 die Passah-Tradition Dtn 16 und geht damit in die christliche Liturgie ein. Vgl. dazu etwa WINKLER, Kathedralvesper. Noch mehr gilt das rememorative Gedenken des Pascha natürlich für die Feier der Messe.

[119] Vgl. hierzu den Erfahrungsbegriff von SCHILLEBEECKX, Menschen, vor allem S. 27-71.

Nun war der Gottesdienst der Kirche in seiner Geschichte immer auch durch Zeitempfinden und Lebenswelten geprägt. Soziologisch ausgedrückt: das Ritual korrespondiert mit Leben und Gesellschaft[120]. Die im vorigen Kapitel eingeholten Umwälzungen im abendländischen Denken führten somit in die Erneuerung der Liturgie im Gefolge des jüngsten Konzils, vielfältig vorbereitet etwa durch die Liturgische Bewegung[121]. Die jüngste Liturgiereform hat versucht - übrigens wie Liturgiereformen vor ihr -, der Geschichtlichkeit bzw. den veränderten geschichtlichen und soziokulturellen Bedingungen Rechnung zu tragen[122]. Die Liturgiewissenschaft beschreibt die Reform gerne als „Paradigmenwechsel"[123]. Dieser auf den Wissenschaftshistoriker Thomas S. Kuhn zurückgehende wissenschaftstheoretische Begriff meint das, was Emil J. Lengeling einst als die „kopernikanische Wende" der Liturgiereform umschrieb[124]: Der Mensch ist nun Paradigma der Liturgie[125]. Die Liturgiekonstitution hat die Gleichsetzung von Liturgie und Kult aufgegeben, also einen Liturgiebegriff entwickelt, der den Aspekt der Gottesverehrung durch den Menschen (als kultische oder anabatische Dimension) und den Aspekt des Dienstes Gottes an den zum Gottesdienst versammelten Menschen (als heilshafte oder katabatische Dimension) gleichwertig nebeneinanderstellt[126]. Die Feier des Gottesdienstes ist keine Einbahnstraße mehr, bei der der Priester als weitgehend alleine Handelnder die Mysterien vollzieht und die Gnadengaben Gottes an die Versammelten lediglich austeilt. Die Teilnehmer bleiben dabei letztlich Zuschauer. In der nachkonziliaren Liturgie soll sich die gesamte versammelte, hierarchisch strukturierte Gemeinde als Subjekt und Trägerin der Liturgie erfahren können.

> „Die Mutter Kirche wünscht sehr, alle Gläubigen möchten zu der vollen, Bewußten und tätigen Teilnahme an den liturgischen Feiern geführt werden, wie sie das Wesen der Liturgie selbst verlangt und zu der das christliche Volk, ‚das auserwählte Geschlecht,

---

[120] Dies ist etwa eine der Grundthesen von Mary Douglas. Sie geht von einem hohen Maße an Entsprechung von sozialer und symbolischer Erfahrung aus. Vgl. DOUGLAS, Ritual, S. 7 u.ö.

[121] Vgl. hierzu kurz MAAS-EWERD, Art. Liturgische Bewegung, mit Literatur. Kritiker der Liturgiereform (etwa NICHOLS, Looking at the Liturgy, S. 11-48) führen diesen Sachverhalt, also die Abhängigkeit der Liturgiereform auch von Phänomenen wie der Aufklärung immer als Sündenfall an, so als dürfe dies nicht sein, als müsse sich gerade die Liturgie der Kirche „rein" erhalten vor allen solchen Anfechtungen. Aber ist es nicht gerade ein Zeugnis für die Menschlichkeit Gottes, dass er sich durch zeitbedingte Formen zum Menschen begibt? Dies legt jedenfalls das Paradigma der Inkarnation nahe.

[122] Vgl. dazu die Schilderung bei HÄUSSLING, Liturgiereform. Materialien.

[123] Vgl. HÄUSSLING, Liturgiereform. Materialien, S. 37-38. Vgl. HÄUSSLING, Paradigmenwechsel. Vgl. auch HAHNE, De arte celebrandi, S. 363. Zum Begriff Paradigmenwechsel vgl. VON HEYL, Praktische Theologie, S. 17-23.

[124] Vgl. LENGELING, Liturgiekonstitution, S. 112.

[125] Vgl. HÄUSSLING, Liturgiereform. Materialien, S. 41-42. Vgl. auch HÄUSSLING, Liturgie und Leben, S. 135-136. Dennoch, dies wird ein Teil der folgenden Überlegugen sein, muß gefragt werden, ob die Liturgiereform genügend die anthropologischen Bedingungen rituellen Tuns des Menschen bedachte. Vgl. dazu NICHOLS, Looking at the Liturgy, S. 49-50, u.ö.

[126] Vgl. KACZYNSKI, Art. Kult, Sp. 744. Eine andere Unterscheidung bietet HÄUSSLING, Liturgiereform. Materialien, S. 34: „...der Frage des Glaubens an Gott (und dem Bekenntnis zu ihm) entspricht der Kult, der Frage des Glaubens an Christus (und dem Bekenntnis zu ihm) Liturgie". Zur Kult und Kultkritik des Christentums vgl. ebd. S. 21-23. Zur Problematik der Unterscheidung Häusslings vgl. GERHARDS, Kraft.

> das königliche Priestertum, der heilige Stamm, das Eigentumsvolk' ... kraft der Taufe berechtigt und verpflichtet ist" (SC 14)[127].

Daraus folgt logisch, es solle

> „jeder, sei er Liturge oder Gläubiger, in der Ausübung seiner Aufgabe nur das und all das tun, was ihm aus der Natur der Sache und gemäß den liturgischen Regeln zukommt" (SC 28).

Diese Gemeinde ist, anders als im Mittelalter, keine Gruppe nur von Klerikern mehr. Jeder Christ ist kraft der Taufe Liturge. Die erneuerte Liturgie entdeckt nun folgerichtig die im Laufe der Zeit verlorengegangene Vielzahl der liturgischen Rollen neu und stellt die liturgischen Dienste der Laien neben die der ordinierten Vorsteher. Mit der Beschreibung der Würde und somit liturgischen Rolle eines jeden Getauften, also der anthropologischen Wende der Liturgiereform[128], ist der Unterschied zur vorkonziliaren Liturgie wie zur Klerikerliturgie des Mittelalters benannt[129]. Jetzt ist der Mensch selbst als Gott Feiernder zum Paradigma der Liturgie geworden[130].

Der Paradigmenwechsel vom gottgeschuldeten Kult zur gottesdienstlichen Versammlung fächert sich in drei Facetten auf, die Norm der Väter, die tätige Teilnahme der Gläubigen und die Einfachheit der Riten (etwa SC 21 und 50). Schon jetzt sei darauf hingewiesen, daß bei grundsätzlicher Akzeptanz der Paradigmenwechsel einer eingehenden Problematisierung bedarf (etwa Kapitel 8.4. u.ö.):

- Die Norm der Väter. Sie wird dann zum Problem, wenn versucht wird, ohne Kenntnisnahme des Mittelalters zu einem als ideal phantasierten Ursprung zurückzukehren[131]. Es zeigt sich aber oft, daß de facto die *mittelalterliche* Prägung der Liturgie bis ins die Frömmigkeitspraxis der Menschen stärker ist als vermutet. Ein Beispiel: Einem Priester wird nach der Messe von einer Teilnehmerin vorgeworfen, sein Beten, gerade bei der „Wandlung", sei routinemäßig. Der Geistliche ist darüber verwundert, da er die Einsetzungsworte regelmäßig feierlich singt. Er fragt nach, was denn an seiner Art routinemäßig sei. Die Antwort lautet, er würde die Elevation der Hostie - die Elevation des Kelches wird nicht erwähnt - nicht lange genug durchführen. Die „Würdigkeit" wird hier an der Dauer der Elevation festgemacht. Damit wird ein historisch spätes und liturgietheologisch eigentlich sekundäres Phänomen zur Norm erhoben. Hier zeigt sich die Nachwirkung mittelalterlicher Frömmigkeit, denn dort war die Elevation zum zentralen Ritus der Messe geworden.

---

[127] Vgl. zu diesem Postulat und seiner Vorgeschichte HÄUSSLING, Liturgiereform. Materialien, S. 12-19; S. 38-41.

[128] Vgl. HÄUSSLING, Liturgiereform. Materialien, S. 41-42.

[129] Mir scheint diese Unterscheidung vonnöten. Denn mitnichten gab es nach dem Trienter Konzil einen liturgischen Stillstand. Text- und Feiergestalt der Messe veränderten sich weiter, jeweils antwortend auf veränderte gesellschaftliche Bedingungen, auch wenn es in der Liturgie nicht zu einem Paradigmenwechsel kam.

[130] Vgl. HÄUSSLING, Liturgiereform. Materialien, S. 41-43. – So übrigens auch die Instruktion „Liturgiam authenticam": „Die heilige Liturgie beansprucht nicht nur den Verstand des Menschen, sondern auch die ganze Person, die »Subjekt« der vollen und bewussten Teilnahme an der liturgischen feier ist" (CONGREGATIO de Cultu Divino et Disciplina Sacramentorum, Instruktion „Liturgiam authenticam" Nr. 28, S. 250).

[131] Vgl. zur Problematik der Verfallshypothese ANGENENDT, Liturgik.

- Die tätige Teilnahme. Fast paradox mutet an, daß die Liturgiekonstitution die Gleichsetzung von Liturgie und Kult, also jener vom Menschen ausgehenden religiösen Handlung[132], aufgegeben hat, zugleich aber den Menschen als Handelnden zunehmend in die Pflicht nimmt. Daraus resultierende Schwierigkeiten wie z.B. Überforderungen werden noch zur Sprache kommen. Vielleicht meldet sich genau an diesem Punkt die Spannung, die dem Christentum bis heute eigen ist, die zwischen der Kultkritik des Prophetentums Israels, die auch Jesus übernahm, und der urtümlichen Neigung des Menschen zum Kult besteht.

- Die Einfachheit der Riten. Dieses schon von Alfred Lorenzer kritisierte Diktum des Konzils[133] bedarf hier der weiteren Problematisierung, etwa wenn mit einer rituel-len Einfachheit eine eindimensionale, geheimnisleere „Inszenierung" verstanden wird, die psychisch mit einer Freiheit von Ambivalenzen einhergeht (siehe Kapitel 8.5. und 8.6.).

In der Anknüpfung an die Theologie des Pascha gelingt es dem Konzil, andere theologische Akzente zu setzen, als sie im Rheinischen Meßordo als Paradigma mittelalterlicher Meßauffassung aufgezeigt werden konnten: Ging es dort um die Schuld des Menschen und die dauernde Bitte um Vergebung durch den heiligenden Dienst des Priesters, so geht es hier um das Einstimmen der Gemeinde mit ihrer Verwobenheit in die Schuld- und Unheilssituation einer ganzen Schöpfung in den klärenden und heilsamen Hinübergang Jesu. Manche Fragestellungen sind nur angerissen. Nach dem folgenden Durchgang durch psychoanalytische und pastoral-psychologische Theorien zur Gewinnung eines Symbol- und Ritualbegriffs wird das hier Beschriebene symboltheoretisch nochmals durchbuchstabiert werden (siehe Kapitel 8.8.).

4.4. Ergebnis

Das 4. Kapitel brachte für das Thema „Mensch und Ritual" wichtige Weichenstellungen. Zunächst wurde begründet, warum hier keine Theologie des Symbols versucht wird. Es geht um ein interdisziplinäres Gespräch von Theologie und Psychoanalyse, in dem nicht schon die Theologie die Metaebene vorgibt. Genau deshalb bedurfte es einer gründlichen theologischen Verortung, die anhand des Erfahrungsbegriffes von Edward Schillebeeckx vorgenommen wurde. Als Ergebnis des Rekurses auf Edward Schillebeeckx kann vor allem die *theologische Wertung menschlicher Erfahrung* festgehalten werden: Religiöse Erfahrungen gibt es nicht zusätzlich zu menschlichen Erfahrungen, sondern diese werden im sinnstiftenden Deutekontext des Glaubens zu religiösen, dann auch zu christlichen Erfahrungen. Hier zeigte sich die Bedeutung des Korrelationskriteriums. Glauben setzt einen menschlichen Sinn voraus und knüpft an diesen an. Glaube ist dabei sinngebender Interpretationsrahmen menschlicher Erfahrung, der gerade im Ritual den Menschen zur Verfügung gestellt wird. Das streng erfahrungsbezogene Denken von Schillebeeckx konnte sodann als

---

[132] Vgl. HÄUSSLING, Art. Ritus, Sp. 1058-1059. Vgl. HÄUSSLING, Liturgiereform. Materialien, S. 33-35.
[133] Vgl. LORENZER, Konzil der Buchhalter, S. 186 u.ö.

Antwort auf Herausforderungen nachmetaphysischen Denkens, anders gesagt: als Exponent der „anthropologischen Wende“ der Theologie eingebracht werden und bereitet die Bahn für das interdisziplinäre Gespräch mit der Psychoanalyse als Humanwissenschaft. Dabei konnte mit dem Begriff „Widerfahrnis der Transzendenz“ von Josef Wohlmuth und die Bindung solchen Widerfahrnisses an die Person und das Werk des Jesus von Nazareth sein Pascha als das theologische Proprium christlicher Liturgie angezeigt werden. Die Definition der Liturgie als Feier des Paschamysteriums, wie sie das II. Vatikanische Konzil nochmals vornahm, stellt einerseits Leben und Werk Jesu in den Mittelpunkt des christlichen Rituals, wie andererseits der Paradigmenwechsel auf den Menschen hin den Gott feiernden Menschen mit seinen Lebenserfahrungen zum Thema macht.

Bezogen auf das Thema Liturgie als Ritual bedeuten diese Weichenstellungen, daß die im 2. Kapitel skizzierte traditionelle Sicht der Liturgie als Abbild der himmlischen nicht hinreicht. Hier kommt menschliche Erfahrung lediglich als „religiöse“ Erfahrung *innerhalb* der Liturgie in den Blick: Der Mensch erfährt liturgisches Tun und ist berührt, betroffen oder desinteressiert. Seine eigene Erfahrung von Leben und Welt geht in diesen Prozeß jedoch nicht konstitutiv ein. Vielmehr ist schon jenseitig vorgegeben, was es zu erfahren gibt. Die beiden Erfahrungswelten (religiös – säkular) bleiben dabei getrennt. Die hier zu entwickelnde Ritualtheorie wird zunächst säkulare menschliche Erfahrung als ein Konstitutivum symbolischer Erfahrung herausstellen. Stellt man solche Erfahrung in den christlichen Deutekontext, wird sie zur Glaubenserfahrung. Die Liturgie, verstanden als Ritual, wäre ein solcher Ort, menschliche Erfahrung in einen christlichen Deutehorizont zu stellen. Diese Überlegungen bedürfen weiterer Erörterungen, die sich in den folgenden Kapiteln finden. Mit der theologischen Wertung menschlicher Erfahrung ist nun der Boden bereitet, um den Dialog mit den Humanwissenschaften, hier der Psychoanalyse, zu beginnen.

5. Kapitel
Die psychoanalytische Verortung: Positionen psychoanalytischer Theorie um den Symbolbegriff

Das vorangegangene Kapitel hat entscheidende Weichenstellungen gebracht. Die theologische Verortung bei Edward Schillebeeckx postuliert die eine, unteilbare menschliche Erfahrung, die man nicht in religiös und nicht-religiös aufspalten kann. Daraus folgt eine neue Sicht auf die Wirklichkeit des Menschen, die zu erörtern nun nicht mehr nur Sache des Theologen ist. Geht es um menschliche Erfahrung, sind auch die Humanwissenschaften zu befragen. Dies soll im folgenden Kapitel durch den Rekurs auf die Psychoanalyse geschehen. Genau hier setzt der interdisziplinäre Dialog gemäß der schon entworfenen Kriterien (Kapitel 1.3.) ein. Die interesseleitende Frage ist dabei die nach dem Beitrag der Psychoanalyse zu einer Theorie des Rituals. Zu diesem Zweck ist zunächst auf die psychoalanytische Wertung des Religiösen in seiner rituellen Seite ebenso einzugehen wie auf den in der Psychoanalyse verwendeten Symbolbegriff. Damit wird der Versuch unternommen, den Erfahrungsbezug des Glaubens neu einzuholen[1], aber unter einem speziellen Fokus. Denn in das Gespräch bringt die Psychoanalyse ihr eigenes Proprium ein, die Annahme des Unbewußten. Die Dimension des Unbewußten und seine Rolle zum Verständnis des Rituals stellt den ureigenen Beitrag der Psychoanalyse dar. Die Psychoanalyse wird sich zunächst einmal als „aufklärende“ Wissenschaft erweisen. Mit dem Rekurs auf das Unbewußte wird sie zugleich zur Kritik an der Aufklärung (siehe Kapitel 3), durch die Fokussierung des Unbewußten, des scheinbar Irrationalen, zur Gegenbewegung der „anderen Aufklärung“, die ein rein vernunftmäßig entworfenes Weltbild hinterfragt[2].

Für den hier zu entwickelnden Ritualbegriff werden wichtige Stationen psychoanalytischer Theoriebildung vorgestellt. Die Auswahl der psychoanalytischen Theorien ist nicht zufällig, wenngleich durchaus eklektizistisch. Dadurch werden die vielen Perspektiven des Themas deutlich. Unterschiedliche psychoanalytische Konzepte werden aufgeführt, wobei es nicht darum geht, einen ein für allemal gültigen Gedankengang oder eine unveränderbare Kombination der einzelnen Theoriebausteine zu entwicklen. Die Überlegungen beginnen mit einzelnen Positionen des Freudschen Konzeptes, die hier deshalb ausführlich zur Sprache kommen, weil sie an einer grundsätzlichen Ambivalenz des Symbolisch-Rituellen wie an der Konfliktstruktur menschlicher Lebenswirklichkeit insgesamt festhalten. Es sind hier im wesentlichen drei Frage-

---

[1] Zur Problematik vgl. etwa FUNKE, Der halbierte Gott, S. 17-40; FUNKE, Schulddilemma, S. 48-49 u.ö.. Daß dieser sehr alte Verlust an Erfahrung immer auch Gegenbewegungen hervorrief, zeigt das Phänomen der Mystik. Als ein Beispiel unter vielen sei hier verwiesen auf MECHTHILD von Magdeburg, Das fließende Licht der Gottheit.

[2] Vgl. dazu GESTRICH, Seelsorge. Gleichzeitig fragt die Psychoanalyse in Kritik an der Aufklärung nach dem, was dort ins Unbewußte verdrängt worden ist: „Die Analogie zu den *electi* der bürgerlichen Aufklärung, denen die erotische Inbrunst der Erleuchtung abhanden gekommen ist, wie Descartes die Sinnlichkeit der Körperwelt ins Unbewußte verlorengegangen ist, läßt Aufklärung als entsakralisierte Lichtmetaphysik erscheinen“ (POHLEN, BAUTZ-HOLZHERR, Aufklärung, S. 493).

punkte. Ein erster ist der von Freud beschriebene Kulturkonflikt des Menschen, der für den Symbolbegriff von großer Bedeutung sein wird (etwa in Kapitel 8.6). Über die sich hieraus ergebende Frage nach der Schuldigkeit des Menschen, wie sie Freud mit dem Ödipus-Mythos einholt, wird ein zweiter Gedankenkreis auf Freuds Religionskritik rekurrieren, die ja unter anderem auf der Charakterisierung des Rituals als zwanghaft fußt. Ein dritter Themenkreis schließlich wird den Begriff des Symbolischen im Freudschen Werk beleuchten. Die bei Freud ambivalenten Wertungen des Rituals und des Symbolischen werden ergänzt durch Rekurse auf Weiterentwicklungen psychoanalytischer Theorie, die dem Phänomen des Symbolischen und auch des Religiösen grundsätzlich positiv gegenüberstehen. So folgen kulturanalytische Überlegungen von Alfred Lorenzer, die die Sinnlichkeit kultureller Objektivationen betonen, wie sie sich etwa im kirchlichen Ritual finden. Die Objektbeziehungspsychologie nach Donald W. Winnicott führt den für diese Überlegungen so zentralen Begriff des „intermediären Raumes" ein. Die Selbstpsychologie von Heinz Kohut fokussiert die Selbstobjektstruktur symbolischer Erfahrung. Schließlich bringt der Rekurs auf Wilfred Bion einen Einblick in die Transformation symbolischer Erfahrung.

Bei der Darstellung dieser unterschiedlichen Theorieelemente geht es keinesfalls um eine harmonisierende Integration der genannten Theorien[3]. Verschiedene Modelle sollen vielmehr auf den Fokus Symbol und Ritual hin betrachtet werden, um den Facettenreichtum des Themas deutlich zu machen[4]. Die Theorie des Symbolischen wird zwar in unterschiedlichen, teils entgegengesetzten Theorieelementen festgemacht. Dennoch wird eine stringente Linie verfolgt, die zum einen durch die Frage nach dem Symbolischen und der Konstituierung des symbolischen Raumes geprägt ist. Dies leistet der Exkurs in die Objektbeziehungspsychologie (Winnicott). Zum anderen wird die Frage nach der Symbol*verwendung* in symbolischer Erfahrung gestellt, wie es hauptsächlich die Selbtspsychologie (Kohut) mit dem Begriff des Selbstobjektes getan hat. Schließlich wird die Frage nach der Zuordnung von Form und Inhalt des Symbolischen beleuchtet (Bion). Diese Facetten werden vor dem Hintergrund des Freudschen Kulturkonfliktes gelesen, der durch kulturanalytische Überlegungen nach Alfred Lorenzer ergänzt wird. Diese Gedanken werden in Kapitel 8.6. auch theologisch aufzugreifen sein im Theorem des „Lebens im Fragment". Wenngleich

---

[3] Als Beispiel sei hier auf Kohut verwiesen, der sich einer Integration unterschiedlicher Theoriesysteme innerhalb der Psychoanalyse immer verweigert hat. Vgl. WAHL, Narzißmus, S. 110.

[4] Damit ist zugleich gesagt, daß andere Kombinationen der vorgestellten Theorien ebenso möglich sind wie die Wahl anderer Gewährsleute. So könnte eine Ritualtheorie etwa auch auf Erik H. Erikson aufgebaut werden, wie dies etwa JOSUTTIS, Gottesdienst, getan hat. Der Fokus bei Erikson liegt stärker als bei den im folgenden vorgestellten Autoren auf der Generierung von Ritualen wie der Entwicklung der Ritual*fähigkeit* des Menschen im Anschluß an sein 8-Phasen-Modell. Mit diesem etwa für die Pädagogik spannenden Ansatz ist ein anderer Blickpunkt gegeben als in den folgenden Überlegungen, die zunächst einmal die Ritual- und Symbolfähigkeit des Menschen wie das Ritual selbst voraussetzen und nach dessen unbewußten Wurzeln und seiner Funktion fragt. Es wäre durchaus eine weiterführende Studie, die Gedanken Eriksons mit den hier vorgestellten Modellen zu verbinden. Vgl. ERIKSON, Ontogenese. Zu Erikson vgl. auch HEIMBROCK, Gottesdienst, S. 32 und KLAPPENECKER, Glaubensentwicklung, S. 110-136.

disparat, so ist die Theorieauswahl nicht zufällig. Sie versucht, die komplexe Wirklichkeit menschlichen Symbolisierens in je unterschiedlichen Facetten zu beleuchten. Mit der Nennung der einzelnen psychoanalytischen Ansätze ist bereits die Reihenfolge und Gliederung des folgenden Kapitels beschrieben. Zuvor jedoch gilt es zu begründen, warum das folgende Kapitel sich nicht an der Symboltheorie J.G. Jungs orientiert. Dies ist eine ähnlich folgenschwere Weichenstellung wie die anläßlich der Würdigung des Ansatzes von Karl Rahner zu Beginn des 4. Kapitels. Beidemale erfolgt diese Weichenstellung aufgrund der dezidierten Entscheidung, menschliche Geschichtlichkeit in den Blick zu nehmen.

5.0. Zum Problem einer archetypisch begründeten Symboltheorie. Der Beitrag C.G. Jungs

In einer Untersuchung zu Carl Gustav Jung anhand seiner Schrift „Das Wandlungssymbol in der Messe“[5] habe ich die theoretischen Grundpositionen des Jung'schen Denksystems dargestellt[6]. Das Interesse dieser Überlegungen galt besonders der Archetypenlehre. Die dort vorgebrachten Argumente können hier nicht im einzelnen wiederholt werden. Das Ergebnis der Kritik sei jedoch mit wenigen Sätzen skizziert. Ein erster Kritikpunkt richtet sich gegen Jungs Metapsychologie und das damit verbundene Symbolverständnis. Jung denkt, dies war ein Ergebnis der Überlegungen, weitgehend in platonischen Kategorien[7]. Gemäß des Urbild-Abbild-Schemas geht er von einem dem Menschen vorgegebenen kollektiven Unbewußten aus, das etwa durch die Archetypen das Seelenleben des Menschen prägt. Die Archetypen manifestieren sich ihrerseits im Symbol. Solche metapsychologischen, im Grunde philosophischen Grundannahmen, die das Symbol als Manifestation des Archetypus auffassen, machen es zu einem beliebigen und überholbaren Ausdruck des überall gleichermaßen Gültigen. Dies endet letztlich, um das Sprachspiel von Wolfgang Drechsel aufzugreifen, in der „Kanonisierung des Gleich-Gültigen als Gleichgültigem“[8]. Ganz in diesem Sinne interessiert Jung nicht die im religiösen Symbol vollzogene Anknüpfung an geschichtliche Realitäten, also die Erfahrungen von Menschen mit Gott, die etwa im Raum der Kirche normativ geworden sind, sondern (nur) die innere, psychische Wirklichkeit, die ja Manifestation des Archetypischen ist. So wird auch die katholische Messe als Symbol gewertet und mit ihren vielen Symbolen von historischen Ereignissen oder geschichtlichen Entwicklungen abgekoppelt. Damit wird das Christentum eine mythische Größe unter anderen, *eine* mögliche Symbolisierung archetypischer Grundgegebenheiten, bis

---

[5] Vgl. JUNG, Wandlungssymbol.
[6] Vgl. ODENTHAL, Wandlungssymbol.
[7] Vgl. WAHL, Glaube, S. 447. In diesem Zusammenhang muß auch auf die Unklarheiten hingewiesen werden, die Begriffen wie Symbol und Archetypus anhaften. BUCHER, Symbol, S. 182, wertet die Begriffe als „nicht valide“. Archetypen als (inhaltslos bleibende) Platonische Kategorien lassen sich denn kaum mit theologischer Anthropologie vermitteln (ebd. S. 181).
[8] DRECHSEL, Pastoralpsychologische Bibelarbeit, S. 81.

eine bessere gelingt[9]. Ein solches Denksystem führt zu einer grundsätzlichen Abwertung der Geschichte, wenn die (transzendente) Psyche und ihre Erlebnisse das Eigentliche sind, nicht mehr die Geschichte selbst.
Zu hinterfragen ist der Jungsche Symbolbegriff ferner bezüglich der sozusagen als Hintergrundfolie mitgedachten Ganzheit. Das christliche Symbol „Christus" z.B. wird „zum Offenbarer des Archetyps des Selbst, des ganzen, des inneren Menschen, der mit seinem Unbewußten versöhnt ist"[10]. Der Weg zur Ganzheit ist die Bewußtmachung des archetypischen Sinns. Die Symbolik ist somit bestmöglicher, aber überholbarer Ausdruck der evolutionär fortschreitenden Überführung archetypischer Inhalte ins Bewußtsein. Damit bleibt das Symbol zwar in einer gewissen Vorläufigkeit, in seiner Respräsentation von Ganzheit jedoch wird jede fragmentarische Erfahrung, die „symbolische Differenz" als Erfahrung des Ausbleibens von Ganzheit und Erfüllung, gerade geleugnet[11], auch wenn Jung ausdrücklich die Ganzheit als Vollständigkeit, nicht als Vollkommenheit gewertet wissen will[12]. Das Symbol kann somit nicht mehr Ausdruck der Bruchstückhaftigkeit menschlicher Existenz sein, wie es das Christentum gerade nahelegt und wie im Laufe dieser Arbeit noch auszuführen ist (siehe Kapitel 8.6.). Hierin zeigt sich übrigens eine Abweichung Jungschen Denkens von Freud: Das Sinnlich-Triebhafte, das Sich-Widersetzende, das etwa Alfred Lorenzer im Rekurs auf Freud betont, wird zugunsten der Ganzheitlichkeit aufgegeben.
Diese Überlegungen, die sich von dem in diesem Kapitel zu entwickelnden Gedankengang noch näher erschließen, lassen es meines Erachtens nicht angezeigt sein, den symboltheoretischen Ansatz Jungs zur Grundlage des interdisziplinären Gesprächs zu machen. Die Jung'sche Symboltheorie, die auf seiner Archetypenlehre beruht, ist im Grunde der platonischen Weltsicht verpflichtet und wäre ein Rückschritt hinter die bisher entworfene Fragestellung nach der Wertung von Geschichte und Erfahrung. Es geht dieser Untersuchung ja auch nicht um einen interdisziplinären Diskurs über Symbole, die dann etwa, tiefenpsychologisch im Sinne Jungs gedeutet, überzeitliche, ewig gültige Wahrheiten menschlichen Seelenlebens offenbaren[13]. Es geht vielmehr um „symbolische Erfahrung", um die Ritualisierungen menschlicher Erfahrungen mit Gott. Im anhand von Schillebeeckx dargelegten Sinne *ist* das gottesdienstliche Ritual als Symbolgeschehen schon Gnadengabe Gottes an seine Kirche.
Die hier getätigte Weichenstellung hat indes weitreichende Konsequenzen. Der Leser wird in dieser Arbeit keine vorschnelle Anwendung für Symbole oder Kriterien „richtigen" Umgangs damit finden, so als seien die Symbole nur vorgegeben, und es

---

[9] STEIN, Leiden, S. 194, weist in diesem Zusammenhang aber eindringlich darauf hin, daß Jung die Betonung der Geschichtlichkeit durch die Kirche immer als notwendige Abwehr der Gnosis gewertet habe und verweist auf JUNG, Wandlungssymbol, S. 189.
[10] WAHL, Glaube, S. 469.
[11] Vgl. WAHL, Glaube, S. 468-470.
[12] Belege bei ZACHARIAS, Psyche und Mysterium, S. 118-119.
[13] An dieser Stelle sei kurz auf die Kritik bei STUFLESSER, WINTER, Liturgiewissenschaft, an den Thesen von Albert Gerhards und mir (GERHARDS, ODENTHAL, Liturgiewissenschaft) eingegangen. Es dürfte im Rahmen dieser Ausführungen deutlich werden, daß es mit einer Theologie der symbolischen

bedürfe lediglich der richtigen Handhabe. Dies wäre die Frage nach der Anwendung des schon immer Vorgegebenen. Liturgiewissenschaft wäre dann Anwendungslehre. Hier geht es um Tieferes, nämlich die Frage der psychischen „Konstruktion" des Symbolischen, seiner „Funktion", menschliche Erfahrung und Geschichte mit dem Glauben zu vermitteln und so zugleich Ausdruck des Glaubens wie des Lebens zu sein.
Im folgenden Kapitel, das mit der Skizzierung des Freud'schen Denksystems beginnt, geht es darum, ein Verständnis für die psychische Konstruktion und Leistung des Symbolischen zu gewinnen.

5.1. Der Rekurs auf Freud

Geht es um einen Dialog mit der Psychoanalyse, muß zunächst ihr Urheber zur Sprache kommen: Sigmund Freud. Es fällt auf, daß das Religiöse für Freud eng mit dem Begriffen Ritual, Symbol und Symptom verbunden ist[14]. Freuds Kritik betrachtet das Religiöse und seine Äußerungen durch die Folie des Zwangsrituals und basiert auf der Deutung des Religiösen vom Ödipuskomplex her. Um dies genügend in den Blick zu nehmen, holt das folgende Kapitel weiter aus. Manche theoretischen Positionen Freuds finden zur Darstellung, die auf den ersten Blick nur mittelbar etwas mit der Frage nach dem Ritual zu tun haben, bei näherem Zusehen aber wichtige Einsichten bereitstellen.
Das Kapitel kreist um vier Facetten, zunächst den für Freud grundlegenden Kulturkonflikt des Menschen (Kapitel 5.1.1.), in den das Phänomen des Religiösen ebenso hineinverwoben ist wie in den Ödipuskomplex. Diesem Freudschen Theorem widmet sich das nächste Kapitel (Kapitel 5.1.2.). Ein besonderer Schwerpunkt liegt hier auf dem Zusammenhang von Schuld und Opfer (vor allem im Hinblick auf das Wiederaufgreifen der Opferkategorie in Kapitel 8.8.). Die Ergebnisse münden in die Frage nach der Wertung des Religiösen bei Freud insgesamt (Kapitel 5.1.3.), um schließlich den Symbolbegriff bei Freud näher zu untersuchen (Kapitel 5.1.4.). Die Darstellung Freudscher Gedanken bedient sich verschiedener Vorgehensweisen. In den ersten drei Kapiteln wird der Versuch einer Systematisierung anhand der vorgezeichneten Themen unternommen. Damit werden Schriften unterschiedlicher Schaffensperioden Freuds zu Rate gezogen[15]. Das 4. Kapitel dagegen geht begriffs-

---

Erfahrung um etwas anderes geht als um einen „interdisziplinäre(n) Austausch über Symbole" (ebd. S. 115).

[14] In diesem Zusammenhang verdient Erwähnung, daß WAHL, Glaube, S. 412-444, seine Überlegungen weitgehend auf das „Symbol" begrenzt, selten jedoch auf die kulturkritischen Schriften Freuds rekurriert, die ihrerseits ein Symbol- und Ritualverständnis Freuds implizieren.

[15] Man kann, etwa mit Volney Patrick GAY, Freud on Ritual, vier Perioden unterscheiden: die erste, in der Freud physikalisch-naturwissenschaftlich forschte und eine energetisch-ökonomische Theorie der Psyche aufstellte. Mit der „Traumdeutung" um 1900 begann die zweite Periode, die über die Traumsymbolik einen neuen Zugang zum Unbewußten findet. Ab Frühling 1915 folgt die dritte, gekennzeichnet durch metapsychologische Schriften. Mit dem Jahr 1923 ist die vierte Periode begonnen, in der Freud durch die ich-psychologischen Schriften das Instanzenmodell einführt.

geschichtlich vor und verfolgt den Begriff des Symbols durch das Gesamtwerk Freuds hindurch.
Volney Patrick Gay hat eine Studie dem Freudschen Ritualverständnis gewidmet, in der er systematisch-genetisch den Werdegang der Gedanken Freuds nachvollzieht[16]. Seine Grundthese besagt, die negative, pathologische Wertung des Rituals ergäbe sich nicht zwingend aus den von Freud getätigten Grundannahmen; vielmehr beruhe gerade die Funktion des psychischen Apparates, wie sie Freud vor allem in seinen ich-psychologischen Schriften nach 1923 annimmt, auf der Fähigkeit der Psyche zu „ritualisieren". Die Ausbildung des Ich verdanke sich dieser Leistung[17]. Infolgedessen könne man ebensogut eine psychoanalytische Theorie des Rituals entwickeln, ohne es pathologisch zu werten[18]. In ähnlichem Sinne hat Eberhard Haas auf die Parallelen und Ähnlichkeiten von psychoanalytischem Prozess und Ritual hingewiesen[19]. Diese Ergebnisse fügen sich gut in die folgenden Überlegungen, die nämlich im Hinblick auf die kulturkritischen Schriften Freuds und seine Auffassung der Kunst versuchen, das Ritual, verstanden als Symbolgeschehen, als eine kulturelle Leistung des Menschen zu würdigen. Es wird sich zeigen, wie höchst unterschiedlich die Wertungen des Religiösen sind, die sich verstreut im Freudschen Gesamtwerk finden. Wenn auch kein einheitliches Bild entstehen kann, ergibt sich dennoch als grobe Richtung die Verwobenheit des Religiösen in menschliche Konfliktstruktur auch jenseits pathologischer Färbung – ein im Hinblick auf die weiteren Überlegungen insofern bemerkenswertes Ergebnis, da spätestens hier der Erfahrungsbezug des Religiösen bis in die Tiefenschichten des Menschen ausgemacht ist.

5.1.1. Natur und Kultur als Konflikt: Eros und Thanatos

Es sind drei zentrale Postulate, die die Freudsche Kulturtheorie ausmachen:
- Es gibt einen unauflöslichen Konflikt zwischen Natur und Kultur.
- Individuelles Glück ist im Schöpfungsplan nicht vorgesehen.
- Die Kultur kommt nicht umhin, zum Erreichen ihrer Ziele den Individuen Zwänge aufzuerlegen[20].

Dies sei nun näher erläutert. Der Dialog mit der Psychoanalyse Freuds ist ohne einen Rekurs auf die Trieblehre, den Ur-Mythos der Psychoanalyse, nicht zu denken[21]. In

[16] Volney Patrick GAY, Freud on Ritual. Diese Studie ist übrigens nicht interdisziplinär ausgerichtet. Ein Dialog mit der Theologie findet sich dort nicht.
[17] Vgl. Volney Patrick GAY, Freud on Ritual, etwa S. 173.
[18] Kritikwürdig scheint mir indes der bei Volney Patrick Gay zugrunde liegende Ritualbegriff, der zu formal anmutet. Gay scheint den Grundpositionen der frühen Schaffensperiode Freuds verpflichtet zu bleiben, etwa der Grundthese der Regulation, die Psyche sei immer auf Spannungsabbau bedacht.
[19] Vgl. HAAS, Opferritual, bes. S. 1135-1136: „Immer wieder stößt der Vergleich zwischen Ritual und Psychoanalyse (...) auf dieselbe Dramaturgie: >emanzipatorischer Elternmord<, postmortaler Gehorsam, Bereicherung des symbolischen Denkens und seelische Strukturbildung. (...) Seelische Strukturen entstehen kraft Verstoßung des mit Projektionen aufgeladenen Objekts".
[20] Vgl. FUNKE, Kulturpsychoanalyse, S. 12.
[21] Vgl. dazu NAGERA, Psychoanalytische Grundbegriffe, S. 19-47. Vgl. auch DIERGARTEN, Kulturpsychoanalyse, S. 33-45.

der Neuen Folge seiner Vorlesungen zur Einführung in die Psychoanalyse von 1932-1933 schreibt Freud wie folgt:

> „Die Trieblehre ist sozusagen unsere Mythologie. Die Triebe sind mythische Wesen, großartig in ihrer Unbestimmtheit. Wir können in unserer Arbeit keinen Augenblick von ihnen absehen und sind dabei nie sicher, sie scharf zu sehen. (...) Uns hat immer die Ahnung gerührt, daß hinter diesen vielen kleinen ausgeliehenen Trieben sich etwas Ernsthaftes und Gewaltiges verbirgt, dem wir uns vorsichtig annähern möchten“[22].

Freud setzt also an den Anfang seiner Wissenschaft einen Mythos als eine nicht beweisbare oder hintergehbare Grundlage, die aber einen aus seiner Praxis resultierenden Erfahrungswert beschreiben kann[23]. Mit dem Begriff des Triebes benennt er das Ernsthafte und Gewaltige, das

> „dem Ich nachweisen will, daß es nicht einmal Herr ist im eigenen Hause, sondern auf kärgliche Nachrichten angewiesen bleibt von dem, was unbewußt in seinem Seelenleben vorgeht“[24],

wie Freud es bereits früher in seinen 1915-1917 entstandenen „Vorlesungen“ sagte. Der Mensch ist von Kräften geprägt, die ihm nicht unterworfen sind. Ambivalente Triebregungen, die Freud im Bild des Lebens- und Todestriebes faßt, bestimmen das Seelenleben. Damit ist dem neuzeitlichen Autonomiegedanken eine große Kränkung zugefügt: Der Mensch ist nicht Herr im eigenen Hause. Trieb kann hierbei als Chiffre verstanden werden, mit deren Hilfe Freud die Individualität des Menschen gegen gesellschaftliche Bevormundung sichert. Letztlich ist das Seelenleben nicht kulturell überformbar, sondern widersetzt sich. Dies ist ein Gedanke, den im Bezug auf das Ritual Lorenzer wieder aufgreift[25]. Damit ist der Mensch in einen unlösbaren Konflikt gestellt, den Freud 1930 in seiner Schrift „Das Unbehagen in der Kultur“ ausführt[26]. Der Mensch ist zum Leben auf Kultur angewiesen, aber zugleich gilt:

> „man möchte sagen, die Absicht, daß der Mensch ‚glücklich‘ sei, ist im Plan der ‚Schöpfung‘ nicht enthalten“[27].

---

[22] FREUD, GW XV, S. 101-102.
[23] Vgl. dazu DIERGARTEN, Kulturpsychoanalyse, S. 42-45.
[24] FREUD, GW XI, S. 295.
[25] Die Frage nach dem Trieb ist einer der heftigst diskutierten der Psychoanalyse, wenn etwa die Ich- und Selbst-Psychologie den Triebbegriff Freuds modifizieren oder gar ablehnen. Es liegt wohl alles daran, ob man den Trieb als Chiffre verstehen kann für die Widerständigkeit des Menschen als Individuum. Damit ist der Trieb nicht mehr Strukturbildungsprinzip der Psyche (so auch FUNKE, Schulddilemma, S. 42-44). Der mit dem Triebbegriff verbundene Natur-Kultur-Antagonismus ist oft kritisiert worden. Vgl. etwa TRAUTH, Regulationsprinzipien, S. 352-361, der sogar den „Abschied vom Natur-Kultur-Antagonismus“ beschreibt. Zu Recht stellt Trauth fest, daß es die „von Freud erkannte triebdefinierte Urnatur (...) *als solche* nicht“ gebe (ebd. S. 354). Ebenso kritisiert er eine Metapsychologie, die sich triebpsychologisch-energetisch fundiert. Es stellt sich aber die Frage, ob die Lesart des Freudschen Theorems als *Chiffre* nicht eine wichtige Wahrheit über den Menschen aussagt, nämlich die Bruchstelle von Subjektivität beschreibt und damit von allen Glückskonzepten Abschied nimmt (so FUNKE, Schulddilemma, etwa S. 44-47). Zu Recht stellt TRAUTH, Regulationsprinzipien, S. 352, über das Kultur-Natur-Dilemma fest: „So hat sich Freud (...) vor der Annahme gehütet, Kultur sei gleichbedeutend mit Vervollkommnung, sei der Weg zur Vollkommenheut, die dem Menschen vorgezeichnet sei“.
[26] FREUD, GW XIV, S. 419-506. Vgl. hierzu auch Peter GAY, Freud, S. 611-622.
[27] FREUD, GW XIV, S. 434.

Der Mensch erfährt sich als in den Dualismus von Eros und Thanatos, Leben und Tod eingebunden. Jede Kultur trägt zugleich den Keim ihrer Zerstörung in sich. Freud schreibt:

> „Dieser Aggressionstrieb ist der Abkömmling und Hauptvertreter des Todestriebes, den wir nebem dem Eros gefunden haben, der sich mit ihm die Weltherrschaft teilt. Und nun, meine ich, ist uns der Sinn der Kulturentwicklung nicht mehr dunkel. Sie muß uns den Kampf zwischen Eros und Tod, Lebenstrieb und Destruktionstrieb zeigen, wie er sich an der Menschenart vollzieht. Dieser Kampf ist der wesentliche Inhalt des Lebens überhaupt und darum ist die Kulturentwicklung kurzweg zu bezeichnen als der Lebenskampf der Menschenart..."[28]

Und weiter:

> „Die Schicksalsfrage der Menschheit scheint mir zu sein, ob und in welchem Maße es ihrer Kulturentwicklung gelingen wird, der Störung des Zusammenlebens durch den menschlichen Aggressions- und Selbstvernichtungstrieb Herr zu werden. (...) Und nun ist zu erwarten, daß die andere der beiden ‚himmlischen Mächte', der ewige Eros, eine Anstrengung machen wird, um sich im Kampf mit seinem ebenso unsterblichen Gegner zu behaupten. Aber wer kann den Erfolg und den Ausgang voraussehen?"[29]

Damit beschreibt Freud das Dilemma des Menschen, in einen großen Konflikt zwischen Natur und Kultur hineingeboren zu sein. Die Lebenswelt des Menschen ist in dieser Sicht grundsätzlich konflikthaft. An diesem Punkt setzt die Freudsche Kritik des Religiösen an:

> „Und diesen Streit der Giganten wollen unsere Kinderfrauen beschwichtigen mit dem ‚Eiapopeia vom Himmel'"[30].

Der Religion ist der Fehdehandschuh hingeworfen. Sie ist für Freud gerade dann als infantil abzulehnen, wenn sie die Wirklichkeit des Menschen beschönigt und beschwichtigt unter Hinweis auf den „Himmel". Eine Theologie, die sich diesem Einwand stellt, hätte vor allem die Aufgabe, den Menschen in der Konfliktstruktur seiner Lebenswelten ernst zu nehmen[31]. Bezogen auf die Frage nach der Liturgie: Würde sich von hierher nicht auch die oben skizzierte traditionelle Sicht des Gottesdienstes als Abbild der himmlischen Liturgie als zu kurz erweisen? Gerade umgekehrt müßte es im christlichen Ritual darum gehen, jene Konflikthaftigkeit menschlicher Lebenswelt zur Darstellung gelangen zu lassen – und mit den trostreichen Bildern des Glaubens zu verbinden. Dies soll in Kapitel 7 und 8 näher ausgeführt werden. Mit dem Gesagten ist implizit ein höchst bedeutender Sachverhalt nachgezeichnet: Der Mensch ist ein Mangelwesen, der deshalb des Bereichs der Kultur bedarf. Zugleich werden der Begriff der Gesundheit wie alle Vorstellungen einer Ganzheitlichkeit menschlicher

---

[28] FREUD, GW XIV, S. 481.
[29] FREUD, GW XIV, S. 506.
[30] FREUD, GW XIV, S. 481.
[31] Jeder neuzeitlichen Religionskritik muß jedoch entgegengehalten werden, „daß sie übersah, wie realistisch sich die ‚illusionären' Religionen in bezug auf die Gewalt verhielten" (HAAS, Opferritual, S. 1117, Anm. 16.).

Existenz fraglich, wie noch am Freudschen Symbolbegriff zu zeigen ist. Für die Frage nach dem Ritual ist dies von besonderer Bedeutung: Nicht nur die Darstellung des „Himmels“, sondern ebenso die Gebrochenheit menschlicher Existenz vor dem Horizont eschatologischer Hoffnung wäre dann Gegenstand des Rituals[32].

5.1.2. Freuds Schöpfungs- und Ödipus-Mythos: Schuld und Opfer

Der für Freud so zentrale Kulturkonflikt des Menschen artikuliert sich etwa im Ödipus-Mythos, den Freud das „Schiboleth“ der Psychoanalyse nennt[33]. Freud schließt hier an den „Schöpfungs-Mythos“ an, den er in seiner 1912 bis 1913 entstandenen Schrift „Totem und Tabu“ entwirft. Daß Freud hierbei auf die Form des Mythos rekurriert, erscheint höchst bedeutsam. Freud wählt im Ödipus-Mythos einen Sakraltext, der in seiner Gattung als Mythos, da nicht der Bibel oder dem Talmud entnommen, sowohl Distanz zur jüdischen Tradition hält, als auch sich vom naturwissenschaftlich-physiologischen Denken distanziert[34]. Mit dem Mythosbegriff wird ein neuer Bereich eröffnet, dem ein eigenständiger Wahrheitsgehalt zukommt. Sein Inhalt hier kurz skizziert[35].

Am Beginn steht der Sexualstreit innerhalb der Urhorde, die Freud gemäß Darwins Theorie annimmt. Der Vater verbietet den Söhnen die Frauen und vertreibt sie. Daraufhin rotten sich die Brüder gegen den Vater zusammen und wollen ihn töten, um Anteil an seiner Macht, seiner Potenz und seinem Recht über die Frau zu erhalten. Diesen Mord als einer Schuld, die verdrängt werden muß, erschließt Freud aus den ambivalenten Gefühlen, die die Söhne dem Vater gegenüber zeigen: Einerseits hat man ihm gegenüber zärtliche Gefühle, erwartet seinen Schutz und bewundert ihn, andererseits steht man zum Vater im Verhältnis der Rivalität. Die Urschuld nun muß abgemildert und verdrängt werden, und dies geschieht paradoxerweise durch ein nachträgliches Einverständnis in die Verbote des Vaters. So entsteht das Inzesttabus und das Phänomen des Totemismus. Das Verbot des Vaters wird internalisiert: Die Frauen bleiben tabu, der Totem, der den Vater ersetzt, ebenso. Der Vater darf nicht gemordet, die Frauen nicht begehrt werden. Doch so fordert die Urschuld der Söhne, daß sie gerade das opfern, was sie begehrten, nämlich die Frauen. Das Totemtier als geschütztes und gelegentlich rituell geopfertes übernimmt die Rolle des Vaters. Freud

---

[32] Eine profunde Diskussion und Kritik des Freudschen Ganzheitsbegriffes findet sich bei LESMEISTER, Der zerrissene Gott, vor allem S. 13-34.

[33] FREUD, GW V, S. 128, Anm. 2. Vgl. zum Ödipuskomplex NAGERA, Psychoanalytische Grundbegriffe, S. 151-168. Zur kulturpsychoanalytischen Relevanz vgl. FUNKE, Kulturpsychoanalyse.

[34] Vgl. FUNKE, Schulddilemma, S. 95-96; HESSING, Fluch, S. 19. Zum Mythosverständnis der Psychoanalyse vgl. DIERGARTEN, Kulturpsychoanalyse, S. 28-45.

[35] FREUD, GW IX. Zum Einfluß dieser Schrift Freuds auf Girard vgl. COLOMBO, Il sacrificio, S. 61-72. Zur Anwendung der in „Totem und Tabu“ entworfenen Freudschen Position auf alttestamentliche und jüdische Tradition bei Theodor Reik, auf die hier nicht eingegangen werden kann, vgl. GUTMANN, Symbole, S. 150-157. Zu einer neuen Sicht auf *Totem und Tabu* unter Einbeziehung der Gedanken Girards, am Anfang der Kulturentwicklung stehe die Krise, nicht mehr der Mord, vgl. HAAS, Opferritual. Eine interessante Brücke von *Totem und Tabu* zu Freuds Selbstanalyse schlägt BLUMENBERG, Vatersehnsucht.

geht davon aus, daß die Söhne nach dem Urmord den Vater kannibalistisch verzehrten. Dies wiederholt sich später, so seine These, rituell in der Totemmahlzeit.
Dies ist, vereinfacht wiedergegeben, der Ur-Mythos von Freud, der natürlich Anklänge zum von Freud oft bemühten Mythos von Ödipus aufweist (die Konstellation Sohn, Vater, Mutter, die Mutter als vom Sohn begehrte, der Vater als die verbietende Instanz, die ambivalenten Gefühle des Sohnes gegen den Vater etc.). Was Freud phylogenetisch durch diesen Ur-Mythos vorgegeben sieht, wiederholt sich nach seiner Theorie aber auch ontogenetisch, in jeder Lebensgeschichte. Methodisch wichtig, um die These Freuds nicht als historisch unhaltbar abzutun, ist erstens, sie im Rahmen Freudschen Mythosverständnis zu lesen, zweitens sich zu vergegenwärtigen, daß er sie aus der Ontogenese des Menschen her ableitet und nun mit Hilfe des ethnologischen Materials seiner Zeit phylogenetisch festmacht[36]. Entscheidend hierbei bleibt, daß am Anfang aller Kultur die Gewaltbereitschaft des Menschen steht. Freud fügt nun aus der reichen Kulturgeschichte der Menschheit Beispiele an, die die im Ur-Mythos gezeigte Konstellation verdeutlichen, und er findet eine solche Parallele auch im Christentum. Das Christentum, von Freud als „Mythus“ bezeichnet, bringt Freud zunächst über den Begriff der Erbsünde ins Spiel. Sie deutet er als Mordtat, was er aus Jesu Selbstopfer zur Befreiung von eben dieser Sünde erschließt:

> „...die Selbstaufopferung weist auf eine Blutschuld zurück. (...) Und wenn dies Opfer des eigenen Lebens die Versöhnung mit Gottvater herbeiführt, so kann das zu sühnende Verbrechen nichts anderes als der Mord am Vater gewesen sein“[37].

Dann aber greift das psychologische Gesetz der Ambivalenz. Denn gerade indem der Sohn dem Vater gegenüber größtmögliche „Sühne“ schafft, gelangt er ans Ziel seiner Wünsche, die Entthronung des Vaters. Er wird selbst zum Gott, anstelle seines Vaters.

> „Die Sohnesreligion löst die Vaterreligion ab. Zum Zeichen dieser Ersetzung wird die alte Totemmahlzeit als Kommunion wiederbelebt, in welcher nun die Brüderschar vom Fleisch und Blut des Sohnes, nicht mehr des Vaters, genießt, sich durch diesen Genuß heiligt und mit ihm identifiziert“[38].

Bis in die christliche Eucharistie mit ihren Opfervorstellungen entdeckt Freud also die Nachwirkung jenes von ihm rekonstruierten Urverbrechens. Die Bedeutung des christlichen Rituals könnte so gerade darin liegen, von der Gewalt zu befreien, wenn es im Opfer die Gewalt anschaulich macht. Dies sei hier im Hinblick auf die Erörterungen in Kapitel 8.8. schon vorweggenommen. Freud nimmt zum Opfer Stellung im Rahmen seiner kulturkritischen Schriften, also nicht in seinen die Psychoanalyse als Heil- und

---

[36] Zur Kritik von *Totem und Tabu*, aber auch zu seiner Nähe mit Gedanken von Girard, hier hauptsächlich der Gewaltbereitschaft des Menschen, vgl. HAAS, Opferritual, bes. S. 1121-1126. Haas rettet die Grundaussage von *Totem und Tabu* mit folgender Rekonstruktion: „Die Rekonstruktion von *Totem und Tabu* erkennt einen Basismechanismus von quasi biologischer Einfachheit, der wie in den Ritualen ubiquitär arbeitet. Im Zentrum steht die Krise mit der Verstoßung des projektiven Eigenen. Als Böses ausgestoßen transformiert es sich, einen Behälter benötigend. Wie in der Trauer wird das Ich erweitert, bereichert und strukturiert“ (ebd. 1136-1137). Mit dem ‚Tod‘ des alten psychischen Leben erst entsteht das neue, im Ritual gleichermaßen wie im psychoanalytischen Pozeß.
[37] FREUD, GW IX, S. 185.
[38] FREUD, GW IX, S. 186.

Behandlungsmethode erläuternden Schriften. Er deutet die christliche Eucharistie in Kontinuität zum Totemmahl im Gefolge der Urszene. Der Ödipus-Mythos bildet dabei die Hintergrundfolie seiner Deutung religiöser Phänomene. Es bleibt festzuhalten: Das Vateropfer wird ersetzt durch das Sohnesopfer, aus dem Schuldgefühl des Sohnes geboren, der sich selber opfert. Genau damit aber erreicht, so Freud, Christus im Christentum sein Ziel, die Entthronung des Vaters. Das Christentum ist zu einer Sohnesreligion geworden.

In einer späteren Schrift, nämlich „Dostojewski und die Vatertötung" von 1928, kommt Freud auf die in „Totem und Tabu" entworfenen Gedanken zurück und rückt besonders die psychische Ambivalenz in den Mittelpunkt:

> „So eine Folge von Triumph und Trauer, Festfreude und Trauer, haben wir auch bei den Brüdern der Urhorde, die den Vater erschlugen, erraten und finden ihn in der Zeremonie der Totemmahlzeit wiederholt"[39].

Das Ritual drückt somit eine grundsätzliche Ambivalenz des Menschen aus – was an der christlichen Liturgie zu verifizieren wäre (siehe Kapitel 8.5.). Wenn das Abendmahl so in die These vom Mord der Urhorde am Vater und der Entstehung der Totemmahlzeit einbezogen wird, gewinnt Freud auf alle Fälle dabei eine Verbindung der Eucharistie mit den Grundkonflikten, Sehnsüchten, den „Trieben" des Menschen. Das Ritual bietet die Möglichkeit der Regression, um diese urmenschlichen Konflikte zu erleben. Dabei fällt die Nähe von Ritual, Trauer und Tod auf[40]. Theologisch kann dies bedeuten: „Auch wenn man Freuds These, die Eucharistie stehe in der Nachfolgetradition des Totemmahls, ablehnt (...), wird man doch gegen Freud von Freud lernen, daß die Eucharistie zutiefst in „die Konfliktstruktur der Lebenswelt" hineingehört"[41]. Eine naive Feierfreude, wie sie sich manchmal auch in platten Formen der Liturgie ausdrückt, verbietet sich von der soeben aufgezeigten Ambivalenz. Es geht um die ernsten und grundlegenden Konflikte menschlicher Existenz, letztlich um Leben und Tod. Zugleich damit kann im Blick auf Freud eine blutleere Rede vom nur „übernatürlichen" Heil korrigiert werden. „Es ist der Vorzug seiner Theorie, daß sie keine allgemeine, vom Konkreten gereinigte Symbolik des Lebens liefert"[42].

Die These vom Vatermord durch die Urhorde konkretisiert sich im Ödipus-Mythos, den Freud heranzieht, um dem aus der therapeutischen Erfahrung und der Selbstanalyse gewonnenen Konflikt in jeder menschlichen Lebensgeschichte den Namen zu geben[43]. Im Ödipuskomplex wurzeln für Freud die Anfänge von Religion, Sittlichkeit,

---

[39] FREUD, GW XIV, S. 410.

[40] HAAS, Opferritual, S. 1115-1117, hat darauf hingewiesen, daß jeder Entwicklungsschritt „Tod" des Alten bedeutet. Die dadurch geweckten Schuldgefühle verlangen das blutige Opfer. „Auf die einfachste Formel gebracht, stellt das Opfer, indem es Leben tötet, die paradoxe Voraussetzung für Wiedergutmachung, Reparation und seelische Strukturbildung dar" (ebd. S. 1116).

[41] WOHLMUTH, Jesu Weg, S. 130, in Anlehnung an die Kritik der Charakterisierung eines Festes als grundsätzlich positiv bei J. Pieper durch BACHL, Eucharistie, S. 56. Der Begriff von der „Konfliktstruktur der Lebenswelt" ebd. S. 62.

[42] BACHL, Eucharistie, S. 65.

[43] FUNKE, Schulddilemma, S. 94 weist darauf hin, daß Freud den Ausdruck „Ödipuskomplex" zum ersten Mal 1910 verwendet, aber nie zu diesem doch so zentralen Thema der Psychoanalyse eine

Gesellschaft und Kunst[44]. Jene sich antiker Mythenkultur verdankende Erzählung zeigt jedoch einen wichtigen Entwicklungsschritt von der rekonstruierten Situation der Urhorde hin zur Lebenskultur der Antike, nämlich die Unbewußtmachung des Inzestes und Vatermordes durch den Mythos[45]. In der Person des Laios, des Vaters von Ödipus, dem der Mythos verschiedenste sexuelle Ausschweifungen andichtet, zeigt sich noch das ursprüngliche Schuldigwerden des Menschen aus der Gewalt der Triebnatur. In der Person des Ödipus hingegen macht der Mensch seine Triebnatur, die ihn zum Inzest treibt, unbewußt. Anders ausgedrückt: Der Mensch opfert die Triebnatur. Damit hat er aber auch eine anzurechnende Schuld, wird moralisches Subjekt[46]. So schildert der Ursprungsmythos einen Schritt in der Kulturwerdung des Menschen. „Im Ödipus-Mythos stellt sich im unbewußt gewordenen Inzest, im unbewußt gewordenen Gewaltakt die Introversion des Opfers dar durch Opferung der menschlichen Natur, von der sich das erwachende Subjekt entsagt. Der unbewußte Inzest und der unbewußte Mord von Ödipus bringt die Pest über Theben, das heißt die Schuld des Menschen; das Schuldigwerden aus der Gewalt der Triebnatur wird mit der unterworfenen Natur bewußtlos gemacht und ist die Pest des erwachenden, bürgerlichen Subjekts, das ständig unbewußt getrieben ist, als „bleicher Verbrecher" seine unbewußte Schuld durch Selbstopferung zu befriedigen"[47]. Hier wird also ein anderer Umgang mit Schuld vorgezeichnet, der in „nach-mythischer" Zeit die abendländische Kultur und Moral prägt: Die Schuld aus der Gewalt der Triebnatur, das heißt aus dem tragischen Schicksal des Menschen, wird allmählich zur moralisch anzurechnenden Tat. Damit ist der Ödipus-Mythos mehr, als eine oberflächliche Interpretation nahelegt, die hier Schuld bloß im Sinne einer Tatschuld interpretiert. Eine tiefergründige Interpretation nimmt die Vorgeschichte des Laios hinzu und ergänzt die Tatschuld durch einen anderen, tiefgründigeren Schuldbegriff, nämlich die Schuldigkeit des Menschen der Urgewalt der Natur gegenüber. Aber diese Schuldigkeit des Menschen muß bald verdrängt werden.

Gerade der Schritt von jener ursprünglicheren Schuldauffassung zur moralischen führt auch zu einer anderen Opfervorstellung: „Das Verhältnis des Menschen zur Natur ist das des Schuldners zu seinem Gläubiger, des Empfangenden zum Gebenden, das Verhältnis des Gegenwärtigen zu ihren Vorfahren, aus deren Opfer die Schuld der Nachfahren wächst. Und das Erwidernmüssen, die Rückgabe der Gabe, ereignet sich im Ritus des kultischen Opfers, in dem die Schöpferkraft der Natur sich wiederholt, der Kreislauf von Tod und Erneuerung in Bewegung gehalten wird. Dieser Naturzwang von der Extraversion des Opfers, Leben durch Leben zu entgelten, im kulti-

---

systematische Schrift verfaßt habe. Zur Anwendung der Freud'schen Vatermord-Hypothese auf alttestamentliche und jüdische Tradition vgl. REIK, Ritual. Eine Auseinandersetzung mit diesem Werk sprengt den Rahmen der vorliegenden Untersuchung. Theologisch ist dieses Werk rezipiert etwa bei GUTMANN, Symbole, S. 150-157.

44 So Freud in „Totem und Tabu" 1912-13, in: GW IX, S. 188.

45 Ich folge hier im wesentlichen den Ausführungen von POHLEN, BAUTZ-HOLZHERR, Aufklärung, S. 188-199.

46 Vgl. zu diesem Themenkomplex FUNKE, Schulddilemma, bes. S. 86-115.

47 POHLEN, BAUTZ-HOLZHERR, Aufklärung, S. 190.

schen Ritus die erste Frucht, das Erstlingsopfer dem Gott der Natur darzubringen, bricht sich im Prozeß der Aufklärung durch die Introversion des Opfers: an die Stelle des äußeren Opfers tritt das Opfern der inneren Natur, Verinnerlichung verdankt sich der Entsagung von Natur. Und die Aufklärung des Menschen ist die Befreiung vom äußeren Opfer, die Entsagung der mythischen Gewalt. Die Beeinflussung der Natur durchs rituelle Opfer verlegt sich ins Subjekt durch die Selbstbezwingung der menschlichen Natur, aus deren Gewalt der Unterdrückung sich Unterwerfung aller Natur herleitet: indem Natur in bloße Objektivität übergeführt, dem Subjekt entgegenstehend gemacht ist, wird sie Opfer menschlicher *ratio*"[48]. Aber um den Urgrund auch des rituellen Tuns des Menschen freizulegen, bedarf es einer Anschauung auch des nicht Rationalen.

Auf den Ödipusmythos bezogen lassen sich in dieser Interpretation also zwei Strömungen in der Sicht des Opferns differenzieren:

- Der Mensch findet sich als Wesen vor, dem das Leben geschenkt ist und der der Gewalt seiner Triebnatur ausgeliefert ist. Der Mensch ist deshalb immer Schuldner. Er anerkennt sein Schulden der menschlichen Natur gegenüber und drückt dies im Opfer aus. Dies führt zur Anerkenntnis der menschlichen Natur. Exponent dieser Sicht ist der Vater des Ödipus, Laios.
- Die Kulturwerdung des Menschen bringt einen Aufklärungsschritt mit sich: Die Gewalt der Triebnatur wird unbewußt gemacht, wird ein Tabu. Die Introversion dieses Tabu führt zur Unterdrückung der Natur. Exponent dieses Vorgangs ist Ödipus. Gerade die Opferung der Natur führt nach Aussage des Mythos ins Verderben: Ohne es zu wissen, mordet Ödipus seinen Vater und heiratet seine Mutter, was die Pest über Theben bringt. Nicht mehr *etwas* wird geopfert, sondern die Natur des Menschen selbst.

Hier wird theologisch zu fragen sein, ob die vorgetragene Deutung des Ödipusmythos nicht den Blick freilegt für eine wichtige Dimension des Opfers, nämlich die Erfahrung menschlicher Natur und ihrer Gewalt. Zudem macht die Triebnatur des Menschen mit dem daraus folgenden Kulturkonflikt deutlich, daß der Mensch nie nur ein soziales Wesen ist. Er ist immer zugleich der Gewalt der Triebnatur ausgeliefert, er ist Täter und wird schuldig. So kann „Trieb" auch als Chiffre für Individualität gewertet werden[49]. Das Opfer wäre dann die Antwort auf eine grundsätzlich schuldige Vorfindlichkeit des Menschen. Dies könnte theologisch als Geschöpflichkeit des Menschen gedeutet werden. Der Mensch, der seine Geschöpflichkeit anerkennt, kann im Gegenzug auch Gott anerkennen, oder, anders gesagt, die Grenze von Gottes Transzendenz wahren. Das Opfer bleibt Ausdruck dieses Sachverhaltes. An diesem Punkt des Gedankengangs muß nun nochmals das Phänomen des Religiösen in Freudscher Sicht in den Blick genommen werden – fokussiert unter den Begriffen Zwang und Opfer.

---

[48] POHLEN, BAUTZ-HOLZHERR, Aufklärung, S. 199.

5.1.3. Das Phänomen des Religiösen: Zwang?

Die Anwendung psychoanalytischer Methodik auf die Kultur, wie sie Freud betrieben hat, bezieht das Phänomen des Religiösen mit ein. Es ist hier nicht der Ort, seiner Religionskritik als ganzer zu antworten[50]. Dennoch seien einzelne in diesem Zusammenhang wichtige Facetten seines Denkens zur Sprache gebracht. Es wird sich zeigen, daß die Wertung des Religiösen bei Freud durchaus unterschiedlich ist. Es gibt bei Freud ebensowenig eine einheitliche und homogene Darstellung des Religiösen wie eine Auseinandersetzung mit der Theologie[51]. Freud geht vom Phänomen des Religiösen aus und sucht dies tiefenpsychologisch zu verstehen. Dabei sei auf die strenge methodische Beschränkung hingewiesen, die Freud der Psychoanalyse auferlegt. Es geht Freud bei der Betrachtung religiöser Phänomene nämlich nicht um den Wahrheitswert der Glaubensaussagen, sondern sozusagen um deren psychischen Bedingungen. Drei Zitate aus Freuds Schrift „Die Zukunft einer Illusion" von 1927 mögen die Bescheidung seiner Methode verdeutlichen:

> „Meine Arbeit ist ein gutes Beispiel von strenger Isolierung des Anteils, den die psychoanalytische Betrachtung zur Lösung des religiösen Problems leisten kann"[52].
> „Es liegt nicht im Plane dieser Untersuchung, zum Wahrheitswert der religiösen Lehren Stellung zu nehmen. Es genügt uns, sie in ihrer psychologischen Natur als Illusionen erkannt zu haben"[53].
> Die „...Verteidiger der Religion werden sich mit demselben Recht der Psychoanalyse bedienen, um die affektive Bedeutung der religiösen Lehre voll zu würdigen"[54].

Welches ist nun der „Anteil, den die psychoanalytische Betrachtung zur Lösung des religiösen Problems leisten kann"? Es sind die unbewußten Beziehungen zum Pathologischen: Freud rückt das Phänomen des Religiösen wie der Kultur überhaupt in die Nähe des Pathologischen, analysiert es als Illusion, ohne jedoch zunächst das religiöse Ritual insgesamt zu pathologisieren. Er urteilt differenzierter:

> „... selbst die höchsten Leistungen des Menschengeistes mußten eine Beziehung zu den in der Pathologie erkannten Momenten, zur Verdrängung, zu den Bemühungen um die Bewältigung des Unbewußten, zu den Befriedigungsmöglichkeiten der primitiven Triebe erkennen lassen. Es wurde von da an eine unwiderstehliche Versuchung, ein wissenschaftliches Gebot, die Untersuchungsmethoden der Psychoanalyse weit weg von ihrem Mutterboden auf die mannigfaltigsten Geisteswissenschaften anzuwenden. Ja selbst die psychoanalytische Arbeit an den Kranken mahnte unaufhörlich an diese neue Aufgabe, denn es war unverkennbar, daß die einzelnen Formen der Neurose die stärksten Anklänge an die höchstwertigen Schöpfungen

---

[49] Vgl. dazu FUNKE, Schulddilemma, S. 42-44.

[50] Vgl. dazu SCHARFENBERG, Sigmund Freud; GESTRICH, Seelsorge, S. 67-71. Vgl. auch die Auseinandersetzung mit der Freudschen Religionskritik bei HENSELER, Religion – Illusion. Vgl. ebenfalls MEISSNER, Psychoanalysis, bes. S. 21-134. Vgl. auch Volney Patrick GAY, Freud on Ritual, der (S. 6) auf eine terminologische Differenz bei Freud („Zwangshandlungen und Religionsübungen", GW VII, S. 136-137) aufmerksam macht, nämlich die Unterscheidung von *Verdrängung* einer Triebregung und *Unterdrückung/Verzicht* auf eine Triebregung. Letztere Umschreibung gilt der Religion. Vgl. hierzu auch Volney Patrick GAY, Psychopathology and Ritual.

[51] Vgl. SCHARFENBERG, Sigmund Freud, S. 137.

[52] FREUD, GW XIV, S. 345.

[53] FREUD, GW XIV, S. 356.

[54] FREUD, GW XIV, S. 360.

unserer Kultur vernehmen ließen. Der Hysteriker ist ein unzweifelhafter Dichter, wenngleich er seine Phantasien im wesentlichen mimisch und ohne Rücksicht auf das Verständnis der anderen darstellt; das Zeremoniell und die Verbote des Zwangsneurotikers nötigen uns zum Urteil, er habe sich eine Privatreligion geschaffen, und selbst die Wahnbildungen der Paranoiker zeigen eine unerwünschte äußere Ähnlichkeit und innere Verwandtschaft mit den Systemen unserer Philosophen. Man kann sich des Eindrucks nicht erwehren, daß hier Kranke in asozialer Weise doch dieselben Versuche zur Lösung ihrer Konflikte und Beschwichtigung ihrer drängenden Bedürfnisse unternehmen, die Dichtung, Religion und Philosophie heißen, wenn sie in einer für eine Mehrzahl verbindlichen Weise ausgeführt werden",

so schreibt Freud 1919 in seiner Vorrede zum Buch „Probleme der Religionspsychologie. I. Teil: Das Ritual" von Theodor Reik[55], und fügt wenige Seiten später hinzu:

> „Der psychoanalytische Technik getreu gehen diese Arbeiten von bisher unverstandenen Einzelheiten des religiösen Lebens aus, um durch deren Aufklärung Aufschluß über die tiefsten Voraussetzungen und letzten Ziele der Religionen zu gewinnen, und behalten die Beziehung zwischen dem Urzeitlichen und dem heutigen Primitiven sowie den Zusammenhang kultureller Leistung und neurotischer Ersatzbildung unverrückt im Auge"[56].

Damit verdanken sich alle Phänomene der Kultur im Prinzip denselben Konflikten, die auch die pathologischen Fehlformen menschlichen Verhaltens hervorbringen. Aber gerade der Religion erkennt Freud hier eine wichtige Schutzfunktion zu. So schreibt er in seiner Schrift „Eine Kindheitserinnerung des Leonardo da Vinci" 1910:

> „Der Schutz gegen neurotische Erkrankung, den die Religion ihren Gläubigen gewährt, erklärt sich leicht daraus, daß sie ihnen den Elternkomplex abnimmt, an dem das Schuldbewußtsein des einzelnen wie der ganzen Menschheit hängt, und ihn für sie erledigt, während der Ungläubige mit dieser Aufgabe alleine fertig werden muß"[57].

Diese Äußerung ist von höchster Bedeutsamkeit. Denn sie räumt die Möglichkeit ein, daß die Religion einen Grundkonflikt des Menschen (für Freud: die ödipale Konstellation) symbolisiert, und gerade damit die Möglichkeit eines „versöhnten" Lebens einräumt.

Bezogen auf das Thema des Rituals bedeutet dies aber auch: Das religiöse Ritual ist dem Zeremoniell des Zwangsneurotikers nicht unähnlich. In seiner Schrift „Zwangshandlungen und Religionsübungen" von 1907 benannte Freud noch deutlich eine (vorläufige) Grenze zwischen beiden:

> „Die größere individuelle Mannigfaltigkeit der Zeremoniellhandlungen im Gegensatze zur Stereotypie des Ritus (Gebet, Proskinesis usw.), der Privatcharakter derselben im Gegensatze zur Öffentlichkeit und Gemeinsamkeit der Religionsübung; vor allem aber der eine Unterschied, daß die kleinen Zutaten des religiösen Zeremoniells sinnvoll und symbolisch gemeint sind, während die des neurotischen läppisch und sinnlos erscheinen. Die Zwangsneurose liefert hier ein halb komisches, halb trauriges Zerrbild einer Privatreligion. Indes wird gerade dieser einschneidendste Unterschied zwischen

---

[55] FREUD, GW XII, S. 326-327. Text ebenfalls in der 2. Auflage des Werks von REIK, Ritual, hier S. 9.
[56] FREUD, GW XII, S. 329.
[57] FREUD, GW VIII, S. 195. Vgl. hierzu Volney Patrick GAY, Freud on Ritual, S. 3.

neurotischem und religiösem Zeremoniell beseitigt, wenn man mit Hilfe der psychoanalytischen Untersuchungstechnik zum Verständnis der Zwangshandlungen durchdringt"[58].

Freud nennt also als Merkmale des Rituals im Gegensatz zur Zwangshandlung Stereotypie und Öffentlichkeit[59]. Aber gerade dieser Unterschied fällt, bezieht man die unbewußten Motive des Religiösen mit ein. Beschreibt Freud in der symbolischen Qualität einen dritten, entscheidenden Unterschied zwischen Ritual und Zwangshandlung, so ermöglicht die Anwendung der Psychoanalyse ihm, auch den Handlungen des Zwangsneurotikers einen (symbolischen) Sinn abzuringen. Damit fällt auch dieser Unterschied zwischen religiösem Ritual und Zwangshandlung wieder, so daß Freud wenige Seiten später einen neuerlichen Unterschied zu benennen versucht:

> „Wir sprechen diesen bedeutsamen Sachverhalt in den Worten aus, daß die Zwangshandlung unbewußten Motiven und Vorstellungen zum Ausdruck diene. Darin scheint nun ein neuerlicher Unterschied gegen die Religionsübung zu liegen; aber man muß daran denken, daß auch der einzelne Fromme in der Regel das religiöse Zeremoniell ausübt, ohne nach dessen Bedeutung zu fragen, während allerdings der Priester und der Forscher mit dem meist symbolischen Sinn des Ritus bekannt sein mögen"[60].

Denn die

> „Motive, die zur Religionsausübung drängen, sind aber allen Gläubigen unbekannt oder werden in ihrem Bewußtsein durch vorgeschobene Motive vertreten"[61].

Freud erkennt hier wiederum dem religiösen Ritual einen symbolischen Sinn zu, dessen Kenntnis ihn vom (unbewußten) Zwangsritual abgrenzt. Das hieße in den Worten der hier zu entwickelnden Ritualtheorie: In dem Maße, in dem das religiöse Ritual „symbolische Erfahrung" (siehe Kapitel 6.2.) ermöglicht, unterscheidet es sich vom Zwangsritual des Neurotikers – in dessen Nähe das religiöse Ritual dennoch bleibt. Zugleich bewundert Freud die Macht des Religiösen, Sexualstrebungen zu sublimieren[62]. Wie dem auch sei, die aufgezeigte Ambivalenz bleibt: Auch in späteren Schriften behält Freud die Nähe von Kultur und Neurose bei, die in seinem Denken fast zwangsläufig ist. Doch mahnt Freud zur Vorsicht und führt in seiner Schrift „Das Unbehagen in der Kultur" (1929-30) den Begriff der Analogie ein, die zwischen Aussagen über das Individuum und Aussagen über die Kultur als ganze getroffen werden:

> „Ich könnte nicht sagen, daß ein solcher Versuch zur Übertragung der Psychoanalyse auf die Kulturgemeinschaft unsinnig oder zur Unfruchtbarkeit verurteilt wäre. Aber man müßte sehr vorsichtig sein, nicht vergessen, daß es sich doch nur um Analogien handelt, und daß es nicht nur bei Menschen, sondern auch bei Begriffen gefährlich ist, sie aus der Sphäre zu reißen, in der sie entstanden und entwickelt worden sind" [63].

---

[58] FREUD, GW VII, S. 129-139, hier S. 131-132.
[59] Vgl. dazu SCHARFENBERG, Sigmund Freud, S. 138-139.
[60] FREUD, GW VII, S. 135.
[61] FREUD, GW VII, S. 135.
[62] So Freud 1918 in seiner Schrift „Aus der Geschichte einer infantilen Neurose". Vgl. FREUD, GW, XII, S. 150-152.
[63] FREUD, GW XIV, S. 504-505.

Paul Ricœur nimmt zu dieser Analogie wie folgt Stellung: „Alles, was sich sagen läßt, ist, daß der Mensch ebensosehr der Neurose wie der Religion fähig ist und umgekehrt; die gleichen Ursachen – Härte des Lebens, der dreifache Schmerz, den die Natur, der eigene Körper, die anderen Menschen dem Individuum zufügen – rufen auch gleiche Entgegnungen hervor: neurotisches *und* religiöses Zeremoniell, Bitte um Trost *und* Ruf nach der Vorsehung (...). Was aber bedeutet die Analogie? Die Psychoanalyse als Analyse weiß es nicht. Sie beleuchtet jenen Vorgang, den wir die Geburt des Idols genannt haben; aber sie besitzt kein Mittel, um zu entscheiden, ob der Glaube nur darin besteht, ob das Ritual ursprünglich, in seiner ersten Funktion, Zwangsritual ist (...). Der Wert der Analogie und folglich auch die Grenzen dieser Analogie scheinen sich mir an einem kritischen Punkt zu entscheiden: gibt es im affektiven Dynamismus des religiösen Glaubens etwas, womit sein Archaismus zu *überwinden* wäre? (...) Für Freud ist die Religion die monotone Wiederholung ihrer eigenen Ursprünge. (...) Dieses ausschließliche Aufmerken auf die Wiederholung ist bei Freud nun zu einer Weigerung geworden, all das in Betracht zu ziehen, was eine Epigenese des religiösen Gefühls bilden könnte, d.h. letztlich eine Umkehrung des Wunsches und der Furcht. Diese Weigerung scheint mir in der Analyse nicht begründet zu sein, sondern lediglich den Unglauben des Menschen Freuds auszudrücken"[64]. Damit rückt grundsätzlich die Möglichkeit eines freundlicheren Verständnisses des Rituals aus psychoanalytischer Sicht in den Blick, bei dem jedoch alles davon abhängt, wie denn Religion zu verstehen sei. In diesem Zusammenhang ist eine weitere Äußerung Freud aufschlußreich. In seinem wenige Jahre vor der Schrift „Das Unbehagen in der Kultur" entstandenen Werk „Die Zukunft einer Illusion" schreibt er 1927:

> „Diese (das sind die religiösen Vorstellungen, A.O.), die sich als Lehrsätze ausgeben, sind nicht Niederschläge der Erfahrung oder Endresultate des Denkens, es sind Illusionen, Erfüllungen der ältesten, stärksten, dringendsten Wünsche der Menschheit; das Geheimnis ihrer Stärke ist die Stärke ihrer Wünsche"[65].

Mit Ricœur könnte man hier fragen, welcher Religionsbegriff hier für Freud zugrunde liegt, wenn er von Lehrsätzen spricht, die *nicht* Niederschlag von Erfahrung sind. Damit entsteht ein theoretisches Dilemma, wenn Erfahrung nun gegen die mit den starken Wünschen des Menschen verbundenen Illusionen ausgespielt wird. Die in dieser Arbeit erfolgte theologische Positionierung setzt bei menschlicher Erfahrung an und verkennt den illusionären Teil des Glaubens nicht, in dem sich aber Offenbarung Gottes vollzieht. Solche Erfahrungen stellen das befreiende Potential des Glaubens dar, das sich etwa durch das rituelle Bereitstellen von Bildern gelingenden Lebens artikuliert. Das gemeinschaftliche Ritual des Gottesdienstes will den Alltag unterbrechen, um gerade so Freiheit zu ermöglichen und um in Freiheit vollzogen zu werden[66]. Es scheint, als würde die oft negative Sicht des Religiösen bei Freud Zeichen seiner eigenen Auseinandersetzung mit Herkunft und Religiosität, die Be-

---

64 RICŒUR, Interpretation, S. 545-546.
65 Freud, GW XIV, S. 352.
66 Vgl. GESTRICH, Seelsorge 69.

tonung der Erfahrungslosigkeit des Lehrsatzes zum Spiegel seiner eigenen mangelnden religiösen Erfahrung sein[67]. Gleichzeitig wird deutlich, daß die Theorie des Rituals, wie sie im interdisziplinären Dialog entwickelt werden soll, noch anderer Theorieelemente bedarf, die die neuere Psychoanalyse bereithält und die sich mit dem Begriff des Symbols verbinden. Bevor diese zur Sprache kommen, muß dafür aber der Begriff des Symbolischen bei Freud beleuchtet werden. Wiederum wird sich die Nähe zur Pathologie deutlich im Begriffspaar Symbol – Symptom. Den Begriff des Symbolischen gilt es nun im Rahmen des Gesamtwerks von Freud näher zu klären und dabei zu fragen, ob er grundsätzlich einer negativen Wertung als Symptom unterliegt. Hat Freud dies bei Fragen der Religion wohl eher bejaht, unterliegen seine Beurteilungen sonstiger kultureller Produkte aber anderen Maßstäben. Die für die hier zu entwickelnde Theorie eines Rituals mit ihrem Symbolbegriff interessanten Facetten schließen sich denn auch an die kulturkritischen Schriften Freuds an, weniger an die religionskritischen.

5.1.4. Das Ritual: Symbol oder Symptom?

Das vorangegangene Kapitel zeigte die unterschiedliche Bewertung des Religiösen im Gesamtwerk Freuds. Volney Patrick Gay hat die These vertreten, daß das Ritual gerade eine nicht-pathologische Konfliktgestaltung sei[68]. Damit sind die Überlegungen bei einem wichtigen Problemfeld angelangt, der Frage des Verhältnisses von Symbol und Symptom. In den bisherigen Überlegungen tauchte der Begriff des Symbolischen auf, mit dem Freud (zunächst, wie gezeigt werden konnte) das religiöse Zeremoniell von dem des Zwangsneurotikers unterscheidet, bis es mit Hilfe der Psychoanalyse gelingen konnte, auch jenem einen Sinn abzuringen. Die Nähe des Symbols zum Symptom macht eine nähere Klärung des Symbolbegriffs im Werk Freuds nötig[69]. Freud verwendet den Begriff des Symbols sechsundvierzig Jahre lang, von 1893 bis 1939, das erste Mal in seiner gemeinsam mit Josef Breuer im Jahre 1893 verfassten Schrift „Über den psychischen Mechanismus hysterischer Phänomene. Vorläufige Mitteilung“[70], das letzte Mal in „Der Mann Moses und die monotheistische Religion“ 1939[71]. Dabei zeigt sich, daß Freud keine einheitliche Symboltheorie entworfen, sondern den Begriff des Symbols in unterschiedlichem Sinne benutzt hat. Am Anfang Freudschen Denkens steht die Metapher, die zunächst rein körperlich denkt: Freud „begreift in Bildern, die einleuchtend sind und durch die „Versinnlichung“ der

---

[67] Vgl. zu Freuds ambivalenter Haltung dem Religiösen gegenüber, die sich vor allem an der Mosesgestalt abarbeitet, WAHL, Der Mann Freud. Vgl. dazu auch die Wertung bei GESTRICH, Seelsorge, S. 70-71. Vgl. auch HESSING, Fluch.

[68] Vgl. zum Ritualverständnis Freuds grundlegend Volney Patrick GAY, Freud on Ritual. Die These ebd. S. 2: „... I argue that the actual theoretic propositions Freud uses in the essay suggest that ritual behavior is a product of the nonpathological, often beneficial, mechanism of suppression“.

[69] Zum Symbolbegriff bei Freud vgl. BUCHER, Symbol, S. 147-153. Auch ECKES-LAPP, Symbolbildung.

[70] Die schon 1893 verfasste Schrift „Über den psychischen Mechanismus hysterischer Phänomene“ wurde 1895 in die „Studien über Hysterie“ aufgenommen. Vgl. FREUD, GW I, S. 81-98.

[71] Vgl. FREUD, GW XVI, S. 102-246.

seelischen Mechanismen diese einsichtig machen“[72]. Für den Begriff „Symbol“ lassen sich grob zwei Phasen unterscheiden. Er wird in den frühen Arbeiten (1893-1895) in Bezug auf das Krankheitsgeschehen der Hysterie verwendet, ohne daß jedoch der Symbolbegriff selbst Gegenstand des Interesses ist. Mit der Traumdeutung (1900) wird das Symbol als „Traumsymbol“ in einen neuen Kontext gestellt[73]. Schließlich sei noch erwähnt, daß Paul Ricœur der Sache nach eine „Symboltheorie“ aus den kulturkritischen Schriften Freuds entwickelt (siehe weiter unten)[74].

In der frühen Phase verwendet Freud den Symbolbegriff im Zusammenhang der Erörterung der „hysterischen Konversion“. Darunter versteht er die Umsetzung eines unbewußten innerpsychischen Konfliktes in somatische, motorische oder sensible Phänomene[75]. Prägen auch das normale Alltagsleben Symbolverwendungen, so unterscheiden sich vom „normalen“ Symbol die „hysterischen“ Symbolisierungen durch den unbewußten Charakter: Der zugrunde liegende innerpsychische Konflikt ist nicht mehr erinnert, er ist zum Symptom hin verschoben, der Sinnzusammenhang ist zerrissen[76]. Freud bringt als Beispiel die Symbolik einer Fahne, auf die ein Soldat vereidigt wird, der zugleich weiß, daß es um mehr als ein Stück Stoff geht – dies ist eine normale Symbolbildung, die sich einer gesellschaftlichen, außerindividuellen Übereinkunft verdankt[77]. Das hysterisches Symbol funktioniert anders. Der Hysteriker weint bei Situation A, weiß aber nicht, daß er dies wegen der Verbindung von A und B tut, da B bei ihm verdrängt ist. So wird A zum „Symbol“ für B. Hier rückt das Symbol in die Nähe des Symptoms. Seine Bedeutung ist privater Natur und der individuellen Interpretation bedürftig[78]. Was unterscheidet nun das Symbol vom Symptom? Hier zeigt sich die Schwierigkeit, daß Freuds Symbolbegriff nicht elaboriert ist[79]. Vielleicht kann man für die frühe Phase folgende Tendenz festmachen: Die Symbolisierung ist eine Sonderform der hysterischen Symptombildung. Denn nicht alle hysterischen Konversionen sind symbolischer Natur. Symbolisch sind sie nur dann, wenn die Konversion den vom Trauma ausgehenden Affekt nicht ersetzt, sondern unterstützt. Bei einer totalen Konversion des Traumas liegt nämlich keine Symbolik mehr vor, da der Zusammenhang von Trauma und hysterischem Phänomen völlig zerrissen ist. Freud schreibt 1895 in den „Studien über Hysterie“:

> „In anderen Fällen ist der Zusammenhang nicht so einfach; es besteht nur eine sozusagen symbolische Beziehung zwischen der Veranlassung und dem pathologischen Phänomen, wie der Gesunde sie wohl auch im Träume bildet, wenn etwa zu

---

[72] Vgl. zur Bedeutung der metaphorischen Rede bei Freud POHLEN, BAUTZ-HOLZHERR, Aufklärung, S. 309-316, das Zitat hier S. 315. Anläßlich der Bedeutung des Dinglich-Materiellen bei Funke (Kapitel 6.1.) wird hierauf erneut eingegangen. Vgl. zur Bedeutung des Materiellen und seiner Problematik auch SCHUPP, Glaube, S. 201-208.

[73] Vgl. LORENZER, Kritik, S. 21. Vgl. zu den zwei Phasen Freuds SCHMID NOERR, Symbolik, S. 458-460.

[74] Vgl. etwa RICŒUR, Interpretation, S. 179-186. Vgl. dazu MÜLLER, Symbol, S. 175-250.

[75] Vgl. dazu LAPLANCHE, PONTALIS, Vokabular, S. 171.

[76] Vgl. SPEIDEL, Über den Symbolbegriff, S. 290-291, zum ganzen SPEIDEL, Freuds Symbolbegriff.

[77] So Freud 1895 im „Entwurf einer Psychologie“, GW Nachtragsband, S. 440-441. Vgl. SPEIDEL, Freuds Symbolbegriff, S. 692.

[78] Vgl. SPEIDEL, Freuds Symbolbegriff, S. 692.

[79] Vgl. SPEIDEL, Freuds Symbolbegriff, S. 694-697.

seelischem Schmerze sich eine Neuralgie gesellt oder Erbrechen zu dem Affekte moralischen Ekels"[80].

An anderer Stelle rückt die Form der Symbolisierung als einer Form von Symptombildung in den Blick, wenn Freud an späterer Stelle schreibt,

> „...so verfüge ich doch auch über Beispiele, welche die Entstehung hysterischer Symptome durch bloße Symbolisierung zu beweisen scheinen. (...) Hier finde ich nichts anderes als den Mechanismus der Symbolisierung, der zwischen dem Mechanismus der Autosuggestion und dem der Konversion gewissermaßen die Mitte hält"[81].

An dieser Definition ist für diesen Gedankengang die Mittelstellung der Symbolisierung zwischen der Autosuggestion und der Konversion bemerkenswert. Die Autosuggestion bleibt ganz im innerpsychischen Bereich ohne Realitätsbezug, die Konversion (hier wohl als totale verstanden) läßt eine Realität ohne psychischen Bezug entstehen, die Symbolisierung hingegen ist ein „Zwischenbereich": Eine innerpsychische Wirklichkeit erhält einen zu ihr passenden äußeren Ausdruck[82]. Dabei kann abschließend für diese frühe Phase gelten, daß Freuds Interesse am „Symbol" eher peripher ist und das Symbol eher innerliche Aspekt der Psyche benennt. Erst mit der „Traumdeutung" rückt die äußere Wirklichkeit über den kulturellen Vorrat an Symbol-Zeichen in den Blickpunkt.

Warum entwirft Freud mit der „Traumdeutung" im Jahre 1900 einen neuen Symbolbegriff? Freud machte die Erfahrung, daß die bei der psychoanalytischen Behandlung so erwünschten freien Assoziationen oft versagen. Und dies geschieht regelmäßig bei bestimmten Traumelementen, die nun plötzlich nicht individuell, sondern als Symbole aus sich selbst, also überindividuell, zu deuten sind. Diese Symbole entpuppen sich fast ausschließlich als Ausdruck sexueller Beziehungen und Objekte[83].

> „Eine solche konstante Beziehung zwischen einem Traumelement und seiner Übersetzung heißen wir eine symbolische, das Traumelement selbst ein Symbol des unbewußten Traumgedankens"[84].

Das Symbol wird hier weitgehend aus dem Zusammenhang des individuellen Unbewußten ausgegrenzt und als Traumsymbolik dem phylogenetischen Erbe der Menschheit zugeschlagen. Freud schreibt:

> „Wir ahnen, wie treffend die Worte Fr. Nietzsches sind, daß sich im Traume ‚ein uraltes Stück Menschtum fortübt, zu dem man auf direktem Wege kaum mehr gelangen kann', und werden zur Erwartung veranlaßt, durch die Analyse der Träume

---

[80] FREUD, GW I, S. 83-84 (Die Schrift hat Freud gemeinsam mit Josef Breuer verfasst). Auch die hier getroffene Unterscheidung nimmt er wieder zurück, wie SPEIDEL, Freuds Symbolbegriff, S. 694, zeigt.

[81] FREUD, GW I, S. 249.

[82] Assoziationen zum „intermediären Raum" bei Winnicott drängen sich auf. Vgl. dazu Kapitel 5.3..

[83] Vgl. SPEIDEL, Freuds Symbolbegriff, S. 704.

[84] So Freud in seinen „Vorlesungen zur Einführung in die Psychoanalyse" 1915-1917, FREUD, GW XI, S. 152.

zur Kenntnis der archaischen Erbschaft des Menschen zu kommen, das seelisch Angeborene in ihm zu erkennen"[85].

Hier wird das Symbol zur Manifestation des „kollektiven Unbewußten", des „seelisch Angeborenen". Damit steht zugleich das Unbewußte in der Gefahr, ontologlisiert zu werden[86]. Freud hat jedoch selbst die Unklarheit seines Symbolbegriffs erkannt und seine weitere Elaboration in den „Vorlesungen zur Einführung in die Psychoanalyse" 1917 angeregt:

> „Man muß auch zugeben, daß der Begriff des Symbols derzeit nicht scharf abzugrenzen ist, er verschwimmt gegen die Ersetzung, Darstellung und dergleichen, nähert sich selbst der Anspielung"[87].

Bei aller begrifflichen Unklarheit dürfte deutlich geworden sein, welche Nähe das Symbol zum Unbewußten hat, in der ersten Phase zum persönlichen, in der zweiten Phase zum kollektiven Unbewußten[88]. Gleichzeitig rücken die Menschheit als ganze und ihre kulturellen Objektivationen in Kunst und Kultur in den Blickpunkt. Damit scheint sich ein dritter Bereich azudeuten, wie ihn später Winnicott postuliert (vgl. Kapitel 5.3): Der Bereich der Kunst scheint für Freud ein „dritter Wirklichkeitsbereich" zu sein, wie er ihn ja auch mit seinem Mythosbegriff verwendet. Volney Patrick Gay hat anläßlich seines Versuchs, jenseits der religionskritischen Tendenzen Freuds eine positive, also nicht unter Pathologieverdacht stehende Ritualtheorie zu entwerfen, auf die Schrift „Jenseits des Lustprinzips" von 1920 verwiesen[89]. Freud beschreibt dort ein Kind, das eine Holzspule von sich wegwirft, so daß es sie nicht mehr sehen kann. Ein langgezogener O-Laut begleitet dieses Geschehen. Dann zieht das Kind sie Spule am Bindfaden wieder zu sich heran, begleitet mit einem freudigen „Da".

> „Die Deutung des Spieles lag dann nahe. Es war im Zusammenhang mit der großen kulturellen Leistung des Kindes, mit dem von ihm zustande gebrachten Triebverzicht (Verzicht auf Triebbefriedigung), das Fortgehen der Mutter ohne Sträuben zu gestatten. Es entschädigte sich gleichsam dafür, indem es dasselbe Verschwinden und Wiederkommen mit den ihm erreichbaren Gegenständen selbst in Szene setzte"[90].

Im Spiel hat das Kind die Fähigkeit, ein Ritual auszubilden, das ihm hilft, seine Lebenssituation, die Abwesenheit der Mutter, zu gestalten. Das Kind lernt hier, einen

---

[85] So Freud in der „Traumdeutung", FREUD, GW II/III S. 554. Der Widerspruch im Symbolverständnis Freuds besteht darin, subjektive Symbolbildung ebenso anzunehmen wie die hier beschrieben überindividuelle, die das Unbewußte ontologieisert. Vgl. dazu BUCHER, Symbol, S. 151-152.

[86] Vgl. BUCHER, Symbol, S. 151.

[87] FREUD, GW XI, S. 153. Aus der selben Zeit stammt Freuds Schrift „Eine Beziehung zwischen einem Symbol und einem Symptom" (FREUD, GW X, S. 393-395), die ebenfalls die innere Verbindung beider Begriffe betont.

[88] Nur am Rande sei erwähnt, daß Freud in der „Traumdeutung" auch den Begriff der Regression einführt als ein Zurück zu einem bereits erwähnten Punkt der Entwicklung. Dieses Zurück kann aber sehr wohl eine positive Funktion im Dienste der weiteren reifung des Ich übernehmen (vgl. dazu LAPLANCHE, PONTALIS, Vokabular, S. 436-439). Auch ein Ritual kann in diesem Sinne eine Regression sein, wenn es mit Erlebnissen der Kindheit verbindet.

[89] Vgl. Volney Patrick GAY, Freud on Ritual, hier vor allem S. 49-65.

eigenen Wirklichkeitsbereich auszubilden, den Winnicott später, anknüpfend an Freuds Beobachtung, den „dritten Wirklichkeitsbereich" nennt. Man kann in dieser Fähigkeit des Kindes die Ermöglichung und den Grund jedweder kultureller Leistung sehen[91]. Die Kultur verdankt sich demnach einer Mangelerfahrung. Damit ist der Zusammenhang von Kultur und Symbol bereits benannt. Paul Ricœur führt den Begriff des Symbols für das Kunstwerk aus Anlaß seiner Interpretation der Schrift „Eine Kindheitserinnerung des Leonardo da Vinci"[92], die 1910 entstand, in Freuds Schriften ein. Freud beschreibt hier eine Kindheitserinnerung des Leonardo da Vinci und deutet sie als „Symbol" im Sinne seiner „Traumdeutung"[93]. Analog zum Traum beschreibt die Erinnerung im Grunde sexuelle Phantasien, die hier nun in einer überindividuellen Symbolik vorliegen und so analytisch gedeutet werden[94]. Ricœur weitet diesen Symbolbegriff nun aus, und zwar auf das Kunstwerk als ganzes. Er sieht eine Weiterentwicklung Freuds von der Schrift über Leonardo hin zur Schrift „Der Moses des Michelangelo"[95] von 1914. Hierüber schreibt Ricœur, er sprenge „bereits die Grenzen einer einfachen angewandten Psychoanalyse; er beschränkt sich nicht darauf, die analytische Methode zu verifizieren, er zielt auf einen Typus der Überdeterminierung, den der LEONARDO besser erkennen läßt, trotz oder mittels der Mißverständnisse, die er zu fördern scheint; diese Überdeterminierung des vom Bildhauer errichteten Symbols gibt zu verstehen, daß die Analyse die Erklärung nicht blockiert, sondern sie auf seine Sinndichte öffnet; der *Michelangelo* sagt schon mehr, als er sagt; seine Überdeterminierung betrifft Moses, den verstorbenen Papst, Michelangelo – und vielleicht Freud selber in seinem zwiespältigen Verhältnis zu Moses..."[96]. Das Kunstwerk ist also für Ricœur ein vom Bildhauer errichtetes Symbol, das zunächst im Sinne Freuds eine Urszene der Kindheit wachruft, in diesem Fall Leonardos Kindheitserinnerung. Ricœur legt bei Freud nun neben dem regressiven Moment der Kunst ein progressives Moment frei: Das Lächeln der Mona Lisa Leonardos zeige, daß hier ein positives Bild der Mutter entworfen werde[97]. Damit ist das Kunstwerk als Symbol nicht mehr nur Produkt der Vergangenheit, sondern Verweis auf die Zukunft. Doch das Kunstwerk als Symbol vermag mehr, vor allem auch im Hinblick auf den Rezipienten. Seine Rolle ist mehr als die eines bloß Wahrnehmenden. Er kann angesichts des Kunstwerks „symbolische Erfahrung" machen, um diesen Begriff vorwegzunehmen.

---

[90] FREUD, GW XIII, S. 13.

[91] Vgl. dazu auch LORENZER, Kritik, S. 26-27. Hier wird bei Freud schon vorgebildet, was später Lorenzer und Winnicott ausfalten. Vgl. dazu auch SCHMID NOERR, Symbolik, S. 468 und 472.

[92] FREUD, GW VIII, S. 127-211. Vgl. RICŒUR, Interpretation, S. 179-186. Vgl. dazu auch STEINMEIER, Wiedergeboren, S. 51-54.

[93] Die Kindheitserinnerung des Leonardo ist, ein großer Vogel habe mit dem Schwanz in seinen Mund geschlagen. Dieser Vogel wird von Freud irrtümlich als „Geierphantasie" gewertet und entsprechend gedeutet.

[94] Vgl. etwa FREUD, GW VIII, S. 152-155.

[95] FREUD, GW X, S. 171-201.

[96] RICŒUR, Interpretation, S. 178-179.

[97] Vgl. MÜLLER, Symbol, S. 220.

Die mehrfach aufgefundene Nähe von Symptom und Symbol findet sich im Bezug auf die Kunst übrigens erneut. Auch die Kunstschöpfungen der Menschheit stehen in dieser Ambivalenz. Ein weiterführender Gedanke findet sich bei Freud über das Symptom des Künstlers.

> „Die Lösung der Symptome geschieht nicht dadurch, daß das Symptom verschwindet, wenn der Zusammenhang zwischen ihm und dem verdrängten Trauma hergestellt ist; sondern daß man fähig ist, das Symptom zum Verschwinden zu bringen. Meistens wird der Betroffene es ja tun, da ihn das ja in die Analyse geführt hat. Wenn das Symptom aber ich-gerecht ist, kann er es beibehalten, zum Beispiel seine Liebe, diese als Symptom betrachtet. Wenn die Zusammenhänge hergestellt sind, kann man sich der Liebe entledigen; man kann sie beibehalten, wenn man sie ich-gerecht findet. Es wird aber immer eine Liebe sein. Ebenso verhält es sich mit der Kunstschöpfung: ein Hamlet, ein Mose usw. wird durch eine Analyse nicht, wie man ihr vorwirft, desillusioniert. Das Kunstwerk wird nicht zerstört, sondern das Verhältnis zu ihm vertieft. Das heißt: man entledigt sich seines Symptoms nach dessen Analyse nicht. Ebensowenig wird der unbewußt schaffende Künstler, wenn er analysiert ist, schaffensunfähig, er braucht sich dieses Symptoms nicht zu entledigen“[98].

Die Nähe von Symbol und Symptom ist hier bemerkenswert, zumal das Symptom seinen pathologischen Beiklang verliert, wird es ich-gerecht, als Symbol, verwendet[99]. Von hierher ist der Wertung Buchers nicht mehr zuzustimmen, es würden bei Freud „Symbole als archaische oder dann infantile Relikte angesehen, sodaß die Symbolik generell negativ gewertet und der psychoanalytischen Behandlung zwingend zur Aufgabe zugeschrieben werden muß, das Symbolisch-Unbewußte ins Logisch-Bewußte aufzulösen“[100]. Der Bereich der Kunst geht demgegenüber für Freud einen eigenen Weg.

5.1.5. Ergebnis

Die Komplexität der Freudschen Gedanken macht es vonnöten, hier als Zwischenergebnis Bilanz zu ziehen. Das Ergebnis ist alles andere als eindeutig und liefert so einen wichtigen Beitrag für ein umfassendes Verständnis des Rituals, in dem sich die Komplexität und Ambivalenz menschlicher Lebenswelt widerspiegelt. Die Überlegungen begangen mit der Darstellung des Konfliktes des Menschen zwischen Natur und Kultur, die Freud über die Mythologie des Triebes einfing. Gerade dies macht die Individualität des Menschen aus. Das Ritual als Symbolgeschehen kann grundsätzlich im Konflikt des Menschen zwischen Natur und Kultur verortet werden. Schulderleben und Gewaltbereitschaft des Menschen finden hier sublimiert symbolischen Ausdruck. Sodann wurde die von Freud eingeführte Analogie von Religiösem und Pathologischem beleuchtet. Die zitierten Einwände von Volney Patrick Gay und Paul Ricœur

---

[98] Freud, zitiert nach den Protokollen seines Analysanden, hier zitiert nach POHLEN, BAUTZ-HOLZHERR, Aufklärung, S. 381.

[99] Eine Infragestellung der pejorativen Sicht von Symptomen findet sich auch bei SCHMID NOERR, Symbolik, S. 474. Symptome sind eher gerade starke Symbole, da sie auf mehrere Sinnebenen verweisen.

[100] BUCHER, Symbol, S. 152.

machten auf die Relativität des Freudschen Gedankenganges aufmerksam. Gerade aufgrund der Psychoanalyse sind andere Schlußfolgerungen möglich, zumal, wenn man Freuds Religionsverständnis hinterfragt. Dennoch scheint mir diese Analogie beachtenswert, und sie soll in diesem Gedankengang keineswegs aufgelöst werden. Denn gerade in der Schwebe zwischen Symptom und Symbol macht das Ritual auf die Mangelhaftigkeit und Ambivalenz menschlicher Existenz aufmerksam. Zugleich werden alle Ansätze „gesunden" Lebens und somit auch „heilenden" Rituals relativiert. Schließlich bleibt das Ritual mit dieser Analogie immer der Kritik unterworfen, ob es „symbolische Erfahrung" ermöglicht, oder ob das Symbolische zum Diabol verkommt[101]. Dies zu bedenken wäre übrigens auch Aufgabe der Liturgiewissenschaft. Zugegebenermaßen bleibt damit das Ergebnis unentschieden. Somit richtet sich der Blick auf weiterführende Gedanken der neueren Psychoanalyse. Dabei geht es vor allem um den Begriff des Symbolischen, und zwar in einem Verständnis, wie Freud es vor allem für den Bereich der Kunst angedacht hat. Hier knüpfen die folgenden Gedanken an.

5.2. Alfred Lorenzer: Kultur und Sinnlichkeit

Über seine Kritik an der Liturgiereform im Gefolge des 2. Vatikanischen Konzils ist Alfred Lorenzer in das Interesse der Theologen gerückt[102]. Lorenzer entwickelt, auf Freud fußend, psychoanalytische Gedanken insofern weiter, als er sie mit soziologischen Überlegungen verbindet und auf diese Weise das Verfahren der Kulturanalyse entwickelt[103]. So schafft er eine metatheoretische Neubegründung des psychoanalytischen Verfahrens, das nun auf die gesellschaftliche Praxis und deren Änderung ausgerichtet ist. Damit rücken neben dem Individuum die Gesellschaft und die Kultur verstärkt in den Blick. Hier, in der Kultur, situiert er Begriff und Sache des Symbols. Unter dem Leitbegriff der Interaktionsform führt Lorenzer nun aus, daß das Symbol aus menschlicher Praxis resultiert. Das Symbol ist bei Lorenzer „das Gelenkstück zwischen individueller und sozialer Struktur"[104]. Lorenzer schreibt:

> „Es versteht sich, daß unser Symbolbegriff weit über das traditionelle psychoanalytische Symbolverständnis hinausweist, dieses jedoch einbezieht. Symbole sind nicht nur die rätselhaften Bilder des Traumes oder der Phantasien, wie sie der Surrealismus zur Darstellung bringt, Symbole sind uns alle, in Laut, Schrift, Bild oder anderer Form zugänglichen *Objektivationen menschlicher Praxis*, die als *Bedeutungsträger* fungieren, also ‚sinn'voll sind"[105].

---

[101] Vgl. zu dieser Begrifflichkeit STENGER, Symbole und Diabole.

[102] Vgl. LORENZER, Sacrosanctum Concilium. Vgl. zu Lorenzer BUCHER, Symbol, S. 191-200; WAHL, Glaube, S. 198-221; FUNKE, Religion als Ritual; DIERGARTEN, Kulturpsychoanalyse, S. 85-86; WILHELMS, Sinnlichkeit und Rationalität; GUTMANN, Symbole, S. 40-43; TRAUTH, Regulationsprinzipien, S. 368-371.

[103] Damit ist die Kulturanalyse zu unterscheiden von der Kulturpsychoanalyse, vgl. Kapitel 1.3.2.

[104] SCHMID NOERR, Symbolik, S. 455.

[105] LORENZER, Konzil, S. 23.

Lorenzer interessieren nicht nur die Symbole und ihr Gehalt an sich, sondern auch die Prozesse der Symbolentstehung wie der Deformierung von Symbolen. Seine Interaktionstheorie fokussiert die Formation von Symbolen: Symbolbildung ist nunmehr eine von Ich und Es „zugleich getragene Wahrnehmungs- und Erkenntnisleistung“[106], womit er über Freud hinausgeht. Im Blick auf die Deformation von Symbolen führt Lorenzer den Begriff des Klischees und des Zeichens ein. Ein *Klischee* ist ein „desymbolisiertes Symbol“, dessen Gehalt durch Verdrängung exkommuniziert wurde. Emotional einmal stark besetzt, hat dieses einstige Symbol den Kontakt zur Ursprungsszene verloren. Die Ursprungsszene, die Interaktionsform, ist ins Unbewußte abgedrängt worden ist[107]. Das *Zeichen* ist gekennzeichnet durch die Entleerung von emotionaler Bedeutung. Daran ist nun folgendes bemerkenswert: Die Verdrängung *begründet* nicht mehr die Symbolbildung wie bei Freud, sondern *stört* sie[108]. Um ein Klischee wieder zu einem Symbol zu machen, muß die Verdrängung aufgehoben werden.

In seiner frühen Phase betont Lorenzer die Bedeutung der Sprache: Sie führt von der sinnlich-unmittelbaren Interaktionsform erst zur symbolischen[109]. „Zu der realisierten *Interaktionsform* tritt die *Sprachfigur* hinzu, der Name, der sich mit dieser Situation verbindet“[110]. Die Versprachlichung macht Unbewußtes bewußt, kann also ein Klischee wieder zum Symbol werden lassen. Deshalb geht jede Desymbolisierung mit Sprachzerstörung einher. Symbole sind, so gesehen, immer bewußt, sonst werden sie zu Klischees, einer Art Ersatzbefriedigung, bei dem das Eigentliche sich nur mehr versteckt meldet.

> „Tatsächlich ist es ein Irrtum, von einem unbewußten Symbol zu sprechen. (...) Symbole sind psychische Gebilde, die äußere Objekte und Vorgänge oder innere Vorgänge repräsentieren, die von diesen Objekten im Wahrnehmungs- bzw. Erkenntnisprozeß unterschieden werden können und die als selbständige Einheiten Gegenstand der Denk- und Erkenntnisprozesse werden“[111].

Wie ordnet der frühe Lorenzer dieser Symbolauffassung nun das Unbewußte zu? Liegt für Lorenzer das Zentrum der Symbolbildung im Ich, so die Reizquellen, aus denen Symbole erwachsen, unter anderem im Unbewußten[112]. Er nimmt zwei Zentren der Symbolbildung an. Ein Zentrum liegt im Ich als der Bildungsinstanz der Symbolisierung, ein anderes im Es als der Reizquelle. Somit erkennt er auch dem Unbewußten (als Teil des Es und des Ich) seine Rolle bei der Symbolbildung zu, ohne daß das

---

[106] SCHMID NOERR, Symbolik, S. 464.

[107] Vgl. WAHL, Glaube, S. 201. BUCHER, Symbol, S. 194. Zum Begriff der Szene vgl. LORENZER, Kritik, S. 25.

[108] Vgl. dazu SCHMID NOERR, Symbolik, S. 464.

[109] Vgl. in Anknüpfung an das oben erwähnte Garnrollenspiel bei Freud LORENZER, Kritik, S. 27-28. Vgl. WAHL, Glaube, S. 206. Im nächsten Kapitel wird die Unterscheidung von primärer und sekundärer Inhaltlichkeit des Rituals eingeführt. Vorausschauend kann man sagen, daß die Bedeutung der Sprache bei Lorenzer sich mit der sekundären Inhaltlichkeit trifft, die zugleich immer vor Manipulation durch das Ritual bewahrt.

[110] WAHL, Glaube, S. 205. Vgl. auch LORENZER, Kritik, S. 25-26; LORENZER, Sprache, S. 167-180.

[111] LORENZER, Kritik 91.

[112] Vgl. BUCHER, Symbol, S. 192.

Symbol *als ganzes* unbewußt sei[113]. Damit kann die Freudsche Symbolauffassung in dieses Modell integriert werden. Durch die Betonung des Ich als Bildungsinstanz und der Interaktionsform als Ursprungsszene wird zugleich eine Ontologisierung des Unbewußten vermieden, wie sie bei C.G. Jung zu finden ist[114]. Das Symbol ist zwischen Zeichen und Klischee angesiedelt: Ein bewußtes psychisches Gebilde, das innere und äußere Vorgänge repräsentiert[115], affektiv stark besetzt ist. Es trägt Konnotationen aus der Zeit vor dem Spracherwerb. Beim Zeichen geht diese affektive Bedeutung verloren, beim Klischee die bewußte Dimension.

> „Unbewußte Inhalte werden vom Unbewußten mehr oder minder >freigegeben<, um dann vom erkennenden Ich aufgenommen und verarbeitet zu werden; das Symbol ist Produkt eines Erkenntnisvorganges, bei dem eine >innere Wahrnehmung< die schlecht zugänglichen Wahrnehmungsmaterialien aufnimmt“[116].

In seiner späten Phase setzt Lorenzer hier mit einer Korrektur an, und zwar bedingt durch seine Beschäftigung mit sogenannter praesentativer Symbolik, näherhin der Theorie des präsentativen Symbolismus von Susanne Langer[117]. Besonders in seinem Buch „Das Konzil der Buchhalter“ wird die präsentative Symbolik in ihrer religiösen Form zum Gegenpol des Ideologisch-Diskursiven[118]. Damit geraten die vorsprachlichen Symbole in den Blick. Denn Langer beschreibt gerade die präsentativen Symbole als jenseits der diskursiven Sprache angelegt, oder, mit anderen Worten, als sinnlich-unmittelbar. Sie sind tiefer in der Psyche verankert als Sprachsymbole und stehen in der Nähe zu Affekten, umfassen nicht-sprachlich organisierten Lebenserfahrungen und auch nicht-normgerechtes Verhalten[119]. Sie sind freigestellt vom instrumentellen Gebrauch und bieten „soziale Verhaltensentwürfe“ an[120]. Sie vermitteln vor allem in eine tiefere Schicht der Psyche als die sprachlichen Symbole. Gleichzeitig damit erhält die Dimension des Unbewußten eine neue Rolle. Lorenzer weitet Freuds Traumsymbolik aus: Traumbilder sind nicht „bloße Zwischenstationen der Bewußtmachung“, sondern haben eines Eigenbedeutung als „Ausdruck des Unsagbaren“[121]. Die neue Unterscheidung heißt nun: Sinnlich-symbolische Interaktionsformen (präsentative Bedeutungsträger) versus sprachsymbolische Interaktionsformen[122]. Lorenzer spricht von sinnlich-unmittelbaren Proto-Symbolen. Sie stehen

---

113 Lorenzer nimmt nämlich durchaus unbewußte Repräsentanzen des Symbols an. Zu dieser Unterscheidung von Symbol und Repräsentanz vgl. LORENZER, Kritik, S. 91-92.

114 Vgl. dazu ODENTHAL, Wandlungssymbol.

115 Vgl. LORENZER, Kritik, S. 91.

116 LORENZER, Kritik, S. 65.

117 Vgl. WAHL, Glaube, S. 211. Zu Langer ebd. 395-411. Vgl. zu dieser Veränderung im Denken Lorenzers auch SCHMID NOERR, Symbolik, S. 468-473. Vgl. zum ganzen LORENZER, Sprache, S. 63-80. Zu Langers Kunsttheorie und ihre Bedeutung für die Liturgie vgl. John FOLEY, Creativity, S. 94-127.

118 Vgl. dazu unter anderem JOSUTTIS, Weg, S. 224-225.

119 Vgl. WILHELMS, Sinnlichkeit und Rationalität, S. 90. SCHMID NOERR, Symbolik, S. 468-473, gibt allerdings zu bedenken, daß auch sprachliche Symbole praesentativer Art sein können.

120 Vgl. WAHL, Glaube, S. 213.

121 LORENZER, Kritik, S. 29.

122 Vgl. WAHL, Glaube, S. 213. Der Begriff als ein sprachliches Symbol verweist auf einen szenischen Zusammenhang. Das Wort tritt zur Erinnerungsspur hinzu und konstituiert so eine subjektive Bedeutung. Das Symbol steht also nicht für etwas, sondern im Symbol entsteht etwas Neues, eine Einheit von

den Tiefenschichten, dem Leib, der Emotion nahe und sind Angelpunkt der Konstitution von Subjektivität und Identität. Die sinnliche Struktur der Ausgangsszene muß gewahrt bleiben bei symbolischem „Ersatz". In Lorenzers später Phase rückt damit der Begriff der Sinnlichkeit in den Blickpunkt[123]. So wird der Triebbegriff Freuds als Leitlinie einer Theorie der objektiv bedingten Subjektbildung wiederaufgenommen[124]. Die Freudschen Begriffe Sinnlichkeit/Sexualität, Trieb, Unbewußtes werden bei Lorenzer festgeschrieben und erhalten eine gesellschaftliche Relevanz, indem sie den bei Freud festgestellten unaufhebbaren Konflikt zwischen Individuum und Kultur benennen[125]. Das Unbewußte bildet hier für Lorenzer den Kern der Persönlichkeit und ist zugleich Basisschicht der Subjekthaftigkeit des Menschen[126]. An dieser Stelle kommt den Symbolen eine Doppelfunktion zu, die die bei Freud benannte und in den bisherigen Überlegungen nicht aufgelöste Nähe von Symbol und Symptom aufgreift.

> „Sind die Traumbilder in der psychoanalytischen Therapie Zwischenstationen der Erkenntnis des Unbewußten, so sind die kulturellen Objektivationen, auf die sich eine Kulturanalyse richtet, Zwischenstationen der Äußerung sozial unterdrückter Praxisentwürfe – oder Bollwerke wider sie. Anders ausgedrückt: Die kulturellen Objektivationen sind entweder Symbole der Freiheit oder Symptome des Zwangs, wobei im einzelnen Kunstwerk der Symbolcharakter sich mit dem Symptomcharakter nicht nur mischen kann, sondern in aller Regel vermischt"[127].

Wie schon bei Freud bleibt die Ambivalenz des Kunstwerks, oder, im Rahmen dieser Überlegungen, des Rituals (als Kunstwerk oder kulturelle Objektivation verstanden) zwischen Symbol und Symptom. Diese Vermischung von „Symbolen der Freiheit" mit „Symptomen des Zwanges" kann jedoch nicht davon entbinden, den Symbolcharakter der kulturellen Objektivationen je neu zu ermöglichen. Mit dieser Blickerweiterung entsteht Lorenzers „Kulturanalyse", die gerade das gesellschaftlich nicht Sanktionierte interessiert. Die präsentative Symbolik reicht mit ihrer Tiefenwirkung in den Kern der Persönlichkeit. Sie bildet ein

> „sinnliches Symbolsystem der nicht sprach-unterworfenen Sehnsüchte und Wünsche"[128],

---

Wort- und Sachvorstellung. Das nennt Lorenzer „symbolische Interaktionsform". Sinnlichkeit und Bewußtsein bilden so eine Einheit (vgl. WILHELMS, Sinnlichkeit und Rationalität, S. 94-95).

[123] Vgl. WILHELMS, Sinnlichkeit und Rationalität, S. 49. Mit Lorenzers Sinnlichkeit soll der Dualismus einer „sinnlosen" Natur auf der einen, eines sinn-stiftenden Bewußtseins auf der anderen Seite überwunden werden (vgl. ebd. S. 9).

[124] Zur Problematik des Triebbegriffes vgl. oben Kapitel 5.1.1. Auch Lorenzers Entwurf gestattet es, den Trieb als Chiffre zu verstehen und so vor einer biologistischen Sicht zu bewahren und beizubehalten.

[125] Vgl. WILHELMS, Sinnlichkeit und Rationalität, S. 53-54. Die Reformulierung des Freudschen Unbewußten wertet dieses als System von Lebensentwürfen, die als Matrix dem Bewußtsein vorausliegen. Der „unbewußte Leib" repräsentiert ein subjektives Sinnsystem, das den herrschenden Ordnungen widersteht und im Leid auszumachen ist (vgl. ebd. S. 9).

[126] Vgl. WILHELMS, Sinnlichkeit und Rationalität, S. 78.

[127] LORENZER, Tiefenhermeneutische Kulturanalyse, S. 85.

[128] LORENZER, Konzil, S. 11.

wird zum Anwalt zensierter Lebensentwürfe – dies wäre ihr Symbolcharakter – und zugleich Darstellung ihrer Verdrängung – dies wäre ihr Symptomcharakter. In diesem Sinne haben Rituale und Symbole identitäts- und kollektivitätsstiftende Funktion[129], binden jedoch das Individuum immer auch ein in das Dilemma menschlicher Existenz, das mit dem Freudschen Kulturkonflikt umschrieben werden kann. Sie bilden „den Anschluß an überfamilial-kollektive Formen von Weltaneignung" und leisten, da sie Kunst sind, die Darstellung des bislang nicht Sagbaren oder Darstellbaren[130]. Diese Position hat weitreichende Konsequenzen. Bucher folgert etwa für die Religionspädagogik: *„Religiöse Erziehung muß, sofern sie wirklich persönlichkeitsbildend sein will, auf der Ebene präsentativer Symbolik beginnen"*[131]. „Die leiblichen Situationsspuren sind den Begriffen, dem Bewußtsein zu vermitteln durch sinnlich-unmittelbare oder präsentative Symbole, eine lebensgeschichtliche Aufgabe!"[132]. Hier setzt Lorenzers Kritik der Liturgiereform im Gefolge des 2. Vatikanischen Konzils an. Bislang im Ritual unkontrollierte gebliebene Nischen für die Tiefen des Seelenlebens werden seines Erachtens Opfer der Anpassung an die „Angestellten-Kultur einer verwalteten Welt"[133], hauptsächlich durch den pädagogischen Verbalismus nachkonziliarer liturgischer Praxis. Lorenzer ist dabei bemüht, eine rein äußerlich verstandene „tätige Teilnahme" der Gläubigen als Schein zu entlarven[134].

Im Sinne Lorenzers würde hier auch die Aufgabe der Liturgiewissenschaft ansetzen, nämlich aufzuzeigen, welche Bedingungen in der Feierform den Symptomcharakter des Rituals verstärken und den Symbolcharakter schmälern. Die Frage wäre dann, welche Bedingungen den Gottesdienst zu einem Symptom des gesellschaftlichen Zwangs oder auch kirchlicher Ideologie desymbolisierten. Das 8. Kapitel wird hierzu Überlegungen anbieten. Kritik und Sinnlichkeit werden in Lorenzers Sozialisationstheorie die beiden Strukturelemente, die die unverfügbare Würde des Menschen garantieren – und dies ist ein zutiefst theologisches Anliegen[135]. Wilhelms folgert: „Institutionelle Religion hat in unserer Gesellschaft die Aufgabe, dem zunehmenden Systematisierungsdruck entgegenzuarbeiten, weil sonst, persönlichkeitstheoretisch, Identität und Subjektivität nicht mehr ausgebildet werden könnten"[136]. Am Rande sei hier angemerkt, daß die Vorstellung von Identität und Subjektivität, die dem Denken Lorenzers zugrunde liegt, den gleichen Einschränkungen unterliegt wie bei Freud: Psychische „Gesundheit" scheint in einer grundsätzlich fragmentarisch gedachten Identität fraglich[137]. Die Nähe von Symbol und Symptom ist nicht aufzulösen.

---

[129] Vgl. WILHELMS, Sinnlichkeit und Rationalität, S. 13.
[130] Vgl. SCHMID NOERR, Symbolik, 475, Zitat ebd. S. 469.
[131] BUCHER, Symbol, S. 199.
[132] WILHELMS, Sinnlichkeit und Rationalität, S. 78.
[133] LORENZER, Konzil der Buchhalter, S. 245.
[134] WILHELMS, Sinnlichkeit und Rationalität, S. 16 weist in diesem Zusammenhang auf Gedanken von Franz Kohlschein hin, der die seelische Tiefenschicht und eine spirituelle Teilnahme betont, also einem veräußerlichten Verständnis von Teilnahme entgeht.
[135] Zur Subjektwerdung als christliche Identität vgl. WILHELMS, Sinnlichkeit und Rationalität, S. 166-167.
[136] WILHELMS, Sinnlichkeit und Rationalität, S. 183.
[137] Vgl. FUNKE, Identität des Subjekts.

Für die Fragestellung nach der Rolle des Unbewußten im Ritual als Symbolgeschehen läßt sich folgendes festhalten: Lorenzer entwirft aufgrund zweier angenommener Quellen des Symbols, Ich und Es, die Möglichkeit, daß unbewußte Inhalte vom Unbewußten freigegeben, vom Ich aufgenommen und, im Symbol, verarbeitet werden können. Hier melden sich gesellschaftlich zensierte Lebensentwürfe. Durch die Rolle des Unbewußten als Basisschicht der Persönlichkeit bleiben auch die kulturellen Objektivationen in den schon bei Freud beschriebenen Kulturkonflikt verwoben, ausgespannt zwischen Symbol und Symptom. Dies darzustellen und auszudrücken ist nach Lorenzer die Aufgabe unter anderem des Rituals als Symbolgeschehen. Dabei ist immer wieder eine Kritik vonnöten, die Symptome des Zwanges immer mehr in Symbole der Freiheit verwandelt. Was dies für die Feier der Liturgie bedeutet, gilt es noch auszufalten.

Geht es also beim Symbolischen um Objektivationen menschlicher Praxis, stellt sich die Frage nach Bedingungen und Möglichkeiten der Nutzung solcher Objektivationen. Dafür muß nun ein weiterer Schritt getan werden, nämlich in die Objektbeziehungspsychologie.

5.3. Donald W. Winnicott: Der intermediäre Raum[138]

Donald W. Winnicott zählt zu jener Verästelung am Baum der Psychoanalyse, deren Fokus die psychische Entwicklung des Kindes vor der von Freud so genannten ödipalen Phase ist. Winnicott wird näherhin der Objektbeziehungspsychologie zugeordnet, die sich nach und aus der Ich-Psychologie entwickelt hat[139]. Sie fokussiert die Ausbildung der psychischen Struktur des Kindes angesichts der mütterlichen Fürsorge anhand der Rolle von Objekten und der Beziehung des Kindes hierzu. Eine solche Ausrichtung psychoanalytischer Forschung war von Freud in den schon zitierten Ausführungen über das Garnrollenspiel des Kindes angedacht worden. Die Anpassungsleistung, die das Kleinkind an die Realität zu vollbringen hat, geschieht mittels einer Trennung von Ich und Nicht-Ich, durch die Loslösung aus dem Verschmolzensein mit der Mutter und der totalen Abhängigkeit von ihr. Diese Entwicklung legt zugleich das Leben in einer Welt von Objekten, die benutzt werden können, frei[140]. Ein solcher Reifeschritt des Kindes hin zur Realität geht einher mit einer Desillusionierung und dem Verzicht auf ein Omnipotenzgefühl. Der mütterlichen Fürsorge kommt dabei insofern eine zentrale Rolle zu, als ihre „holding function"

---

[138] Ein erster Zugang zu Winnicott bei KUTTER, Moderne Psychoanalyse, S. 34-36. Vgl. auch BACAL, NEWMAN, Objektbeziehungstheorien, S. 228-254; WAHL, Glaube, S. 161-197; DAVIS, WALLBRIDGE, Einführung; DRECHSEL, Pastoralpsychologische Bibelarbeit, S. 149-184. Vgl. auch MEISSNER, Psychoanalysis, S. 160-184; MODELL, A confusion, S. 233-236; EIGEN, The area, S. 413-418. Vgl. auch WINNICOTT, Vom Spiel zur Kreativität. MODELL, A confusion, S. 233-236.

[139] Vgl. dazu die Übersicht und Herleitung aus der Ich-Psychologie bei KERNBERG, Innere Welt. Vgl. auch BACAL, NEWMAN, Objektbeziehungstheorien. Einen interessanten Vergleich von Winnicott und dem hier nicht dargestellten Ansatz von Wilfred R. Bion, beides ja Schüler der ersten Objektbeziehungstheoretikerin Melanie Klein, bietet GESTRICH, Seelsorge, S. 143-150.Vgl. auch SEGAL, Ödipuskomplex.

verläßlich ist und, etwa als Erinnerung, gerade dann zur Verfügung steht, wenn die Realität beim Kind Angst hervorruft[141]. Das allmähliche Ausbleiben der Anpassung der Mutter an die Bedürfnisse des Kindes hat für den Reifeschritt eine wichtige Funktion: Das Kind muß für seine eigenen Wünsche ein Signal geben. Wenn die Mutter zu genau weiß, was ihr Kind braucht, ist dies schädlich. Das Kind braucht seine Wünsche dann nicht im Symbol zu artikulieren, bedarf also keines Objektes, und dann kann keine Objektbeziehung entstehen. Diese Tatsache hätte etwa für kirchliche Verkündigung und Sakramente eine weitreichende Bedeutung. So führt Heribert Wahl aus: „Dies gilt analog auch von sehr erfahrenen, alten *Institutionen* (wie etwa der Kirche) und ihrem Umgang mit den Subjekten in Unterweisung und Verkündigung. Dann werden Symbol-Zeichen (z.B. Sakramente wie Firmung, Ehe) nicht angeboten, sondern zur Unzeit aufgedrängt (...), ohne daß die Subjekte ihre Glaubens-Bedürfnisse entdecken und signalisieren können. Steckt dahinter die Angst, am Ende nicht (mehr) gebraucht zu werden (...)? Diese nur scheinbar gute Mutter (...) tut damit etwas Schlimmeres, als ihr Kind in seinen Potenzen zu ‚kastrieren': Sie fixiert es regressiv auf das Verschmolzensein oder bereitet die Bühne, auf der später die totale Ablehnung inszeniert wird (...)"[142]. Für eine Theorie der Liturgie als Ritual hieße dies, daß jegliche Vereinnahmung des Rituals zu pädagogischen Zwecken ohne Rücksicht auf das Bedürfnis der Menschen das Ritual schon zerstört hätte.

Mit der erlernten Fähigkeit, die eigenen Bedürfnisse zu artikulieren, entsteht langsam eine „persönliche psychische Realität" als Teil des Selbst. Hierbei wird Ich-Unterstützendes introjeziert, Schlechtes nach außen projiziert. Prägten bei Melanie Klein, einer Vertreterin der Ich-Psychologie, noch die ererbten Eigenschaften, was vom Kind als gut oder schlecht erlebt wird[143], so bei Winnicott das tatsächliche Verhalten der Umwelt, die „genügend gute" Mutter[144]. Reife bedeutet, Beziehung zur Nicht-Ich-Welt aufzunehmen. Jedoch hält Winnicott eine solche dyadische Weltsicht, die Unterscheidung in innere psychische Realität und gemeinsame äußere Realität, nicht für ausreichend. Er führt einen dritten Bereich ein, den „intermediären Bereich, in den innere Realität und äußeres Leben gleichermaßen einfließen", den Bereich der Illusion.

> „Sobald der Mensch die Phase erreicht hat, in der er sich als abgegrenzte Einheit, ein Innen und ein Außen erlebt, verfügt er damit auch über eine *innere Realität*, eine innere Welt, die reich oder arm, friedlich oder mit sich selbst zerfallen sein kann. (...) Meines Erachtens ist noch ein dritter Aspekt notwendig, sobald man diese beiden Arten der Darstellung für erforderlich hält: Dieser dritte Bereich des menschlichen Lebens, den wir nicht außer acht lassen dürfen, ist ein intermediärer Bereich von

---

[140] Vgl. zum folgenden DAVIS, WALLBRIGHT, Einführung, S. 89-108.
[141] Vgl. WAHL, Glaube, S. 162-163.
[142] WAHL, Glaube, S. 164.
[143] Vgl. dazu KERNBERG, Innere Welt, S. 21-44. In diesem Zusammenhang sei auf die Studie von Hanna Segal über die weitere Entwicklung des Symbolbegriffs von Ernest Jones über Melanie Klein zu W.R. Bion hingewiesen. Vgl. SEGAL, Ödipuskomplex. Zu Melanie Klein vgl. auch STEINMEIER, Wiedergeboren, S. 112-133.
[144] WINNICOTT, Vom Spiel zur Kreativität, S. 20 u.ö. Vgl. dazu DRECHSEL, Pastoralpsychologische Bibelarbeit, S. 153.

Erfahrungen, in den in gleicher Weise innere Realität und äußeres Leben einfließen. Es ist ein Bereich, der kaum in Frage gestellt wird, weil wir uns zumeist damit begnügen, ihn als eine Sphäre zu betrachten, in der das Individuum ausruhen darf von der lebenslänglichen menschlichen Aufgabe, innere und äußere Realität von einander getrennt und doch in wechselseitiger Verbindung zu halten"[145].

Zwischen dem Unvermögen und der wachsenden Fähigkeit des Kindes, die Realität zu erkennen und zu akzeptieren, liegt der Bereich der Illusion, der im Erwachsenenleben einen bedeutsamen Anteil an Kunst und Religion hat. Auch für den Bereich der Kultur, sei es in Kunst oder Religion, gilt, daß der Mensch in diesem kreativen Raum von der Mühe der lebenslänglichen Aufgabe ausruhen kann[146].
Die dem Kind im intermediären Bereich zugebilligte Illusion ist zunächst seine Omnipotenzphantasie, von der es zugleich langsam Abschied nehmen kann. Ohne ein Minimum solcher Omnipotenzerfahrung hat der Mensch keine Möglichkeit, sich der Realität zu stellen. In seinen späten Schriften nennt Winnicott den intermediären Bereich „potentiellen Raum"[147]. Hier kann das Menschenkind Abschied von seinen Omnipotenzgefühlen nehmen und entwickelt schöpferische Fähigkeiten, Kreativität. Das ist etwas ganz anderes als die erzwungene Gefügigkeit der Alltagswelt, die mit dem Zwang verbunden ist, etwas leisten zu müssen. Die Kreativität bezieht sich nun, und dies ist in diesem Zusammenhang bedeutsam, auf die Gegenstände, mit denen das Kind jetzt umgeht. Zwischen dem 4. und dem 12. Lebensmonat werden Nicht-Ich-Objekte vom Kind in sein persönliches Verhaltensmuster einbezogen, ein Zipfel vom Leintuch, Sammeln von Fäden zum Streicheln, das Daumenlutschen, eine Melodie, eine stereotype Geste etc. Solches nennt Winnicott Übergangsphänomene[148]. Sie dienen der Abwehr von Ängsten, etwa beim Schlafengehen. Das Kind benutzt regelmäßig einen (weichen) Gegenstand, der dann auch mit auf Reisen muß etc. Winnicott nennt ihn das Übergangsobjekt. Über dieses Übergangsobjekt interagiert das Kind mit der Mutter, die nicht anwesend ist. Es sagt dem Kind: Die Mutter ist da, auch wenn sie nicht da ist. Zugleich damit vergewissert sich das Kind des Schutzes der (abwesenden) Mutter, um die ersten Schritte ins eigene Leben zu tun.

> „Hinsichtlich des Übergangsobjektes herrscht sozusagen eine Art Übereinkunft zwischen uns und dem Kleinkind, daß wir nie die Frage stellen werden: ‚Hast du dir das ausgedacht, oder ist es von außen an dich herangebracht worden?' Wichtig ist, daß eine Entscheidung in dieser Angelegenheit nicht erwartet wird. Die Frage taucht gar nicht erst auf"[149].

---

[145] WINNICOTT, Vom Spiel zur Kreativität, S. 11.
[146] Vgl. WAHL, Glaube, S. 176.
[147] Vgl. DRECHSEL, Pastoralpsychologische Bibelarbeit, S. 154; S. 158-159.
[148] Neben Freud hatte auch schon Lorenzer solchen Phänomenen Aufmerksamkeit geschenkt, vgl. SCHMID NOERR, Symbolik, S. 468 und 472.
[149] WINNICOTT, Vom Spiel zur Kreativität, S. 23. Dies geht zurück auf ein Diktum Freuds in „Jenseits des Lustprinzips" von 1920, es sei „für die affektive Einschätzung dieses Spieles (...) natürlich gleichgültig, ob das Kind es selbst erfunden oder sich infolge einer Anregung zu eigen gemacht hatte" (FREUD, GW XIII, S. 13).

Denn das hieße, das Übergangsobjekt wieder einem Innen oder Außen zuzuordnen und den dritten Bereich zu leugnen. Folgende Merkmale machen die Beziehung des Kindes zum Übergangsobjekt aus: 1. Das Kind beansprucht dafür Rechte, denen der Erwachsene zustimmt. 2. Das Objekt wird leidenschaftlich geliebt und mißhandelt. 3. Nur das Kind darf das Objekt verändern. 4. Es muß Liebe wie Haß überleben[150]. 5. Es muß dem Kind Wärme vermitteln und den Eindruck erwecken, eine eigene Realität zu sein. 6. Für den Erwachsenen gehört es der Außenwelt an, nicht aber für das Kind. Es gehört jedoch auch nicht zur inneren Welt und ist keine Halluzination. 7. Die Besetzung wird ihm allmählich entzogen, es wird weder vergessen noch betrauert. Dies ist insofern von erheblicher Bedeutung, als Übergangsobjekte nicht in dem Menschen zur Verfügung stehende Symbole transformiert werden. Deshalb warnt Heribert Wahl zu Recht vor der Identifizierung des Symbol-Zeichens mit dem Übergangsobjekt[151]. Der Verlust des Übergangsobjektes, das weder vergessen noch betrauert wird, ist für einen weiteren Schritt notwendig. Denn der „Ort" der Übergangsobjekte, der „intermediäre Raum", wird zum kulturellen Bereich transformiert und ist von lebenslanger Bedeutung:

> „Es (das Übergangsobjekt, A.O.) verliert im Laufe der Zeit Bedeutung, weil die Übergangsphänomene unschärfer werden und sich über den gesamten intermediären Bereich zwischen ‚innerer psychischer Realität' und ‚äußerer Welt, die von zwei Menschen gemeinsam wahrgenommen wird', ausbreiten – das heißt über den gesamten kulturellen Bereich. Damit umfaßt mein Thema auch das Spiel, künstlerische Kreativität und Kunstgenuß, das Phänomen der Religion, das Träumen, aber auch Fetischismus, das Entstehen und Erlöschen zärtlicher Gefühle, Drogenabhängigkeit, Zwangsrituale usw."[152].

Die schon bei Freud beobachtete Ambivalenz findet sich auch hier: Der für den Menschen höchst kreative „potentielle Raum" kann auch zu Abhängigkeiten und Zwangsritualen entarten.

Wie nutzt das Kind nun die Übergangsobjekte? Ein weiterer Schritt im Bereich der Illusion oder dem potentiellen Raum, auf dem Weg zur reifen Fähigkeit, am kulturellen Reichtum der Welt teilzunehmen, ist für Winnicott das versunkene Spielen. Hier besetzt das Kind äußere Phänomene mit Traumbedeutung und Gefühl. Die Bedeutung des Spielens hebt Winnicott mit folgende Kennzeichen hervor: Das Spielen setzt die Fähigkeit voraus, in der Anwesenheit eines anderen allein zu sein. Da Spielen Spiel mit Objekten ist, ist es immer etwas Körperliches. Spielen ist etwas Befriedigendes. Spielen führt zu einem Sättigungspunkt, der darauf beruht, Erlebtes zu bewahren. Mit Spielen ist Erregung und Wagnis verbunden. Kinder finden Freunde und Feinde beim Spiel, ohne Spiel schließen sie nicht leicht Freundschaft. Spielen ist schließlich

---

[150] Erst dann existiert ein Übergangsobjekt, wenn Kind es zerstört hat und es überlebt (vgl. WAHL, Glaube, S. 166). Damit ist zugleich die „Eigenständigkeit des Übergangsobjekt benannt, das sich widersetzt, also auch negative Seiten hat.

[151] Vgl. WAHL, Selbst- und objektbeziehungstheoretische Überlegungen, S. 78. Etwa bei GESTRICH, Seelsorge, S. 54 und S. 105-108 verschwimmen die Begriffe, wenn das Übergangsobjekt in einem Atemzug mit dem Kohut'schen Selbstobjekt genannt wird.

[152] WINNICOTT, Vom Spiel zur Kreativität, S. 15.

die Basis für die gesamte menschliche Erfahrungswelt. Winnicott sieht in der psychischen Entwicklung des Menschen folgende Reihenfolge: Nach der Ausbildung von Übergangsphänomenen findet das Kind zum Spiel, von hierher zum gemeinsamen Spiel, von dort schließlich zur kulturellen Erfahrung. Das Potential des von Winnicott eingeführten Illusionsbereiches liegt im gemeinsamen Schatz der Menschheit, der Kultur.

> „Die kulturelle Erfahrung beginnt als Spiel und führt schließlich in den gesamten Bereich der menschlichen Überlieferung hinein, welcher die Künste, die Geschichtsmythen, das langsame Fortschreiten der philosophischen Gedankengänge ebenso umfaßt wie die Geheimnisse der Mathematik, der Gruppendynamik und Gruppenleitung und die Mysterien der Religion“[153].

Kommunikation gibt es dort, wo sich die potentiellen Räume zweier Menschen überschneiden.

Der für diesen Gedankengang entscheidende Theoriepunkt bei Winnicott ist, daß die Erfahrung der versagenden und somit ungenügenden Mutter das Kind zu einer höchst kreativen Leistung anregt, nämlich den intermediären Raum auszubilden.

> „Im potentiellen Raum wird der Verlust zum Gewinn, denn ‘das Symbol der Einheit schafft einen größeren Spielraum für menschliche Erfahrungen als die Einheit selbst’“[154].

Die zwangsläufige Erfahrung, daß die Mutter nicht immer dasein kann, führt also zur kreativen Leistung. Das im intermediären Raum angesiedelte Übergangsobjekt hat demnach eine zweifache Funktion: Es versichert das Kind der Fürsorge der aktuell abwesenden Mutter und setzt das Kind instand, das Alleinsein zu gestalten und damit einen Schritt ins eigene Leben zu tun[155]. Diese Doppelstruktur des Umgangs mit den Übergangsobjekten, des potentiellen Raumes, greift Dieter Funke wieder auf und verbindet sie mit einem christlichen Denkhorizont (siehe Kapitel 6.1.).

Die Leistung des Ansatzes von D.W. Winnicott für die Frage nach Symbol und Ritual liegt, zusammenfassend gesagt, in der Erörterung des “intermediären Bereichs”, in dem, weitet man seine Gedanken zu einer Kulturtheorie aus, auch das religiöse Ritual und sein symbolisches Handeln angesiedelt ist[156]. Seine Charakterisierung als zweckfreier Raum für Kreativität hat indes für den Gottesdienst weitreichende Konsequen-

---

[153] WINNICOTT, Anfang, S. 40.

[154] Zitiert nach DAVIS, WALLBRIDGE, Einführung, S. 249 aus einem unveröffentlichten Werk Winnicotts.

[155] Gerade diese Doppelstruktur des Übergangsobjekts und, so können wir ergänzen, symbolischer Erfahrung allgemein, ist beachtlich. Hier wäre nämlich zu fragen, wie symbolische Erfahrung solcher Menschen möglich ist, die die Doppelpoligkeit gut/böse, Verbindung/Trennung nicht erleben können, sondern spalten müssen. Solche Spaltung ist Kennzeichen der sog. Borderline-Persönlichkeitsstörung. Sie haben beide Pole nicht integrieren können und nehmen so nur eine Seite des Symbols wahr. Symbolische Erfahrung im umfassenden Sinne gelingt hier kaum. Vom Duktus unserer Überlegungen muß das Ritual aber auch nicht umfassend erlebt werden, um heilsam wirken zu können. Es symbolisiert ja ein „Leben im Fragment“ (vgl. Kapitel 8.6.). Zur Problematik der Borderline-Störung vgl. KERNBERG, Innere Welt. Den Hinweis auf diese Problematik verdanke ich Herrn Alfred Lohmann, Mettmann.

[156] Vgl. hierzu DRECHSEL, Pastoralpsychologische Bibelarbeit, S. 173-184.

zen, etwa angesichts seiner Nutzung zur Glaubensweitergabe, also einer doch letztlich pädagogischen Verzweckung. Die Notwendigkeit der freien Äußerung von Bedürfnissen rückte ebenso in den Blick wie – und dies als roter Faden des bisherigen psychoanalytischen Kapitels – die Nähe symbolischen Tuns zu seinen pathologischen Derrivaten. Im Hinblick auf die im 4. Kapitel entworfene Frage nach dem "Widerfahrnis der Transzendenz" ist die Annahme Winnicotts von größter Bedeutung, daß das Übergangsobjekt "ursprünglich das Kind mit der Mutter verbindet und es gleichzeitig von ihr trennt"[157]. Diese psychische Leistung scheint Voraussetzung zu sein, das Widerfahrnis der Transzendenz Gottes im christlichen Ritual postulieren zu können. Anläßlich des Begriffs der "symbolischen Differenz" wird dieser Gedanke wieder aufgegriffen (Kapitel 6.3.1.).
Der Fokus auf die Beziehung des Kindes zur Außenwelt anhand der äußeren Objekte wird nun fortgesetzt mit einem Rekurs auf Heinz Kohut und sein Konzept des Selbstobjektes.

5.4. Heinz Kohut: Das Konzept des Selbstobjektes[158]

Kohut führt in die Geschichte der Psychoanalyse nach Freud und nach der Ich-Psychologie[159] das Konzept des Selbst ein[160]. 1977 vollzieht er den entscheidenden Schritt von einer Selbst-Pathologie zur Selbst-Psychologie: Das Selbst ist nicht mehr Inhalt des psychischen Apparates und wird über seine pathologischen Aspekte, etwa eine narzißtische Störung, betrachtet, sondern wird zu einer übergeordneten Konfiguration. Er entwickelt damit eine zur Freudschen Konflikttheorie komplementäre Theorie. Die zunächst vom Freudschen Triebbegriff unabhängig gewertete Entwicklungslinie des Selbst wird anhand zweier Grundkonfigurationen entwickelt, dem Größen-Selbst und der idealisierten Elternimago[161]. Damit ist ein bipolares Selbst konzipiert: Das Größen-Selbst beschert dem Säugling die Illusion der eigenen Allmächtigkeit, die idealisierten Elternbilder projizieren solche Allmacht in die frühen Bezugspersonen. Beide Pole, das Größen-Selbst als Illusion eigener Allmächtigkeit ebenso wie die Idealisierung der Elternbilder, an deren Kraft man partizipiert, helfen dem Säugling, mit der eigenen Hilflosigkeit und Abhängigkeit fertig zu werden. Aus dem Größen-Selbst erwächst der Pol der Strebungen, mit dem Fähigkeiten wie die Selbstbehauptung gegeben sind. Aus den idealisierten Elternimagines bildet sich der

---

[157] DRECHSEL, Pastorlapsychologische Bibelarbeit, S. 156.
[158] Zu Kohut ein erster Zugang bei KUTTER, Moderne Psychoanalyse, S. 39-41; vgl. ferner BACAL, NEWMAN, Objektbeziehungstheorien, S. 274-334; WAHL, Narzißmus, vor allem S. 63-92; WAHL, Glaube, vor allem S. 88-124; TRAUTH, Regulationsprinzipien, vor allem S. 170-181; die Beiträge bei WOLF, ORNSTEIN, LICHTENBERG, KUTTER, Selbstpsychologie; vgl. auch SIEGEL, Einführung; GESTRICH, Seelsorge, S. 53-54.
[159] Vgl. zur Ich-Psychologie BLANCK, BLANCK, Ich-Psychologie.
[160] Vgl. WAHL, Narzißmus, S. 85-92. Zum Paradigmenwechsel vgl. auch ORNSTEIN, Entwicklung, S. 31-34.
[161] Vgl. hierzu etwa SIEGEL, Einführung, S. 74-103; WAHL, Glaube, S. 91-92. Zur Rolle des Triebkonzeptes (Trennung von objektlibidinösen und narzißtischen Trieben) bei Kohut vgl. auch TRAUTH, Regulationsprinzipien, S. 170-171.

Pol der Werte und Ideale, der auch die Fähigkeit zur Selbstberuhigung umschließt. Diese bipolare Struktur ist Basis des Selbstgefühls. Beides bedarf der in Beziehung geschehenden Spiegelungen, in der Regel durch die Mutter.

> „Ihre (d.i. die Mutter, A.O.) Haltung beeinflußt, mit anderen Worten, eine Gruppe innerer Erfahrungen, die in der weiteren Entwicklung des Kindes eine entscheidend wichtige Rolle spielen. Sie reagiert – mit Annahme, Zurückweisung oder Nichtbeachtung – auf ein Selbst, das im Geben und Anbieten Bestätigung durch das spiegelnde Selbstobjekt sucht. Daher erlebt das Kind die stolze, freudige Haltung der Eltern oder ihren Mangel an Interesse nicht nur als Annahme oder Ablehnung eines Triebes, sondern auch – dieser Aspekt der Interaktion zwischen Eltern und Kind ist oft der entscheidende – als Annahme oder Zurückweisung seines versuchsweise etablierten, doch noch verwundbaren kreativ-produktiv-aktiven Selbst“[162].

Die frühkindliche Erfahrung von Spiegelung durch die ersten Bezugspersonen, in der Regel die Eltern, und die Idealisierung werden bei optimaler Frustration[163] allmählich vom Selbst und seinen Funktionen ersetzt, also zur eigenen Struktur des Selbst. In dieser Konzeption des Selbst kommt nun einer Fähigkeit, die das Kind ausbildet und die ein Leben lang erhalten bleibt, besondere Bedeutung zu, die Fähigkeit, etwas oder jemand als Selbstobjekt zu gebrauchen. Mit anderen Worten: Menschen oder Dinge werden für das eigene Wohlergehen gebraucht. So wie das Kind auf die Eltern zur Spiegelung des eigenen Selbst angewiesen ist, bedarf auch der erwachsene Mensch in reifer Form der emotionalen Geborgenheit und Verbindung:

> „Der psychologisch gesunde Erwachsene braucht weiterhin die Spiegelung des Selbst durch Selbstobjekte (um genau zu sein: durch die Selbstobjekt-Aspekte seiner Liebesobjekte), und er braucht weiterhin Ziele für seine Idealisierung. Darum muß nicht aus der Tatsache, daß eine andere Person als Selbstobjekt benutzt wird, auf eine Beteiligung von Unreife oder Psychopathologie geschlossen werden – Selbstobjekt-Beziehungen kommen auf allen Entwicklungsebenen und sowohl bei psychologischer Gesundheit als auch bei psychologischer Krankheit vor“[164].

Das Kind gebraucht die Mutter als Selbstobjekt, also als „Objekt“, das dem Kind die nötige Wärme, Geborgenheit etc. spiegelt. Diese Leistung des Kindes bleibt als Sehnsucht nach Selbstobjekten ein Leben lang bestehen. Der Mensch ist auf Selbstobjekte angewiesen. Versteht man den seit Freud noch negativ besetzten Begriff des Narzißmus so, ist er, das ist eine Neubewertung durch Kohut, keineswegs grundsätzlich als unreif abzutun[165]. Mit einem Gedanken von Anna Ornstein: Das lebenslange Bedürfnis nach emotionaler Verbindung (fitting together) schafft den Erwerb der Fähigkeit, das eigene Selbst „in der Matrix reifer Selbst-Selbstobjekt-Beziehungen

---

[162] KOHUT, Heilung, S. 76-77.

[163] Kohut spricht hier vom „Prinzip der optimalen Versagung“. KOHUT, Heilung, S. 78. Der Begriff der „optimalen Frustration“ ebd. S. 163, Anm. 8.

[164] KOHUT, Heilung, S. 163, Anm. 8.

[165] Darin korrigiert Kohut das Freudsche System, das zunächst davon ausgeht, Narzißmus müsse - wie übrigens auch Religion -, da unreif, überwunden werden. Zur Kritik, daß Kohut hier seinerseits auf halbem Wege stehen bleibt, vgl. WAHL, Glaube, S. 103.

aufrechtzuerhalten"[166]. Die Tragik des Menschen besteht darin, daß ihm dies oft verweigert wird.

Für den Gedankengang dieser Arbeit ist nun entscheidend, daß nicht nur Menschen, sondern auch Dinge als ein solches Selbstobjekt dienen können[167]. Auch die Kultur kann als solches Selbstobjekt fungieren[168]. Kohut selbst schlug die Brücke zur Kultur, indem er etwa ein Kapitel überschrieb: „Die künstlerische Vorwegnahme der Psychologie des Selbst"[169]. Besonders nach der Wende zum 20. Jahrhundert sieht Kohut in manchem Kunstschaffen die drohende psychische Fragmentierung des Menschen dargestellt. Die Leistung der Kunst ist die

> „Entdeckung neuer künstlerischer Lösungen für die damals dominierenden emotionalen Probleme (...)"[170].

Kohut zählt nun eine Reihe von Kunstwerken auf, etwa Michelangelos *Pietà Rondanini* in Mailand, und fährt fort:

> „Doch so groß diese individuellen Schöpfungen auch sind, sie gehörten psychologisch nicht zu der Zeit, in der sie geschaffen wurden (...), und erst heute im Rückblick können sie in uns einen tiefen Widerhall finden. Der moderne Betrachter, Zuhörer und Leser ist es – Auge und Ohr und reflektives Denken des Kindes aus dem Zeitalter des gefährdeten Selbst –, der diese Schöpfungen aus der Matrix individueller Bedeutung heraushebt, aus der sie entstanden, und sie damit in moderne Kunst verwandelt"[171].

Damit hat Kohut genau beschrieben, was es heißt, Kunst als Selbstobjekt zu verwenden. Der „tiefe Widerhall" rührt aus den durch das Kunstwerk wachgerufenen Erinnerungen an die Zeit des gefährdeten Selbst her. Das Kunstwerk selbst schafft die „Lösung" der emotionalen Probleme, weil es die damals gefundene Lösung in der Beziehung mit den Eltern in Erinnerung bringt. Mit einem Begriff von Freud: Die Kunst (und auch das Ritual) lädt zur „Regression" ein: Der Mensch regrediert in frühere Beziehungsformen, um gestärkt aus der Regression hervorzugehen[172]. Mit der Selbstobjekt-Struktur menschlicher Erfahrung rückt somit auch für Kultur und Kunst der Beziehungsaspekt in den Blickpunkt: Es werden nie *Objekte* verinnerlicht und repräsentiert, sondern immer *Beziehungserfahrungen* mit den Objekten. Und solche Beziehungserfahrungen werden im Umgang mit den Kultur-„Objekten" wieder wach. Kohuts „Selbstobjekt-Struktur" menschlicher Erfahrung ermöglicht so eine differenzierte Wertung des kulturellen Symbolisierungsprozesses des Menschen. Eigene Beziehungserfahrungen werden dann zum Symbol, wenn sie mit fremden Erfahrungen

---

[166] WAHL, Narzißmus, S. 90.

[167] Liegt der Fokus der Theorie Kohuts zwar auf dem Selbst und seiner Fähigkeit, ein Selbstobjekt zu bilden und weniger auf dem Objekt, ist etwa in der therapeutischen Praxis das Objekt wichtig in seiner Responsivität auf die Selbstobjekt-Bedürfnisse des Subjekts. Dies ein systemimmanenter Konflikt, der ja auch deutlich eine unterschiedliche Gewichtung zum „Übergangsobjekt" Winnicotts zeigt. Vgl. dazu BACAL, NEWMANN, Objektbeziehungstheorien, S. 281-282.

[168] WAHL, Glaube, S. 100.

[169] Vgl. KOHUT, Heilung, S. 279-283.

[170] KOHUT, Heilung, S. 282.

[171] KOHUT, Heilung, S. 282-283.

[172] Vgl. zum Begriff der Regression LAPLANCHE, PONTALIS, Vokabular, S. 436-439.

selbstobjekthaft verbunden werden können. In symbolischer Erfahrung von kulturellen Objektivationen (z.B. im Ritual) klingen also geglückte wie mißglückte Beziehungserfahrungen der Kindheit bewußt und unbewußt an. Als unbewußte Untertöne klingen im kulturellen Erleben jene Beziehungserfahrungen an, die die eigene Kindheit prägten[173]. Ohne die Fähigkeit des Menschen, etwas oder jemand als Selbstobjekt zu gebrauchen, gäbe es, so jedenfalls Kohut, keine Kultur, somit auch nicht das gottesdienstliche Ritual.

In Kapitel 6.2., das den pastoralpsychologischen Ansatz von Heribert Wahl darstellt, wird das Theoriesystem von Kohut nochmals zur Sprache kommen, denn Wahl nimmt entscheidende Impulse Kohuts auf und modifiziert sie zugleich, indem etwa das Kohutsche Narzißmuskonzept durch den Begriff der Differenz erweitert wird[174].

Abschließend werden nun Gedanken von Wilfred Bion dargestellt, die in eine Theorie des Symbolischen den Gedanken der Transformation emotionaler Erlebnisse in Erfahrung eintragen.

5.5. Wilfred R. Bion: Lebensgestalt und Wahrheitsgehalt[175]

Wilfred R. Bion, ein Analysand von Melanie Klein, ist insofern für Begriff und Sache des Symbolischen von Bedeutung, als er die das Selbst entfaltende Seite symbolischer Praxis deutlich machte, und zwar durch das unmittelbare Wirken seiner eigenen Person[176]. Wahl macht auf die Mischung von Verwirrung und Klarheit aufmerksam, die Supervisanden bei Bion erfuhren, und die tatsächlich in der konkreten analytischen Praxis weiterhalf[177]. Nicht umsonst wird emotionale Erfahrung (‚emotional experience') zu einem Schlüsselwort Bions, eine Erfahrung, die immer an Beziehung gebunden ist. Die emotionale Erfahrung zwischen Mutter und Kind bedarf eines Verstehensprozesses, anhand dessen sich die Psyche des Kindes ausbildet. In fast mathematischer Begrifflichkeit geht Bion von einer Alpha-Funktion aus, die das Kind nur mit Hilfe der Mutter entwickeln kann[178]. Diese Funktion meint die Fähigkeit zur Verarbeitung emotionaler Erlebnisse und deren Speicherung. Gelingt dies, entstehen sogenannte Alpha-Elemente, die dem Menschenkind psychisch zur Verfügung stehen. Mißlingt die Alpha-Funktion,

> „bleiben die Sinneseindrücke, die der Patient bemerkt, und die Emotionen, die er erlebt, unverändert"[179].

---

[173] Vgl. WAHL, Glaube, S. 97. Damit ist zugleich ausgesagt, daß das Ritual Regression zum Erleben der Kindheit ermöglicht.

[174] Dort werden auch die hier schon vorweggenommenen Begriffe der „symbolischen Erfahrung" näher beleuchtet.

[175] Zu Bion und seinem Begriff des „container" vgl. WAHL, Glaube, S. 133-150. Vgl. auch WAHL, Symbolic Experience, S. 251-258; EIGEN, The area, S. 423-425.

[176] Zur theoretischen Beziehung zu Klein vgl. WEISS, Beziehung.

[177] Vgl. WAHL, Glaube, S. 134. Zur Reflexion Bions auf die Praxis vgl. auch BION, Elemente, S. 29-37.

[178] Vgl. Erika Krejci im Vorwort zu BION, Lernen, S. 20. Ebd. auch folgende Erklärung: „Von besonderer Wichtigkeit ist die Alpha-Funktion, ein Wort, das, wie bereits betont, mit voller Absicht ohne Bedeutung ist".

[179] BION, Lernen, S. 52.

Sie werden dann als Ding ausgestoßen und „an sich", ohne Beziehungserfahrung, erlebt. Für die Alpha-Funktion ist die Relation von „container" (Behälter) und „contained" (Inhalt) konstitutiv: Die Mutter entwickelt ein träumerisches Ahnungsvermögen [rêverie][180], mit dessen Hilfe sie die emotionalen Erlebnisse des Kindes, etwa seine schmerzlichen Gefühle, stellvertretend ausübt. Diese schmerzlichen Gefühle betreffen vor allem die als abwesend erlebte Brust. Diese Gefühle behält die Mutter in sich (contain), um sie im Stillvorgang dem Kind zurückzugeben, verwandelt in Liebe, Beruhigung und Fürsorge[181]. Damit werden emotionale Erlebnisse „verdaulich" gemacht – sie werden zur Erfahrung. Ausdrücklich bezieht sich Bion hier auf Melanie Klein.

> „...das Kind projiziert einen Teil seiner Psyche, nämlich seine schlechten Gefühle, in eine gute Brust. Von dort werden sie zum geeigneten Zeitpunkt zurückgeholt und reintrojiziert. Während ihres Aufenthaltes in der guten Brust sind sie derart verändert worden – jedenfalls erlebt das Kind sie so –, daß das Objekt, das reintrojiziert wird, für die Psyche des Kindes erträglich geworden ist"[182].

Das Kind kann nun die verbannten Gefühle verwandelt aufnehmen, und dies führt zu einem anfanghaften traumartigen Denken. Damit agiert die Alpha-Funktion an der Grenze zwischen Bewußtem und Unbewußtem (der „Kontaktschanke"[183]), sie

> „wird für bewußtes Denken und Überlegen benötigt und zudem für die Verbannung des Denkens ins Unbewußte, wenn es erforderlich ist, das Bewußtsein von der Bürde der Gedanken beim Lernen seiner Fähigkeit zu entlasten"[184].

Beachtenswert ist, daß Bion eine quasi dritte Dimension einführt, den Traum, und zwar als psychische Fähigkeit sowohl während des Wach- wie während des Schlafzustandes. Die Fähigkeit zum Träumen ermöglicht einen durchlässigen Kontakt von Bewußt zu Unbewußt sowie eine Grenze zwischen beiden.
Analog zu Kohut geht auch Bion davon aus, daß der Mensch ein Leben lang auf solche „container"-Funktionen angewiesen bleibt, eine Funktion, die übrigens auch die Kunst wahrnehmen kann[185]. Und dies ist für die Sache des Symbolischen von entscheidender Bedeutung. Auf der Inhaltsebene führt Bion nun eine Leerstelle ein, das „O". Hiermit ist das Un*ge*wußte (nicht: Unbewußte), das absolut Wahre, die Gottheit gemeint. Jenseits des bloß Wißbaren („K") enthüllt sich in emotionaler Erfahrung jenes O, das Unwißbare, der Urgrund. Dies ist insofern bedeutsam, als Heribert Wahl

---

[180] BION, Lernen, S. 83.
[181] Vgl. etwa BION, Lernen, S. 76-85. WEISS, Beziehung, S. 162, macht darauf aufmerksam, daß bereits Melanie Klein im Zusammenhang des Phänomens der projektiven Identifizierung den Begriff *to contain* anwendet: Das Kind projiziert schlechte Gefühle etc. in die Mutter, die diese aufnimmt und speichert.
[182] BION, Lernen, S. 146.
[183] Vgl. dazu BION, Lernen, S. 62-65.
[184] BION, Lernen, S. 54-55.
[185] Vgl. hierzu BION, Transformation, S. 56. Die Transformation emotionaler Erfahrung durch den Künstler in ein Kunstwerk sieht Bion durch die „Genauigkeit der Mitteilung, Universalität und Dauer" gekennzeichnet (ebd.).

diese Transformation (K in O) als charakteristisch für symbolische Erfahrung annimmt[186]. Er beschreibt sie als

> „...die Umwandlung einer quasi-natürlichen Lebenspraxis und ihres Lebenswissens in eine ganz und gar ‚un-natürliche' (nicht alltägliche), neue emotionale Erfahrung, die uns zum Grund unseres Seins öffnet..."[187].

So hat nicht eine analytische Deutung oder ein Glaubenssatz an sich schon Sinn, sondern der Sinn wird erst in symbolischer Erfahrung hervorgebracht. Diese „‚*transitorische*' Struktur des Symbolischen" (Wahl)[188] zielt, von Bion her beleuchtet, auf die Fähigkeit des Menschen,

> „*etwas nicht nur zu denken, sondern zugleich – wieder! – emotional-sinnenhaft als abwesend erfahren* [zu] *können, das gerade darin symbolisch präsent wird*"[189].

Damit wird symbolische Erfahrung, stellt man sie in einen religiös-theologischen Kontext, unter den eschatologischen Vorbehalt gestellt[190]. Der Gedanke ‚Gott' wird damit nicht zu einer schon fertigen Objekt-Repräsentanz, sondern hält dessen Stelle offen und muß erst ankommen. Dies ist insofern von größter Bedeutung, als damit – in Modifikation des Freudschen Projektionsverdachtes – theologisch der Primat der Offenbarung vor der Erfahrung gegeben ist[191].
Damit sind die für den vorliegenden Gedankengang wichtigsten Positionen psychoanalytischer Theorie erarbeitet. Sie seien noch einmal in einer Ergebnissicherung zusammengefaßt.

5.6. Ergebnis

Mit diesem Kapitel sind die Theorieelemente der klassischen und neueren Psychoanalyse benannt, die in den interdisziplinären Dialog über eine Theorie des Gottesdienstes als Symbolgeschehen einmünden. Sie seien nun in den Gedankengang dieser Untersuchung eingeordnet. Die im 3. Kapitel beschriebenen Herausforderungen der Neuzeit veranlaßten eine Revision traditioneller Paradigmen gottesdienstlichen Tuns. Die theologische Positionierung des 4. Kapitels nahm menschliche Erfahrung als *theologische* Qualität in den Blick, die in diesem Kapitel nun mit Ergebnissen psychoanalytischer Forschung angereichert worden ist. Diese Ergebnisse des Durchgangs durch die psychoanalytischen Theorien sind vielfältig. Zunächst wurde, ausgehend von Freud, menschliche Erfahrung als durch den Konflikt von Natur und Kultur

---

186 Vgl. hierzu insgesamt auch BION, Transformation.
187 WAHL, Selbst- und objektbeziehungstheoretische Überlegungen, S. 83.
188 WAHL, Glaube, S. 141.
189 WAHL, Glaube, S. 143.
190 Vgl. WAHL, Glaube, S. 150.
191 Vgl. WAHL, Selbst- und objektbeziehungstheoretische Überlegungen, S. 84. Dies ist jetzt aber vor dem Hintergrund der von Schillebeeckx postulierten Einheit menschlicher Erfahrung zu lesen, in dem Sinne, die Erfahrung sei Frucht der Offenbarung. SCHILLEBEECKX, Menschen, S. 51: „In dieser religiösen Offenbarungsgeschichte hat die menschliche Erfahrung einen eigenen unentbehrlichen Platz; aber

bestimmt beschrieben. Die Freudschen Theoreme „Trieb" und „Unbewußtes" zeigen diesen Kulturkonflikt an. Er wird im 8. Kapitel in das Diktum vom „Leben im Fragment" münden, das dann auch im christlichen Symbolsystem aufgespürt werden soll. Die Konfliktstruktur menschlicher Lebenswelt – es wurden Stichworte wie Gewalt, Schuldigkeit, Opfer benannt – bestimmt auch die Theorie des Rituals. Diese Gedanken wurden von Lorenzer weitergedacht. Die Sinnlichkeit und Widerständigkeit des Individuum meldet sich auch im Ritual. Das Diktum vom „intermediären Raum" bei Winnicott kann als Raum der Kultur gedeutet werden. In diesem Bereich ist das Ritual anzusiedeln. Von Freud rudimentär angedacht, beschreibt Winnicott den Ort der Kultur als Übergang von Innen und Außen an, der tief in der Psyche des Menschen verwurzelt ist. Frühe Beziehungserfahrungen klingen hier an. Mit der Einführung des „Dritten Bereichs" wird die Psychoanalyse zur „Aufklärung über die Aufklärung", die jene ihrer verdrängten religiösen Wurzeln, des verdrängten Mythischen, der einseitigen Betonung der logifizierten Rede überführt und so das neu einsetzt, was z.B. die Sakramententheologie immer gewußt hat, einen dritten Bereich der Wahrheit und Wahrheitsfindung, der zwischen Innen und Außen und jenseits von Wahr und Falsch im logischen Sinne angesiedelt ist[192]. Die Rolle des Unbewußten durchzieht die vorgestellten Theorieelemente und spielt auch bei den Objektbeziehungen eine wichtige Rolle, bedarf aber der weiteren Klärung, was im folgenden Kapitel geschieht. Das Symbolische hebt früh erfahrene Beziehungsformen auf und verdankt sich der Fähigkeit des Menschen, solche Beziehungen aufzunehmen. Dies meint das Kohutsche Diktum von der Selbstobjekt-Struktur menschlicher Erfahrung, die wiederum die Sicht der Kultur als ganze prägt. Der Gedanke der Transformation des emotionalen Erlebnisses zur Erfahrung bei Bion zeigt schließlich, was symbolische Erfahrung „macht": Sie verändert Lebenspraxis. Gerade in der sich durch unterschiedliche Theorieansätze durchziehenden Schwebe des Rituellen zwischen Symbol und Symptom vermag es jene Ambivalenz auszudrücken, die immer auch biographische wie historische Erfahrung prägt[193]. Bezogen auf den christlichen Kontext bedeutet dies: Die Liturgie ist nicht mehr nur in ihrer Qualität als Abbild der „himmlischen Liturgie" zu verstehen – dies ist vielmehr schon ein sich symbolischer Erfahrung verdankender Interpretationsrahmen. Sie bedarf vielmehr des Gegenpols, der menschlichen Lebenswirklichkeit, die sie widerspiegelt. Diese Wirklichkeit wird, in Kontakt mit dem Glauben „extra nos", in symbolischer Erfahrung, mit diesen „geronnenen Erfahrungen" des Glaubens selbstobjekthaft verbunden. Erst damit ist die Ebene des Glaubens *als symbolischer Erfahrung* erreicht. Das ist der Fragepunkt des folgenden Kapitels. Hier wird die Vermittlung der erarbeiteten Theorieelemente in die Psycho-

---

wie bei jeder, auch der profanen ‚Offenbarung' ist Offenbarung dabei nicht die Frucht der Erfahrung, sondern die Erfahrung Frucht der Offenbarung".

[192] Vgl. POHLEN, BAUTZ-HOLZHERR, Aufklärung, etwa S. 492-495.

[193] Der Hinwies auf die Ambivalenz, die es ermöglicht, „daß die beteiligten Individuen die Ambivalenz und einen Sinn der Geschichte aushalten können, der sie ständig an die konkrete Zwiespältigkeit ihrer Gefühle erinnert, statt sie durch Unbewußtmachung eines Teils ihrer Empfindungen zu entlasten", bildet die zentrale These ethnoanalytischer Überlegungen von BOSSE, Entstehung, S. 201.

analytische Pastoralpsychologie nachgezeichnet. Die Ansätze von Dieter Funke und Heribert Wahl bedienen sich nämlich der soeben dargestellten Positionen und fügen sie ein in den Horizont von Theologie und Glaube, wie gerade im letzten Abschnitt über Bion schon mehrmals deutlich wurde. Damit mündet die Frage nach dem Symbolischen, nach einer Symboltheorie in eine spezifisch pastoralpsycho-logische Fragestellung, nämlich der Bedeutung des Symbolischen für den Glauben. Welche Methode hierbei Anwendung findet und welche Position dabei neu entsteht, dies ist Sache des folgenden Kapitels. Im Rahmen des Gedankenganges dieser Untersuchung kann jedoch nicht genügend auf die Tragweite des folgenden Schrittes aufmerksam gemacht werden. Denn nun wird aus einer Theorie des Symbolischen eine *Theologie der symbolischen Erfahrung*. Es wird dann Aufgabe besonders des 8. Kapitels sein, die im Ritual auftauchende Konfliktstruktur auch in den Symbol-Zeichen des christlichen Glaubens aufzuspüren.

6. Kapitel
Zwei psychoanalytisch fundierte pastoralpsychologische Theorien um den Symbolbegriff. Eckpunkte einer Theologie symbolischer Erfahrung

Mit den vorgestellten psychoanalytischen Überlegungen kann eine Theorie des Symbolischen und des Rituals begründet werden, ohne den Horizont des Religiösen oder des Christlichen zu erreichen. Auch die nicht-religiöse menschliche Kulturwelt läßt sich als Symbolsystem begreifen, für das dieselben Bedingungen gelten wie für das gottesdienstliche Symbolgeschehen. Mit anderen Worten: Viele der bislang dargelegten Facetten des Rituals und des Symbolischen wären auch auf andere Kunstformen wie Musik und Bildende Kunst übertragbar. Insofern muß nun ein notwendiger Schritt folgen, nämlich die Vermittlung psychoanalytischer Theorie in den Horizont der Theologie und des Glaubens, um die notwendigen Spezifica des Rituals im Rahmen der jüdisch-christlichen Tradition und der kirchlichen Liturgie aufzuzeigen. Dies leistet das folgende Kapitel, indem es die Pastoralpsychologie als Teilgebiet und Grunddimension der Pastoraltheologie zur Sprache bringt. Zwei psychoanalytisch fundierte pastoralpsychologische Positionen werden dargestellt, nämlich die von Dieter Funke und Heribert Wahl. Diese Positionen stellen grundlegende Versuche eines interdisziplinären Dialogs zwischen Theologie und Psychoanalyse gemäß den in Kapitel 1.3. entworfenen Kriterien dar, die nochmals anhand beider Autoren verifiziert werden. Die interesseleitenden Fragen hierbei sind, welcher Stellenwert dem Unbewußten im Ritual als Symbolgeschehen zugeschrieben werden kann, und dann, welche Merkmale eine symbolische Erfahrung als christlich ausweist.
Über die theologische Verankerung im Erfahrungsbegriff bei Schillebeeckx und die Frage nach dem spezifisch Christlichen in symbolischer Erfahrung wird so eine Theologie der symbolischen Erfahrung umrissen, die dann im III. Abschnitt in die praktisch-theologische Definition des Rituals mündet[1].

6.1. Die Bedeutung des Dinglich-Materiellen: Der Ansatz von Dieter Funke

6.1.1. Wissenschaftstheoretische Implikationen

Die nun zur Sprache gebrachten Gedanken von Dieter Funke sind eine „explizit katholische Antwort im Streit um die Bedeutung von Symbol und Ritual in der christlichen Glaubenspraxis“[2]. Sie entstammen einer Richtung der Pastoralpsychologie, die sich die Tiefenpsychologie, näherhin die Psychoanalyse zum Dialogpartner wählt. Die wissenschaftstheoretische Grundposition bei Funke begründet den interdisziplinären Dialog mit einem erfahrungsbezogenen Ansatz, der den Glauben in den Entstehungs-

---

[1] Hier sei nochmals darauf aufmerksam gemacht, daß eine solche Theologie symbolischer Erfahrung etwas anderes ist als die Symboltheologie Rahners, siehe Kapitel 4.0.
[2] So die Wertung bei WAHL, Glaube, S. 531.

prozessen der Psyche anzusiedeln versucht[3]. Die Erfahrung des Menschen läßt sich nicht in religiös und nichtreligiös aufspalten. Es

> „läßt sich keine eigene Quelle des Religiösen in der Psyche des Menschen ausmachen, sie ist vielmehr integraler Bestandteil der allgemeinen psychischen Entwicklung“[4].

Damit ist eine folgenschwere Option getan, denn dies heißt mit anderen Worten, daß Theologie und Anthropologie im Christentum miteinander verbunden sind[5]. Das Paradigma der abendländischen Theologie, die Inkarnation Gottes in Jesus Christus, also die Geschichtlichkeit Gottes, ist auf Seiten der Theologie die Möglichkeitsbedingung eines interdisziplinären Dialogs. Glaube kann und muß erfahrungsbezogen, auf die Lebensgeschichte des Menschen bezogen, weitergegeben werden, weil Gottesbild und Selbstbild des Menschen eng zusammengehören[6]. Funke bemüht für den interdisziplinären Dialog - wie die vorliegende Untersuchung - das Modell der konvergierenden Optionen[7]. Er benennt drei Konvergenzpunkte zwischen Psychoanalyse und Theologie:

- die Frage nach der Ermöglichung des Subjektseins des Menschen (gepaart mit der Frage nach der Schuldigkeit)
- die Frage nach dem Heilen durch Beziehung
- die Frage nach dem Heilen durch Symbole[8].

Theologie und Psychoanalyse konvergieren in der Option, den Menschen zum Menschsein zu führen, oder mit anderen Worten: das Subjektsein des Menschen zu ermöglichen[9]. Funke macht hier nun eine wichtige Einschränkung, indem er mit dieser Grundoption die Frage nach der Schuld des Menschen verknüpft. Dies soll nicht in einem moralischen Sinne verstanden werden. Vielmehr geht es darum, die Schuldigkeit mit der Endlichkeit und Gebrochenheit menschlicher Existenz zu verbinden (siehe Kapitel 6.1.3.)[10]. Erst vor diesem Hintergrund kann der Begriff der Subjektwerdung oder „Heilung“ des Menschen richtig gewertet werden. Zur Subjektwerdung bedarf es immer auch der Beziehung, des anderen Menschen. Beziehungen leben davon, daß sie sich ausdrücken, sie bedürfen der Symbolisierung. Mit diesen Konvergenzpunkten sind dann auch die Defizite beider Disziplinen im interdisziplinären Dialog benannt. Verfügt die Seelsorge (als Anwendung der Theologie) über Symbole gelungenen Lebens, mangelt ihr oft die richtige Praxis. Hat die Therapie (als Anwendung psychoanalytischer Theorie) die richtige Praxis im Umgang mit dem Menschen, so verfügt sie nicht über die Symbole gelungenen Lebens[11]. Genau an diesen Grenzen liegt der Lerngewinn des interdisziplinären Dialogs[12]. Funke fügt jedoch hinzu, daß alle Leitbilder gelungenen

---

[3] Vgl. FUNKE, Schulddilemma, S. 49.
[4] FUNKE, Der halbierte Gott, S. 46.
[5] Vgl. FUNKE, Der halbierte Gott, S. 175-180
[6] Vgl. etwa FUNKE, Im Glauben, S. 8-11. Vgl. FUNKE, Der halbierte Gott, S. 17-19.
[7] Vgl. FUNKE, Schulddilemma, S. 54-55.
[8] Vgl. FUNKE, Der halbierte Gott, S. 182-188.
[9] Vgl. FUNKE, Der halbierte Gott, S. 59. Vgl. FUNKE, Gott und das Unbewußte, S. 26-28.
[10] Vgl. FUNKE, Schulddilemma. Zur Grundoption der Frage nach der Schuld vgl. ebd. S. 55.
[11] Vgl. FUNKE, Der halbierte Gott, S. 59.
[12] Dies bedarf durchaus der Anfrage. Denkt man hier weiter, so bedürfte es letztlich nur zweier Instrumente: der therapeutischen Praxis als der besseren Form der Seelsorge, des gottesdienstlichen

Lebens unter dem Bezugspunkt „Gott“ sich als vorläufig und fragmentarisch erweisen. Es ist der ureigene Beitrag des Glaubens, die Gebrochenheit und Begrenztheit menschlicher Existenz im Bezug auf Gott zur Sprache zu bringen[13]. Im Blick auf die Schuldigkeit des Menschen zeigt sich nochmals eine gemeinsame Perspektive von Psychoanalyse und Theologie: Der Mensch ist ein „Subjekt im Widerspruch“[14], in der Sicht der Theologie als endliches, begrenztes und erlösungsbedürftiges Wesen, in der Sicht Freudscher Psychoanalyse als Wesen, das immer im Kulturkonflikt steht (siehe Kapitel 5.1.1.). Diese Vorbemerkungen zur Position von Dieter Funke tragen dazu bei, die folgenden Überlegungen dem bisherigen Gedankengang zuzuordnen.

6.1.2. Die psychische Entwicklung des Menschen, seine Symbole und der Glaube

Funke entwickelt seine Position, indem er Weiterentwicklungen der Psychoanalyse Freuds rezipiert[15]. Um der Stimmigkeit des Gedankenganges willen seien die für Funke zentralen Theorieelemente, auch wenn sie im vorangegangenen Kapitel bereits dargestellt wurden, nochmals benannt. Hier ist zunächst, in Funkes frühen Schriften, die neuere Entwicklungspsychologie zu nennen, vertreten durch Margret Mahler[16]. Mahler beschreibt die psychische Entwicklung des Kindes als einen hochdramatischen Prozeß der Identitätsbildung und Loslösung aus der Symbiose mit der Mutter[17]. Innerhalb dieses Trennungsprozesses spielen Symbole eine große Rolle. In diesem Zusammenhang übernimmt Funke von Donald W. Winnicott den Begriff der „Übergangsobjekte“ (siehe Kapitel 5.3.). Sachen, Dinge werden für das Kleinkind zu Übergangsobjekten, erhalten also eine symbolische Qualität, indem sie die Verbindung mit der Mutter wie die Loslösung von ihr darstellen, somit ein Beziehungsgeschehen repräsentieren[18]. Diese hochkreative Fähigkeit des Kindes zur Ausbildung von Übergangsobjekten verdankt sich

---

Tuns als Form der Symbolisierung. Gerade damit ist aber die Frage vermieden, wie denn unter Wahrung der Eigenständigkeit jeder Disziplin ein Lerngewinn für das eigene Praxisfeld gewonnen werden kann, statt einen Teil der eigenen Praxis durch die des Gesprächpartners zu ersetzen.

[13] Vgl. FUNKE, Gott und das Unbewußte S. 35.

[14] So der Grundtenor bei FUNKE, Schulddilemma, etwa S. 36-40; 53-54. Für die Freudsche Psychoanalyse gilt: Der Trieb wird zur Chiffre für Subjektivität (ebd. S. 42-44), die den Menschen immer in den Kulturkonflikt stellt.

[15] Vgl. zu diesen Weiterentwicklungen auch KUTTER, Moderne Psychoanalyse, S. 11-44.

[16] Vgl. zu Mahler STEINMEIER, Wiedergeboren, S. 134-164.

[17] Vgl. FUNKE, Im Glauben, S. 31-41. Funke bezieht sich hier vor allem auf MAHLER, PINE, BERGMAN, Die psychische Geburt. Die Ergebnisse dieser Studie sind durch neuere Säuglingsforschung problematisiert worden. Fraglich erscheint hier die Annahme eines fast paradischen Urzustandes, den das Kind am Lebensanfang in der Symbiose mit der Mutter erlebt. Die doppelte Struktur menschlicher Erfahrung, die Funke nach Kohut postuliert, deren einer Pol die Sehnsucht nach Selbstbehauptung, deren anderer die Sehnsucht nach Schutz ist (s.u.), ist aber von dieser Kritik unberührt. In einer jüngeren Veröffentlichung rezipiert Funke nun den kommunikativ-gegenpoligen Beziehungsansatz von Wolfgang Trauth (vgl. TRAUTH, Regulationsprinzipien). Er bringt eine wichtige Klärung, denn die „Erfahrung kindlichen Glücks wird (...) nicht einem naturhaft gegebenen Urzustand zugeschrieben (...), sondern den passenden Beziehungsantworten der Mutter auf den Bedarf des Säuglings“ (FUNKE, Schulddilemma, S. 80). Vgl. zur Diskussion auch TRAUTH, Kulturpsychoanalyse und FUNKE, Kulturpsychoanalyse. Zu einer neuen Sicht auf Mahler vgl. GERGELY, Zugang.

einer Mangelerfahrung, der Abwesenheit der Mutter. Das Symbol hat für das Kleinkind nun eine doppelte Dimension, nämlich die Verbindung mit der Mutter darzustellen, aber ebenso die Trennung, die Schritte ins eigene Leben ermöglicht, die Dimension des Schutzes und der Ermutigung zum Aufbruch. Die hierin zum Ausdruck kommenden Sicherheits- und Autonomiewünsche des Menschen sind also in der frühesten Kindheit grundgelegt. Funke bedient sich hierfür des Begriffs vom „bipolaren Selbst" des Menschen, den er aus der Selbstpsychologie von Heinz Kohut (siehe Kapitel 5.4.) übernimmt: Es geht hier um die beiden Fähigkeiten des Menschen zur Selbstbehauptung und Selbstberuhigung, die bei Kohut aus den Vorformen des Kernselbst, dem Größen-Selbst und der idealisierten Elternimago, erwachsen[19]. Entscheidend ist die Fähigkeit des Menschen, die Funke nach Winnicott annimmt, einen eigenen Wirklichkeitsbereich, den „intermediären Bereich", auszubilden. Hier sind die Übergangsobjekte angesiedelt, die die Sicherheits- und Autonomiewünsche des Menschen symbolisieren. Er ist zwischen Innen und Außen, psychischer Innenwelt und äußerer Realität angesiedelt, ihm kommt eine eigene Qualität zu, die nicht zweckrational bestimmt ist[20]. Der Bereich von Kultur und Religion verdankt sich der Fähigkeit des Kleinkindes zur Ausbildung eines solchen intermediären Raumes und seiner Übergangsobjekte. Damit übernimmt Funke ein grundsätzlich triadisches Wirklichkeitsverständnis: Der symbolische Raum beschreibt eine eigene Wirklichkeit, die mehr ist als „nur" symbolisch.

Sein Symbolverständnis entwirft Funke sodann in Auseinandersetzung mit Alfred Lorenzer (siehe Kapitel 5.2.). Lorenzer erweitert den aus der Psychoanalyse herrührenden Symbolbegriff zu einer Kulturtheorie. Funke orientiert sich an Lorenzers Definition des Symbolischen und überträgt sie in den religiösen Bereich. Sind für Lorenzer, wie schon gezeigt wurde, Symbole „Objektivationen menschlicher Praxis, die als Bedeutungsträger fungieren, also sinnvoll sind"[21], so sieht Funke *religiöse Symbole* an als „geronnene Erfahrungen, die Menschen in der Geschichte mit ihrem Gott gemacht haben"[22]. Wie schon bei Lorenzer ist dabei entscheidend, daß Symbole in menschlicher Erfahrung und Interaktion situiert werden. Funke betont besonders die Nahtstelle, an der aus individuellen Erfahrungen Symbole des Glaubens werden, oder - theologisch gesprochen - Offenbarung geschieht. Ähnlich wie Schillebeeckx bindet Funke Offenbarung eng an menschliche Erfahrung, und zwar an der Nahtstelle von subjektiver Erfahrung und deren Objektivierung:

> „Die theologische Kategorie der Offenbarung beschreibt demnach den Weg von der Einzelerfahrung zu einer kollektiven Erfahrung, die wiederum zurückwirkt auf die Suche des Menschen nach symbolischer Orientierung. Insofern die Symbole ihre lebensfördernde Kraft entfalten, sind sie wahr und lassen sich religiös als Sprache und Mitteilung Gottes an die Menschheit qualifizieren. Mit einer solchen „symbolischen

---

[18] Vgl. FUNKE, Im Glauben, S. 38. Vgl. FUNKE, Vom ‚Ding' zum Symbol, vor allem S. 31-32. Vgl. FUNKE, Gott und das Unbewußte, S. 57-58. Funke rekurriert u.a. auf WINNICOTT, Vom Spiel zur Kreativität.

[19] Vgl. FUNKE, Gott und das Unbewußte, S. 58-60. Vgl. FUNKE, Der halbierte Gott, S. 87-90.

[20] Vgl. FUNKE, Gott und das Unbewußte, S. 58. Vgl. hierzu auch ähnliche Gedanken bei Rosenzweig, beschrieben bei SALMANN, Andacht, S. 327.

[21] Vgl. LORENZER, Konzil der Buchhalter, S. 23.

[22] Vgl. FUNKE, Art. Symbol/Ritual, S. 380.

> Sicht" des Glaubens ist jeder starre Offenbarungspositivismus (...) überwunden und gleichzeitig die Notwendigkeit der je neuen symbolischen Erfahrung betont, ohne in einen ungezügelten Subjektivismus zu verfallen"[23].

Das Plädoyer für einen „symbolischen" Glauben wertet also die Glaubenssymbole als einen Erfahrungsschatz, den Menschen je neu mit ihrer individuellen Erfahrung vermitteln können. Das Ritual - verstanden als eine symbolische Selbst-Äußerung des Menschen - transportiert in den „geronnenen Erfahrungen" Modelle gelungenen Lebens. Werden religiöse Symbole so bei Funke auf menschliche Erfahrung zurückgeführt, sind sie „das Ergebnis menschlicher Kommunikation und Interaktion"[24]. Im Symbol fließen demnach eigene Lebenserfahrung und die „geronnenen Erfahrungen" des Glaubens in eins. Die so gespeicherten Erfahrungen der Menschen mit Gott können im Ritual wieder verflüssigt werden: Menschen können je neu ihre Lebenserfahrungen mit den Symbolen des Glaubens verbinden.

Die beiden Erfahrungsdimensionen, die das Kleinkind seinen Übergangsobjekten beimißt, Trennung von der Mutter und zugleich Verbindung mit ihr, machen nach Funke die zwei Grundkonstanten symbolischer Erfahrung aus: Schutz und Aufbruch. Sie können als primäre Inhalte symbolischen Tuns des Menschen verstanden werden. Entscheidend für den Ansatz von Funke ist, daß er diese Grundkonstanten in der Symbolik des Christentums wiederfindet. Er macht so auf die Strukturgleichheit der primären Inhaltlichkeit (Schutz und Aufbruch) des Rituals und der (für das Ritual dann sekundären) Inhaltlichkeit der jüdisch-christlichen Religion aufmerksam. Angeregt durch die Theologie von J.B. Metz beschreibt Funke die beiden Funktionen der jüdisch-christlichen Religion. Das Christentum möchte zum Aufbruch bewegen, bei der Emanzipation des Menschen aus Unheilszusammenhängen helfen, sodann möchte es trösten und schützen[25]. Die christliche Religion will einerseits Trost spenden, Geborgenheit vermitteln, andererseits zum Aufbruch mahnen („Nachfolge"). Zugegebenermaßen wird gerade die politisch-kritische Dimension der Religion zugunsten der stabilisierenden gerne übersehen, sowohl innerhalb wie außerhalb des Christentums, etwa in vielen soziologischen Forschungsbeiträgen[26]. Die jüdisch-christliche Tradition ist jedoch reich an Erfahrungen beider Dimensionen. So findet die Suche nach Schutz etwa in der christlichen Rede der Erlösung (Kreuzestod und Auferstehung Christi), die Suche nach Selbstwerdung und Aufbruch etwa im Exodusgeschehen ihren Ausdruck.

---

[23] FUNKE, Schulddilemma, S. 163.

[24] FUNKE, Religion als Ritual, S. 182. Schon der Psychoanalytiker Erik H. Erikson sieht in personaler Kommunikation die Grundlage des Rituals, vgl. dazu JOSUTTIS, Gottesdienst, S. 43-46.

[25] Vgl. FUNKE, Im Glauben, S. 99-105. Daß der Mensch immer dem Dilemma zwischen Sicherheit und Langeweile ausgesetzt ist, beschreibt SCHULZE, Erlebnisgesellschaft, S. 69: „Gibt er dem Streben nach Sicherheit nach, beginnt er, sich zu langweilen, tut er etwas gegen die Langeweile, verunsichert er sich". Das Ritual scheint hier eine neue Verbindung beider Pole als paradoxale Spannung anzubieten. Zugleich öffnet es den Raum für das nicht Herstellbare.

[26] So etwa LUHMANN, Funktion der Religion, S. 26: „Religion hat demnach (...) für das Gesellschaftssystem die Funktion, die unbestimmbare, weil nach außen (Umwelt) und nach innen (System) hin unabschließbare Welt in eine bestimmbare zu transformieren, in der System und Umwelt in Beziehungen stehen können, die auf beiden Seiten Beliebigkeit der Veränderung ausschließen." Vgl. dazu die Kritik von FUNKE, Im Glauben, S. 100-105. Vgl. ebenso LUTHER, Diakonische Seelsorge.

Dies sind die beiden Pole des Paschamysteriums, als dessen Feier die Liturgiekonstitution jede liturgische Feier definiert (SC 6b). Im Pascha-Mahl sieht Funke die Doppelfunktion symbolisiert: Vor dem Aufbruch zur Wüstenwanderung vergewissert sich das Volk Israel nochmals im Ritual der Nähe des schützenden Gottes[27]. Der Weg zur Eucharistie der Kirche ist nicht mehr weit: „im Mahl vergewissert sie sich der Anwesenheit ihres Herrn, der nur deshalb da ist, weil er sich im Tod von ihr getrennt hat“[28].

Eine von diesem Symbolbegriff herrührende Ritualtheorie wird das Ritual nicht mehr nur als etwas Äußerliches werten können. Ihm kommt, in Verbindung mit den menschlichen Bedürfnissen nach Sicherheit und Aufbruch, immer schon ein Inhalt zu. Wo immer religiöse Rituale vollzogen werden, geht es also - zunächst losgelöst von den Inhalten einer bestimmten Religion - um diese Grundbedürfnisse des Menschen. Der Rekurs Funkes auf Winnicott und den Begriff der „Übergangsobjekte“ wie des „intermediären Raumes“ ist von besonderem Interesse (vgl. Kapitel 5.3.). Denn damit gewinnt der gesamte Bereich des Gegenständlichen, des Objekthaft-Sinnlichen, an Bedeutung[29]. Tritt der Mensch ein in diesen „intermediären Wirklichkeitsbereich“, knüpft er unbewußt an die frühen Interaktionsfiguren mit der Mutter an. Dieser „intermediäre“, symbolische Bereich bildet eine eigene Wirklichkeit, in der grundsätzlich auch die Glaubensaussagen, also auch Rituale, anzusiedeln sind[30]. In den dinglichen Symbolen wird Lebenswissen, werden „Modelle anderen, besseren Lebens (Reich Gottes als Horizont)“ transportiert[31]. Auch dem Ritual kann eine Doppelpoligkeit zugesprochen werden: Die transportierten Modelle besseren Lebens rufen heraus, sich nicht vorschnell mit dieser Welt zu identifizieren (Exodus)[32], die Verankerung im tradierten Lebens- und Glaubenswissen der Menschheit bietet Trost und Geborgenheit[33]. Mit dieser Position erreicht Funke ein zweifaches. Die Glaubenssymbolik wird eng an die psychische Erfahrungswelt des Menschen angebunden, somit eine „neurotische“ Zerrform des Christlichen überwunden[34]. Zugleich wird das Pascha-Ereignis als „Symbol“ neu gedeutet und

---

[27] Vgl. FUNKE, Im Glauben, S. 106-121 bes. S. 113.
[28] FUNKE, Im Glauben, S. 113.
[29] Vgl. FUNKE, Gott und das Unbewußte, S. 57-58. Hier sei allerdings nochmals an das in Kapitel 5.3. Gesagte erinnert, daß das Menschenkind den Übergangsobjekten irgendwann die Besetzung entzieht, sie also bedeutungslos werden und nicht in Symbol-Zeichen transformiert werden können. Dennoch bleibt die Grundstruktur der Psyche, Objekte zu besetzen, einen „intermediären Raum“ zu nutzen, als Bereich der Kultur von Bedeutung. Vgl. dazu WAHL, Selbst- und objektbeziehungstheoretische Überlegungen, S. 78. Dieser bei Funke kaum in den Blick geratene Sachverhalt macht die bei Wahl getroffene Option für das Kohutsche Selbstobjekt-Konzept vonnöten, die im Kapitel 6.2. dargestellt wird.
[30] Vgl. FUNKE, Gott und das Unbewußte, S. 115-121.
[31] FUNKE, Sehen oder Hören, S. 274.
[32] Die Exodusfunktion meldet sich etwa in der „subversiven“ Sinnlichkeit des Rituals, seiner Zweckfreiheit, auf die Lorenzer zur Genüge hingewiesen hat.
[33] Zur Kritik am Ansatz von Funke, auf die hier nur kurz eingegangen werden kann, vgl. WILHELMS, Sinnlichkeit und Rationalität, S. 180-185; WAHL, Glaube, S. 534. Wahl diagnostiziert, Funke verharre noch im Dualismus neuzeitlicher Subjekt-Objekt-Trennung, gerade wenn er zu überwinden sei. Es müßte gefragt werden, ob eine „Einheit“, wie sie Wahl postuliert, nicht im Sinne Funkes ein regressiver Rückzug hinter die neuzeitlichen Errungenschaften des Geistes bedeutet. Vgl. FUNKE, Sehen oder Hören, S. 269. Vgl. auch FUNKE, Identität des Subjekts. Ein Rekurs auf Funke auch bei LURZ, Krise.
[34] Vgl. dazu etwa FUNKE, Gott und das Unbewußte, S. 156-162.

damit das spezifische Christliche als Horizont und Form des Symbolischen benannt. Genau dieser Deutehorizont der Tradition spezifiziert dann das Ritual als ein christliches[35].

Im Hinblick auf den Abschnitt 7.9., die symboltheoretische Relecture anhand der Opferkategorie, soll nun noch in der hier gebotenen Kürze auf die Ausführungen Funkes zu Schuld und Opfer eingegangen werden.

6.1.3. Symboltheoretische Konkretion: Die Schuldigkeit des Menschen und das Opfer

Der Ansatz von Dieter Funke nimmt zunächst seinen Ausgangspunkt bei der Gewaltbereitschaft des Menschen, die eines gruppendynamischen Regulativs bedarf, des Opfers[36]. Um die Tiefendimension des Opfers zu beschreiben, bedient sich Funke neuerer psychoanalytischer Theorie, der Entwicklungspsychologie, der Objektbeziehungspsychologie und der Selbstpsychologie. Die Deutung des Phänomens Religion allein vor der ödipalen Deutungsfolie wie noch bei Freud wird dabei modifiziert. Daß hierbei das Paradigma gewechselt wird, sei nur am Rande vermerkt: Das Phänomen Religion wird nicht mehr vom Mythos-Begriff her verstanden, sondern vom Symbol-Begriff. Für den Gedankengang dieser Untersuchung sind hierzu folgende Theorieelemente wichtig. Bereits mit der Fähigkeit des Säuglings zur Symbolbildung ist psychisch die Möglichkeiten zur Ausbildung der Religion angelegt. Damit ist der Bereich des Religiösen lebensgeschichtlich früher fundiert, als Freud dies mit der Deutefolie des ödipalen Konfliktes (3-4 Jahre) tun konnte. Zudem modifiziert die Selbstpsychologie von Heinz Kohut die Theorie Freuds bezüglich einer ödipalen Konstellation. Kohut unterscheidet nämlich zwischen einer ödipalen Phase als dem normal zu durchlaufenden Entwicklungsstadium und dem Ödipuskomplex als einer pathologischen Lösung dieser Phase[37]. Gleichzeitig lenkt er den Blick auf ein neues psychoanalytisches Thema, den Narzißmus[38]. Mit diesem Begriff wird folgendes beschrieben: Gegen Ende des ersten Lebenshalbjahres löst sich die Zweieinheit mit der Mutter auf. Um mit der daraus resultierenden Hilflosigkeit fertig zu werden, entwickelt das Kind unbewußt Größenphantasien. Kohut verwendet hier den Begriff des Größen-Selbst. Zunehmender Realitätskontakt löst diese Selbstidealisierungen jedoch auf. Nun schreibt das Kind die ersehnte Allmacht Mutter und Vater zu. Die

---

[35] Mir scheint ein ähnlicher Gedanke den Überlegungen von KERNBERG, Innere Welt, S. 146-152, über die Generation der Großeltern zugrunde zu liegen: „Der Wunsch und die Fähigkeit, die eigene Vergangenheit mit einer jüngeren Generation zu teilen, entstammt nicht dem unbewußten Neid gegenüber dem Neuen, sondern einem Gefühl der Verantwortung und der Liebe für das, was vorher schon wertvoll war; es wird den Jungen nicht auferlegt, sondern geschenkt“ (ebd. S. 151). Dies gilt es, auf den Glauben anzuwenden.

[36] Diesen Gedanken entlehnt Funke der Opfervorstellung 2 bei René Girard: Der Einzelne wird unschuldiges Opfer, die Gemeinschaft ihrer Gewaltbereitschaft überführt. Vgl. die Beschreibung der Position Girards bei FUNKE, Opfer, S. 164-166. Dort auch die Belege im Werk von Girard. Vgl. kritisch zu Girard GREISCH, Homo Mimeticus. Vgl. dazu auch COLOMBO, Il sacrificio.

[37] Vgl. hierzu den Überblick bei BACAL, NEWMAN, Objektbeziehungstheorien, hier bes. S. 288-295.

[38] Vgl. zu diesem Thema WAHL, Narzißmus.

Entwicklungsaufgabe heißt dann, die idealisierten Eltern- und Selbstbilder gegen realistische einzutauschen[39]. An diesem Punkt führt Funke die Unterscheidung Ich – Selbst ein: Umfaßt das Ich mehrere Strukturen wie das Ich-Ideal oder das Über-Ich, so ist das Selbst der sich selbst erlebende Teil des Ich[40]. Tatsächlich setzt die Selbst-Werdung des Menschen voraus, daß Ich-Anteile wie Idealbilder aufgegeben werden. Und gerade an dieser Stelle bringt Funke Begriff und Sache des Opfers ins Spiel: Das Aufgeben der Idealbilder vom eigenen Leben ist das „Opfer", das der Mensch für seine Selbst-Werdung zu bringen hat. Er weist auf die Destruktivität idealer Lebensentwürfe hin, die jener Fiktion der eigenen Allmacht verhaftet bleiben. Der Mensch verfällt der Sucht, vollkommen sein zu müssen. Gerade religiöse Vorstellungen können zur Spaltung von Ich und Selbst führen, wenn etwa das Ich verteufelt wird, sich klein und unwert vorkommt, während das Selbst sich als göttlich erlebt. Solche Vorstellungen stehen immer auch in Wechselwirkung zu den Gottesbildern[41].

Funke schlägt die Brücke zur Theologie, indem er eine eigene Interpretation des Opfers Christi vorschlägt: Jesu Tod in Konsequenz seiner Menschwerdung und seines Verzichts auf Gewalt läßt sich verstehen als „Opfer" seiner Gottheit (Philipperhymnus). In Anschluß an Peter Zagermann kann gerade der Philipperhymnus als das Aufgeben der Allmachtsphantasien durch Jesus verstanden werden[42]. Jesus verzichtet darauf, unter Rekurs auf seine Gottheit sich der Versuchung und dem Tod zu entziehen. Das Opfer Christi besteht nach dieser These also nicht in der Aufopferung seines Lebens, um eine zürnende Gottheit zu versöhnen - dies wäre in der Sprache der Psychoanalyse die neurotische Version. Vielmehr besteht das Opfer - an Paulus angelehnt - im Aufgeben seiner Gottheit, also in seiner konsequenten Menschwerdung[43]. Zu dieser Menschwerdung gehört dann aber der gesamte Lebensweg, Jesu Botschaft und sein Handeln. Dazu gehören auch die Widerstände gegen seine Botschaft, die Jesus akzeptieren muß und die letztlich zu Jesu Kreuzestod führen[44]. Entscheidend ist nun, daß Jesus die gegen ihn gerichtete Gewalt nicht seinerseits mit Gewalt beantwortet, er sich vielmehr geweigert hat zu kämpfen und so die Gewaltverstrickung der Menschheit wenigstens an einer Stelle durchbrochen hat.

Nimmt man das Jesusgeschehen nun als Paradigma für gelingendes menschliches Leben, könnte man folgendes sagen: Gerade im Verzicht auf Idealbilder liegt das eigentliche Menschsein. In diesem Sinne bleibt menschliches Leben immer fragmen-

---

[39] Vgl. FUNKE, Gott und das Unbewußte, S. 139-140.
[40] Vgl. FUNKE, Opfer, S. 167-169.
[41] Vgl. FUNKE, Opfer, S. 168-169.
[42] Zu Gottes Selbstbeschränkung im Christusereignis vgl. WOHLMUTH, Jesu Weg, S. 141: „Weit über die Theodizeefrage hinaus erhält bei Levinas die These von Gottes Selbstbeschränkung somit eine positive Bedeutung, die nahe an das heranreicht, was christologisch von der Kenose dessen gesagt wird, der nicht an seinem Gottsein festhalten wollte, sondern sich erniedrigte bis zum Tod am Kreuz (...)". Ein Hinweis auf den Philipperhymnus findet sich auch bei BACHL, Eucharistie, S. 69. Daß schon Paul Ricœur die Sünde als Verweigerung der Annahme der endlichen Existenz, somit als Beibehaltung der Allmachtsphantasien verstanden hatte, zeigt MÜLLER, Symbol, S. 295-296, auch S. 302.
[43] Vgl. FUNKE, Gott und das Unbewußte, S. 147-150. Funke setzt sich hier auseinander unter anderem mit BAUDLER, Erlösung, ferner mit ZAGERMANN, Eros und Thanatos.
[44] Vgl. KATHOLISCHER ERWACHSENENKATECHISMUS 2, S. 40.

tarisch. Versteht man die Ödipuskonstellation als ein psychodynamisches Modell und legt dies als Deutefolie über das Jesusgeschehen, kann man Jesus als die Ich-Instanz, den Vater als die verbietende Instanz verstehen, die aber zugleich den Rückfall des Sohnes in narzißtische Omnipotenzgefühle verhindert. Dann wäre das Jesusereignis auch zu deuten als Illustration der großen Aufgabe des Menschen, idealisierte Elternimagines und Selbstbilder zugunsten der realistischen aufzugeben. Das Sterben Jesu als des Sohnes, die Weigerung zu kämpfen läßt sich von hierher folgendermaßen verstehen: Jesus hält die Distanz zum Vater aus. Er bedient sich nicht seiner Gottheit, identifiziert sich gerade nicht mit der Allmacht des Vaters. Diese weitgehend in psychoanalytischen Kategorien vorgenommene Deutung des Todes Jesu kann man theologisch als Treue zur Botschaft vom Reich Gottes benennen. Die „Selbstbegrenzung des Sohnes findet ihren unüberbietbaren Höhepunkt in der Akzeptanz des Kreuzes“[45]. Bezogen auf die Unterscheidung Ich – Selbst kann man ferner sagen: „Im Tod Jesu ist das Sterben jenes Teils des Ich symbolisiert, welcher der Selbst-Werdung im Wege steht. Aus dem Tod des Ich-Ideals geht das Selbst hervor“[46]. Ein solchermaßen neu entstehendes Leben läßt sich theologisch als Auferstehung qualifizieren, die damit nicht nur eine eschatologische Dimension hat, sondern auch schon in der Erfahrung von verändernden Lebensprozessen hier und jetzt angesiedelt wird.

Die hier über das Jesusereignis gelegte psychoanalytische Deutefolie kommt damit zu anderen Ergebnissen, als Freud dies tun konnte. Jesus hätte demgemäß gerade nicht die schicksalhafte Rolle des Ödipus. Er hält in seiner konsequenten Menschwerdung vielmehr Distanz zum Vater, theologisch als Kenosis qualifiziert, psychoanalytisch verstanden als Distanz zur ödipalen Urszene. Ödipus hat noch - unbewußt - die Inzestschranke überschritten. In Jesus wird eine andere Möglichkeit menschlicher Existenz vor Augen geführt, die Einhaltung des Gesetzes, sich nicht an die Stelle des Vaters zu setzen[47]. Dies heißt für den Menschen:

> „Selbstwerdung geschieht nicht durch eine Identifizierung mit dem allmächtig geglaubten Ideal ..., sondern durch ein schrittweises Aufgeben dieser Identifizierung“[48].

Christusnachfolge kann so als Anerkenntnis der Endlichkeit menschlicher Existenz verstanden werden. Damit wird der Kreuzestod Jesu „zur Erlösung vom Allmachtswahn“[49]. Psychoanalytisch gewendet ließe sich so vom Opfer reden:

---

[45] FUNKE, Gott und das Unbewußte, S. 148. Von hieraus kann dann auch eine andere Symboltiefe des Kreuzes augelotet werden, wie dies Müller im Anschluß an Tillich tut: „Es gibt immer eine Gottheit, die abstirbt, wenn Gott in der Authentizität des Glaubens erkannt wird“, vgl. MÜLLER, Symbol, S. 377-379, Zitat von Tillich hier S. 379.

[46] FUNKE, Opfer, S. 170.

[47] Vgl. FUNKE, Gott und das Unbewußte, S. 149.

[48] FUNKE, Gott und das Unbewußte, S. 149. Von hieraus kann dann vielleicht ein Blick auf die Charakterisierung des priesterlichen Dienstes „in persona Christi“ geworfen werden. Denn atmet der priesterliche Dienst die jesuanische Einhaltung der Grenze zu Gott, mündet er auch nicht in einer inneren krankmachenden Überforderung des Seelsorgers. Vgl. dazu auch die Gedanken bei SCHMÄLZLE, Bewußtsein, S. 108.

[49] FUNKE, Gott und das Unbewußte, S. 137.

„Tatsächlich muß ein Mensch, um er selbst zu werden, etwas von sich opfern, hergeben und loslassen. Aber erst, wenn man die inneren Zusammenhänge begreift, ist man geschützt, vom Opfer in der Weise zu reden, die schädlich ist und dem Bannkreis der aggressiven Selbstentwertung verhaftet bleibt“[50].

Von hieraus kann die Rede von der Messe als Opfer neu beleuchtet werden (siehe dazu Kapitel 8.8.). Mit dieser Interpretation gelingt Funke zweierlei: Zum einen wird der Gedanke des Opfers nicht aufgegeben, sondern, von pathologischen Implikationen befreit, als notwendig zum Menschsein gehörig mitgedacht[51]. Zum anderen bleibt das Gottesbild bei Funke spannungsreich und wird nicht nur licht und freundlich gedacht, was ja, gemessen an den biblischen Gottesbildern, eine Verkürzung bedeutete[52]. Die von Freud so genannte „Sohnesreligion“ des Christentums leistet somit einen psychoanalytisch hochbedeutsamen Beitrag zur Selbst-Werdung des Menschen. Im Opfern der Idealbilder („Ich-Ideal“) nimmt der Mensch seine wahre geschöpfliche Stellung ein: Er findet zum Leben als Fragment[53]. Eine solchermaßen im hier und jetzt beginnende „Erlösung“ verweist den Menschen auf seine Endlichkeit, letztendlich auf den anderen Menschen, der ja erst dann in den Blick genommen werden kann, wenn der Allmachtswahn an den eigenen Grenzen scheitert. Das doppelte Liebesgebot des Christentums hat hier seinen Platz: Es sichert das Gottsein Gottes und menschliche Solidarität.

Gerade an dieser Stelle muß nochmals darauf hingewiesen werden, daß es hier nicht um eine psychologische Auflösung des Realitätsgehaltes der Soteriologie geht, sondern um eine „symbolische“ Sicht des Glaubens, die die alten Glaubenswahrheiten und menschliche Erfahrung zusammenführt. Es geht darum, den Kreuzestod Jesu an psychische Erfahrungskategorien des Menschen anzubinden, wie sie etwa die Psychoanalyse zu verstehen lehrt[54]. Erst so wird verständlich, welche „symbolische Erfahrung“ in der Opferkategorie liegt, die zumindest die katholische Tradition für die Messe immer beibehalten hat.

In einer weiteren Veröffentlichung hat Funke diese Gedanken erneut ausgeführt[55]. Sie gibt als Zielpunkt psychoanalytischen wie theologischen Überlegens eine „Praxis

---

[50] FUNKE, Gott und das Unbewußte, S. 139.

[51] Hierin unterscheidet er sich etwa von WAHL, Kreuz, S. 78-81. Wahl vermag die Kategorie des Opfers allerdings nur schwer theologisch zu integrieren.

[52] Vgl. hierzu FUNKE, Der halbierte Gott. Vgl. auch REUTER, Gott schlägt.

[53] Vgl. hierzu LUTHER, Religion und Alltag, bes. S. 160-182. Vgl. auch REUTER, Perspektivenwechsel.

[54] Eine solche Vorgehensweise sieht sich ermutigt durch die Äußerungen des Trienter Konzils in der Doctrina de ss. Missae sacrificio vom 17. September 1562 über das Pascha: „Haec denique illa est, quae per varias sacrificiorum, naturae et Legis tempore [cf. Gn 4,4; 8,20; 12,8; 22, 1-19; Ex: passim], similitudines figurabatur, utpote quae bona omnia per illa significata veluti illorum omnium consummatio et perfectio complectitur“ (DH 1742). Als „Opfer zur Zeit der Natur“ werden, teils in Analogie zum Canon Romanus, die Opfer von Abel, Noah, Abram genannt. Das Konzil geht also von einer Begründung des Opfers in der Natur des Menschen aus, damit postuliert es aber zugleich auch seine (psychische) Erfahrbarkeit. Gerade diesen Aspekt wollen unsere Überlegungen beleuchten, ohne die soteriologische Dimension (Vollendung und Erfüllung aller Opfer und ihrer Aspekte in Jesu Opfertod) zu schmälern.

[55] Vgl. FUNKE, Schulddilemma.

versöhnten Lebens“[56] an, die Abschied von diesseitigen Glücksverheißungen nimmt und das Schulddilemma des Menschen als zum Menschsein gehörig anerkennt. Das Buch bedarf weiterer auch wissenschaftstheoretischer Auseinandersetzungen, die hier nicht zur Gänze geleistet werden können. Für die symboltheoretischen Überlegungen seien nur zwei Beobachtungen benannt. Wichtig ist zunächst, daß Funke das Kreuz Christi und sein Opfer, freilich in der oben dargestellten Neuinterpretation, als „Symbolik versöhnten Lebens“ einführt[57]. Problematisch erscheint indes, wenn Funke die Ambivalenz des Symbolischen, wie sie noch bei Lorenzer begegnet, über weite Strecken aufhebt. Nimmt Lorenzer an, daß Symbole der Freiheit und Symptome des Zwanges in der Regel im Kunstwerk vermischt seien, so geht es Funke um eine

> „kritisch-konstruktive Bearbeitung jener christlichen Praxis, die aus den ‚Symbolen der Befreiung‘ ‚Symptome des Zwanges und der Unfreiheit‘ gemacht hat bzw. macht“[58].

Dem ist zunächst rückhaltlos zuzustimmen. Die Frage ist nur, ob ein solches Projekt in dieser Reinheit durchzuführen ist, oder ob nicht gerade, von Lorenzer her, jedwedem Symbolischen auch immer Symptomcharakter anhaftet. Eine Praxis versöhnten Lebens müßte vielleicht auch die Spaltung von Symbol und Symptom aufgeben zugunsten einer Praxis des Symbolischen, die ihren Symptomcharakter nicht mehr zu leugnen braucht. Hier fordert Funke meines Erachtens vom christlichen Symbolsystem das ein, was er am Gottesbild kritisiert, nämlich die Ambivalenzfreiheit[59]. Von dieser sehr pointierten Position erklärt sich der gelegentlich strenge Umgang Funkes mit Teilen des christlichen Symbolsystems[60]. Könnte man nicht für die Sache des Symbolischen eine ähnliche paradoxe Ambivalenz fordern, wie Funke sie für das Gottesbild vorschlägt: *„Ein Gott, in dem Gut und Böse Platz haben und der doch ganz gut ist“*[61]. Ein solches paradoxes und ambivalentes Gottesbild ermöglicht es nach Funke erst, mit allen Dimensionen menschlicher Existenz in Berührung zu kommen. Besonders im Ersten Testament durchaus dunkel bleibende Gottesbilder werden so ausgehalten, ohne freilich den Glauben an den Gott der Liebe aufzugeben. Ähnliches wäre für den Umgang mit dem Symbolischen einzufordern. Das hieße dann: Das Symbolische ist immer zugleich Symbol der Befreiung und Symptom des Zwanges - und verhilft doch zu versöhntem Leben. Hier können weitere Überlegungen anschließen.

---

[56] Vgl. FUNKE, Schulddilemma, S. 210-227.
[57] Vgl. FUNKE, Schulddilemma, S. 163-182.
[58] FUNKE, Schulddilemma, S. 157.
[59] Vgl. FUNKE, Schulddilemma, S. 200-209.
[60] Etwa in seiner Interpretation des Hebräerbriefes. Vgl. FUNKE, Schulddilemma S. 152. Grundsätzlich wäre zu fragen, ob Funke mit diesem Buch nicht das (praktisch-theologische und psychoanalytische) Modell des interdisziplinären Dialoges verläßt und eine neue Art des Redens über den Menschen und seinen Glauben einführt, die man nicht mehr als „theologisch“ und psychoanalytisch“ einstufen kann, sondern deren Grenzen zerfließen. Gerade der Verweis auf Wolfgang Welsch und sein Diktum der „transversalen Vernunft“ (FUNKE, Schulddilemma, S. 26), die übergangsfähig ist, scheint dies zu bestätigen.

6.2. Symbolische Erfahrung: Der Ansatz von Heribert Wahl[62]

6.2.1. Wissenschaftstheoretische Implikationen

Ähnlich wie Funke geht der Ansatz des Pastoralpsychologen Heribert Wahl von einer Praktischen Theologie aus, die sich interdisziplinär „produktiv am wissenschaftlichen Streit um die Wirklichkeit" beteiligt[63]. Die Wirklichkeit des Menschen ist nicht in religiös und profan aufzuspalten, so daß jede Wissenschaft ihren eigenen Zuständigkeitsbereich hätte. Die eine, unteilbare menschliche Wirklichkeit erlaubt es, die Selbsterfahrung zum Ausgangspunkt der Pastoralpsychologie werden zu lassen[64]. Wahl gründet den Dialog von Psychoanalyse und Theologie auf eine „grundsätzliche Übereinstimmung in den Optionen"[65]. Sie liegt im gemeinsamen Interesse „an Aufklärung und Befreiung aus unbegriffenen, gesellschaftlichen Zwängen" und, der befreienden Praxis des Evangeliums entsprechend, im Kampf „gegen die Unterdrückung und Zerstörung der Identität von Subjekten"[66]. Hier verortet sich Wahl interdisziplinär:

> „Auf eine psychoanalytisch fundierte, praktisch-theologische Symboltheorie trifft weder das ‚ancilla'- noch das ‚Fremdprophetie'-Paradigma, sondern am ehesten das interdisziplinäre ‚Paradigma der konvergierenden Optionen' (...) zu (...)"[67].

Wahl sieht die Pastoraltheologie als Verbindungswissenschaft von Theorie und Praxis. Wählt er das Modell der Konvergierenden Optionen als Paradigma, bleibt doch die Frage, ob dieses Paradigma durchgehalten wird. Wenn Wahl ausführt, die Theologie müsse „stattdessen ernst damit machen, daß sie mit dem Gebrauch des Symbolbegriffs von einer *spezifischen Gestalt von Erfahrung* spricht", deren humanwissenschaftlichen Voraussetzungen es einzuholen gelte, führt er als „missing link" zwischen Theologie und Humanwissenschaft die „'Selbstobjekt'-Struktur menschlicher Erfahrung" ein. Dies scheint bemerkenswert; denn damit ist eine psychoanalytische Position benannt, die als „psychoanalytisch-anthropologische(r) Unterbau"[68] fungiert. Eine *theologische* Verortung und Wertung menschlicher Erfahrung unterbleibt – zumindest an dieser Stelle[69]. Allerdings hält Wahl die Praktische Theologie als begleitenden Horizont und

---

61 FUNKE, Schulddilemma, S. 205.

62 Vgl. die Zusammenfassung seiner wichtigsten Thesen bei WAHL, Symbolic Experience. Zu Wahl vgl. WITTRAHM, Seelsorge, S. 146-162. Es ist jedoch zumindest mißverständlich, wenn Wittrahm das pastoralpsychologische Hauptinteresse Wahls in der „Untersuchung christlicher Symbol-Zeichen als Zentralkategorie christlicher Wirklichkeitserfahrung, Erfahrungsbildung und Verkündigung" (S. 146) sieht. Es geht Wahl gerade nicht um die Symbol-*Zeichen*, sondern um die Bedingungen symbolischer *Erfahrung* anhand der Symbol-Zeichen.

63 WAHL, Pastoralpsychologie, S. 45.

64 Vgl. WAHL, Pastoralpsychologie, S. 47.

65 WAHL, Glaube, S. 83.

66 WAHL, Glaube, S. 83.

67 WAHL, Glaube, S. 72, Anm. 31. Vgl. zur Zuordnung Wahls auch WITTRAHM, Seelsorge, S. 221-222.

68 Alle Zitate bei WAHL, Glaube, S. 85.

69 Vgl. dazu meine schon an Wahl geäußerte Kritik bei ODENTHAL, Rez. Heribert Wahl. Dies ist ein Punkt, an dem die vorliegende Untersuchung, nicht zuletzt durch den Rekurs auf Schillebeeckx, andere Prioritäten setzt.

Ziel bereit[70] und definiert sie als *„Theorie symbolischer Erfahrung und Praxis des Evangeliums im Geist Jesu Christi*“[71]. Diese Definition macht nochmals die von Wahl postulierte grundsätzliche Übereinstimmung von Theologie und Psychoanalyse in den Optionen deutlich[72].

Im Anschluß an seine Symboltheorie entwirft Wahl das großangelegte Projekt einer „symbolagogischen Pastoral“. Gemeint ist damit das Gesamt der Folgerungen, legt man sein symboltheoretisches Konzept einer Praktischen Theologie zugrunde:

> „Es ist klar, daß zu einem solchen Projekt die *inter*disziplinäre *Kooperation* mit allen anthropologisch und theologisch relevanten Wissenschaftszweigen innerhalb der Praktischen Theologie *und* die *intra-* bzw. *kon*disziplinäre innerhalb der gesamten Theologie gehört, wenn denn Theologie (...) wirklich im ganzen eine selber ‚praktische‘ Wissenschaft sein soll und will. Dies kann nur in Teamarbeit erfolgen“[73].

Wie schon bei Rahner (Kapitel 1.3.) geht es um die ‚praktische‘ Dimension der Theologie insgesamt, die sich im intra- und kondisziplinären Dialog innerhalb der Theologie ebenso konkretisiert wie im interdisziplinären Dialog mit den Humanwissenschaften, der im Teilgebiet der Praktischen Theologie geführt wird[74]. Damit ist Theologie nicht mehr Sache des einzelnen Forschers, sondern Gegenstand des Gespächs eines Forscher*teams*. Die Auswirkungen eines solchen Projektes auf die Theologie dürften beträchtlich sein. Die von Wahl vorgelegte Symboltheorie sei nun näher vorgestellt.

6.2.2. Eine praktisch-theologische Symboltheorie[75]

Mit anderen psychoanalytischen Positionen als Dieter Funke hat Heribert Wahl grundlegende Weichenstellungen zum Themenbereich „Symbol“ vorgelegt[76]. Er lenkt den Blick weg vom Symbol als „Ding“, das er „Symbol-Zeichen“ nennt, und legt den Akzent der Reflexion auf die Möglichkeiten und Bedingungen symbolischer *Erfahrung*. Es geht bei Wahl dabei um zwei wesentliche Grundoptionen.

Grundoption 1: *„Das Symbol gibt es gar nicht* (...) *Es gibt nur symbolische Erfahrung von etwas oder jemanden*“[77].

---

[70] So die Überschrift von Kapitel 1.3.3. bei WAHL, Glaube, S. 81.

[71] WAHL, Glaube, S. 70.

[72] Wenn Wahl an anderer Stelle (WAHL, Pastoralpsychologie, S. 52) sagt, „*im Prozeß* dieses Gesprächs“ gelte es, „ die *Verbindungspunkte*, die *Naht*- und die *Bruchstellen* herauszufinden“, so fehlt mir gerade hierbei eine Exakte Benennung dessen, was im Gespräch nicht aufgeht. Dies liegt vielleicht auch in der Sicht der Praktischen Theologie als „*Verbindungswissenschaft*“ begründet (ebd., S. 49), die eher das Verbindende denn das Trennende benennt.

[73] WAHL, Glaube, S. 83.

[74] Vgl. dazu auch WITTRAHM, Seelsorge, S. 158-162.

[75] Vgl. zu Wahl GESTRICH, Seelsorge, S. 158-165.

[76] WAHL, Glaube. Zur Kritik an Wahl, die vor allem den Freudschen Konfliktbegriff und die Rolle des Unbewußten betrifft, vgl. ODENTHAL, Rez. Heribert Wahl. Näher kann hierauf leider nicht eingegangen werden. Es sei aber auf eine grundsätzliche Relecture neuerer psychoanalytischer Theoriebildung im Vergleich zu Freud hingewiesen bei POHLEN, BAUTZ-HOLZHERR, Aufklärung.

[77] WAHL, Glaube, S. 16.

Grundoption 2: *„Das Symbolische lebt von der Differenz“*[78].

Es sind also weniger die Symbole selbst, nun terminologisch als Symbol-Zeichen gefaßt, die Wahl interessieren, als vielmehr die beiden Pole symbolischer *Erfahrung*, zwischen denen das Symbol-Zeichen angesiedelt ist: der Selbst-Pol, also entweder das Subjekt oder auch das Gruppen-Selbst, und der Selbstobjekt-Pol, also eine Mutterfigur, der Seelsorger o.ä.[79]. Der Begriff der „symbolischen Erfahrung“ ist hier zunächst losgelöst vom Gottesdienst. Er gilt für alle kulturellen Formen von Kunst, wie Oper, Konzert etc.: Sie alle ermöglichen symbolische Erfahrung. Der Gottesdienst der Kirche ist nur eine Möglichkeit. Was meint nun „symbolische Erfahrung“? Eine erste Beschreibung: Eigene, subjektive Lebenserfahrungen können mit „geronnenen“, objektivierten Erfahrungen, also dem kulturellen Symbolschatz einer Gesellschaft oder Kirche, verbunden werden. Anhand dieses Tuns werden alte Beziehungserfahrungen wachgerufen. Denn die Fähigkeit des Menschen hierzu ist tief in der psychischen Entwicklung verankert. Anders als Funke sieht Wahl aber die psychische Entwicklung des Menschen nicht unter dem Fokus der Loslösung und Individuation, also von der Trennung des Menschenkindes aus der Symbiose mit der Mutter, sondern macht sich bei der Selbstpsychologie von Heinz Kohut und seiner Revision des Narzißmusbegriffes im Selbstobjekt-Konzept fest. Was bedeutet dies? Es liefert für die Symboltheorie zunächst den Begriff des Selbstobjektes. Das Menschenkind hat die Fähigkeit zur Selbstobjekt-Struktur. Die Mutter wird vom Kleinkind als ein Selbstobjekt, als ein Teil seiner selbst, erlebt. Sie bildet ein notwendiges Lebensmillieu des Kindes und übernimmt stellvertretend Funktionen, die das Kind noch nicht ausüben kann. Diese sogenannte responsive Milieu ermöglicht es dem Kind, die von der Mutter stellvertretend ausgeübten Funktionen immer mehr in die eigene psychische Selbst-Struktur zu übernehmen, also zu verinnerlichen. Gleichzeitig bleibt - jenseits von pathologischen Formen - das Grundbedürfnis des Menschen nach empathischen Selbstobjekten (kurz: nach tragfähigen Beziehungen) ein Leben lang erhalten.
In seinem Buch „Narzißmus?“ hat Wahl das Theoriegebäude von Kohut um einen wesentlichen Gedanken modifiziert. Das Manko der Selbstpsychologie sieht Wahl darin, daß ihr Selbstobjekt-Konzept dual bleibt: Sie nimmt vor allem die Beziehung des Selbst zu seinen jeweiligen Selbstobjekten in den Blick, und zwar mit den beiden Polen Größen-Selbst und idealisierte Eltern-Imago[80]. Tatsächlich wird daraus keine dynamische Dreier-Szene. Genau an dieser Stelle fügt Wahl noch einmal neu den Begriff des Objektes als den dritten Pol ein: Das Selbst benutzt den anderen als Selbstobjekt, muß aber, um zu reifen, einen weiteren Schritt in die Identität zu tun. Dieser Reifeschritt besteht darin, den anderen auch als *reales* Objekt und nicht nur als Selbstobjekt anzuerkennen. Mit anderen Worten: Es wird eine Differenz wahrgenommen, die zwischen dem anderen Menschen und mir, dem anderen als meinem Selbstobjekt

---

[78] WAHL, Glaube, S. 16.
[79] Vgl. etwa WAHL, Glaube, S. 499.
[80] Vgl. WAHL, Narzißmus, S. 186. Mit der Dualität dieses Konzeptes fiele dann die ödipale Situation.

und seiner tatsächlichen Existenz besteht. Der andere Mensch geht nie ganz in seiner Funktion als Selbstobjekt auf. Identität bildet sich aus in der Beziehung zum Anderen *als Anderem*[81]:

> „(...) das spiegelnde (Selbst)-Objekt, mit dem ich verschmelzen und das ich idealisieren kann, ohne darin unterzugehen, (...) muß sich zugleich als jenes ‚andere' Objekt erweisen, das mir nicht identisch ist, sondern mir real-sinnlich begegnen und eine Beziehung mit mir aufnehmen kann – nur am entgegenkommend Anderen meiner Selbst (Differenz) kann ich mich selber erfahren (Identität)"[82].

Diese Differenz wird nun für symbolische Erfahrung unverzichtbar. Nochmals: Der Begriff der „symbolischen Differenz" bedeutet eine Neuformulierung Kohutscher Gedanken durch Heribert Wahl. Er bezeichnet die reife Leistung des Selbst, die Differenz zwischen Selbst und Selbstobjekt wahrzunehmen und anzuerkennen als Grundlage der Fähigkeit, mit dem Selbstobjekt zu „verschmelzen". Für seinen Begriff der symbolischen Differenz bemüht Wahl unter anderem Gedanken von Winfried R. Bion[83]. Demnach meint symbolische Erfahrung, etwas nicht nur denken zu können, sondern emotional-sinnenhaft als abwesend erfahren zu können, das gerade darin symbolisch präsent wird. Genau hier setzt denn auch die „Diabolisierung" des Symbols ein:

> „Es fehlt an der Fähigkeit, die Abwesenheit des gewünschten ‚Objekts' ertragen und denken zu können, so daß es mental repräsentiert und symbolisch erfahren werden könnte – als abwesendes"[84].

Der für Wahl zentrale Begriff der „Symbolischen Differenz" meint: Die Stelle des Abwesenden wird „symbolisch (theologisch: eschatologisch) – offengehalten"[85]. Das bedeutet zweierlei: Das Symbol-Zeichen ist nie ganz mit dem Symbolisierten identisch. Ebensowenig kann das Subjekt je ganz in der symbolischen Erfahrung aufgehen. Eine Differenz zwischen subjektiver Erfahrung und objektivem Zeichen bleibt und verweist über sich hinaus auf eine offene Zukunft, in Bezug auf den Glauben: die Zukunft Gottes. An dieser Stelle erweist die Symboltheorie Wahls ihre Kompatibilität zur theologischen Positionierung dieser Arbeit. Unter Rekurs auf die dargelegten Gedanken von Josef Wohlmuth zur Transzendenz Gottes (Kapitel 4.2.) kann gesagt werden: Die symbolische Differenz sichert die Transzendenz Gottes. Seine Erfahrbarkeit bleibt immer partikulär: Gott wird symbolisch erfahren - als abwesender. Das ersttestamentliche Bilderverbot kann hier durchaus mitgedacht werden[86]. Durch den Differenzcharakter symbolischer Erfahrung und ihre strukturelle Nähe zu Grunddaten des Christentums wird nun aus der *Theorie* eine *Theologie* symbolischer Erfahrung:

---

[81] Vgl. WAHL, Narzißmus, S. 187-188.
[82] WAHL, Narzißmus, S. 13.
[83] Vgl. zu Bion, einem Analysand von Melanie Klein KUTTER, Moderne Psychoanalyse, S. 30; WAHL, Glaube, S. 133-144.
[84] WAHL, Glaube, S.147.
[85] WAHL, Glaube, S. 143-150. Zitat ebd. S. 150
[86] Vgl. WOHLMUTH, Bilderverbot.

Die theoretischen Einsichten in die Struktur symbolischer Erfahrung werden zur Aussage über Gott.
Die Fähigkeit zur Ausbildung eines Selbst-Objektes bildet, wie gezeigt werden konnte, für das ganze Leben eine Struktur der Psyche. Hier ist der Wurzelgrund symbolischer Erfahrung. Für Wahls Symboltheorie ist nun wichtig, daß nie bloß Objekte (auch die Mutter ist ein solches „Objekt") verinnerlicht werden, sondern vielmehr Beziehungserfahrungen mit dem Objekt. Symbole können somit gewertet werden „als ‚äußere' Gestaltungen transformierter Selbstobjekt-Erfahrungen, als externalisierte Selbstobjekt-Repräsentanzen"[87]. Deshalb interessiert auch nie ein „Symbol an sich", sondern immer nur die „symbolische Erfahrung" mit dem „Symbol-Zeichen".

> „Das Symbolische vermittelt das konkrete, emotionale Szenische mit dem Verallgemeinerungsfähigen, Modellhaften (Typischen) und führt es – auf Zeit – in seinem ‚Medium' wieder zusammen, so daß sich das Wissen szenisch verflüssigen und das Szenische generalisieren läßt"[88].

So ruft ein Kunstwerk als unbewußte Untertöne das wach, was der Mensch in seinen frühesten Beziehungserfahrung (etwa mit der Mutter) gespeichert hat[89]. Wie geschieht nun „symbolische Erfahrung"? Wahl schlägt einen pragmatisch-symbolischen Ansatz vor: Eigene Erfahrungen sollen in *fremden* Erfahrungen (den Symbol-Zeichen) wiedererkannt werden, das Vertraute im Unvertrauten. Dazu muß nach Wahl eine passende „Praxis" (der Gemeinde) bestehen, etwa wenn Liturgie „kreativ-mutig" zu gestalten ist[90]. Wahl setzt diesen „pragmatisch-symbolischen" Ansatz gegen den „anthropologisch-tiefenpsychologischen" ab. Bei letzterem werden Sakramente als Ausprägungen anthropologischer Grundbefindlichkeiten verstanden, Symbole zeigen das Allgemein-Menschliche, in dem dann das Individuell-Besondere angeschaut werden kann[91]. So würden etwa die Sakramente (nur) zu

> „kulturellen Ausprägungen dieser anthropologischen Existenzialien (von Geburt, Angst, Schuld, Leid, Trauer, Gemeinschaft, Tod usw.), spezifiziert allein durch ihr (jüdisch)christliches ‚Kolorit'"[92].

Dies kritisiert Wahl zu Recht, weil so letztlich die dem religiös-rituellen Tun zugrunde liegenden *fremden* Erfahrungen entwertet würden zu einem „bloßen Garnieren ‚eigentlich' gemeinter, tiefenseelischer Prozesse"[93]. Und das hieße aber, die fremden Erfahrungen in ihrer Fremdheit, ihrer Differenz zu leugnen und, vergleichbar mit der Jungschen Methode, das konkrete Symbol-Zeichen zum (beliebigen) Ausdruck des Archetypischen zu entwerten. Wahl schlägt ein anderes symboltheoretisches Vorgehen vor.

---

[87] WAHL, Glaube, S. 105.
[88] WAHL, Glaube, S. 112.
[89] WAHL, Glaube, S. 90-97.
[90] WAHL, Glaube, S. 570.
[91] WAHL, Glaube, S. 569.
[92] WAHL, Glaube, S. 569.
[93] WAHL, Glaube, S. 569.

> „Muß zur Überwindung der Erfahrungslosigkeit nicht anders, nämlich *pragmatisch-symbolisch*, angesetzt werden, statt anthropologisch-tiefenpsychologisch ‚fremde' mit eigener (archetypisch fundierter) Erfahrung gleichzusetzen? (...) Dieser inverse Ansatz hätte *durch* wirklich *kongruente* (*passende*) Praxis (...) die Glaubenden zu befähigen, *in* den überlieferten ‚fremden' Erfahrungen (...) die *eigenen wiederzuerkennen*; also nach dem symboltheoretischen Motto ‚im Unvertrauten das Vertraute finden' und nicht im Allgemein-Ideellen das Individuell-Besondere anzuschauen (Goethe)"[94].

Damit ist eine folgenreiche Option getan. Symbolische Erfahrung praktisch-symbolisch zu verstehen, heißt, dem Tun des Menschen einen hohen Stellenwert einzuräumen. Die Praxis, also die Handlung ist das Entscheidende. Symbolische Erfahrung vollzieht sich nicht in der Anschauung des immer schon Gewußten, des im Symbol-Zeichen, etwa im Kunstwerk konkretisierten allgemein Menschlichen, sondern in symbolischer Erfahrung wird etwas Neues hergestellt. Kohuts schon in Kapitel 5.4. erwähntes Zitat über die Rezeption des Kunstwerkes macht dies deutlich. Der Rezipient schafft etwas Neues, da er die alten Kunstwerke als „Schöpfungen aus der Matrix individueller Bedeutung heraushebt, aus der sie entstanden, und sie damit in *moderne* Kunst verwandelt"[95]. Auf die Feier der Liturgie bezogen, bedeutet dies: Nicht die Teilnahme an einer überzeitlichen Liturgie, deren Gnadengaben bloß auf die konkrete Gemeinde appliziert werden, entspricht dem symboltheoretischen Duktus Wahls, sondern das aktive Handeln des Christen in der Gemeinschaft der Kirche ist zu symbolischer (oder auch: sakramentaler) Erfahrung vonnöten[96]. Die römische Instruktion „Liturgiam authenticam" aus dem Jahr 2001 hat übrigens diesen bei Wahl aufgezeigten symboltheoretischen Weg gewiesen, wenn sie anläßlich der Normen zur Übersetzung der Bibel fordert, bei mehreren Übersetzungsmöglichkeiten sei die Variante zu wählen, die „den Zuhörer befähigt, sich selbst und Züge seines Lebens möglichst lebendig in den Personen und Ereignissen des Textes wiederzuerkennen"[97]. Dies ist eine gute Umschreibung dessen, was Wahls pragmatisch-symbolischer Ansatz leisten will. Das bedeutet den Abschied von platonischen Kategorien, die die Liturgie lediglich als Abbild einer immer schon vorgegebenen himmlischen Größe deuten. Nicht archetypische Grundmuster, sondern „geronnene Erfahrungen", die Menschen mit Gott gemacht haben, prägen gottesdienstliches Tun – in das dann natürlich auch menschliche Grunderfahrungen einfließen. Hier bezieht sich Wahl ausdrücklich auf das oben erwähnte, bei Schillebeeckx benannte Korrelationskriterium[98], das den christlichen Glauben nicht schon bei den Fragen der Menschen, sondern erst beim Sinnüberschuß ansetzt. Der Glaube ist zunächst nicht Antwort auf menschliche Fragen, sondern erst an den Sinnerfahrungen (und negativen Kontrasterfahrungen) der

---

[94] WAHL, Glaube, S. 569.
[95] KOHUT, Heilung, S. 283 (Hervorhebung A.O.).
[96] Dies ist übrigens die alte Lehre des „opus operantis". Vgl. dazu das Kapitel 4.1.3.
[97] CONGREGATIO de Cultu Divino et Disciplina Sacramentorum, Instruktion „Liturgiam authenticam" Nr. 42, S. 257. Im lateinischen Text heißt es: „ut optio illa secum ferat auditorem seipsum ac lineamenta quaedam suae vitae in personis et eventibus in textu propositis quam vivide agnoscere" (CONGREGATIO de Cultu Divino et Disciplina Sacramentorum, Instructio „Liturgiam authenticam Nr. 42, S. 140).
[98] Vgl. WAHL, Glaube, S. 608.

Menschen kann die Rede von Gott sinnvoll eingeführt werden und erweist sich dann als sinnstiftender Horizont, als Antwort (vgl. Kapitel 4.1.1). Mit dieser entscheidenden Weichenstellung scheint Wahl die Eigenständigkeit des christlichen Symbolsystems gegen eine archetypische Verflachung, wie sie auch Jungschem Denken innewohnt, retten zu wollen. Dies ist ohne Zweifel ein richtiges Anliegen, doch scheint mir die einseitige Betonung des Pragmatischen ihrerseits würdig problematisiert zu werden. Allzu leicht kann ein solcher pragmatisch-symbolischer Ansatz, so er auf die Feier der Liturgie bezogen wird, in Pragmatismus ausarten, der dann gerade symbolische Erfahrung verhindert. Dies ist umso mehr zu hinterfragen, als bei Wahl an dieser Stelle die Rolle des Unbewußten, die bei Kohut ja noch eine große Bedeutung hat, meines Erachtens diffus wird. Zwar erkennt Wahl dem Kunsterleben (im Gefolge Kohuts) durchaus unbewußte Untertöne zu:

> „Wenn wir uns im Bewundern eines kulturellen Ideals, etwa eines Kunstwerks, erhoben fühlen, bilden die ‚erhebenden' Erfahrungen – etwa von der starken, bewunderten Mutter hochgehoben zu werden und mit ihrer Größe, Sicherheit und Ruhe emotional verschmelzen zu können – die unbewußten Untertöne für die Freude, die wir als Erwachsene jetzt empfinden"[99].

Dies im Ritual etwa der kirchlichen Liturgie erleben zu können, bedarf keines Pragmatismus, sondern des Wissens um die Bedingungen einer Regression im Kunstvollzug des Rituals[100]. Es geht tatsächlich darum, in fremden Erfahrungen eigene wiederzuerkennen. Damit entsteht etwas Neues, das alte Ritual wird „modern". In diesem Sinne geht es dann nicht mehr um die Anschauung des Allgemein-Menschlichen als des mir immer schon Vorgegebenen. Dabei stellt der eigenständige Erfahrungshorizont des Christlichen zum Symbol gewordene Erfahrungen bereit, die natürlich auch das Allgemein-Menschliche wie Geburt, Leben, Tod thematisieren. Eine von Wahl postulierte Pragmatik wird meines Erachtens dann zur Gefahr, wenn Liturgie „pragmatisch" und nicht mehr als kunstvolles Ritual gestaltet wird. Es ist die Grundthese dieser Untersuchung, daß eine als Ritual aufgefaßte Liturgie die Möglichkeit zu symbolischer Erfahrung in sich birgt – und vieler anderer Formen symbolischer Erfahrung neben sich bedarf, sei es in Glaubens- und Bibelkursen, Exerzitien o.ä..
Mit diesen Bemerkungen sind schon zwei Problemkreise in den Blick geraten, die nun näher thematisiert werden und die auch eine andere Weichenstellung dieser Arbeit im Vergleich zu Wahl markieren[101].

---

[99] WAHL, Glaube, S. 97.

[100] In seiner neuesten Publikation hat Wahl nochmals darauf hingewiesen, das Übergangsobjekt im Sinne Winnicotts sei per definitionem nicht in ein Symbol transformierbar (vgl. WAHL, Selbst- und objektbeziehungstheoretische Überlegungen, S. 78). Deshalb kann der Fokus nicht auf den „Übergangsobjekten", sondern nur auf dem „intermediären Raum" als Raum des Rituals liegen. Mir scheint vo hierher das Moment der Regression im Ritual, also die Fähigkeit, in einen intermediären Raum einzutreten, besonders betonenswert. Diese Fähigkeit zur Ausgestaltung eines Selbstobjektes (Kohut), zum Eintritt in den intermediären Raum bleibt ein Leben lang erhalten.

[101] An dieser Stelle sei nur kurz auf neuere Forschungen Wahls hingewiesen, die das Schwergewicht auf Bions Begriffspaar container-contained legen. Diese Gedanken werden nun mit Kohut verbunden zum Begriff des „Selfobject-container" (vgl. WAHL, Symbolic Experience, S. 256). Auch führt Wahl hier näher sein triadisches System aus, bestehend aus Selbst, Symbol-Zeichen und Selbstobjekt-Qualität

6.3. Problemkreise

Hauptsächlich anhand der Position Heribert Wahls, aber durchaus auch im Blick auf die dargestellte Position von Dieter Funke werden nun als zwei Problemkreise zum einen das Zueinander von symbolischer Erfahrung und Transzendenz anhand des Begriffs der symbolischen Differenz, zum anderen die Frage nach der Zuordnung des Unbewußten zur symbolischen Erfahrung ausgeführt. Mit diesen Problemkreisen ist die Untersuchung mitten im interdisziplinären Dialog von Theologie und Psychoanalyse angelangt, denn es geht um die Proprien beider Wissenschaften – das Unbewußte und die Transzendenz Gottes. Ein Kennzeichen des interdisziplinären Dialogs ist nun das Zueinander von theologischen und psychoanalytischen Begriffen, die nicht mehr scharf getrennt, sondern wechselweise aufeinander bezogen werden. Damit ist markiert, daß es um eine *Theologie der symbolischen Erfahrung* geht. Mit einer solchen Theologie der symbolischen Erfahrung geht die vorliegende Untersuchung über Wahl hinaus. Wahl genügt es aufgrund seiner praktisch-theologischen Verortung, schon die von Kohut bereitgestellte Selbtsobjektverwendung als „missing link" zwischen Theologie und Psychoanalyse und, wie als Kritik angemerkt wurde, als Metatheorie der Theologie einzuführen. Die vorliegende Untersuchung geht insofern einen Schritt weiter, als sie eine Vermittlung psychoanalytischer Gedanken mit der Theologie in einem Gespräch versucht, das (in den Worten Wahls) die Ebene des Symbol-Zeichens des Glaubens, also die Theologie, einbezieht und damit selbst Theologie *ist*, ohne der Psychoanalyse ihre Eigenständigkeit abzuerkennen. Dies wird besonders dann deutlich, wenn in Kapitel 7 die Punkte benannt werden, die im Gespräch nicht aufgehen werden. Damit bleibt die Methode dieser Untersuchung durchaus paradox, wenn sie einerseits einen interdisziplinären Dialog führt, der aber andererseits in eine „Theologie der symbolischen Erfahrung" mündet. Dieses Paradox wird auch in den beiden nun dargestellten Problemkreisen deutlich, die zugleich eine von Funke und Wahl verschiedene Positionierung dieser Arbeit benennen.

6.3.1. Symbolische Differenz und Transzendenz

Mit Hilfe des Ansatzes von Wahl gilt es nun, die Frage nach dem Zueinander der Transzendenz Gottes und symbolischer Erfahrung näher zu bestimmen. Der Rekurs auf Schillebeeckx und Wohlmuth machte die Problematik des Begriffes der Transzendenz deutlich (siehe Kapitel 4). Als Zielpunkt menschlicher Transzendenzbewegungen (etwa in der Liturgie) kann Gott selbst benannt werden, aber gerade in seiner Noch-Ausständigkeit für diese Welt. Die Problematik einer Festschreibung der Transzendenz Gottes wurde etwa vom ersttestamentlichen Bilderverbot her deutlich. Aufgabe des Theologen ist es, Gottes Transzendenz zu schützen: Gott kann nur symbolisch oder menschlich vermittelt (Jesus ist das „Symbol" Gottes) erfahren werden, sonst bedürfte es keiner Kirche, keiner Sakramente und keiner Liturgie mehr. Liturgie

---

(vgl. WAHL, Symbolic Experience S. 249 und S. 259). Man darf gespannt sein, welche Variationen diese Theorie noch nehmen wird.

kann nun als Sonderform symbolischer Erfahrung gewertet werden, dadurch spezifiziert, daß sie offen ist für die Erfahrung der Transzendenz Gottes. Solche Erfahrung von „Transzendenz“ geschieht somit unter dem Vorbehalt der „symbolischen Differenz”: Gott kann nur als Abwesender symbolisch erfahren werden. Damit ist ein Kernpunkt der Überlegungen erreicht: Der sich bei Wahl aus psychoanalytischer Theorie ergebende Begriff der symbolischen Differenz „passt” zum Transzendenzbegriff der Theologie.

Wahl definiert die Liturgie als „dramatisch-ästhetisch inszenierte Feier der Glaubenshoffnung, als präsentative Symbolpraxis der Glaubenserfahrung“[102]. Die Feier des Gottesdienstes ist also eine von Menschen inszenierte Feier, unterliegt somit den Kriterien jeglichen kulturellen Feierns. Als liturgisches Tun wird sie spezifiziert durch die Glaubens*hoffnung* und die Glaubens*erfahrung*. Es ist menschliche Erfahrung, und zwar Erfahrung mit Gott, die zur „Inszenierung“ anstiftet. Gott kommt ins Spiel über die „geronnenen Erfahrungen“, die etwa in den Symbol-Zeichen präsent sind, die die Vergangenheit einholen und gegenwärtig machen (Anamnese) und zugleich auf die noch ausstehende Zukunft verweisen, theologisch als Reich Gottes qualifiziert („Glaubenshoffnung“). In den Horizont zwischen Vergangenheit (Glaubenserfahrung) und Zukunft (Glaubenshoffnung) ist das liturgische Tun eingespannt, und zwar als (potentielle) symbolische Erfahrung, die, wie das Sakrament auch, im Feiern der Gemeinde entstehen kann (opus operantis). Gott ist jetzt der, der als Abwesender (!) symbolisch erfahren werden kann[103]. Symbolische Erfahrung der Transzendenz Gottes ereignet sich dann, wenn der Mensch seine Fragen und Sinndeutungen in den Kontext der Gemeinde, ihrer Tradition, der Glaubenserfahrung und ihrer Glaubenshoffnung einbinden kann und so eine neue Wirklichkeit entsteht (Winnicotts ‚potential space‘), in der Gott als Abwesender gegenwärtig erfahren werden kann. Damit ist Gottesdienst symboltheoretisch weder nur „Abbild des Himmels“ noch nur Ausdruck allgemein menschlicher Fragen. Die Rede von himmlischer Liturgie ist selbst schon eine symbolische Äußerung, die meines Erachtens - symboltheoretisch gesehen - nicht adäquat beschreibt, was sich im Gottesdienst ereignet. Sie setzt symbolische Erfahrung schon voraus. Gottesdienst ist auch nicht die Stillung allgemein-religiöser Bedürfnisse, die mehr oder weniger zufällig im christlichen Kontext stattfindet. Erst dort, wo Menschen eine Glaubensentscheidung im Horizont des Christentums getroffen haben, kann man im Sinne Wahls von symbolisch-sakramentalem Tun sprechen. Sonst handelt es sich um „Allopraxis“ in der Kirche[104]. Mit dieser Unterscheidung, die dem Korrelationskriterium von Schillebeeckx entspricht, entgeht Wahl der Gefahr einer rein formalen Bestimmung symbolischer Erfahrung. Das spezifisch Christliche einer auch ansonsten möglichen symbolischen Erfahrung ist durch die Berufung auf das Lebensschicksal des Jesus von Nazareth gegeben. Damit ist das Verhältnis des

---

[102] WAHL, Glaube, S. 82.

[103] Vgl. WAHL, Glaube, S. 147.

[104] Vgl. WAHL, Glaube, S. 573. Damit ist die Debatte um eine Sakramentenspendung an Nichtglaubende eingefangen.

religiösen Symbol-Zeichen zum kulturellen Symbol-Zeichen bestimmt. Anders gesagt: Der „intermediären Raum“ kann durch seine Einbindung in einen christlichen Deutehorizont theologisch als „Raum möglicher Erfahrung der Transzendenz Gottes“ qualifiziert werden. Von einem solchen Symbolverständnis her – der Mensch „konstruiert“ den intermediären Wirklichkeitsbereich als einen Bereich von Kunst, Kultur, Symbol und Ritual – wird das Widerfahrnis der Transzendenz Gottes an geschichtliche Ereignisse angebunden, an die Geschichte Gottes mit den Menschen. Diese Geschichte wird nun im Ritual „verflüssigt“, dem Menschen zugänglich gemacht, und steht der Verbindung mit der jeweiligen Lebenswirklichkeit offen. Genau darin ereignet sich das Widerfahrnis der Transzendenz Gottes, nämlich als eine neue Deutung der Lebensgeschichte und damit zusammenhängender partikularer Erfahrungen von Gott her. In der symbolischen Erfahrung knüpft der Mensch seine Erfahrungen an die Glaubenserfahrung der Kirche, die normativen Erfahrungen mit Gott an und hält so zugleich die den Christen aufgegebene kritische Distanz zur Welt. So kann durchaus im symbolischen Handeln von Himmel, himmlischer Liturgie gesprochen werden, nämlich als Chiffre für einen die Welt, das Hier und Jetzt übersteigenden christlichen Deutehorizont, nicht jedoch in einem konkretistischen Welt- und Kosmosverständnis[105]. Denn es geht nicht um einen Einbruch des Jenseits, sondern um die Externität des Symbol-Zeichens, durch das der Mensch „transzendiert“ wird auf die schlechthinnige Transzendenz Gottes hin. Die Rede von der „himmlischen Liturgie“ scheint mir von hieraus als *Paradigma* der Liturgie nicht mehr sinnvoll zu sein, bleibt aber sinnvoll als *symbolische Aussage*, die im gottesdienstlichen Tun eine andere Dimension benennt, nämlich die erhoffte Vollendung bei Gott.

Ein Kritikpunkt am Begriff der symbolischen Differenz sei jedoch angebracht. Der Durchgang durch die psychoanalytische Theorie hatte die Ambivalenz des Symbolischen in seiner Nähe zum Symptom aufgewiesen. Es fragt sich, ob die symbolische Differenz nicht ein zu schwacher Ersatz für die Ambivalenz des Symbolischen ist, vor allem, wenn es im Lichte des Freudschen Kulturkonfliktes gelesen wird[106]. Genügt der Begriff der symbolischen Differenz, um die grundlegende Konflikthaftigkeit menschlicher Existenz zur Sprache („zum Symbol“) bringen zu können? Wahl verzichtet in seinem selbstpsychologischen Entwurf auf den von Freud beschriebenen Grundkonflikt zwischen Individuum (Trieb) und Kultur, ja bezeichnet ihn geradezu als „Geburtsfehler der Psychoanalyse“[107]. Dies trägt mit dazu bei, daß sich Wahls pastoraltheologischen Ausführungen, vor allem sein implizites Kirchenbild, utopisch-idealistisch lesen. Ein Konflikt hat in der von Wahl entworfenen

---

[105] WOHLMUTH, Jesu Weg, S. 55 ist einer der wenigen, die diese Fragen stellen: “Die Vorstellung “Himmel oben” hat unter astrophysikalischen Voraussetzungen seinen gehalt verloren. Ist damit aber auch eine ästhetische Gestik der Liturgie wie das Erheben der Hände oder der Gaben nach oben obsolet geworden?”

[106] Wahl entsorgt sich meines Erachtens hier zu schnell durch das auf Hermann STENGER, Symbole und Diabole, zurückgehende Diktum des „Diabols“. Vgl. WAHL, Glaube, S. 147 u.ö..

[107] WAHL, Glaube, S. 237(nach Neubaur).

dialogischen, geschwisterlichen und empathischen Kirche keinen Platz mehr[108]. Die Ambivalenz des Symbolischen im Kulturkonflikt bei Freud hängt wesentlich mit der Wertung des Unbewußten in der symbolischen Erfahrung zusammen. Dies ist der nächste Problemkreis, der nun aufgezeigt werden soll. Mit diesen Kritikpunkten sind die anderen Akzentsetzungen dieser Untersuchung benannt.

6.3.2. Symbolische Erfahrung und die Rolle des Unbewußten

Bei der Zuordnung von symbolischer Erfahrung und Unbewußtem, wie sie Wahl vorgenommen hat, wird sich Kritik melden müssen: Geht das Kunst-(Symbol)-Erleben, gerade bezüglich seiner unbewußten Komponente, darin auf, als unbewußte Untertöne im Kunsterleben das wachzurufen, was der Mensch in seinen frühesten Beziehungserfahrung (etwa mit der Mutter) gespeichert hat[109]? Meint die Dimension des Unbewußten nicht mehr[110]? Wie gezeigt werden konnte, geht es bei Lorenzer im Kunsterleben um die „überfamilial-kollektive(n) Formen von Weltaneignung“[111]. Die gesellschaftlich zensierten Lebensentwürfe sind unbewußt im Kunstwerk präsent und rufen Visionen und Phantasien des Menschen wach und schaffen so die Vermischung von Symbolen der Freiheit und Symptomen des Zwangs, wie sie Lorenzer für das Kunstwerk in der Regel annimmt. Wahl rezipiert bezeichnenderweise vermehrt Gedanken der ersten Phase bei Lorenzer, kritisiert die Versprachlichung des Symbols bei Lorenzer: „Sprache hat jedoch kein Monopol auf Symbolik“[112]. Er nimmt aber die von Lorenzer mit dem Buch „Das Konzil der Buchhalter“ entwickelten Gedanken wenig in den Blick, wohl wegen der dort vorfindlichen Wertung des Unbewußten im Kunsterleben. Hier zeigt sich ein zentrales Theoriedilemma. Geht man nicht mehr von einem bei Freud noch grundlegenden Kulturkonflikt aus[113], braucht man solch unbewußte Untertöne im Kunstwerk, die das (gesellschaftlich) Verdrängte symbolisieren, nicht mehr zu postulieren. Gegen die meines Erachtens zu positive Sicht bei Wahl mache ich mich beim Triebkonzept Freuds fest, verstanden als Chiffre, um den Konflikt von Individuum und Kultur zu beschreiben. Sicher kann es bei der Dimension des Unbewußten in symbolischer Erfahrung nicht um das *individuell* Verdrängte gehen – dies bleibt weiter unbewußt und kann eventuell im psychotherapeutischen Prozess wie im Traumerleben zugänglich werden. Die Position Freuds läßt sich übrigens mit dem Konzept Winnicotts verbinden. Die Erschaffung des intermediären Raumes, auf die vor allem Funke rekurriert, kann, wie gezeigt wurde, als eine Voraussetzung symbolischer Erfahrung gedeutet werden. Aber die Schaffung des intermediären Raumes resultiert aus einer Mangelerfahrung des Kindes. Das Kind

---

[108] Wahl verwendet hier einen Begriff von Hermann Stenger: „empathisch-redemptives Millieu“ (WAHL, Glaube, S. 511).
[109] Vgl. WAHL, Glaube, S. 90-97.
[110] So GESTRICH, Seelsorge, S. 161-162. Gestrich kann aber nur im Blick auf Säuglingsforschung und Tradition des Begriffs das Unbewußte einfordern.
[111] SCHMID NOERR, Symbolik, S. 469.
[112] WAHL, Glaube, S. 210.

erbringt diese Leistung, weil die Mutter es enttäuscht hat, nicht immer zur Verfügung steht. Die Leistung ist also an den vorhergehenden Konflikt gebunden, der somit auch hier mit der Genese der Kultur verbunden ist. Aber wie ordnet sich das Unbewußte symbolischer Erfahrung zu? Wahl problematisiert zurecht die Annahme, die vor allem von Joachim Scharfenberg vertreten wird, religiöse Symbole „besäßen quasi-personal und aus sich aus die Fähigkeit, menschliche Grundambivalenzen und -konflikte unbewußt [!] zu bearbeiten, zu bewältigen und zu lösen"[114]. Die von mir vorgeschlagene These ist schlichter: Symbole besitzen nicht die Fähigkeit, menschliche Grundambivalenzen und -konflikte zu lösen, aber sie vermögen sie darzustellen. Es geht nicht, zumindest nicht in jedem Falle, um eine Bewußtmachung des Konflikts, vor allem nicht im Sinne der Bewußtmachung des individuell Verdrängten. Aber es geht darum, Ambivalenzen als unbewußte zu repräsentieren. So wirken Symbole nicht heilend, aber heilsam[115]. Dies kann durchaus in Analogie zum Traum verstanden werden, Freuds „via regia" zum Unbewußten[116]. Auch der Traum bearbeitet Konflikte, er gibt die Möglichkeit zum Bewußtwerden des Konflikts, löst sie hingegen nicht dauerhaft. Symbolische Erfahrung wäre analog: Sie gibt die *Möglichkeit* zur Bewußtwerdung des Konflikts, ohne daß dies immer sein muß, macht ihn *als unbewußten* präsent, aber löst ihn nicht[117]. Konflikte sind im Ritual unbewußt da, werden nicht gelöst, nicht bearbeitet, sind aber präsent, und in diesem Sinne ist ein Ritual heilsam. Konflikte werden unbewußt einen Moment im „intermediären Raum" „aufgehoben". Wahls „symbolisches Beziehungshandeln in einer gemeinsamen *Modellszene gelingenden Lebens*"[118] klingt hier insofern zu optimistisch, als es immer auch um die symbolische Darstellung *nicht* gelingenden Lebens geht. Religiöse symbolische Erfahrung kann gerade in der Erfahrung des Bruches menschlicher Existenz bestehen. Von hierher ist gelingendes Leben immer nur ein Bild, weil es gilt, vor diesem Bild den Bruch darzustellen, der menschliche Lebenswirklichkeit durchzieht. Dies kann als heilsam erlebt werden. Konflikte klingen unbewußt in symbolischer Erfahrung an, ohne bearbeitet oder gar gelöst zu werden. Dies ist heilsam, da Konflikte so eine Darstellung finden, ohne ins Bewußtsein vordringen zu müssen. So hält jedes Ritual die Konfliktstruktur menschlichen Seelenlebens wie die Konflikthaftigkeit menschlicher Lebenswelt insgesamt bereit. Es wird ein Raum geschaffen, der den Menschen in seiner Fragmentarität umfasst.

---

[113] Vgl. WAHL, Glaube, S. 237.
[114] WAHL, Glaube, S. 507. Zum „Konflikt" bei Scharfenberg vgl. WITTRAHM, Seelsorge, S. 136-138.
[115] Zu dieser Unterscheidung vgl. REUTER, Therapie und REUTER, Perspektivenwechsel. Vgl. auch Kapitel 8.6.
[116] Vgl. hierzu FREUD, GW II/III.
[117] Als Beispiel mag ein Verweis auf Gedichte Paul Celans genügen: Sie sprechen in der Tiefe des Menschen etwas an, das nicht gefasst werden kann, das man vielleicht auch nicht fassen will. Und dennoch gibt die Beschäftigung damit Trost. Vgl. zu einer psychoanalytischen Sicht auf Celans Werk BOLLACK, Wahngänge. – Übrigens zeigen Erfahrungen psychoanalytischer Gruppentherapie, dass „etwas geschieht" bei einem Teilnehmer, auch wenn er sein eigenes Leben nicht verbalisiert, und zwar dadurch, dass die Dimension des Unbewußten durch andere Teilnehmer kommunikabel gemacht werden. Also: Hier wird ein Konflikt o.ä. unbewußt repräsentiert, nicht mehr verdrängt, bleibt aber unbewußt.

Die hier vorgenommene Positionierung hat indes vielfältige Auswirkungen, denn es geht um die unbewußte Dimension des Rituals. Im 8. Kapitel werden einige dieser Auswirkungen näher besprochen werden, so etwa das Problem der tätigen Teilnahme der Gläubigen. Vom hier vertretenen Ansatz aus wird die tätige Teilnahme der Gläubigen immer dann zu hinterfragen sein, wenn sie mit liturgischem Aktionismus verwechselt wird (Kapitel 8.4.). Es wird um den „intermediären Bereich" als einen Raum der Regression gehen. Das Wissen darum wird auch für die Gestaltung der Liturgie Auswirkungen haben, wenn sie Regression ermöglichen soll. Dabei sei nochmals festgehalten, daß diese Untersuchung einen symboltheoretischen, keinen handlungstheoretischen Ansatz wählt. Die von Wahl aufgezeigte Alternative „pragmatisch-symbolisch" versus „anthropologisch-tiefenpsychologisch"[119] erweist sich von hierher als nicht zutreffend. Der symboltheoretische Ansatz, der den Dialog mit der Psychoanalyse führt, siedelt sich zwischen beiden Ansätzen an: Pragmatisch-symbolisch deshalb, weil durch die feiernden Menschen jener intermediäre Raum eröffnet wird, in dem sich das Ritual ansiedelt. Anthropologisch-tiefenpsychologisch ist der Ansatz deshalb, weil dem Ritual eine unbewußte Tiefendimension innewohnt, die immer auch den grundlegenden Kulturkonflikt repräsentiert. Das bedeutet nicht die Verkennung der Praxis und redet ferner nicht einer „Metaphysik des Unbewußten" das Wort, wie sie etwa C.G. Jung postuliert. Beide Extreme sind zu meiden, eine (auf Jung aufbauende) neuplatonische Sicht des Anthropologisch-Tiefenpsychologischen ebenso wie ein nur handlungstheoretisch orientiert Pragmatismus.

6.4. Ergebnis

Die Ergebnisse dieses 6. Kapitels sind vielfältig. Zunächst wurde eine nähere Bestimmung der Rolle des Unbewußten versucht. Durch den Rekurs auf die Positionen Funkes und Wahls wurden sozusagen die beiden Brennpunkte der Ellipse bestimmt: Die Bedeutung des intermediären Raumes, darin des Dinglich-Materiellen, bei Funke, die Bedeutung des Beziehungs- und Erfahrungsaspektes zwischen den nun Symbol-Zeichen genannten Dingen und dem Menschen bei Wahl. Zugleich boten beide Positionen einen Brückenschlag zur Theologie. Es enstand, unter Kritik und Würdigung beider Positionen, eine *Theologie der symbolischen Erfahrung*. Unter Rückgriff auf die theologische Verortung in Kapitel 4 konnte dabei das spezifisch Christliche in die zunächst allgemeine Ritualtheorie eingeführt werden. Der christliche Deutehorizont besteht in der Berufung auf die Person Jesu und sein Pascha, was die geronnenen Erfahrungen der Menschen mit Gott spezifiziert. Es gelang somit, den intermediären Raum, so er im christlichen Kontext entsteht, als Raum potentiellen Widerfahrnisses der Transzendenz Gottes zu qualifizieren. Psychisches Erleben konnte mit den Grundaussagen christlicher Theologie über das Pascha verbunden werden. Der Begriff der symbolischen Differenz konnte hier als Sicherung des

---

[118] WAHL, Glaube, S. 504.
[119] Vgl. WAHL, Glaube, S. 569.

eschatologischen Vorbehalts dienen. Die beiden Proprien der am Gespräch beteiligten Disziplinen, die Transzendenz Gottes und das Unbewußte, wurden problematisiert und auf die symbolische Erfahrung bezogen. Dies ist nicht unerheblich, denn durch den Brückenschlag zur Theologie wurde aus der Theorie des Symbolischen im Kontakt mit der Psychoanalyse eine „Theologie der symbolischen Erfahrung" des Menschen, freilich in einem anderen Sinne als Rahners „Theologie des Symbols" (siehe Kapitel 4.0.). Damit ist der Boden des interdisziplinären Dialogs schon längst betreten. Die Theorie des Symbolischen hat sich zu einer praktisch-theologischen Theologie symbolischer Erfahrung gewandelt. Sie mündet nun in die praktisch-theologische Theorie des Rituals als Symbolgeschehen, mit der das liturgische Tun der Kirche bestimmt werden kann. So steht am Anfang des nächsten Kapitels die *zentrale These dieser Untersuchung*, die versucht, alle Denkansätze zusammenzufassen. Das dann folgende 8. Kapitel wird Auswirkungen und Implikationen dieser These problematisieren.

IV. Abschnitt
Liturgie als Ritual. Praktisch-theologische Ausfaltungen

Die theologische und psychoanalytische Verortung führte im letzten Abschnitt zu einer *Theologie der symbolischen Erfahrung*. Das Ritual konnte hierbei als eine Sonderform symbolischer Erfahrung im Rahmen der jüdisch-christlichen Tradition verstanden werden. Zugleich wurden die Spezifica beschrieben, die das Ritual als *kirchliche Liturgie* auszeichnen, allen voran die Charaktersierung als *Feier des Pascha-Mysteriums*. Die strukturelle Nähe psychoanalytischer Einsichten zu theologischen Grunddaten und die Verbindung beider in der *Theologie der symbolischen Erfahrung* zeigte die Einheit von Form und Inhalt des Rituals in der jüdisch-christlichen Tradition. Von hieraus kann nun beschrieben werden, was es denn bedeute, die Liturgie der Kirche als Ritual zu verstehen. Die bisherigen Überlegungen münden deshalb nun im 7. Kapitel in einer ausführlichen zentralen These, die durch einen Kommentar nochmals ausgefaltet wird. Vieles von dem bisher Gesagten wird dabei wiederum zur Sprache kommen, um eine bessere Verständlichkeit der Gedanken zu erreichen. Das 8. Kapitel wird sodann, als praktisch-theologische Ausfaltungen, Konsequenzen des hier vorgestellten Ritualverständnisses aufzeigen. Schon an dieser Stelle sei darauf hingewiesen, daß der Leser konkrete Handlungsanweisungen für die Feier der Liturgie dort vergeblich suchen wird.

7. Kapitel
Der Dialog von Theologie und Psychoanalyse

Überlegungen zu Begriff und Sache des Rituals durchziehen diese Arbeit von Anfang an. In Kapitel 1 wurde das Ritual als Symbolgeschehen definiert, das durch eine gleiche Abfolge von Handlungen geprägt ist. Ferner wurde auf das große Interesse soziologischer Forschungen (mit Namen wie Mary Douglas und Victor Turner) am Thema Ritual hingewiesen. Nach einem Durchgang durch die Tradition (2. Kapitel) zeigte das 3. Kapitel die Bedeutung des Rituals in der als postmodern oder als Erlebnisgesellschaft zu wertenden Gegenwart. Stichworte wie „Ästhetisierung des Alltags" und „Sakralisierung des Subjekts" wiesen auf die Bedeutung des Rituals hin, besonders im Blick auf ihre identitätsstiftende Funktion für Einzelne wie für gesellschaftliche Gruppen. Hier konnte bereits der kirchlichen Liturgie als Differenzerfahrung eine unverzichtbare Bedeutung in der Erlebnisgesellschaft zuerkannt werden. Die theologische Verortung des Erfahrungsbegriffes qualifizierte anhand des Korrelationskriteriums die konkrete Lebens- und Weltgeschichte als Orte des Widerfahrnisses der Transzendenz Gottes (4. Kapitel). Sodann folgte die psychoanalytische Positionierung in der Theorie des Symbolischen (5. Kapitel), die schließlich zu einer *Theologie symbolischer Erfahrung* führte (6. Kapitel). Die Fäden psychoanalytischer und theologischer Theorie fließen nun in der zentrale These dieser Untersuchung zusammen. Als praktisch-theologische, interdisziplinär ausgerichtete Theorie der Liturgie als Ritual bietet sie nun eine Definition des Gottesdienstes als Symbolgeschehen. Damit ist schon ein besonderer Fokus gesetzt: Es geht im folgenden nicht um die vielen (auch säkularen) Formen des Rituals, sondern um das Ritual im Rahmen der jüdisch-christlichen Tradition. Seine Spezifica werden dabei nochmals benannt, ebenfalls eine weitere Spezifizierung hin zur kirchlichen Liturgie vorgenommen.
Die folgende These führt bei den einzelnen Gedankenschritten jeweils den Namen des Referenzautors auf und verweist so auf die vorhergehenden Kapitel.

7.1. Die zentrale These: Liturgie als Ritual

Das Ritual ist ein Symbolgeschehen, das in einem eigenem Wirklichkeitsbereich, dem „intermediären Raum" (Winnicott) seinen Ort hat. Es vermittelt zwischen den subjektiven Erfahrungen des Menschen und den im Symbol „geronnenen Erfahrungen", die Menschen mit ihrem Gott gemacht haben (Funke und Schillebeeckx). Das Ritual ist somit offen für „symbolische Erfahrung" (Wahl), bei der Menschen die Symbole und Riten des Glaubens als „Selbstobjekt" (Kohut) nutzen, das die subjektiven Erfahrungen nochmals transformiert und verändert (Bion). Diese Erfahrungen umfassen zwei Pole: Die Erfahrung des Schutzes, der Geborgenheit, wie des Aufbruchs ins eigene Leben, der Selbstbehauptung (Kohut). Das Ritual dringt bis zu den Tiefenschichten der Seele, dem Unbewußten vor. Es lädt zur Regression ein und ruft so Beziehungserfahrungen frühester Kindheit wach (Wahl).

In solcher rituellen symbolischen Erfahrung geschieht das „Widerfahrnis der Transzendenz“ Gottes (Wohlmuth), aber gemäß der „symbolischen Differenz“ (Wahl): Gott wird erfahrbar, aber als Abwesender, gemäß des ersttestamentlichen Bilderverbotes (Wohlmuth).
Das Ritual wird als kirchliche Liturgie dadurch spezifiziert, daß die symbolische Erfahrung der Transzendenz Gottes an Leben und Werk Jesu gebunden ist und das rituelle Tun in der Gemeinschaft der Kirche „durch Christus, unseren Herrn“ geschieht. Die Liturgie ist von hierher als Feier des Pascha-Mysteriums zu bestimmen. Und genau diese rituelle symbolische Erfahrung als Feier des Pascha-Mysteriums ist bereits die Gnadengabe Gottes an seine Kirche (Schillebeeckx). Die Doppelstruktur menschlicher symbolischer Erfahrung, nämlich Schutz und Aufbruch, entspricht der Doppelstruktur des Pascha-Mysteriums (Funke): Die Vergewisserung der schützenden Nähe Gottes im Mahlgeschehen ermöglicht den Schritt zur Befreiung.
Mit der Einführung der Dimension des Unbewußten ist zugleich die Konfliktstruktur des Seelenlebens des Menschen und seiner Lebenswelten benannt (Freud), die wie die Gotteserfahrungen im Ritual zur Darstellung findet. Gerade die Sinnlichkeit der präsentativen Symbolik des Rituals ist Ausdruck dessen und sichert die Individualität des Menschen (Lorenzer): Eigene Lebenserfahrungen können in den Symbol-Zeichen des Glaubens eingeborgen werden. Das Ritual erweist sich als heilsam, da unbewußt nicht nur Beziehungserfahrungen (positive wie negative) wachgerufen werden, sondern auch Konflikte unbewußt zur Darstellung kommen können, ohne aber bearbeitet oder gar gelöst werden zu müssen. Das Ritual wird somit zur Symbolisierung fragmentarischen Lebens. Im Blick auf Jesu Leben, Tod und Auferstehung („Pascha-Mysterium“) findet dies seinen theologischen Horizont und öffnet gleichzeitig den Blick auf das noch ausstehende Reich Gottes (Schillebeeckx).

7.2. Kommentar

Die These, in die die Ergebnisse der vorangegangenen Kapitel einmünden, sei nun ausgefaltet. Um sie adäquat würdigen zu können, muß noch einmal auf das Korrelationskriterium von Schillebeeckx verwiesen werden (Kapitel 4.1.1.). Es besagt, daß eine Erfahrung durch den christlichen Deutehorizont zu einer Erfahrung Gottes werden kann, sie vorher bereits eine Sinnerfahrung birgt, die freilich durch den christlichen Glaubenskontext vertieft und in ihrer ganzen Fülle freigelegt wird. In diesem Sinne ist das Ritual Symbolisierung menschlicher Grunderfahrungen um Geburt, Leben und Tod, die nun in den Horizont christlicher Glaubenstradition eingefügt werden, also eine inhaltliche Füllung durch das Christusereignis erhalten und so ihren ganzen Sinn entfalten. Noch einmal anders gesagt: Die Anwendung dieses Korrelationskriterium auf die hier entfaltete These bedeutet, daß die kirchliche Liturgie *zunächst* schlicht dem Bereich der Kultur zugeordnet wird, wenn es hier, wie andernorts auch, um menschliche Grunderfahrungen geht. Vieles von dem hier Gesagten gilt dann auch für andere Formen kulturellen Erlebens und auch für andere Formen rituellen Erlebens.

Damit das Ritual als kirchliche Liturgie ausgewiesen werden kann, ist eine Spezifizierung notwendig. Sie führt über Begriff und Sache des Pascha-Mysteriums. Eine der entscheidenden Weichenstellungen dieser Überlegungen ist nun, daß das Pascha-Mysterium in seiner bipolaren Dimension menschlichen Grunderfahrungen von Schutz und Aufbruch entspricht. Das Abendmahl Jesu dient der Vergewisserung des Schutzes Gottes, damit der Schritt in die Ereignisse des Kreuzes und der Auferstehung getan werden kann. Dies ist eine Verdeutlichung der von Schillebeeckx postulierte Einheit menschlicher Erfahrung: „Menschen sind die Worte, mit denen Gott seine Geschichte erzählt“[1]. Menschliche Grunderfahrungen werden ritualisiert und in Verbindung mit dem Christusereignis und seinem Pascha zur kirchlichen Liturgie. Die Liturgie als Symbolsystem kann ihrerseits wieder auf menschliche Erfahrung hin verflüssigt werden, wenn sie zum Horizont und Ausdruck menschlicher Lebenserfahrung und ihrer Deutung im Glauben wird: Eigene Lebenserfahrungen können in den Symbol-Zeichen des Glaubens eingeborgen werden. Dies ist keine intellektuelle Leistung, sondern eine Erfahrung, die theologisch als Widerfahrnis der Transzendenz Gottes zu werten ist. Hier kommt die *Theologie der symbolischen Erfahrung* zu ihrem eigentlichen Ziel.
Damit wird noch einmal deutlich, daß es beim interdisziplinären Dialog zwischen Theologie und Psychoanalyse mit dem Fokus des Rituals nicht um eine Auflösung religiöser Kategorien in psychologische Gesetztmäßigkeiten geht, sondern um eine Anbindung der Glaubenswahrheiten an die Erfahrungsbasis des Menschen und somit letztlich um eine Bestätigung und Vertiefung des Glaubens im Rahmen der Konvergenzen des Gespräches. Gleichzeitig geht es nicht um eine Bekehrung und christliche Vereinnahmung der Psychoanalyse, wie in den bleibenden Divergenzen deutlich wird, die am Ende des Kapitels benannt werden. Theologisch folgen solche Überlegungen also streng dem inkarnatorischen Prinzip der christlichen Tradition[2]. Die voranstehende These sei nun nochmals unter verschiedenen Blickrichtungen ausgefaltet.

a) Zunächst wird durch den Rekurs auf Donald W. Winnicott (siehe Kapitel 5.3.) als psychischer „Ort“ des Rituals der sogenannte intermediäre Raum („potential space“) angegeben, der als eigener Wirklichkeitsbereich zu werten ist und die Schwebe hält zwischen innerer und äußerer Realität. Das Ritual vermittelt subjektive Erfahrung mit den kulturell im Raum der Kirche gesammelten Erfahrungen des christlichen Glaubens. Mit dem dritten Wirklichkeitsbereich ist zugleich ausgesagt, daß jedes rituelle Tun des Menschen nicht den normalen alltäglichen Gesetzmäßigkeiten unterliegt, vor allem nicht alleine dem Bereich diskursiver Logik zuzurechnen ist. Der intermediäre Raum ist ja Raum des „versunkenen Spiels“ und als solcher Ort der

---

[1] SCHILLEBEECKX, Menschen, S. 7.
[2] So sagt das Konzil von Chalkedon: „ein und derselbe ist Christus, der einziggeborene Sohn und Herr, der in zwei Naturen (...) unvermischt, unveränderlich, ungetrennt und unteilbar erkannt wird...“ (DH 302). Genau dieses inkarnatorische Prinzip versucht der interdisziplinäre Dialog mit dem Modell der konvergierenden Optionen zu wahren.

Kreativität. Das Ritual gehört somit zum Bereich von Kunst und Kultur. Genau an dieser Stelle wird das Ritual offen für eine Perspektive von der Ästhetik her[3]. Aus theologisch-liturgiewissenschaftlicher Perspektive bedeutet dies, dem Mysteriencharakter der Liturgie gebührend Rechnung zu tragen. Der Gottesdienst führt den Menschen vor das Geheimnis des transzendenten Gottes (s.u.). Wird der Mysteriencharakter etwa durch eine allzu platte alltagsbezogene Gestaltung aufgehoben, wäre das Ritual selbst schon zerstört. Desweiteren schadet auch jede überzogene katechetische Verzweckung dem rituellen Tun[4].

b) Der intermediäre Wirklichkeitsbereich ermöglicht *symbolische Erfahrung*. Dieser Begriff von Heribert Wahl (siehe Kapitel 6.2.) beschreibt eine Verbindung (Sym-bol) von eigener Lebenserfahrung des Menschen mit den geronnenen Erfahrungen, wie sie zunächst allgemein die Kultur in ihren vielfältigen Erscheinungsformen speichert. Nicht jedes rituelle Tun ist eo ipso schon symbolische Erfahrung, aber es ist ein potentielles Angebot hierfür. Symbolische Erfahrung im *christlichen* Kontext bedeutet, eigene Erfahrungen in den sinnstiftenden Symbolhorizont der jüdisch-christlichen Tradition zu stellen und durch diesen Prozeß – das Widerfahrnis der Transzendenz Gottes – verändern zu lassen. Solches ist Erfahrung der Gnade[5]. Mit Dieter Funke (siehe Kapitel 6.1.) können religiöse Symbole als geronnene Erfahrungen beschrieben werden, die die Menschen mit Gott gemacht haben und die im symbolischen Tun wieder auf die jeweiligen konkreten Lebensbedingungen verflüssigt werden können, indem sie zu deren Ausdruck werden und sie verändern. So entsteht in diesem Prozess etwas Neues, die Gnadengabe des Widerfahrnisses der Transzendenz Gottes. Die subjektiven Erfahrungen werden im Vorgang des Symbolisierens selbst noch einmal verändert und „verdaulich" gemacht, wie das von Wilfred Bion entlehnte Begriffsdoppel „container-contained" im Bezug auf die mütterlichen Funktionen dem Kleinkind gegenüber nahelegt (siehe Kapitel 5.5.). Die Form des Symbolisierens im Ritual ist immer auch schon Inhalt: Es geht um die von Kohut beschriebene doppelte Struktur menschlicher Erfahrung, die sich in den Beziehungserfahrungen der frühesten Kinheit ausgebildet hat und ein Leben lang prägend ist (siehe Kapitel 5.4.). Diese Erfahrungen bewegen sich zwischen den beiden Polen Autonomie/Selbstwerdung einerseits und Geborgenheit/Gehaltensein andererseits, die in den Gottesgeschichten des jüdisch-christlichen Kontextes ihren Niederschlag gefunden haben und im Ritual zugänglich werden. Und dies in der Feier der Liturgie als Lebensgrundlage und Horizont erfahren zu dürfen, dies ist die konkrete Gnadengabe Gottes an seine Kirche.

---

[3] Dies ist etwa die Fragestellung von WOHLMUTH, Jesu Weg, etwa S. 12-17.

[4] Zum Verhältnis von Katechese und Liturgie vgl. unter Rekurs auf SC 9 und 10 GERHARDS, Katechese und Liturgie, bes. S. 258-263. Natürlich ist die Katechese immer auch ein Teil der Liturgie, hat eine liturgische Dimension, so wie die Liturgie eine katechetische Dimension hat. Wird Katechese aber nicht mehr im Sinne einer Mystagogie verstanden, sondern nach schulischem Muster einem Lernziel untergeordnet, ist der liturgisch-rituelle Charakter, der ja auch der Katechese eignet, zerstört.

[5] Hier wäre übrigens der Ort, die *pneumatologische Dimension* der Liturgie einzubringen.

c) Das Ritual dringt, wie nicht zuletzt der Rekurs auf Sigmund Freud zeigt (siehe Kapitel 5.1.), bis in die Tiefenschichten der Seele, das Unbewußte, vor. Gerade die Möglichkeit zur Regression im Rahmen des Rituals bringt den Menschen in Kontakt mit der unbewußten Dimension der eigenen Lebensgeschichte, die anklingt, ohne aber, wie im therapeutischen Prozeß, bearbeitet werden zu müssen. Die Dimension des Unbewußten ist hier nicht, um es nochmals zu sagen, in dem Sinne zu verstehen, als ginge es um eine Bewußtmachung des individuell Verdrängten. Wohl wird das Ritual von Menschen mit einer je eigenen Lebensgeschichte gefeiert, zu der auch Verdrängungen gehören. Aber das Ritual, so wurde immer wieder betont, unterscheidet sich grundlegend von therapeutischen Bemühungen. Es geht bei der Dimension des Unbewußten, die im Kontakt mit der Psychoanalyse erschlossen werden kann, darum, im Rekurs auf Freud den Blick für die grundlegende Konfliktstruktur menschlichen Seelenlebens wie seiner Lebenswelt zu schärfen. Von den Überlegungen des 5. Kapitels her, die die Begriffe Symbol und Symptom problematisierten, wird man festhalten können, daß das Ritual als Symbolgeschehen diesem Konflikt zur Darstellung verhelfen kann. Nicht das „gesunde" Leben findet seinen Ausdruck im „heilenden" Symbol, es geht vielmehr um „heilsame" symbolische Erfahrung[6], die es dem Menschen ermöglicht, sich selbst mit der Gebrochenheit seiner Lebenswelten auszudrücken, in der Feier der Liturgie in den Horizont des Glaubens zu stellen und zugleich die christliche Hoffnung auf Erlösung wachzuhalten (eschatologische Dimension). Vermag das Ritual eine solche Regression auf unbewußte Ebenen des Seelenlebens, muß der Liturge hier große Behutsamkeit walten lassen.

d) Der Rekurs auf Alfred Lorenzer wies besonders auf die Sinnlichkeit des Rituals hin, die vom Freudschen Kulturkonflikt her zu denken ist. In den kulturellen Objektivationen, so auch im Ritual, sind Symbole der Freiheit und Symptome des Zwanges in der Regel gemischt. Diese Konfliktstruktur sichert die Individualität des Menschen (siehe Kapitel 5.2.). Die Sinnlichkeit betont zudem eine andere Ebene als eine rein diskursiv-logische Ausrichtung, die, so sie einziges Paradigma wäre, das Ritual zerstörte. Das Ritual kann als „heilsam" gewertet werden, da auf symbolischer Ebene unbewußte Konflikte zur Darstellung kommen können, ohne daß sie erinnert, wiederholt oder durchgearbeitet werden könnten oder bräuchten[7]. Sie sind im sinnlich-symbolischen Tun jedoch präsent und werden in der Liturgie in den Horizont des Glaubens gestellt.

e) Ferner beziehe ich mich auf Heinz Kohut (siehe Kapitel 5.4.) und den Begriff des Selbstobjektes. Symbole und Riten des Glaubens können vom Menschen als

---

[6] Ich übernehme den Begriff „heilsam" von REUTER, Therapie und REUTER, Perspektivenwechsel.

[7] Genau an diesem Punkt unterscheidet sich ein symboltheoretischer Ansatz von handlungstheoretischen Ansatz Hahnes, der für den Gottesdienst eine Austragung von Konflikten vorsieht (vgl. HAHNE, Gottes Volksversammlung, S. 168-170). Dies wäre im Sinne der hier vorgestellten Überlegungen allerdings nicht mehr heilsam, sondern eine Zerstörung des Rituals, zudem eine Überforderung der Teilnehmenden. Gerade die symbolische Erfahrung des Rituals verlangt nach einer Distanz zum Alltag, damit er in den Glaubenshorizont feiernd eingebracht werden kann.

Selbstobjekte genutzt werden. Diese Fähigkeit ist in der frühen Mutter-Kind-Interaktion begründet und steht dem Menschen ein Leben lang zur Verfügung. Objekte, und das sind hier Objektivationen der Kultur und der Religion, können dem Menschen als Selbstobjekte dienen, indem sie ihm die nötige Wärme, den nötigen Halt im Leben vermitteln. Das heißt zugleich, daß in symbolischer Erfahrung von kulturellen Objektivationen, so etwa dem rituellen Tun, unbewußt und bewußt Beziehungserfahrungen wieder aufleben und den Menschen mit dem tragenden Grund des Lebens verbinden. So gesehen lädt das Ritual zur Regression in frühe Phasen der Objektbeziehung ein. Diese Regression wirkt letztlich ich-stärkend oder heilsam, da sie mit dem tragenden Grund des Lebens verbindet. Es geht im Ritual, zumindest im Blick auf seine unbewußte Dimension, um Beziehungserfahrungen. Das Ritual hat also eo ipso eine Gemeinschaftsdimension, die theologisch als „communio" zu klassifizieren ist. Die Erfahrung von Gottes Schutz und Nähe in der Feier der Liturgie knüpft an diese basalen Erfahrungen des Menschen an.

f) Der Rekurs auf menschliche Erfahrung und ihre theologische Wertung bei Edward Schillebeeckx (siehe Kapitel 4.1.) läßt zunächst für das Ritual im jüdisch-christlichen Kontext dieselben Kriterien gelten wie für symbolische Erfahrung allgemein. Das Ritual stellt dann eine Sonderform symbolischer Erfahrung dar. Wie symbolische Erfahrung etwa im Kunsterleben ermöglicht es die Erfahrung der Transzendenz. Die Besonderheit des Rituals liegt nun im jüdisch-christlichen Deutehorizont. Von hierher kann die Transzendenzerfahrung als Erfahrung Gottes qualifiziert werden. Wer symbolische Erfahrung im Kontext der kirchlichen Liturgie macht, stellt seine Lebenserfahrungen in den Deutehorizont des Christentums. Dann aber ist symbolische Erfahrung immer Widerfahrnis der Tranzendenz Gottes, die an Person und Wirken Jesu Christi gebunden ist. Damit bleibt folgende Differenzierung bedeutsam, die einen rituell-sakramentalen Automatismus verhindert: Nicht die bloße Teilnahme an der kirchlichen Liturgie ist eo ipso schon symbolische Erfahrung. Es gibt auch „Allopraxis *in* der Kirche"[8]: Hier wird das rituelle Tun der Kirche zu etwas anderem benutzt, vielleicht sogar dazu, wirkliche symbolische Erfahrung zu verhindern. Aber wenn innerhalb kirchlicher Liturgie symbolische (als eine das Leben auch immer verändernde) Erfahrung gelingt, ist dies theologisch schon als Widerfahrnis der Tranzendenz Gottes durch Jesus Christus zu qualifizieren. Grundsätzlich bleibt die Liturgie der Kirche potentielles Angebot für symbolische Erfahrung, und als solche ist sie bereits die Gnadengabe Gottes an seine Kirche.

g) An dieser Stelle greift die von Wahl eingeführte symbolische Differenz (Kapitel 6.3.1.), der Unterschied zwischen dem Leben und den Symbol-Zeichen: Gott wird als abwesender erfahrbar, oder, mit dem Worten Wohlmuths, im Vorübergang (Kapitel 4.2.)[9]. Damit ist ein Grunddatum der jüdisch-christlichen Tradition benannt, die Unbe-

---

[8] WAHL, Glaube, S. 573.
[9] Vgl. zu diesem Aspekt jüngst SCHILSON, Negative Theologie.

greiflichkeit Gottes, der sich dennoch dem Menschen offenbart. In einem schon mehrfach angeklungenen letzten Schritt wird das Ritual als Liturgie der Kirche spezifiziert. Diese Spezifizierung läuft über Begriff und Sache des Pascha-Mysteriums. Die Erfahrung Gottes als des abwesenden ist in der christlichen Liturgie an die Feier des Pascha-Mysteriums gebunden (siehe Kapitel 4.2.3. und 4.3.). Der Begriff des Pascha-Mysteriums, mit dem die Liturgiekonstitution jegliche Liturgie der Kirche umschreibt (SC 6b), hat zwei Kristallisationspunkte: Ersttestamentlich das Pascha-Mahl des Volkes Israel vor dem Auszug aus Ägypten und die Dramatik um das Auszugsgeschehen selbst (Ex 12-18), zweittestamentlich das Abendmahl Jesu und die Dramatik um Jesu Tod und Auferstehen. Die Doppelpoligkeit menschlicher Erfahrung (Selbstbehauptung und Selbstberuhigung) findet hier theologisch symbolische Entsprechung (siehe Kapitel 6.1.). Im Pascha-Mahl vergewissert sich das Volk des Schutzes durch Gott und wagt den Aufbruch. Im Abendmahl Jesu vergewissert er sich der Liebe des Vaters und kann den Schritt in die Passion als Konsequenz seines Lebensweges wagen. Die Osterberichte der Hl. Schrift schildern den sich zeigenden und zugleich sich entziehenden gekreuzigt-auferstandenen Herrn. Die symbolisch vermittelte Begegnung mit ihm wird zur Folie des Widerfahrnisses von Gottes Transzendenz.

h) Wiederum im Blick auf Leben und Werk Jesu gewinnt das Ritual in seiner Bedeutung zur Symbolisierung fragmentarischen Lebens eine neue Qualität. Mit der symbolischen Präsenz von Beziehungserfahrungen und Defiziterfahrungen, mit der Erfahrung von Identität in der Sinnlichkeit des Rituals und ihrer Gefährdung ist zugleich der für Freud grundlegende Konflikt des menschlichen Seelenlebens und seiner Lebenswelt gegenwärtig (siehe Kapitel 5.1.1.) und wird mit den „geronnenen Erfahrungen" des Glaubens, mit Gottes Transzendenz, mit dem Mysterium des Pascha Jesu, vermittelt. Auch die Liturgie der Kirche ist und bleibt Fragment und steht unter dem eschatologischen Vorbehalt: Die Transzendenz Gottes ist ein *vorübergehendes* Widerfahrnis, die symbolische Erfahrung ist immer von *Differenz* geprägt. Die Erfahrung fragmentarischen Lebens findet theologisch ihre Symbolisierung in der Rede von der Inkarnation Gottes in Jesus Christus und seiner Kenose, wie sie der Philipperhymnus beschreibt (Phil 2). Das Kreuz wird von hieraus zum Zeichen des Lebens im Fragment und der Annahme fragmentarischer Existenz durch Gott. Zugleich hält das heilsame Ritual Modelle gelungenen Lebens präsent und verweist auf das noch ausstehende Reich Gottes. Dieser Gedanke sei hier nur kurz benannt. Er wird im folgenden Kapitel näher erläutert werden.

i) Ein weiterer Schritt ist die Zuordnung ritueller symbolischer Erfahrung als Liturgie der Kirche zu dem, was die Theologie traditionell Gnade nennt. Der Rekurs auf Edward Schillebeeckx (siehe Kapitel 4.1.) brachte hier den entscheidenden Hinweis, der im folgenden Zitat nochmals beschrieben sei:

> „Es ist selbst Gottes Gnadengabe, menschlich und symbolisch den kirchlichen Glauben der feiernden Gemeinschaft zu feiern und dadurch getragen zu werden. Hier

> kann nichts hinzuaddiert werden. Von alledem ist der christliche Glaube aller, die an der rituellen Liturgie teilnehmen (als lokale Präsenz dessen, was die universelle Kirche im Kern weltweit bekennt), dennoch die Essenz und gleichzeitig auch die Durchreiche für das Handeln Gottes in Jesus Christus"[10].

Mit anderen Worten: Das, was mit der Theologie der symbolischen Erfahrung, die sich im Ritual manifestiert, beschrieben wurde, ist bereits die Gnadengabe Gottes. Das in der symbolischen Erfahrung des Rituals sich vollziehende Widerfahrnis der Transzendenz Gottes, wie sie sich in den symbolischen Objektivationen der Glaubenserfahrungen gibt, die die Glaubensgemeinschaft der Kirche in ihrer reichen Tradition bereithält, dies ist schon die Gnadengabe Gottes. Die konkrete Gnadengabe Gottes ist, daß der Mensch seine subjektive Lebenserfahrung in die symbolisierten Erfahrungen des Glaubens einbinden darf und dies in der Liturgie in Gemeinschaft der Kirche ritualisieren kann – und in solcher symbolischer Erfahrung das Widerfahrnis der Transzendenz Gottes erfährt[11]. Nochmals: Die liturgische Feier muß nicht in jedem Fall subjektiv symbolische Erfahrung und damit das Widerfahrnis der Transzendenz Gottes bedeuten, denn „als Symbol-Zeichen stellt (...) das Sakrament ein *potentielles symbolisches Sinn-Angebot* im Augenblick (kairos) des Vollzugs dar"[12]. Der Mensch hat die Freiheit, das Angebot anzunehmen oder nicht. Aber die rituelle Feier ist hierfür offen, da sie die symbolischen Objektivationen der Erfahrungen von Menschen mit Gott bereithält und als Gottes Gabe feiert.

Eine solche Wertung der Feier als Gnadengabe hätte indes weitreichende Konsequenzen. Ist die Feier selbst die Gnadengabe, bedarf sie größter Aufmerksamkeit und Fürsorge. Sie ist dann nicht mehr „nebensächlich", neben dem Eigentlichen, dem „Inhalt". Ist die *Feier* die Gnadengabe Gottes, dann muß sie auch als solche würdig vollzogen werden, sonst hebt sich das Ritual selber auf. Vor allem muß nach den Bedingungen gefragt werden, unter denen eine Feier symbolische Erfahrung als Widerfahrnis der Transzendenz Gottes ermöglicht oder eher behindert. Da die Feier selbst Gottes Gnadengabe ist (als die objektive Dimension), muß sie so vollzogen werden, daß dies auch erfahren werden kann (als die subjektive Dimension)[13]. Das nächste Kapitel wird hierzu weitere Überlegungen anstellen.

---

[10] SCHILLEBEECKX, Wiederentdeckung, S. 335.

[11] Gerade die Betonung der durch die Tradition der Kirche vorgegebenen Formen, in denen der Mensch aufgehoben ist, verhindert das Mißverständnis, als könne man solche symbolische Erfahrung oder das Widerfahrnis der Transzendenz Gottes „machen". Sie bleiben gnadenhaftes Geschenk.

[12] WAHL, Glaube, S. 556.

[13] Damit ist die Spannung von subjektiv und objektiv angerissen. Vgl. dazu GERHARDS, Emotionalität. Zum diesem Problem innerhalb der Sakramentenliturgie vgl. knapp SCHILLEBEECKX, Wiederentdeckung, S. 328-329. Schillebeeckx möchte mit der These, die Feier selbst sei die Gnadengabe, einer oft unheilvollen Trennung von objektiv und subjektiv, von einem gültigen und fruchtbaren Sakramentenempfang entgehen, indem das rituelle Tun nicht mehr *Voraussetzung* einer hinzukommenden Gnade ist. Mir scheint es dennoch sinnvoll, eine subjektive Dimension in diesen Gedankengang einzuführen. Denn nicht in jedem Falle macht der Mensch eine symbolische Erfahrung, die als Widerfahrnis der Transzendenz Gottes schon die Gnadengabe wäre. Der Mensch kann sich auch verweigern. Und dennoch bleibt die Feier Gottes Gnadengabe. Damit ist im Sinne von Schillebeeckx die alte Kluft zwischen dem Tun der Kirche und einer hinzukommenden Gnade überwunden, aber dennoch dem Menschen die Freiheit belassen, die Feier zu symbolischer Erfahrung werden zu lassen. Das

k) Mit den benannten Momenten eignet der Feier der Liturgie eschatologische Qualität. „In den ‚sacramenta fidei ecclesiae' wird die Vision des Reiches Gottes, das bereits angebrochen ist – dass wir Gott in unserem alltäglichen Leben gewähren lassen –, ritualisiert"[14]. Gerade in der symbolischen Differenz wird die eschatologische Spannung und die Hoffnung auf die Vollendung im Reich Gottes wachgehalten. Die Liturgie selbst ist noch nicht das Reich Gottes selbst, aber dessen zeichenhaft-ritualisierter Anbruch. Das diese Arbeit durchziehende und gelegentlich in Bezug auf seine Anwendung kritisierte Motiv der „himmlischen Liturgie" hätte genau hier seinen Platz: Das Bild des Himmels ist Symbol-Zeichen dafür, daß die Liturgie der Kirche unter dem eschatologischen Vorbehalt steht.

Was ist nun mit einer solchen Definition des Rituals gewonnen? Zunächst die grundlegende Erkenntnis, daß das christliche Ritual in die Konfliktstruktur menschlicher Lebenswelt hineinverwoben ist. Das Ritual ist urmenschlicher Ausdruck der beiden Grundbedürfnisse menschlicher Existenz, Schutz und Selbstbehauptung, die nur konflikthaft zu verwirklichen sind. Dies findet in der Rede vom Pascha-Mysterium seine Entsprechung. Wird solchermaßen das Glaubensgut der Kirche an menschliche Erfahrung angebunden, verbietet sich der Gegensatz von Form und Inhalt des Rituals. Seine Form ist schon der Inhalt. Der Erfahrungsbezug des Rituals braucht nicht ständig hergestellt zu werden, er kann vorausgesetzt werden. Dennoch bedürfen die im Symbolsystem gespeicherten Erfahrungen immer wieder der Verflüssigung, der präsentativ-symbolischen Inszenierung (nicht: Erklärung), um von den Menschen verwendet werden zu können. Dies kann in gelebter Communio gelingen. Der Glaube und sein Symbolsystem bieten somit einen Horizont, vor dem die eigenen Lebenserfahrungen neu geordnet werden können. Der Glaube trifft sich in der Option, menschliches Leben zu schützen (Sicherheit) und Menschen zu einem eigenen Leben zu verhelfen (Selbstbehauptung) mit der Psychoanalyse. Dem Ritual kommt bei solchen Prozessen eine zentrale Bedeutung zu. Dies alles lehrt, die Macht und Bedeutung des Rituals zu erkennen. Der Liturge als berufsmäßiger Leiter des Rituals ist zugleich sein Diener, nicht sein eigenmächtiger Gestalter. Vor dem Ritual muß man, ganz schlicht gesagt, Ehrfurcht haben, weil es die Kraft hat, die ureigene Beziehung des Menschen zu Gott zu berühren. Patentrezepte zur richtigen Handhabe kann es indes nicht geben. Vielmehr dürfte deutlich geworden sein, wie sehr etwa der Vorsteher des Rituals mit seiner Person und seiner Lebensgeschichte immer schon eingebracht und gefordert ist. Wer keine Beziehung zu sich selbst und seiner eigenen Lebensgeschichte hat, vermag das Ritual kaum adäquat zu feiern. Solche Defizite könnten ein Grund für die vielfältigen Verstümmelungen und Zerstörungen sein, denen das Ritual gerade von seiten der Liturgen oft ausgesetzt ist. An dieser Stelle könnten nun pastoralpsychologische Überlegungen einsetzen, die die Zuständigkeits-

---

angekündigte Buch von Schillebeeckx (siehe Kapitel 4) wird hier sicherlich noch manche Klärung bringen.

[14] SCHILLEBEECKX, Wiederentdeckung, S. 334.

und Fähigkeitskompetenz des Liturgen im Zusammenhang mit seiner personalen Identität in den Blick nehmen[15]. Der Weg dieser Untersuchung ist aber ein anderer. Es geht darum, liturgiewissenschaftliche Konsequenzen zu ziehen.

Diese Definition des Rituals, die aus dem Durchgang durch theologische und psychoanalytische Theoriebildung gewonnen wurde, muß nun in einzelnen Facetten modifiziert oder erweitert, vor allem aber liturgiewissenschaftlich ausbuchstabiert werden. Dabei muß noch einmal deutlich festgehalten werden, daß ein symboltheoretischer Ansatz dieser These zugrunde liegt, der im interdisiplinären Gespräch mit der Psychoanalyse nach der Tiefendimension der Liturgie fragt. Die Ergebnisse werden hierbei andere sein, als wenn ein handlungstheoretischer Ansatz zugrunde liegt, wie dies bei Werner Hahne der Fall ist[16].

Bevor die These praktisch-theologisch ausgefaltet wird, werden als Ergebnissicherung des bisher Erarbeiteten die Konvergenzen und Divergenzen des interdisziplinären Dialogs festgehalten, benannt und in ihrer Bedeutung aufgewiesen. Nur über die Sicherung beider Ergebnisse, der erreichten Konvergenzen und der bleibenden Divergenzen, erweist sich der Dialog wirklich als interdisziplinär, der beide am Gespräch beteiligten Disziplinen in ihrer Eigenständigkeit beläßt, sie durch den Dialog jedoch zugleich bereichert.

7.3. Konvergenzen des interdisziplinären Dialogs: Das Symbolische in seiner Bedeutung für den Menschen

Der Durchgang durch die Psychoanalyse hat gezeigt, welch eminente Bedeutung das Symbolische im Rahmen der psychischen Entwicklung des Menschen und lebenslang hat. Der Paradigmenwechsel der Liturgiekonstitution erhebt die Versammlung glaubender Menschen, mit dem Postulat der vollen, bewußten und tätigen Teilnahme (SC 14) letztlich den Menschen als Gott feiernden und damit auch seine Lebenswirklichkeit zum Paradigma der Liturgie[17]. Von beiden Strängen her wird die Bedeutung des Rituals als Symbolgeschehen zur Charakterisierung der Liturgie deutlich.

Zum Menschsein gehört die Fähigkeit zur Ausprägung eines intermediären Raumes, in dem menschliche Kultur angesiedelt ist. Hier hat auch das Symbolgeschehen des Rituals, die Liturgie der Kirche, seinen Ort. Im rituellen Tun des Menschen vor Gott können Glaube und Leben, seine Lebenswirklichkeit und seine Glaubenserfahrungen symbolischen Ausdruck finden und mit den geronnenen Erfahrungen des Glaubens verbunden werden. Christliche Liturgie spezifiziert sich durch die Berufung auf den

---

[15] Vgl. hierzu etwa STENGER, Liturgie.

[16] Vgl. HAHNE, Gottes Volksversammlung, S. 82-102. Damit versucht die vorliegende Untersuchung, als praktisch-theologische Theorie das Praxisfeld Gottesdienst in den Blick nehmen, tut dies aber nicht mit einem handlungstheoretischen, sondern mit einem symboltheoretischen Ansatz.

[17] Vgl. HÄUSSLING, Liturgiereform. Materialien, S. 41-43. Vgl. auch HÄUSSLING, Liturgie und Leben, S. 135-136.

Namen Jesu und die Gemeinschaft der Kirche, in deren Rahmen die gottesdienstliche Versammlung stattfindet. Es bedarf der Versammlung von Menschen, um im Ritual einen symbolischen Raum zu erschließen. Dies ist die alte „kultische Dimension" der Liturgie, die für jede Feier der Liturgie konstitutiv ist. Ist der Mensch Paradigma der Liturgie, kommt dieser Dimension große Bedeutung zu. Mit der Verankerung und Situierung in der Psyche des Menschen erschließt sich das Ritual als Symbolgeschehen im Blick auf den Menschen als anthropologische Notwendigkeit[18]. Hier kommt der Mensch mit seiner Lebensgeschichte, seinen Gefährdungen in den Blick. Die im Symbolgeschehen geronnenen Erfahrungen des Menschen mit Gott bieten die Möglichkeit, eigene Erfahrungen selbstobjekthaft damit zu verknüpfen. Die Liturgie kann also vom Menschen für sein Leben „verwendet" werden. An diesem Punkt, der den Menschen als Paradigma benennt, kommt der „intermediäre Raum" (Winnicott) ins Spiel. Es bedarf, damit die Lebenserfahrungen des Menschen und die geronnenen Erfahrungen des Glaubens zusammenfließen können, des zweckfreien Raumes, der das „Sym-bol" entstehen läßt. Hier kann der Mensch zu sich selbst kommen und ein „heilsames Ritual" begehen. *Christlich wird dieses Ritual durch den spezifischen Deutehorizont: die Öffnung für Gottes Transzendenz im Namen Jesu.* Fehlt diese christliche Spezifizierung, handelt es sich um „Allopraxis" in der Kirche – zu bedenken im schwierigen Feld der Sakramentenspendung an Nicht-Glaubende[19].

Dabei kann und muß sich die Liturgie in die anderen Grundvollzüge gemeindlicher Praxis (Diakonia, Martyria, Koinonia) einordnen. Sie kann alleine die Symbolisierung von Leben und Glauben nicht leisten. Es bedarf außerhalb der Liturgie im Rahmen der Kirche der Foren, in denen das Leben des Menschen zur Sprache gebracht werden kann, um im Horizont des Glaubens gedeutet zu werden und, als Erlebtes und Gedeutetes, wiederum in der Liturgie symbolisiert zu werden. Glaubensgespräche, Formen der gemeindlichen Katechese, Erfahrungsräume wie Besinnungstage und Exerzitien und vieles mehr lassen sich hier einordnen. All dies ist deshalb nötig, um die Liturgie in ihrer Zweckfreiheit und Feiergestalt zu erhalten[20].

Mit dem Menschen als Paradigma der Liturgie ist eine folgenschwere Entscheidung getroffen. Nun kann es nicht mehr nur um die Ebene der Symbol-Zeichen gehen, sondern um das sich ausprägende Verhältnis zwischen (Gott feierndem) Menschen und (geronnener) Form der Feier. Von hierher erscheinen die immer wiederkehrenden Forderungen nach nochmaliger Liturgiereform (auf kirchlich institutioneller Ebene)

---

[18] Dies ist allerdings etwas völlig anderes als purer Ritualismus, wie gleichermaßen in der Psychoanalytischen Praxis das Ritual der Therapie etwas anderes ist als das Zwangsritual des Neurotikers. Symbolische Erfahrung erweist sich so als Voraussetzung für die Glaubensaussage, Gott habe den Menschen gerufen.

[19] Ich übernehme den Begriff der Allopraxis von WAHL, Glaube, S. 573. Wahl bezeichnet damit ein rituelles Handeln, dem der transzendente Verweischarakter fehlt. Ich meine in diesem Zusammenhang eine rituelle Praxis, die zwar Transzendenz zuläßt, aber ohne Bezug auf die Person Jesu und den Gott Jesu Christi. Damit wird das Ritual zur Stillung pagan-religiöser Bedürfnisse. Vgl. zu dieser Problematik auch ZULEHNER, Atheisten.

[20] Das heißt nun nicht, daß die Liturgie gänzlich etwa auf Katechese verzichten müßte. Aber eine Katechese innerhalb der Liturgie ist ein Teil des Rituals, und deshalb in Sprachgestalt und Form von Schulunterricht und Vortrag verschieden.

wie die vielen im gemeindlichen Kontext an die für die Liturgie Verantwortlichen herangetragenen Wünsche nach Veränderungen im Gottesdienst in einem anderen Licht. Denn nun stellt sich die schwierige Frage, ob solche Wünsche einem berechtigten Anliegen entspringen, in den rituellen Formen der Liturgie symbolische Erfahrung zu ermöglichen, oder ob sie nicht eine grandiose kirchliche Abwehrleistung sind, Abwehr der Mühe gegenüber, sich dem eigenen Leben, der eigenen Lebensgeschichte zu stellen und sie im Licht des Glaubens mit seinen zunächst vielleicht widerständigen Symbol-Zeichen zu deuten. Um das eigene Leben nicht symbolischer Erfahrung auszusetzen, also eine Beziehung zum Symbol-Zeichen entstehen zu lassen, wird dann lieber die Veränderung dieses Zeichens gefordert. Vielleicht rührt auch die Sehnsucht nach dem Neuen daher, daß man die „symbolische Differenz“, die Spannung zwischen Leben und Glauben nicht erträgt. Insofern ist Liturgie immer anspruchsvoll: Sie führt in der symbolischen Differenz dem Menschen Grenzen des eigenen Lebensentwurfes vor Augen, hält aber zugleich die Hoffnungsbilder der jüdisch-christlichen Tradition wach.

Umgekehrt muß man mit Heribert Wahl darauf aufmerksam machen, daß auch das liturgiewissenschaftliche Diktum von der Liturgieunfähigkeit des heutigen Menschen eine solche Abwehrleistung sein kann[21]. Um sich schwierigen menschlichen, auch gruppendynamischen Prozessen in den Gemeinden etwa bei der Frage nach der Liturgiegestaltung nicht stellen zu müssen, wird die Liturgieunfähigkeit des heutigen Menschen konstatiert, der doch gerade erst zum Paradigma der Liturgie erhoben wurde. Die Antwort auf die Frage nach der Liturgiefähigkeit aus dem Kontext dieser Untersuchung ist differenziert: Das Symbolisch-Rituelle reicht tief in die Psyche des Menschen. Aber die dadurch gegebene grundsätzliche Symbolfähigkeit muß nicht notwendig eine Befähigung zur Mitfeier der kirchlichen Liturgie nach sich ziehen[22]. Denn diese setzt eine ausreichende Kenntnis des jüdisch-christlichen Symbolsystems voraus.

Mit dem hier nochmals Gesagten ist zur Genüge deutlich geworden, in welchen Punkten das Gespräch zwischen Theologie und Psychoanalyse konvergiert. Zu nennen ist hier nach dem Durchgang durch theologische und psychoanalytische Theorie die Bedeutung des Symbolisch-Rituellen, ja des Religiösen für den Menschen, das der Subjektwerdung des Menschen dient. Gleichzeitig damit rücken auch die Proprien beider Disziplinen in den Blick, die im Gespräch benannt werden, aber keineswegs in einem Konsens aufgehen.

---

[21] Vgl. WAHL, Glaube, S. 609. Auch der Aussage von HÄUSSLING, Liturgiereform. Materialien, S. 30, der Mensch sei nicht mehr kultfähig, mag ich kaum zustimmen. Diese Aussage beruht nun freilich auf der fragwürdigen Unterscheidung von Kult und Liturgie: ersteres beziehe sich auf Gott, letzteres sei nur mit und in Christus möglich. Die strenge Anbindung des Kultischen an die Erfahrungskategorie, wie ich sie versucht habe, scheint mir eine Möglichkeit zu sein, die grundlegende Hinordnung des Menschen auf das Kultisch-Rituelle postulieren zu können.

[22] Daß durch psychische Störungen oder pathologische Entwicklungen auch die Symbolfähigkeit beeinträchtigt sein kann, sei hier nur am Rande erwähnt.

7.4. Divergenzen des interdisziplinären Dialogs: Das Widerfahrnis der Transzendenz Gottes und die Bedeutung des Unbewußten

Josef Wohlmuth stellt den Begriff „Widerfahrnis der Transzendenz" Gottes zur Verfügung: „Liturgie als humaner Hang zur Transzendenz und zugleich als Hereinstehen des Göttlichen durch die Berührung mit der Zeit"[23]. Der Begriff der Transzendenz geht im interdisziplinären Dialog nicht auf[24]. Die Betonung liegt deshalb auch auf der *Möglichkeit* des Widerfahrnisses der Transzendenz, ihres gnadenhaften Geschenkcharakters – ansonsten wäre jedes rituelle Tun Magie. Nicht jedes Ritual ermöglicht eo ipso schon symbolische Erfahrung[25]. Ebenso geschieht nicht in jedem Ritual, in jeder symbolischen Erfahrung schon das Widerfahrnis von Gottes Transzendenz. Aber die kirchliche Liturgie bleibt hierfür offen: „als Symbol-Zeichen stellt dann das Sakrament ein *potentielles symbolisches Sinn-Angebot* im Augenblick (kairos) des Vollzugs dar"[26]. Dies zu betonen ist insofern wichtig, als deutlich wird, daß mit einem anthropologischen Zugang zum Phänomen des Rituals und einem interdisziplinären Dialog darüber die Gnadenhaftigkeit sakramentalen Lebens nicht aufgehoben wird.

Die Frage, wann denn symbolische Erfahrung christlich genannt werden kann, mit anderen Worten: kirchliche Liturgie ist, wurde bereits mit Verweis auf die Kategorie des Pascha-Mysteriums geklärt. Kirchliche Liturgie als Feier des Pascha-Mysteriums wird symboltheoretisch durch zwei Charakteristika sichergestellt, durch die kirchliche Glaubenstradition, in der man steht, und durch die Versammlung, in deren Rahmen man das Ritual feiert. Die Tradition, der Großkontext der jüdisch-christlichen Tradition, gibt den Deutehorizont ab, der den Raum der symbolischen Erfahrung als christlichen festlegt[27]. Gleichzeitig damit ist ein Beziehungsmoment gegeben: Es wird Beziehung zurück in Tradition ermöglicht. Und diese Tradition als geronnene Erfahrung wird verflüssigt in der konkreten Versammlung von Christinnen und Christen, die einen intermediären Raum entstehen läßt und zugleich durch ihre Berufung auf Jesus Christus diesen Raum als Kirche konstituiert[28].

Wenn Gott in einer konkreten Lebensgeschichte erfahren wird, dann nicht unmittelbar, sondern in einer nachträglichen Deutung oder sakramentalen Vermittlung. In ihr werden Erlebnisse zur Erfahrung, so auch zur Erfahrung Gottes, die dann im liturgischen Tun Gestalt und Ausdruck finden kann und zur Gnadengabe wird. Hierher gehören Begriff und Sache der Symbolischen Differenz. Gott ist nie unmittelbar erfahrbar, sondern als abwesender kann er gegenwärtig erfahren werden – in

---

[23] WOHLMUTH, Jesu Weg, S. 84.

[24] Vgl. GERHARDS, ODENTHAL, Liturgiewissenschaft, S. 51 .

[25] Wie WAHL, Glaube, S. 540, in seiner Kritik an Jetter betont, ist „symbolisch" noch nicht „kulturell-rituell".

[26] WAHL, Glaube, S. 556.

[27] Vgl. SCHUPP, Glaube, S. 80-81. Vgl. auch WOHLMUTH, Christologie, S. 203. Vgl. SCHILLEBEECKX, Wiederentdeckung, S. 332.

[28] Hierher gehört etwa die Nennung von Papst und Bischof im Eucharistischen Hochgebet als Exponenten des Kontextes der Kirche.

paradoxer Rede formuliert. Genau dies sichert Gottes Transzendenz und entspricht dem von Schillebeeckx entworfenen Korrelationskriterium: Sinnerfahrungen können als Erfahrungen Gottes gedeutet werden[29], eigene Lebenserfahrungen in den Symbol-Zeichen des Glaubens eingeborgen werden. Und hier kommt der Liturgie ein unverzichtbarer Wert zu. Die Qualifizierung von Lebenserfahrungen als Erfahrungen Gottes geschieht vornehmlich, wenn auch nicht ausschließlich durch die liturgische Feier. Der Dialog der Theologie mit der Psychoanalyse fordert in diesem Sinne eine „qualifizierte Feier“, in der der intermediäre Raum entstehen kann, der offen ist für die Erfahrung der Transzendenz Gottes.
So wenig die Psychoanalyse über die Transzendenz aussagen kann (wohl über deren psychische Voraussetzungen und Bedeutung!), so wenig kann die Theologie über die Dimension des Unbewußten sagen[30]. Dies ist der zweite Divergenzpunkt des Dialoges. Wohl kann die Theologie hier von der Psychoanalyse lernen. Beide Begriffe, die der Transzendenz und des Unbewußten, bringt die jeweilige Disziplin ein, ohne daß diese Begriffe von der jeweils anderen übernommen werden könnten[31]. Indem aber das Ritual in seiner unbewußten Dimension dargelegt wurde, ist zugleich ein Bereich benannt, der sich jedem Zugriff des Menschen, letztlich auch dem psychoanalytischen, entzieht, denn das Unbewußte bleibt schließlich unbewußt. Daraus kann die Theologie einen großen Respekt vor dem Ritual lernen. Es wird nie aufgehen in einer „vollen, *bewußten* und tätigen Teilnahme“ (SC 14), sondern immer eine auch für Theologie und Kirche nur schwer zugängliche Dimension haben. Dennoch wäre zu fragen, ob die Kirche in ihrer Tradition mit dem Begriff des Mysteriums etwas Ähnliches in den Blick zu nehmen versucht. Dieser Begriff hält schließlich auch fest, dass es eine Tiefenschicht im Menschen gibt, die sich einem logisch-rationalen Zugriff zunächst verschließt. Mit diesen hier skizzierten Divergenzen sind zugleich die Grenzen des Dialogs von Theologie und Psychoanalyse angedeutet, die nun noch einmal benannt seien.

7.5. Grenzen des Dialogs von Psychoanalyse und Theologie

Im Kapitel 1.3 wurde darauf hingewiesen, dass es Grenzen des Dialogs zwischen Psychoanalyse und Theologie gibt, die notwendig sind, um die Eigenständigkeit der jeweiligen Disziplin zu erhalten und zu vermeiden, dass die eine zur Superwissenschaft der anderen wird. Damit im vorliegenden Versuch eines Dialogs von Psychoanalyse und Theologie zwar die psychoanalytische Theorie angewendet und in einen Dialog gebracht wird, die Psychoanalyse aber nicht zur Hilfswissenschaft

---

[29] Es wäre eine interessante Frage, ob die symbolische Differenz nicht schon bei Augustin gedacht ist als Differenz zwischen signum und res. Zu dieser Unterscheidung vgl. SCHUPP, Glaube, S. 83.
[30] Die Dimension des Unbewußten umschließt hier auch den (durchaus umstrittenen) psychoanalytischen Triebbegriff (siehe Kapitel 5.1.).
[31] In diesem Sinne wird im Rahmen dieser Untersuchung zwar jeweils mit den Begriffen des Unbewußten und der Transzendenz gearbeitet, jedoch ohne daß das Unbewußte ein theologischer oder die Transzendenz ein psychoanalytischer Begriff würde.

verkommt, sondern in ihrer Eigenständigkeit bestehen bleibt, ist es nötig, zum Abschluß die Punkte zu benennen, an denen der Dialog nicht aufgeht und kein „Konsens" erreicht werden kann. Die Grenzen des Gesprächs dürften nun deutlich sein. Sowohl der Begriff des Unbewußten wie der Begriff des Widerfahrnisses der Transzendenz Gottes sind die Theorieelemente, die die jeweilige Disziplin als Eigenes in den Dialog einbringt und die im Dialog nicht aufgehen. Die Transzendenz Gottes, wiewohl sie sich in der Lebenserfahrung des Menschen vermittelt, geht nicht in dieser auf und kann nicht in Kategorien menschlicher Erfahrung aufgelöst werden. Die mit dem christlichen Gottesbegriff verbundene soteriologische und eschatologische Dimension religiösen, gottesdienstlichen Tuns geht im Gespräch mit der Psychoanalyse ebenfalls nicht auf. Dies bedeutet aber nicht, daß nicht darüber gesprochen werden könnte. Hier versagen psychoanalytische Begrifflichkeiten auch deshalb, weil die Psychoanalyse darüber nichts aussagen kann und will. Sie kann höchstens den Sinn der Rede von der Transzendenz Gottes oder der Eschatologie für die Psyche des Menschen erhellen und über den symbolischen oder symptomatischen Charakter ihrer Verweundung aufklären. Ähnliches gilt für die psychoanalytische Rede vom Unbewußten. Sie bleibt der Theologie und ihrer Methodik zunächst unzugänglich. Dies heißt aber nicht, daß man nicht gerade an diesen Grenzen von einander lernen könnte. So können nun umgekehrt die Punkte benannt werden, an denen die eine Disziplin von der anderen lernen kann.

Was lernt die Theologie von der Psychoanalyse? Es dürfte zweierlei sein, zum einen eine differenzierte Wahrnehmung auch unbewußter Vorgänge im Ritual, zum anderen die Bedeutung des Rituals in der Tiefenschicht der menschlichen Psyche. Der Kontakt mit der Psychoanalyse, einhergehend mit der theologischen Verortung, wie sie hier geschah, hilft aber auch, den oftmals verlorengegangenen Erfahrungsbezug der Theologie wiederherzustellen[32].

Was lernt die Psychoanalyse von der Theologie? Zunächst lernt sie eine Wertschätzung des Rituellen jenseits einer Charakterisierung als zwanghaft. Damit verbunden ist eine neue Wertschätzung des Religiösen insgesamt. Die Wertung der Transzendenz als Illusion durch die Psychoanalyse wäre von hierher zu hinterfragen[33]. An diesen Punkten hat der Dialog weiterzugehen. Im Rahmen der hier zu tätigenden Überlegungen bedarf es jetzt noch weiterer praktisch-theologischer Ausfaltungen der zentralen These, die im nächsten Kapitel vorgenommen werden.

---

[32] In diesem Sinne werden die Ergebnisse, die der Dialog mit der Psychoanalyse bringt, zu einer *theologischen* Entdeckung, ohne die Psychoanalyse schon vereinnahmen zu wollen. Eine gleichermaßen *theologische* Entdeckung im Kontakt mit anthropologischen Forschungen benennt auch SCHILLEBEECKX, Wiederentdeckung, S. 331.

7.6. Ergebnis

Der hier elaborierte Ritualbegriff hilft, einige der in 3. Kapitel getätigten Fragestellungen zu klären. Nicht nur der Exkurs in die Erlebnisgesellschaft zeigte die Bedeutung des Rituals in der Vermittlung von Individuum und Sozialität. Gerade der Dialog mit der Psychoanalyse lehrt die Tiefenbedeutung des Rituals, das Schutz und Aufbruch symbolisiert und damit, so es in christlichem Kontext steht, die zwei Pole des Pascha-Mysteriums wachhält. Die Anwesenheit Gottes als abwesender scheint mir ein paradoxer, aber doch möglicher Versuch zu sein, die Rede von Gott angesichts der Bedingungen nachmetaphysischen Denkens weiterzuführen. Von hierher ergibt sich jedoch eine andere Akzentsetzung in der Wertung der Liturgie. Liturgie als Ritual bewegt sich auf der Ebene der Gesetzmäßigkeiten des intermediären Raums, Liturgie hält Erinnerung wach, theologisch als Memoria des Pascha-Mysteriums qualifiziert, Liturgie bietet die Möglichkeit zu symbolischer Erfahrung, gerade in diese Memoria eigene Lebenserfahrungen einzubringen. Dies *ist* die Gnadengabe[34], die sich im rituellen Tun der Kirche je neu konstituiert. Die Kategorie der himmlischen Liturgie, die die irdische als Abbild der jenseitigen sieht, erscheint von hierher problematisch. Dies vor allem dann, wenn sie als einzige Kategorie des Verstehens liturgischen Tuns angewandt wird, die zudem selbst nicht mehr symbolisch verstanden wird. Die Qualität irdischer Liturgie als Abbild legt meines Erachtens zu wenig Akzent auf die konkrete Feier als symbolisch-rituelles Tun der Kirche[35]. Ich schlage deshalb vor, die Kategorie der himmlischen Liturgie selbst wieder „symbolisch" zu verstehen und damit ihren Bildgehalt an den eigentlichen Ort zu bringen. Mit dem Bild himmlischer Liturgie ist die eschatologische Qualität des Gottesdienstes festgehalten, oder, symboltheoretisch gesprochen, die Differenzerfahrung. Jeder Gottesdienst verweist über sich hinaus in eine offene Zukunft, die die Christinnen und Christen als Reich Gottes qualifizieren. Aber so wenig Gott direkt erfahrbar ist, so wenig ist der Himmel (als Bild der Vollendung) greifbar; beides bedarf symbolischer (theologisch: sakramentaler) Vermittlung. Mit einem Wort von Josef Wohlmuth: „Eucharistie *schon* feiern zu können, ist eine hohe Berufung der Gemeinde; sie *noch* feiern zu müssen, verweist auf die noch ausstehende Vollendung"[36]. Das nächste Kapitel wird in einigen Skizzen praktisch-theologische Implikationen der zentralen These aufzeigen.

---

[33] Vgl. DIERGARTEN, Zehn Sätze, S. 5. In diesem Zusammenhang wäre erneut das Verhältnis Freuds zum Religiösen zu bedenken, ein durchaus ambivalentes Verhältnis, hat doch Freud das Phänomen des Religiösen bis in sein Alter nachhaltig fasziniert und beschäftigt.

[34] Vgl. SCHILLEBEECKX, Wiederentdeckung, S. 335.

[35] Der hier vorgeschlagene Ansatz möchte dem berechtigten Anliegen Wohlmuths entsprechen, für das Verständnis der Liturgie hänge „viel davon ab, daß ihre Zeitstruktur erfaßt wird. Sie darf weder in die Kategorien der normalen Zeit eingeordnet werden noch in die Ewigkeit entschwinden" (WOHLMUTH, Jesu Weg, S. 78).

[36] WOHLMUTH, Jesu Weg, S. 129.

8. Kapitel
Skizzen zur praktisch-theologischen Ausfaltung

Mit der im vorangegangenen Kapitel entfalteten These sind bereits Fragestellungen angerissen worden, die nun näher auf einige ihrer Konsequenzen hin beleuchtet werden sollen. Dabei ist es die große Versuchung, aus dem interdisziplinären Dialog von Theologie und Psychoanalyse Rezepte für die Gestaltung des Gottesdienstes zu entwickeln. Daß die bisherigen Überlegungen auch auf Fragen der Gestaltung Auswirkungen haben, dürfte auf der Hand liegen. Jedoch ist der Einfluß nicht unmittelbar[1]. Denn zunächst ist die große Aufgabe, die Liturgie als gewordene Liturgie in ihrem Charakter als Kunstwerk zu verstehen. Zugleich geht es darum, das in ihr geborgene Lebenswissen, in dem sich die Offenbarung Gottes niederschlägt, wieder zu verflüssigen, damit Menschen hier symbolische Erfahrung machen können[2]. Es geht darum, die Ergebnisse des Dialogs in ihrer Tiefenaussage zu sichern, um nicht sogleich auf die Ebene des Veränderns zu gelangen. Sie sofort zu beschreiten, hieße abzuwehren, welche Einsichten aus der Bedeutung des Rituals gewonnen werden können. Insofern liegt im Fokus der folgenden Ausführungen auch nicht die Frage nach der Generierung neuer Rituale, die im Rahmen einer weiteren Fortschreibung der Liturgiereform zu bedenken wäre. Es dürfte deutlich geworden sein, daß dies ein wichtiges und notwendiges Anliegen ist, um die Zeitgenossenschaft der Kirche zum Menschen als Gott Feierndem, der in diesem Sinne Subjekt der Liturgie ist, zu wahren. Doch die hier bereitgestellt psychoanalytische Basis auf solche Möglichkeiten zur Veränderung zu befragen hieße, eine neue Studie zu verfassen.
Mit der Frage nach der Tiefendimension des Symbolgeschehens im Gottesdienst unterscheidet sich der hier entworfene symboltheoretische Ansatz von anderen Ansätzen liturgiewissenschaftlichen Zugangs zum Phänomen des Gottesdienstes. Der historisch-genetische Ansatz etwa fragt nach der Entwicklung und Bedeutung ritueller Handlungen[3], der handlungstheoretische Ansatz nach der Dramaturgie und der (äußeren) Beteiligung der Menschen am liturgischen Tun[4], während der verhaltenswissenschaftliche Ansatz auch tiefenpsychologische Blickrichtungen versucht, wenngleich nicht ausschließlich[5]. Quer zu diesen Ansätzen lenkt die Fragerichtung dieser Arbeit im interdisziplinären Dialog mit der Psychoanalyse ihren Blick auf die

---

[1] Es geht hier nicht um eine „Anwendung" der Psychoanalyse als Hilfswissenschaft, aus der man nun deduzieren könnte, was „getan" werden müsste. „Glücksbotschaften oder auch nur schnelle Rezepte für praktische Lösungen lassen sich aus Freuds Psychoanalyse ohnehin nur schwerlich ableiten", so DIERGARTEN, Kulturpsychoanalyse, S. 8. Ferner muß die Frage offen bleiben, ob in der Postmoderne eine verbindliche Kriteriologie „richtigen" Gottesdienstes überhaupt noch entworfen werden kann, zumal dann, wenn der Mensch mit seinen konkreten Lebensumständen Träger der Liturgie ist. Das heißt aber nicht, daß es nicht grundlegende Einsichten gibt, die der Dialog mit der Psychoanalyse verstehen hilft.
[2] Werden zwar keine Rezepte auf der Zeichen-Ebene gegeben, so geht es doch um eine neue Gewichtung der Zeichen als „Selbstobjekt-Container". Vgl. dazu WAHL, Symbolic Experience, S. 256.
[3] Vgl. hier etwa JUNGMANN, MS.
[4] Vgl. hier etwa HAHNE, Gottes Volksversammlung.
[5] Vgl. etwa JOSUTTIS, Weg.

Möglichkeiten und Bedeutung symbolischer Erfahrung und auf die Bedingungen des symbolischen Raumes.
Das folgende Kapitel versucht - durchaus in Bruchstücken -, in einer Art Werkstatt an Praxisbeispielen einzelne Aspekte der zentralen These dieser Arbeit zu entfalten. Es schließt in der Konkretion über Begriff und Sache des Opfers, anhand dessen das Symbolsystem der christlichen Liturgie selbst sprechen soll. Dabei wird immer wieder die Bedeutung des christlichen Rituals für die menschliche Lebensgestaltung, nämlich als Horizont von Erfahrung deutlich. Insofern verändert sich die Fragestellung. Nicht mehr nur die Liturgie an und für sich ist im Blick, sondern es wird auch die spannende Frage gestellt, was zwischen der Liturgie und dem sie feiernden Menschen geschieht. Diese Fragerichtung bestimmt auch die Methodik dieses Kapitels. Dabei ist der Ansatzpunkt der folgenden Ausführungen wie die ausgewählten Beispiele im besten Sinn subjektiv. Ich habe eine Praxis vor Augen, die - anders als vielleicht noch in den fünfziger Jahren - nicht durch rituelle Starrheit geprägt ist, sondern im Gegenteil oft wortgewaltiger Unsensibilität und subjektiver Gestaltungsversuche anheimfällt. Damals empfand man den Aufbruch durch die Liturgiereform als eine große Befreiung. Jetzt ist meines Erachtens die Frage eher, wie das Mysterium der Liturgie, das ja letztlich das Mysterium Gottes und des Menschen feiert, rituell auf einem kulturell-ästhetisch ansprechenden Niveau gefeiert werden kann und den Menschen von heute Teilnahme und symbolische Erfahrung ermöglicht. Das heißt, daß die praktisch-theologischen Ausfaltungen der zentralen These dieser Arbeit dort eine völlig andere Richtung nehmen könnten, wo inzwischen wiederum rituelle Starrheit statt lebendigen Rituals eingetreten ist.

8.1. Der intermediäre Raum: Symbolische Erfahrung und die Macht des Rituals

Die zentrale These dieser Arbeit hat die Feier der Liturgie im „Symbolischen Raum" verortet. Wer Liturgie feiert, tritt in einen dritten Wirklichkeitsbereich, der als „intermediärer Raum" gewertet werden kann. Es gilt, diesen Raum in seiner eigenen Gesetzmäßigkeit wahrzunehmen. Das Ritual ist nicht real im Sinne der Realitäten alltäglicher Erfahrung, aber dennoch ist es wirklich und wahr. Das hat die Sakramententheologie immer gewußt, wenn sie von Mysterien spricht, wenn etwa Thomas von Aquin die Zeichenhaftigkeit sakramentalen Tuns betont[6]. Und zugleich entsteht etwas Neues, die Realpräsenz Jesu, die sich gemäß der symbolischen Differenz ereignet. Das alltägliche Leben bleibt verschieden vom Ritual, vom illusionären Raum. Das Ritual hat keine „Realität" wie die Wirklichkeit dieser Welt, denn sonst wäre es Magie. Damit „paßt" für das hier entwickelte Ritualverständnis die christologische Dimension, die das Konzil von Chalkedon benannt hat und die damit eine Grundstruktur der christlichen Theologie geworden ist. Denn in der Formulierung des Verhältnisses von Gottheit und

[6] Wenn Thomas von Aquin festhält, "sacramentum in genere signi esse" (STh III,60,1), ist hier ein umfassender Symbolbegriff grundgelegt, der besagt, die objektive, reale Gegenwart des Herrn bedürfe zeichenhafter, sakramentaler Vermittlung.

Menschheit in der Person Jesu werden genau die Koordinaten des „dritten Bereichs" angegeben: unvermischt und ungetrennt[7]. Der „intermediäre Raum" als Bereich des Rituals ist nicht vermischt mit der Lebensrealität des Menschen, aber genausowenig hiervon getrennt. Er ist nicht vermischt mit dem Reich Gottes, dem die christliche Hoffnung gilt, aber ebensowenig davon getrennt, da er dessen Angeld ist.

Der intermediäre Raum bietet als ein „Zwischen" auch Raum für Regression[8]. Im Ritual ist Kontakt zum Unbewußten des Seelenlebens möglich. Das bedeutet für den Liturgen, mit solcher Regression zu rechnen, sie zu ermöglichen und zuzulassen, den intermediären Raum nicht sogleich wieder aufzulösen, indem etwa das soziale oder politische Tagesgeschäft vorschnell in den Gottesdienst hereingeholt wird. Auch dies hat seinen Ort, etwa bei den Fürbitten. Liturgisches Tun ist jedoch vom Tagesgeschäft verschieden. Zugleich muß sich der Liturge der besonderen Sprachebene bewußt sein. Liturgisches Gebet, ja selbst die Predigt sind von hier aus weniger logisch-diskursiv zu gestalten als vielmehr symbolisch-präsentativ. Hier kann dann Raum für Kreativität entstehen. Damit ist wiederum nicht ein aktivistisches Liturgie-Gestalten gemeint, sondern eine vor allem innere Lebendigkeit, die den Alltag vom Ritual aus noch einmal mit anderen Augen sehen lernt. Das Ritual befreit hierbei vom Zwang, etwas leisten zu müssen. Der Mensch tut zwar zunächst etwas, indem er rituell den intermediären Raum betritt. Doch dann folgt die Feier, das „versunkene Spiel": Der Beter bleibt hier aktiv, aber nicht durch Aktionismus. Das tut der tätigen Teilnahme, wie sie das Konzil zurecht gefordert hat, keinen Abbruch, sondern führt sie erst an ihr Ziel.

In der Position Petersons konnte ich beispielhaft zeigen, wie die Auflösung des dritten Bereichs der Liturgie in eine fast völlige Gleichsetzung mit der himmlischen Liturgie mündet (nur noch „ungetrennt" – in Bezug auf die himmlische Liturgie), so daß die Zeitgenossenschaft mit dem Menschen verloren ist. Das christliche Symbolsystem steht hier in Gefahr, als Horizont für die je eigenen Lebenserfahrungen irrelevant zu werden. Hat das eigene Leben keinen inneren Ort in der Liturgie, kann der Mensch auch nicht mehr von der Transzendenz Gottes berührt werden. Die Frage vieler Zeitgenossen, was denn der Gottesdienst überhaupt noch bedeutet, hat hier ihren Ursprung.

Die spezielle Sicht des hier vertretenen symboltheoretischen Ansatzes soll anhand der Position von Werner Hahne nochmals deutlich werden[9]. Hahne tätigt folgende Positionierung: „Deshalb ist jede Theologie ursprünglich und ursächlich ‚Gott-Künden', d.h. die auf Erfahrung gründende *vernünftige* ‚Gott-Rede'"[10]. Infolgedessen wählt Hahne hier konsequent einen bewußtseinsorientierten Ansatz, nämlich den handlungstheoretischen[11]. „Liturgiewissenschaft ist auch als Theorie liturgischer Praxis zu beschreiben"[12]. Dem ist zunächst zuzustimmen. Dennoch wird durch die

---

[7] So die Formulierung des Dogmas von Chalkedon (DH 302).
[8] Vgl. dazu auch JOSUTTIS, Weg, S. 46.
[9] Ich setze mich hier vor allem mit seinem Buch „Gottes Volksversammlung" auseinander.
[10] HAHNE, Gottes Volksversammlung, S. 52 (Hervorhebung A.O.).
[11] Zur wissenschaftstheoretischen Diskussion vgl. JOSUTTIS, Weg, S. 44-47.
[12] HAHNE, Gottes Volksversammlung, S. 83.

Ausklammerung unbewußter Anteile des Menschen sowie die nicht in vernünftiger Gottesrede aufgehenden Anteile menschlichen Lebens meines Erachtens ein Manko deutlich. Die Frage ist, wie mit den Anteilen des Menschen umzugehen ist, die nicht in eine Handlung münden oder durch Bewußtseinsakte bestimmt werden. Denn „die rituelle Praxis ist durch archaisches Erbe bestimmt und kann weder in ihrer Genese noch bei ihrem Vollzug durch Bewußtseinsakte vollständig eingeholt werden“[13].Der hier vorgestellte symboltheoretische Ansatz vermag auch solches in den Blick zu nehmen. Bei Hahne fehlt ein Bezug zum Bereich des Sinnlich-Symbolischen in seiner Tiefendimension. Die Gefahr ist meines Erachtens dann, daß die Liturgie allzu schnell in interaktionistische und kommunikable Formen aufgelöst wird (nur noch „ungetrennt“ – in Bezug auf menschliche Lebensrealität). Dann muß der Gottesdienst Raum für Konflikte bieten[14] (und nicht das Gemeindeleben rund um den liturgischen Bereich), Gottesdienst muß Diskussionen über die Bibel ermöglichen (anstalle von gemeindlicher Bibelarbeit, in der eine Gruppe auch lebensgeschichtlich arbeiten kann). Der symboltheoretische Ansatz würde hier ein anderes Vorgehen vorschlagen: Eine Gruppe betreibt, etwa bei Exerzitien im Alltag, lebensgeschichtlich Bibelarbeit und feiert im Lauf des Prozesses einen Gottesdienst, der entlastet ist von Auseinandersetzung und Diskussion und dann der sinnlich-symbolischen Feier des Pascha-Mysteriums dienen kann. Dieser Gedanke sei an einem Beispiel bei Hahne verdeutlicht. „Ebenso wirkt die falsche Sicht vom Kirchenraum als Tempel und als Aufbewahrungsort des ‚Allerheiligsten‘ nach, in dessen Gegenwart es gerade nicht um die Kontaktnahme zu den anderen Christus-Gläubigen ging...“[15]. Die mystische Qualität des Kirchenraumes wird hier nicht in den Blick genommen, stattdessen geht es um die Funktion, die Kontaktnahme zu den anderen Gläubigen. Sie ist natürlich für jede Feier konstitutiv, aber meines Erachtens nicht ausreichend. Eine symboltheoretische Sicht rückt die Notwendigkeit eines „symbolischen Raumes“ in den Blick – als psychische Qualität, für die der „heilige Raum“ der Kirche ein sinnlich-symbolischer Ausdruck ist, der vielleicht sogar unmittelbarer emotional erlebbar ist als die Beziehungsebene mit dem Mitbetenden. Dementsprechend wäre Kommunikation hier zunächst und vor allem rituell. Ein solcher Raum ist natürlich „heilig“, denn der Bereich des Heiligen und Sakralen ist Vorbedingung symbolisch-rituellen Tuns[16]. Hat die Liturgie keinen Bezug mehr zu unbewußt gespeicherten Erfahrungen des Menschen, zum archaischen Erbe, muß der Gottesdienst selbst zum Ort der Erfahrung und der Praxis werden. Das aber bedeutet eine Auflösung des symbolischen Raums, der die Schwebe halten will zwischen der Lebenserfahrung und den geronnenen Erfahrungen, die im Ritual geborgen sind.

---

[13] JOSUTTIS, Weg, S. 46.
[14] Vgl. HAHNE, Gottes Volksversammlung, S. 168-170.
[15] HAHNE, Gottes Volksversammlung, S. 165.
[16] Man kann natürlich darüber streiten, ob ein liturgischer Raum vom Tabernakel her zu konstruieren sei oder nicht, aber dies ist nicht die Ebene, um die es diesen Überlegungen geht. Es geht vielmehr darum, daß eine solche Form von Entsakralisierung das Ritual im Kern berührt und schlimmstenfalls sogar zerstört – weil die psychischen Gesetzmäßigkeiten rituellen Tuns nicht bedacht sind.

Die Positionen von Peterson und Hahne vermögen meines Erachtens kaum, die Mitte zu halten, die in der Schwebe zwischen Lebenswirklichkeit und Glauben bleibt, und nur so, in Distanz und zugleich in Verbindung zu beiden Bereichen, unvermischt und ungetrennt, ihre symbolische Kraft behält. Symbolisches Tun bewegt sich im „intermediären Raum", den das Kind schon früh psychisch auszubilden vermag. In diesem Sinne „erschafft" auch die Gemeinde als Konkretion der Universalkirche in der Tat etwas[17]. Sie ermöglicht „das Eintreten in jenen schöpferisch-illusionären Zwischen-Bereich, der für Christen der in Jesus eröffnete Bereich des Gottesreiches ist, in dem ein anderes ‚Realitätsprinzip' herrscht: das Prinzip der „Zweckfreiheit", der von Gott her unbegrenzten Möglichkeiten für den Menschen"[18]. Jener „intermediäre Raum" wird so zugleich zum Erkenntnismodell und Praxismodell: Im rituellen Tun erschließt sich eine neue Sicht auf den Menschen, von Gott her.
Mit der präsentativen Symbolik ist die Macht des Rituals benannt, die sich auch dem Zugriff der Theologen entzieht[19]. Wenn Freud, wie gezeigt werden konnte (Kapitel 5.1.1.), annimmt, dem Gläubigen sei der Sinn seines Tuns unbewußt, benennt er diese Dimension. Lorenzer (Kapitel 5.2.) hat die Macht des Rituals aufgrund der unbewußten Dimension betont. Sie verbindet den Menschen mit den Beziehungserfahrungen seines Lebens. Vielleicht liegen manche Zerstörungen des Rituals, auch von seiten derer, die es gestalten, hierin begründet: Eine solche Dimension ist gefährlich, das Ritual hat Macht, wenn es den Menschen mit den basalen Triebkräften verbindet und die menschliche Konfliktstruktur einholt. Natürlich muß in diesem Kontext festgehalten werden, daß eine solche Betonung präsentativer Symbolik nicht gegen diskursive ausgespielt werden darf. Mit anderen Worten: Der Glaube bedarf immer der rationalen Vergewisserung. Nur ist eben die Frage, wie dies im Raum der Liturgie seinen Ort hat[20]. Weiter unten wird die Überforderung des Rituals zur Sprache kommen, wenn vom Sonntagsgottesdienst auch noch die Funktion von Glaubenskursen etc. erwartet wird. Ein Beispiel einer Zerstörung des Rituals, einer Auflösung des intermediären Raums, sei nun angefügt.

> Beispiel 1:
> *Es ist Pontifikalamt zum 4. Advent in einer deutschen Domkirche. Aufgrund des Jubiläums eines ranghohen kirchlichen Würdenträgers ist der Dom hauptsächlich für geladene Gäste reserviert. Viele Kleriker sind anwesend, der Bischof selbst steht der Feier vor. Die Messe beginnt mit einer großartigen Einzugsprozession. Das Orgelspiel nach Ertönen der Sakristeiglocke baut Spannung auf. Dies Schola singt den gregorianischen Introitus „Rorate coeli - Ihr Himmel tauet den Gerechten". Die Klangebene wird ergänzt um die die visuelle Ebene: Weihrauch steigt auf und bricht*

[17] Dies darf hier nicht als ein „Basteln" an den Formen des Rituals verstanden werden, sondern als ein sich Eingeben ins Ritual, kurz: als Feiern. Dies darf auch durchaus im Sinne der „kultischen" Dimension des Gottesdienstes verstanden werden. Dazu unten mehr.
[18] WAHL, Glaube, S. 538.
[19] Ähnlich zur Macht des Bildes vgl. übrigens BELTING, Bild und Kult. S. 11-19: Die Macht der Bilder und die Ohnmacht der Theologen.
[20] Die Predigt oder Formen der Katechese sind immer auch eine rationale Vergewisserung des Glaubens, *zugleich* sind sie Teil des Rituals. Diese Ambivalenz scheint ein Strukturprinzip der Liturgie zu sein.

sich im einstrahlenden Sonnenlicht. Damit ist der Geruchssinn angesprochen. Kurzum, es geht um die Sinne des Menschen, mit deren Hilfe auf vielen Ebenen das Ritual mitgefeiert werden kann. Bevor aber der Bischof mit dem Kreuzzeichen die Feier eröffnen kann, wird die durch Aufbau unterschiedlicher Sinnesebenen erreichte rituelle Qualität jäh durchbrochen. Wortgewaltig, aber nach Art säkularer Familienfeiern wird die Gemeinde von einem Prälaten zum Jubiläumsgottesdienst begrüßt. Alle Ehrengäste werden namentlich genannt. Die durch das Einzugsritual evozierte sakrale Stimmung zerbricht sofort.

Was ist hier passiert? Es zeigt sich die Unfähigkeit der Liturgen, Stimmungen zu empfinden und aufzugreifen[21]. Die nach Sitzungs- oder Akademiemodell vollzogene Begrüßung vor der liturgischen Begrüßung des Bischofs wechselt die Ebene vom Ritual in Gepflogenheiten der Geschäftswelt des Alltags, oder, anders gesagt, die präsentative Symbolik wird durch die diskursive eingetauscht. An dieser Stelle ist das Ritual schon zerstört. Die Liturgen waren also nicht fähig oder willens, die Stimmung der Einzugsprozession aufzugreifen und zuzulassen. Fast hat man das Gefühl, als solle hier eine Regression, für das Seelenleben des Menschen so unerläßlich, vermieden werden. Dabei hätte eine minimale Änderung des Ablaufs genügt, den Teilnehmenden Regression zu ermöglichen und in die Feier des Rituals einzustimmen. Hätte man nämlich die Begrüßung der Gäste *vor* Beginn des Gottesdienstes vollzogen, wäre der rituelle Ablauf nicht gestört worden. Der Bischof hätte nach der Einzugsprozession und der liturgischen Begrüßung den Text des Introitus „Ihr Himmel tauet den Gerechten" (Jesaja 45,8) noch einmal aufgreifen und mit wenigen Worten symbolisch-praesentativ ausdeuten können, indem er das Bibelwort ausweitet auf die Erfahrungen der Gläubigen hin, etwa ihre Sehnsucht nach Gerechtigkeit, nach dem anderen Menschen, der eine Erfahrung von Rettung ermöglicht und vieles mehr. Dann hätten die Teilnehmenden die Möglichkeit gehabt, ihr Leben und die Feier unter das Leitwort des Introitus zu stellen, um so symbolische Erfahrung zu machen, in den überlieferten fremden Erfahrungen (dem Bibeltext des Introitus) die eigenen wiederzuerkennen – und dies sinnlich-symbolisch vermittelt[22]. Und dann hätte auch die Stimmung des letzten Adventssonntages vor dem Weihnachtsfest als Ausdruck eschatologischer Sehnsucht und Erwartung ihren Ausdruck gefunden.

Mit diesem Beispiel ist ein Sachverhalt in den Blick geraten, der nun nochmals bedacht werden will, nämlich die Bedeutung der sinnlichen Ebene.

8.2. Liturgie und Sinnlichkeit: Die Bedeutung der „Dinge" und die Gefahr der Unterinszenierung

Der Rekurs auf die Psychoanalyse hat gezeigt, daß etwa das Kunstwerk deshalb eine große innerpsychische Bedeutung haben kann, weil es – in symbolischer Erfahrung – bedeutsame Beziehungserfahrungen wachruft. Dies gilt auch für das Ritual der

[21] Auf die Zusammenhänge von Persönlichkeit und liturgischer Feierkompetenz hat schon 1988 Stenger hingewiesen. Vgl. STENGER, Liturgie.

[22] So das symboltheoretische Motto bei WAHL, Glaube, S. 569. Siehe auch Kapitel 6.2..

kirchlichen Liturgie. Die Gegenstände, die „Dinge", das sinnlich Erfahrbare gewinnt an Bedeutung. Wenn aber im Symbolsystem selbst Beziehungserfahrungen gespeichert sind, nämlich die alten Gotteserfahrungen, und wenn im Ritual (wie im Kunstwerk) eigene Beziehungserfahrungen wachgerufen werden, dann darf rituelles Tun nicht gegen im Gottesdienst erfahrbare Communio ausgespielt werden. Mit anderen Worten: Communio, eine Beziehungserfahrung, kann auch dort geschehen, wo ein Teilnehmer der Liturgie sich nicht in den Innenkreis der liturgisch Handelnden begibt, sondern weitab, eventuell im Schatten einer Säule, dem liturgisch-rituellen Tun folgt. Symbolische Erfahrung der Transzendenz Gottes ist deshalb nicht an explizite liturgische Aktion gebunden, wenngleich sie voraussetzt, daß die Liturgie inszeniert, also die liturgischen Rollen wahrgenommen werden. Die Teilnahme am Ritual hat von hierher viele Ebenen, nämlich die sinnlichen Ebenen der Wahrnehmung der Symbol-Zeichen wie Weihrauch, liturgischer Gewänder, der Kerzen, des Orgelklanges etc. Auch die Bibel ist ein solches Symbol-Zeichen, geronnene Erfahrung von Menschen mit Gott. Das gefeierte und verkündete Wort Gottes bietet in hervorragendem Maße ein potentielles Angebot zu symbolischer Erfahrung, was allerdings nicht Formen der Auseinandersetzung mit der Bibel im Seminaren oder ähnlichem im Gemeindekontext ersetzt[23]. Die Predigt wäre der rituelle Ort, in dem die biblischen geronnenen Erfahrungen des Menschen mit Gott auf die Lebenserfahrung der Menschen hin verflüssigt und ausgedeutet werden könnten, und dies nicht in einem moralisierenden Sinne, als ginge es um Lebensanweisungen, sondern symbolisch-präsentativ, als Einladung einer Neu-Deutung des Lebens und der eigenen Geschichte im Horizont des Glaubens. Deshalb ist auch der Umgang mit dem liturgischen Buch der hl. Schrift symbolisch-präsentativ, gekennzeichnet durch die das Evangelium begleitenden Kerzen und den Weihrauch bei der Evangelienverlesung. All dies sind sinnlich-symbolische Riten, die eine andere Ebene ansprechen wollen als die diskursiv-logische.

Aus der Bedeutung der im Symbol geronnenen Erfahrungen ergibt sich auch eine gewisse Vorsicht bei der Generierung neuer Symbol-Zeichen. Denn zuvor ist es wichtig, den Gehalt der überkommenen Symbol-Zeichen auszuschöpfen. Die vorgegebene Liturgie ist als geronnene Erfahrung der Kirche wichtig, und das Moment der Fremdheit, auch mancher Symbol-Zeichen, ist notwendig für symbolische Erfahrung. Das heißt nun nicht, daß jede Veränderung ausgeschlossen sei. Die jüngste Liturgiereform ist ein Merkmal dafür, daß Veränderungen notwendig sind, aber daß sie mit großer Behutsamkeit vonstatten gehen sollen. Alle Veränderung müßte zunächst nach dem (auch unbewußten) Gehalt des Überkommenen fragen.

Ein weiteres Beispiel, auf das später zurückzukommen ist, zeigt die Bedeutung des Dinglich-Materiellen für liturgisches Tun.

Beispiel 2:

Bei der Vorbereitung eines Gottesdienstes mit Eltern totgeborener Kinder war den Eltern Gelegenheit gegeben worden, Texte für den Gottesdienst mitzubringen und

---

[23] Vgl. hierzu etwa DRECHSEL, Pastoralpsychologische Bibelarbeit.

einzubringen. Dieses Angebot wurde am Vorbereitungsabend dankbar begrüßt. Doch zum Gottesdienst selbst hatte niemand einen Text mitgebracht, und zwar gerade aufgrund der großen emotionalen Betroffenheit der Teilnehmer. Einige sagten sehr deutlich, daß sie es nicht fertiggebracht hätten, einen ausgewählten Text, ein Gebet mitzubringen und zu verlesen. Stattdessen wurde ein schlichtes und altes Ritual vollzogen: Für jedes verstorbene Kind wurde eine Kerze entzündet und vor dem Bild der Pieta abgestellt. Dieser ansonsten oftmals geübte Gestus des Kerzenentzündens wurde nach Aussage der Beteiligten hier emotional sehr tief erlebt.

Das Beispiel zeigt, daß rituelles Tun nicht an eine aktive Beteiligung mittels vieler Worte gebunden ist. Die große eigene Betroffenheit äußerte sich besser im Schweigen und im schlichten Gestus des Kerzenentzündens (als „tätiger Teilnahme“) als in Worten. So blieb das Wort meistenteils dem Vorsteher des Gottesdienstes überlassen[24]. Dennoch war eine großer innere Nähe aller Beteiligten, „communio“, deutlich spürbar. Die Kerze als „Ding“ wurde hier zum Zeichen, das durchaus ambivalent bleibt: Es ist Ausdruck der Trauer über das verlorene Kind wie Zeichen der Hoffnung. Das Beispiel macht deutlich, daß christliche Communio im Gottesdienst auf anderen Ebenen erlebbar ist als in sprachlicher Kommunikation[25]. Der oft beklagte Verbalismus im Gottesdienst gehört hierher: Wären in diesem Gottesdienst viele Worte gemacht worden, hätte man die emotionale Tiefe zerstört. Die präsentative Symbolik einer kurzen Bibelstelle und die rituelle Handlung des Kerzenentzündens genügte, um symbolische Erfahrung zu machen. Dabei war der Gottesdienst „heilsam“, da das Leben in seiner Gebrochenheit (Tod der Kinder) ebenso zum Ausdruck kam wie die christliche Hoffnung.

Die Kirche hat in den Jahrhunderten reiche Schätze der Liturgie zusammengetragen. Es ist aber die Frage, ob sie auch ausreichend genutzt werden. Oft geht mit der viel beklagten Wortflut im Gottesdienst eine Unterinszenierung einher. Riten werden nicht gefeiert, sondern nur persolviert. Das Schöne scheint keinen Platz mehr zu haben[26]. Von liturgischen Geräten bis zur liturgischen Gewandung wird oft nur künstlerisch Mittelmäßiges verwendet, die „Dinge“ scheinen der Beachtung nicht wert zu sein. Auch in der Liturgiewissenschaft begegnet man einer Skepsis bezüglich der Feierlichkeit. Werner Hahne hat einmal formuliert: „...nur soweit christlicher Gottesdienst ist, als er ‚Feier des *Pascha-Mysteriums*‘ ist, ist er dazu bestimmt und verpflichtet, dem Bedürfnis nach Feierlichkeit zu widerstehen, wo sich dieses Bedürfnis im Sinne einer ‚Verfeierlichung‘ als Verweigerung sich zu bekehren und die leidschaffenden Umstände zu verändern, offenbart“[27]. An dieser Aussage ist folgendes bemerkenswert. Sie geht davon aus, daß das Bedürfnis nach Feierlichkeit Abwehr nötiger Umkehr sein

---

[24] Vgl. dazu ODENTHAL, Intensiv.

[25] Hier geht es darum, Sprache, also auch liturgische Sprache, nochmals anders zu verstehen. Wie WILHELMS, Sinnlichkeit und Rationalität, etwa S. 187, deutlich macht, birgt der Rekurs auf außertheologische Kommunikationstheorien die Gefahr, die Sinnlichkeit (der Sprache, des Rituals) zu verlieren, so daß „eine zu ausschließliche Anbindung an die Form rationaler Kommunikation den einzelnen auflöst statt ihn zu befreien und damit Identitätsbildung unmöglich macht“ (ebd.). Vgl. zum ganzen auch POHLEN, BAUTZ-HOLZHERR, Aufklärung, bes. S. 60-78.

[26] Vgl. zur Problematik WALZ, Das Schöne.

[27] HAHNE, De arte celebrandi, S. 189

könne. Dies ist ohne Zweifel eine Gefahr. Aber der Verzicht auf Feierlichkeit kann ebenso eine Abwehr sein, sich nämlich in den Tiefenschichten der Seele berühren zu lassen. Der hier vertretene symboltheoretische Ansatz lenkt den Blick auf die Dinge, das Sinnlich-Symbolische, also die Feierlichkeit, mit deren Hilfe die Tiefenschichten der Seele erreicht und die Menschen berührt werden können, um so ihrer Bekehrung zu dienen. Die Bedingungen menschlicher Existenz in ihrer Fragmentarität im christlichen Ritual zu symbolisieren, ist Aufgabe des Gottesdienstes mit seinen sinnlich-symbolischen Dimensionen. Der Verzicht auf Feierlichkeit kann sich – im Sinne Lorenzers – als Abwehr entpuppen, sich in der Tiefenschicht der Seele berühren zu lassen. Eine gelungene sinnlich-symbolische „Inszenierung“ mit all dem, was die Liturgie an Reichtum hat, scheint mir der Weg zu sein, Menschen in der Tiefe der Seele zu berühren – und so das Pascha-Mysterium zu feiern[28].
Diese Abwertung des Sinnlich-Symbolischen spiegelt sich übrigens auch in der Wertung des Spätmittelalters durch die Liturgiewissenschaft. Arnold Angenendt hat darauf hingewiesen, daß man anhand der „Verfallshypothese“allzu leicht die Entwicklung der Liturgie nach dem Jahr 1000 als Entartung abwertet. Dabei übersieht man allerdings den Reichtum an Kunst, den Reichtum an Innerlichkeit, der jene Epoche und ihre Frömmigkeit prägt[29].

8.3. Liturgie als „dramatisch-ästhetisch inszenierte Feier der Glaubenshoffnung, als präsentative Symbolpraxis der Glaubenserfahrung” oder „Feier des Pascha-Mysterium“

Heribert Wahl hat mit der Definition der Liturgie als „dramatisch-ästhetisch inszenierte Feier der Glaubenshoffnung, als präsentative Symbolpraxis der Glaubenserfahrung” seine praktisch-theologischen Überlegungen des Buches „Glaube und symbolische Erfahrung“ auf die Liturgie hin ausbuchstabiert[30]. Christinnen und Christen feiern ihre Glaubens*hoffnung*, sie feiern also unter dem eschatologischen Vorbehalt. Die Feiernden sind nicht schon in der Vollendung, sondern die Erfahrung der symbolischen Differenz ist für gottesdienstliches Tun konstitutiv. Nur so bleibt Gottes Transzendenz, sein Widerfahrnis als Abwesender, gewahrt. Diese Feier wird inszeniert. Es bedarf also glaubender Menschen, um zu feiern und die Gottesgeschichten weiterzusagen. Damit ist die „kultische Dimension“ der Liturgie benannt. Der Mensch erfährt sich von seinen Lebensbedingungen her als eingeladen. Die Versammlung der Kirche bildet hierbei die vorgegebene Größe, in die sich der Mensch einfügt. Sie inszeniert in der konkreten Gemeinschaft diese Einladung, den Ruf, je neu und qualifiziert Einladung und Ruf als Wirken Gottes. Die Inszenierung ist sodann dramatisch-ästhetisch. Einerseits ist mit Wohlmuth darauf hinzuweisen, daß es zunächst um eine liturgische

---

[28] In diesem Sinne plädiert SCHILSON, Liturgie(-reform), S. 997-998, für den „Mut zu Symbol und ästhetischer Inszenierung der Liturgie“ (ebd. 997).
[29] Vgl. ANGENENDT, Liturgik, etwa S. 149-168
[30] Vgl. WAHL, Glaube, S. 82.

Ästhetik, nicht um eine ästhetische Liturgie geht (so schön dies auch sein kann): „Eine *ästhetische Liturgie* würde sich ihre Kriterien also von Konzertsaal und Museum vorgeben lassen. Davor muß sich aber eine liturgische Ästhetik, wie ich sie verstehen möchte, gerade schützen“[31]. Mit liturgischer Ästhetik ist gemeint, daß das Ritual die Lebenssituationen der Menschen wahrnimmt und symbolisch inszeniert. Grundkonflikte des Menschen finden zur Darstellung (siehe Kapitel 7.6.). Die alte Rede vom Opfer, vom Kreuzestod, von Auferstehung und vieles mehr kann verflüssigt werden auf grundlegende menschliche Lebenssituationen wie Liebe und Haß, Schuld und Verrat, Leid und Tod. An diesem Schnittpunkt haben die Glaubenswahrheiten ihren Sitz in der Lebenserfahrung des Menschen. Dabei bedarf die Liturgie der Ästhetik. Denn mit Schillebeeckx ist darauf hinzuweisen, daß die liturgische Feier selbst schon die konkrete Gnadengabe ist. Das heißt dann auch, daß sich ihre Feiergestalt auf einem künstlerisch und dramaturgisch anspruchsvollen Niveau bewegen muß. Die Feier*form* ist von hierher nicht mehr zweitrangig, sondern durchaus als Kunstform zu begreifen, die auch ästhetischen Kriterien genügen muß. Die vielen Formen gedankenloser Unterinszenierung des Gottesdienstes, der allzu oft zu beobachtende Schwund an sinnlich-symbolischen Elementen wäre von hierher anzuprangern. Liturgie ist also deutlich dem Bereich von Kunst und Kultur zuzuordnen. Zugleich muß aber ihre eigene Dynamik gewahrt werden, die sich von einer musealen oder etwa konzertanten Sichtweise grundlegend unterscheidet. Es geht ja nicht um die theatermäßige Aufführung eines Dramas, sondern um die reale Gegenwart des abwesenden Gottes und seiner Heilstaten in Jesus Christus, um das Widerfahrnis seiner Transzendenz.
Der zweite Teil von Wahls Definition beschreibt die Liturgie als „präsentative Symbolpraxis der Glaubenserfahrung“. Das symbolische Tun auf der Ebene des intermediären Raumes ist präsentativ, nicht diskursiv. Die Seele, das Gefühlsleben des Menschen wird angesprochen und kann im Symbol eingeborgen werden. Der Feier der Glaubens*hoffnung* (prospektiv) entspricht die Symbolpraxis der Glaubens*erfahrung* (retrospektiv). Vergangenheit (etwa das Jesusgeschehen) und Zukunft (Reich Gottes) finden im Ritual zusammen. In diesem Sinne wird im Ritual die Zeit für einen Moment „aufgehoben“, wenngleich das Ritual Zeitgenossenschaft wahrt. Hoffnung und Erfahrung, Glauben und Leben verbinden sich und finden ihre Darstellung im Ritual. Wurde in Kapitel 4.2. der Begriff „Widerfahrnis der Transzendenz“ eingeführt, so scheint mir damit das illustriert zu sein, was Wahl wie folgt beschreibt: „Es geht nicht um die Präsenz einer ‚von oben ins Diesseits eingebrochenen‘, darin ‚eingefangenen‘ und ‚verhüllten‘ jenseitigen Heilswirklichkeit, sondern um die *‚negative Präsenz‘* des im Symbol-Zeichen (...) Repräsentierten, das sich dem Subjekt als abwesend-ausstehend *präsentiert*...[32]. Dementsprechend hat Liturgie ein eschatologische Qualität[33]. Gleichzeitig wird nochmals deutlich, wie sich der hier vertretene symboltheoretische Ansatz vom Paradigma himmlischer Liturgie, der gegenüber die

---

[31] WOHLMUTH, Jesu Weg, S. 15.
[32] WAHL, Glaube, S. 521.
[33] Vgl. STENGER, Qualität, bes. S. 361-362.

irdische abbildhaft ist, unterscheidet. Es geht nicht um eine verhüllte jenseitige Wirklichkeit, sondern um die von Wahl benannte negative Präsenz. Dies bedeutet aber nicht, daß im symbolischen Tun und in der (präsentativen) Symbolsprache der Begriff des Himmels als „oben" nicht verwendet werden kann. Das Bild des zum Himmel aufsteigenden Gebetes bietet sich hier an. In solch präsentativer Symbolik ist die Kategorie des Himmels unverzichtbar, weil sie den eschatologischen Vorbehalt benennt und damit das Diktum von der negativen Präsenz Gottes sinnlich-symbolisch ausleuchtet.

Bei Funke konnte auf die Nähe seiner Symboltheorie zum christlichen Glauben und der Rede von Pascha und Exodus hingewiesen werden. Das Ritual, zunächst losgelöst von den zu feiernden Inhalten, birgt beide Pole menschlicher Subjektwerdung, die Sehnsucht nach Geborgenheit und die Erfahrung des Aufbruchs ins eigene Leben, in sich. Die Rede vom Pascha-Mysterium als Inhalt christlichen Rituals fügt der primären Inhaltlichkeit eine sekundäre hinzu. Mit der Feier des Pascha-Mysteriums wird also das begangen, was die Grundstruktur des Rituals nochmals bestätigt. Anders ausgedrückt: Das christliche Ritual, die Feier des Pascha-Mysteriums, knüpft an menschliche Erfahrungen an, die des Jesus von Nazareth. Sie werden zu geronnenen Erfahrungen des Glaubens. Es geht hierbei allerdings nicht um eine kulturelle, nun zufällig christliche Ausprägung des allgemein-menschlich Gegebenen - dies stünde übrigens dem Ansatz C.G. Jungs nahe[34] - sondern umgekehrt. In der besonderen Erfahrung des Jesus von Nazareth, die eine mir zunächst fremde ist, können die eigenen Lebenserfahrungen wiedererkannt werden[35]. In dieser „Leistung" liegt die Macht des Rituals.
Ein weiteres Beispiel soll die symbolische Erfahrung von Leben und Glauben und deren dramatisch-ästhetische Inszenierung deutlich machen.

> Beispiel 3:
> *Bei einem Luzernargottesdienst werden die Teilnehmerinnen und Teilnehmer eingeladen, freie Fürbitten zu formulieren, um danach zur Weihrauchschale hinzuzutreten und Weihrauch aufzulegen. Jeweils nach den einzelnen Fürbitten singt die Gemeinde den Kehrvers „Wie Weihrauch steige mein Gebet zur dir auf, Herr, du mein Gott" (Ps. 140,2). Trotz der vielen versammelten Menschen machen einige von diesem Angebot Gebrauch. Die Menschen schauen gesammelt dem aufsteigenden Weihrauch nach. Die geäußerten Fürbitten sind sehr persönlich, die Atmosphäre dicht.*

Das Weihrauch*opfer* in Verbindung mit Psalm 140 knüpft an älteste liturgische Traditionen an, die bis in die jüdische Tempelliturgie reichen[36]. Symboltheoretisch ist nun interessant, daß dieser alte Ritus bis heute Menschen bewegt: Ihre eigenen, ganz subjektiven Anliegen und Fürbitten finden in diesem Ritual eine Form und werden, nicht zuletzt durch das abschließende Vater-Unser-Gebet, in den jüdisch-christlichen Kontext eingebunden und, in dieser Form der Stundenliturgie, zur Feier des Pascha-

---

[34] Vgl. ODENTHAL, Wandlungssymbol.
[35] Vgl. hierzu WAHL, Glaube, S. 569.
[36] Vgl. hierzu WINKLER, Kathedralvesper, bes. S. 86-89.

Mysteriums. Die Glaubenserfahrungen der jüdisch-christlichen Tradition bilden den Horizont des Gebetes. Das Zeichen des Weihrauchs braucht nicht gedeutet zu werden, sondern spricht ganz unmittelbar. Das Weihrauchauflegen, im Luzernar nicht nur dem Priester vorbehalten, sondern für alle Teilnehmenden möglich, wird zum „Opfer" im Sinne des „operari": Der bittende Mensch tut etwas vor Gott, stellt sein Leben dar in Wort und Gebärde und fügt sich so in die Gemeinschaft derer ein, die in der langen Geschichte des Christentums gehofft, gebetet und vertraut haben.

8.4. Ritual als Beziehungsgeschehen: Zum Problem der tätigen Teilnahme

Die zentrale These dieser Arbeit umfasst, daß das Ritual schon immer Beziehungserfahrungen des Menschen wachruft. Die Macht des Rituals, unbewußte Dimensionen des Menschen zu erreichen, läßt frühe Interaktionsmuster unbewußt anwesend sein, ohne daß sie bewußt durchgearbeitet oder auch nur erinnert werden müßten. Die dinglich-rituelle Seite des Gottesdienstes hat also schon eine Beziehungsebene. Von hierher wäre eine allzu platte Inszenierung von Gemeinschaft im Gottesdienst zu problematisieren.

> Beispiel 4:
> *Bei einer Werktagsmesse setzt sich ein Teilnehmer in der leeren Kirche in die vorletzte Bank. Der Liturge fordert zu Beginn der Messe eindringlich auf, zugunsten der gemeinschaftlichen Feier doch nach vorne zu kommen. Der Teilnehmer verläßt daraufhin die Kirche.*

Was ist hier passiert? Die individuelle Zuordnung des Besuchers zum Ritual, die sich in der Platzwahl äußert, wird vom Liturgen nicht ernst genommen. Der Teilnehmer wird entmündigt, in eine vorgegebene Form gepresst. Der Liturge folgt hier der Vorstellung, Gemeinschaft sei nur dann da, wenn auch eine räumliche Nähe eingehalten würde. Vielleicht erlebt der Teilnehmer die Distanz, die abgestufte Gemeinschaft als zu seiner Lebens- und Glaubensform passend. Dies verbietet der Liturge. Doch wer „den Spielraum der Phantasie an der Basis des Volksspiels einengt, ihn überprüft (auf christologische Reife hin), kontrolliert (auf magisch-heidnische Zutaten), reglementiert (im Einklang mit den Richtlinien des Konzils) und wer ihn insgesamt in den Dienst der Wortverkündigung stellen will, vertreibt mit Notwendigkeit die sinnliche Symbolik"[37]. Es bleibt dem Teilnehmenden nur noch übrig zu gehen. Gemeinschaft ist hier zu einem fragwürdigen Klischee geworden, weil nicht mehr das da sein darf, was dem Gefühl des einzelnen entspricht, sondern klare Vorgaben gemacht werden. Im „von oben" für eine ganze Gemeinde angeordneten Friedensgruß läßt sich gelegentlich Ähnliches ausmachen[38]. Um Mißverständnissen zu entgehen:

---

[37] LORENZER, Konzil der Buchhalter, S. 235.
[38] Vgl. zum historischen Hintergrund etwa HÄUSSLING, Osculum pacis. Zur moralischen Aufladung ebd. S. 172. – Daß die „von oben" angeordnete Liturgiereform ein prinzipielles Defizit darstellt, zeigt übrigens BOPP, Prinzipielle Defizite.

Als Zeichen der Gemeinschaft ist er sinnvoll, wird aber dann problematisch, wenn er nicht mehr Ausdruck des tatsächlichen Beziehungsgefüges einer Gemeinde ist, sondern dem illusionären Wunschtraum eines heilen und friedlichen Miteinanders entspringt. Dann ist die Möglichkeit zu symbolischer Erfahrung schon verbaut, weil das aktuelle Lebensgefühl zumindest mancher Teilnehmenden keinen Platz hat. Erst wenn eine Gemeinde außerhalb der Liturgie Foren der Begegnung schafft, die ihren Mitgliedern übrigens auch die Möglichkeit einräumt, die eigene Lebensgeschichte zur Sprache zu bringen, hat der Friedensgruß eine Chance, zum tiefen Ausdruck von Beziehungen zu werden – zum Symbol. Eine solcherart kommunikative Gemeinde ist davor bewahrt, die Liturgie zu überfordern. Dann braucht nicht mehr im Gottesdienst der Kontakt, die Beziehung hergestellt zu werden, der eigentlich ein Platz außerhalb der Liturgie gebührte. Wenn im Gottesdienst eine Form von Gemeinschaft, die außerhalb des Gottesdienstes nicht da ist, einfach verordnet wird, zudem gegen den Willen mancher Teilnehmenden, wird allzu leicht, wie im beschriebenen Beispiel, jede Möglichkeit zu „passender" symbolischer Erfahrung zerstört.
Es soll hier nicht restaurativen Tendenzen das Wort geredet werden, die die Errungenschaft der Liturgiereform rückgängig machen wollen. Dennoch bedarf die „actuosa participatio" einer differenzierten Bewertung. Ratzingers Kritik an der tätigen Teilnahme ist dann berechtigt, wenn er manchen Auswüchsen nachkonziliarer Liturgie nachweisen kann, es gehe nur um platten Aktivismus, der einen inneren Mitvollzug verhindere[39]. Kohlschein hält zurecht an der tätigen Teilnahme als spirituellem Ergriffensein bis in die Tiefenschicht der Seele fest[40]. Hier scheint mir der eigentliche Identifikationspunkt gottesdienstlicher Gemeinschaft zu liegen, denn es werden Beziehungserfahrungen wachgerufen, die aber nicht immer in aktuell gelebte Beziehung des Gottesdienstes umgemünzt werden können. Die Leistung des Rituals ist es, in konkret gelebter Beziehung („Versammlung") tieferreichende Beziehungserfahrungen wachzurufen. Eine Auflösung ins Interaktionistische verbietet sich jedoch. Die große Errungenschaft des konziliaren Paradigmenwechsels ist nun, die Versammlung der Gläubigen als Voraussetzung hierfür erkannt und der Gemeinde ihre eigene liturgische Rolle wiedergegeben zu haben. Der Gottesdienst bedarf der Gemeinschaft der Glaubenden. Ihr kommt die Rolle als aktuelle Trägerin des Rituals zu. Damit wird sie zur Konkretion der Universalkirche, in deren Rahmen sich das Ritual erst als christlich, als mit dem Ursprung identisch, erweist.
Das Besondere der Psychoanalyse ist es, das Verdrängte, das Zensierte, das Nicht-Kommunikable aufzuspüren und in die Sprache zu bringen. Mit der Theorie des Irrationalen, die sich in Begriffen wie dem des Unbewußten, des Verdrängten zeigt, versucht sie, den rationalen Diskurs nicht zum Maßstab aller Dinge zu machen. Das auf Habermas zurückgehende Programm einer universalen Kommunikationsgemein-

---

[39] Vgl. etwa RATZINGER, Fest, S. 108-109. Vgl. auch RATZINGER, Geist, S. 147-152. Als Kritik hieran vgl. etwa GY, Geist, der die Errungenschaft der tätigen Teilnahme durch die Liturgiereform nochmals gewürdigt hat. Vgl. als Antwort auf Gy RATZINGER, Treue.
[40] Vgl. KOHLSCHEIN, Teilnahme, S. 43 (gegen Lorenzer).

schaft wird hier fragwürdig[41]; denn es gibt sie immer nur um den Preis des Verdrängten. So ist auch Vorsicht geboten, überträgt man eine an Habermas orientierte Vorstellung von Kommunikabilität auf das Ritual. Von einer im Gespräch von Theologie und Psychoanalyse gewonnenen Theorie des Rituals aus muß hier Einspruch geltend gemacht werden. Denn das Ritual entlarvt eine oberflächliche Sicht von Kommunikation durch ihre Tiefenwirkung, die ja, wie etwa anhand von Lorenzer gezeigt werden konnte, das Zensierte, das Exkommunizierte anrührt. Es kann deshalb im christlichen Ritual nicht darum gehen, alles kommunikabel und plausibel zu machen. Vielleicht kann man mit großer Hochachtung und vieler Wertschätzung auch die Forderung der Liturgiekonstitution, die Riten mögen „den Glanz edler Einfachheit an sich tragen und knapp, durchschaubar und frei von unnötigen Wiederholungen sein" (SC 34), von hieraus in ihrer Ambivalenz deutlich machen[42]. Denn weder aus soziologischer Sicht haben einfache Riten größere Kraft[43], noch läßt sich dem aus psychoanalytischer Sicht zustimmen. Eine Theorie des Irrationalen bedenkt immer auch das Gegenteilige, das sich Widersetzende, das in der klaren Einfachheit nicht Aufgehende. Im Raum der Psyche gibt es nichts Einfaches oder Ambivalenzfreies. Dies nun im Ritual vorauszusetzen hieße, an den „eindimensionalen Menschen" zu denken. Auch hier muß die Mitte, der intermediäre Raum gewahrt bleiben, denn es geht nicht darum, eine irrationale Magie zu inszenieren. Die Liturgiekonstitution hat in diesem Sinne ein notwendiges Kriterium für die Feier der Liturgie gegeben. Nur darf dies nicht zu einer Auflösung des Geheimnisses ins Interaktionelle oder Kommunikable führen. Denn immerhin geht es darum, Gott als Geheimnis zu feiern, Gott als abwesenden präsent zu machen. Es geht um rituelle Interaktion, die eine unbewußte Wirkung hat, nicht um Kommunikation nach Art des Alltags. Über solchermaßen verstandenen Gottesdienst schreibt Elmar Salmann zurecht: „Er (...) begründet Kommunikation auf vielen Ebenen und ist doch selbst nicht in einem plakativen Sinn kommunikativ"[44].

Ein Beispiel für die Darstellung menschlicher Ambivalenzen sei nur angedeutet, nämlich die Liturgie des Triduum paschale. Wenn am Gründonnerstag nach dem Gloria Orgel und Glocken schweigen, aber dennoch die Abendmahlsmesse in weißen Gewändern und ritueller Festlichkeit weitergeführt wird, gelangen Fest und Trauer zugleich zum Ausdruck[45]. Damit aber bildet sich das Leben mit seinen Ambivalenzerfahrungen ab, die symbolisch im Pascha Jesu, seinem Leiden, Tod und Auferstehung ihren Niederschlag finden können.

---

[41] Habermas spricht übrigens von einer „rituelle(n) Vergewisserung kollektiver Identität". HABERMAS, Theorie des kommunikativen Handelns 2, S. 135.

[42] Problematisiert ist dies etwa bei NICHOLS, Looking at the Liturgy, S. 49-86, im Anschluß an den Soziologen Flanagan. Er kritisiert vor allem die vier Forderungen der Liturgiekonstitution: Einfachheit, Intelligibilität, Gemeinschaft und tätige Teilnahme.

[43] Vgl. NICHOLS, Looking at the Liturgy, S. 59. Zur Ambiguität des Rituals vgl. auch WIEDENMANN, Ritual, S. 14.

[44] SALMANN, Kult, S. 248.

[45] Es wäre der Mühe wert, die Revisionsentwürfe zur Liturgie des Triduum Paschale (vgl. NAGEL, Studien, S. 216-244) daraufhin abzuklopfen, inwieweit hier Ambivalenzen eliminiert werden. Dies wäre eine eigene Untersuchung und kann hier wirklich nur angedeutet werden.

Zur symbolischen Kompetenz des Vorstehers gehört es, bei aller notwendigen Leitung das Ritual offen zu halten auf Gottes Transzendenz hin. Die Auflösung dieses symbolischen Raumes ins Interaktionistische wäre der Tod der Liturgie[46]. Die Notwendigkeit einer persönlichen Identität des Liturgen für eine gelingende Feier wurde bereits betont. Nur wenn der Liturge Kontakt zu seiner eigenen Lebensgeschichte hat, kann sich das Ritual in allen seinen Dimensionen entfalten. Das bedeutet aber auch, daß die Mitfeiernden Gelegenheit haben müssen, zu ihrer Lebensgeschichte in Kontakt zu treten. Dies geschieht im Gottesdienst durch die Regression in unbewußte Dimensionen der Psyche.

8.5. Die „Symbolische Differenz". Zur Aktualität des Rituals

Mit der Rede vom intermediären Raum wurde bereits deutlich, daß sich Liturgie in einem eigenen Wirklichkeitsbereich ereignet. Der Liturgie ist etwa eine eigene Zeitstruktur eigen, die Vergangenes in der Memoria aktualisiert und Zukünftiges symbolisch vorwegnimmt[47]. Damit gerät ein Moment in den Blick, das der näheren Ausfaltung bedarf, nämlich die Frage nach der Erfahrung der symbolischen Differenz im Ritual: Eine letzte Spannung zwischen Leben und Glauben, Lebenserfahrung und ritueller Erfahrung ist unaufhebbar und, so die These, für symbolische Erfahrung unabdingbar. Das heißt, eine neue Sicht auf die Frage nach der Aktualität des Rituals zu tun. Da diesen Überlegungen kein handlungstheoretischer, sondern ein symboltheoretischer Ansatz zugrunde liegt, kann dem Ritual eine paradoxale Struktur zuerkannt werden, und keine lineare[48]. Menschliche Ambivalenzen finden in den geronnenen Symbolen ebenso zum Ausdruck wie Paradoxien. Wenn dem so ist, wird erneut die Anweisung der Liturgiekonstitution fraglich, die Riten mögen „den Glanz edler Einfachheit an sich tragen und knapp, durchschaubar und frei von unnötigen Wiederholungen sein" (SC 34). Wenn das Ritual die Schwebe zwischen eigener Lebensgeschichte und Alltag einerseits, dem Glauben andererseits hält, dann ist damit seine paradoxale Grundstruktur benannt: Nur in „symbolischer Differenz" kann der Mensch rituell begehen und im Horizont des Glaubens feiern, was das Leben an Grunderfahrungen ausmacht. Die Differenz zwischen der eigenen Biographie und den geronnenen Erfahrungen des Glaubens wird damit konstitutiv. Dies verändert entscheidend das Problem einer Zeitgemäßheit des Gottesdienstes.
Das Ritual wird gelegentlich in die Alternative sakral – profan eingepasst, die es zu überwinden gelte. Wenn Arno Schilson über Rahner schreibt, er hätte sich die „Überwindung der Kluft zwischen alltäglichem Leben und liturgischer Feier, zwischen

---

[46] Vgl. zur Kritik an Hahne SCHULER, Macht hoch die Tür.
[47] Vgl. hierzu nochmals die Position von Wohlmuth in Kapitel 4.2.2.
[48] Vgl. zum grundsätzlichen Paradoxon pastoralpsychologischer Arbeit DRECHSEL, Pastoralpsychologische Bibelarbeit, S. 20-21. „*Die Frage nach dem Paradoxon (die auf verschiedensten inhaltlichen und strukturellen Ebenen zum Ausdruck kommt) sowie die Frage nach seiner Annahme (Nicht-Auflösbarkeit) können als ein zentrales Element der vorliegenden Ausführungen angesehen werden*", so ebd. S. 21.

personaler und sakramentaler Frömmigkeit“ zur Aufgabe gemacht[49], so wird die Liturgie als etwas dargestellt, das in den Alltag vermittelt werden müsse. Dies ist nun ohne Zweifel so. Dennoch ist vom hier entwickelten Ansatz die *Differenz zwischen Alltag und Feier symboltheoretisch gerade notwendig, ohne daß es zu einer Trennung beider Bereiche kommt.* Das Ritual umfaßt Leben und Glauben in der ihm eigenen sakralen Struktur, umfaßt eigene Lebenserfahrungen und die geronnenen Erfahrungen des Glaubens, indem etwas drittes Neues geschaffen wird, der symbolische Bereich als Ort des Widerfahrnisses von Gottes Transzendenz[50]. Und dieser Bereich ist nur adäquat erlebbar in einer Differenzerfahrung. Das Leben darf zur Sprache kommen, Lebenserfahrungen in den geronnenen Erfahrungen des Glaubens eingeborgen werden, aber immer im Bewußtsein, daß es bei den geronnenen Erfahrungen des Glaubens zunächst um *fremde* Erfahrungen geht, die theologisch als Widerfahrnis der Transzendenz Gottes gedeutet werden. Von diesen Überlegungen her wäre es das Ende des Rituals, wollte man es „lebensnah“ gestalten. Es will Leben und Glauben vermitteln und muß so die Schwebe zwischen beiden Bereichen halten. Es darf nie nur einem jenseitigen Bereich zugeordnet sein, dann gäbe es unter Umständen jede Zeitgenossenschaft auf. Aber es muß sich zugleich deutlich vom Alltag (und auch von der Alltagssprache) unterscheiden, sonst verliert es seine symbolische Qualität. Dies hat praktische Konsequenzen.

> Beispiel 5:
> *In einer Pfingstmesse ersetzt ein Priester das Schlußgebet durch eine Eigenkomposition, in der sinngemäß gesagt wird, es müsse sich beim lebendigen Gottesdienst nicht unbedingt um die Formen von gestern handeln. Schon allein die Länge der Eigenkomposition wird hinterher von manchen Teilnehmenden als kaum erträglich qualifiziert.*

Sicherlich, es müssen nicht „die Formen von gestern“ sein - dies ist durchaus zutreffend. Tiefer gefragt entpuppt sich die aus dieser Position folgende Änderung des Rituals als zerstörerisch, nämlich als Auflösung der notwendigen Differenz für symbolische Erfahrung. *Formal* hat der Liturge durch die Textänderung der Gemeinde jede Möglichkeit genommen, ihre eigene Erfahrung einzubringen in die Oration, die in der gesamten Kirche an diesem Tag gebetet wird, also die im Raum der Kirche „geronnene Erfahrung“. Der kirchlich vorgesehene Text wird der Gemeinde vorenthalten, das Moment der Fremdheit, das für symbolische Erfahrung konstitutiv ist, damit aufgelöst. An seine Stelle tritt der Subjektivismus des Liturgen. Dann aber ist nur noch eine Begegnung von Subjekt zu Subjekt möglich, nicht mehr symbolische Erfahrung mit den kulturell-religiös im Raum der Kirche symbolisierten, aber damit notwendig fremden Erfahrungen. *Inhaltlich* entpuppt sich der Satz, es müßten nicht die Formen von gesten sein, als verräterisch. Natürlich darf das Ritual auch neue Formen finden, aber es geht zunächst um die Formen *von gestern*, weil sie als schon

[49] ZADRA, SCHILSON, Symbol und Sakrament, S. 131.
[50] WILHELMS, Sinnlichkeit und Rationalität, S. 186.

geronnene Erfahrungen die zum Symbol gewordenen fremden Erfahrungen einbergen, die Menschen vor uns gemacht haben und die nun aktuell mit der eigenen Lebenserfahrung verbunden werden können. Das setzt die Bereitschaft zu einer Differenzerfahrung als einem Nicht-Passen voraus, an dem sich dann symbolische Erfahrung bilden kann. Theologisch geht es um die Erfahrung Gottes als des Abwesenden, des Transzendenten.

Die Ambivalenz des Rituals, das, von Freud her gesehen, zwischen Symbol und Symptom angesiedelt ist, steht durchaus im Gegensatz zur klaren und sofort einsichtigen Struktur. Es geht schließlich um ein Mysterium, ohne das etwas Wesentliches verlorenginge[51]. Damit wird das Ritual entlastet, an das Leben angepasst werden zu müssen. Es vermittelt die Begegnung subjektiven Erlebens mit symbolischen Objektivationen der Erfahrungen Gottes. In der christlichen Liturgie geschieht das Widerfahrnis der Transzendenz Gottes, die an Leben und Werk Jesu Christi gebunden ist („Pascha"). Im Objektiven des Rituals ist die Möglichkeitsbedingung gegeben, Subjektives zuzulassen, subjektive Erlebnismöglichkeit: neu, anders zu erleben, was das Leben ausmacht. Gemeint ist hiermit aber nicht Erlebnis im Sinne der Erlebnisqualität des Gottesdienstes selbst, wenngleich das eine nicht ohne das andere zu denken ist[52]. Hier geht es um die Tiefendimension des Gottesdienstes, die zunächst nicht verfügbar, nicht machbar, nicht zu gestalten ist. Es geht um die Überwindung des Hiats von individueller Erfahrung und äußerer Realität durch den Bereich des Sakralen. Der Bereich des Rituellen, der – psychoanalytisch gesprochen – intermediäre Raum verbindet subjektive Erfahrungen mit dem Symbolschatz der Kirche. Dieser Symbolschatz wird im Ritual zugänglich gemacht, „präsentiert". So kann allererst symbolische Erfahrung entstehen. Das Ritual ist dann „aktuell", wenn es sinnlich-symbolisch gefeiert wird, d.h. als Symbolisierungsangebot fungiert. Jeder Teilnehmer hat die Möglichkeit, eigene Erfahrungen, die Aktualität des eigenen Lebens mit dem Glauben der Kirche in seiner Feier zu verbinden. Das heißt allerdings nicht, das Ritual sei nicht grundsätzlich veränderbar. Aktuelle Veränderungen durch den einzelnen Liturgen ziehen jedoch schnell die Gefahr des Subjektivismus nach sich, so daß symbolische Erfahrung anhand der geronnenen und in diesem Sinne objektiven Erfahrungen verhindert wird[53].

Gerade in der Erlebnisgesellschaft gewinnt das Ritual als das immer Gleiche an Bedeutung, da es eine Differenzerfahrung ermöglicht. Mit seiner rituellen Struktur schafft der Gottesdienst in der Erlebnisgesellschaft die notwendige Differenz zu ihr, und die Identität des Einzelnen kann sich ihrer selbst aufgrund der Differenzerfahrung vergewissern, so wie sich die versammelte Gemeinde als Kirche Jesu Christi je neu

---

[51] Vgl. hierzu auch NICHOLS, Looking at the Liturgy, etwa S. 49-86.

[52] Vgl. hierzu HAHNE, Gottes Volksversammlung.

[53] Vgl. zur grundsätzlichen Veränderbarkeit SCHILLEBEECKX, Wiederentdeckung, S. 322-323: „Wenn man das rituelle System unveränderlich halten will, so kann dies auf Dauer Druck auf die feiernde Gemeinschaft ausüben und die Gefahr mit sich bringen, dass diese als Folge dessen zerfällt. Ritualität und Kreativität schließen sich keineswegs aus".

ihrer Identität vergewissert[54]. „Die vielbeklagte Fremdheit des Ritus für den Menschen von heute ist auch positiv zu sehen. Indem der Ritus sich gegen raschen Konsum sperrt, Raum und Zeit beansprucht und seine Inhalte durch Wiederholung einprägt, stellt er sich Wünschen nach lustvollen Erlebniswerten entgegen und hält den Horizont des Heiligen, des Andersseins Gottes, offen"[55]. Das Ritual könnte somit heilsam der Vergewisserung der eigenen Identität dienen. Der Rekurs auf Lorenzer mit der Betonung des Unbewußt-Sinnlichen zeigt, wie sehr ein Ritual auch vor gesellschaftlichen Ansprüchen einer „Identität" geschützt werden muß. Viele Formen religiösen Verhaltens, teils auch pathologischer Natur, machen die Bedeutung des Rituals als Schutz gegen eine „von oben" verordnete Identität deutlich, auch gegen eine von oben, das heißt von den Theologen diktierte Form des Gottesdienstes[56].

Mit der hier vorgenommenen Positionierung, d. h. der Entlastung des Gottesdienstes von allzu einseitigen katechetischen oder sonstigen Verzweckungen, bleibt der Gottesdienst mehr denn je auf gemeindliches Leben verwiesen. Das Ritual führt so zum Primat der Praxis[57], die Feier führt in die Gestaltung des Alltags. Die zwei Pole des Rituals, Sicherheit und Aufruf, machen, wenn sie nicht platt als provokanter moralischer Aufruf geschehen, sondern in präsentativer Symbolik erfolgen, das Ritual bedeutsam und zugleich gefahrvoll[58]. Die Zweckfreiheit des Rituals ermöglicht eine Berührung des Menschen in der Tiefenschicht seiner Seele und ermöglicht erst Veränderung. Der ethische Aspekt der Liturgie wäre die Befreiung vom Zwang, handeln zu müssen[59]. Jeder Lebensentwurf steht unter der grundsätzlichen Spannung des Fragmentarischen. Sie darzustellen ist die heilsame Bedeutung des Rituals. Und der Mensch kann dann erst handeln, wenn er die Grenze des Fragmentarischen anerkennt. Dies setzt ein Wissen um die eigene Lebensgeschichte voraus. Damit bin ich bei einem weiteren Punkt angelangt.

8.6. Heilsames Ritual? Leben im Fragment

Mit diesem Abschnitt werden nochmals Gedanken aufgegriffen, die sich in der Untersuchung verstreut finden, etwa die Frage nach den Möglichkeiten einer Theologie nach der Shoa (siehe Kapitel 3.3.), oder auch die Bedeutung der Ambivalenz des

---

[54] Vgl. KOCHANEK, Kirche und Gemeinde, S. 15-16; S. 44-47.

[55] So KOHLSCHEIN, Auf dem Prüfstand, S. 178.

[56] Hier wäre nun ein Kriterium zu benennen, das den Symbolgebrauch von pathologischen Fehlformen abgrenzt, jenseits der Nähe des Symbolischen zum Symptom. Das Kriterium wäre meines Erachtens nicht Symptomfreiheit, sondern die „Fähigkeit konstruktiven Verhaltens", die sich im Symbolgebrauch ausdrückt. Mit der „Fähigkeit konstruktiven Verhaltens" definiert Mitscherlich die Kultur, vgl. MITSCHERLICH, Unfähigkeit, S. 87.

[57] „Die Priorität des Ethischen schließt dann ein, daß es keine Erkenntnis Gottes ohne soziale Beziehungen gibt", so SCHILLEBEECKX, Menschen, S. 129. Vgl. auch ebd. S. 134-135.

[58] Auf der anderen Seite bleibt das Ritual auf anderer Diskursebene fraglich. Diese Spaltung („Differenz") ist nötig, damit ein Ritual gelingen kann, da sonst in Totalidentifikation ebenso der illusionäre Raum zerstört ist.

[59] Vgl. VON BRASCH, Abendmahl und Opfer, S. 107. Vgl. aus evangelischer Sicht zur ethischen Dimension des Gottesdienstes, auf die hier nicht näher eingegangen werden kann, WANNENWETSCH, Gottesdienst.

Rituals und des Symbolischen, wie sie sich etwa in der Theorie Freuds findet (siehe Kapitel 5.1.). Von diesen Gedanken her kann es im Ritual nur um eine symbolische Erfahrung der Fragmentarität menschlicher Existenz gehen, die sich im Glauben aber immer schon als eine von Gott angenommene Existenz erweist[60].

> Beispiel 6:
> *Eine Frau kommt zum Seelsorger und bezichtigt sich, im Gottesdienst regelmäßig unandächtig zu sein. Was man denn da machen könne. Der Seelsorger fragt nach, was sie unter „unandächtig" verstehe. Im Laufe des Gesprächs stellt sich heraus, daß die vielen Sorgen des alltäglichen Lebens sie auch im Gottesdienst beschäftigen, so daß sie mit den Gedanken abschweift und nur gelegentlich einen Satz, eine Geste der Liturgie bewußt mitfeiere. Der Seelsorger legt ihr dar, gerade dies sei aber doch Aufgabe des Gottesdienstes, nämlich seine Gedanken auch einmal schweifen zu lassen, das eigene Leben so mit einzubringen, um sich zu entlasten – und dies vor Gott zu tun. Sie müsse sich nicht unter den Druck stellen, alle Gesten und Worte der Liturgie nun ganz bewußt mitzuvollziehen. So, wie sie es mache, sei es richtig, denn sie brächte ihr Leben so im Raum des Gottesdienstes zur Sprache. Die Frau reagiert erstaunt, fühlt sich aber deutlich entlastet.*

Das Beispiel zeigt tätige Teilnahme am Gottesdienst einmal anders. Durch das innere Zur-Sprache-Bringen der eigenen Sorgen ist das Leben selbst thematisiert. Symbolische Erfahrung gelingt dann, wenn das Leben und seine Sorgen mit einer Geste, einem Satz der Liturgie, hierüber mit dem Glauben, verbunden werden kann. Aber dies geschieht nur fragmentarisch, weil das Leben selbst mit seinen Belastungen fragmentarisch ist. Eine „perfekte" Mitfeier der Liturgie gibt es in diesem Sinne nicht. Die symbolische Erfahrung vollzieht sich in der Feier der Glaubenshoffnung, die eine Spannung aufbaut zwischen den Sinnerfahrungen und den negativen Kontrasterfahrungen des Lebens und den im Glauben gefeierten Hoffnungen des Menschen. Damit ist die Frage gestellt, ob dem Ritual eine heilende Dimension zuerkannt werden kann. Die hier vorgetragene Position verneint dies in dem Sinne, als der Begriff „heil" der eschatologischen Vollendung des Menschen im Reich Gottes vorbehalten bleibt. Die irdische Existenz des Menschen bleibt demgegenüber gebrochen – nicht zuletzt auch durch die Erfahrungen von Schuld und Versagen. Ich möchte deshalb vorsichtiger von einer *heilsamen* Dimension des Rituals sprechen und meine damit, daß das Ritual durchaus eine unverzichtbare Wirkdimension für die Psyche und ihre Tiefenschichten hat, ohne jedoch die Fragmentarität menschlicher Existenz aufzuheben[61]. Damit unterscheidet sich diese Position etwa von der immer mehr um sich greifenden Ganzheits- und Gesundheitswelle, die durchaus auch den religiösen Be-

---

[60] Der Begriff des „Leben im Fragment" wird übernommen von LUTHER, Religion und Alltag, S. 160-182. Der Begriff „heilsam" verdankt sich - wie schon mehrfach erwähnt - den Überlegungen von REUTER, Perspektivenwechsel. Vgl. auch ODENTHAL, Heilsames Ritual.

[61] Ich übernehme den Begriff „heilsam" von REUTER, Therapie, und REUTER, Perspektivenwechsel, der den Blick aufs Fragmentarische menschlicher Existenz als heilsam wertet, da er von der Überforderung idealer Lebensentwürfe befreit. In diesem Sinne ist der Gottesdienst eben nicht „Ort der Wiederherstellung der Ganzheit" (KLAPPENECKER, Glaubensentwicklung, S. 269-270, im Anschluß an Jetter und Thilo), sondern in seiner Fragmentarität und Ambivalenz, auch in seiner Nähe zum Zwangsritual (also zum Symptom) auszuhalten – dies theologisch unter eschatologischer Perspektive.

reich erfaßt[62]. Auch manche Strömungen der Tiefenpsychologie haben als Hintergrundfolie ein Ganzheitsideal[63]. Dies erscheint von hieraus als eine radikale Leugnung und Verdrängung des Todes und der Endlichkeit[64]. Dabei würde eigentlich psychoanalytisch wie christlich genau das andere gelten: „Si vis vitam, para mortem"[65]. Von hierher müssen alle Konzepte, die den Menschen als „ganz" annehmen oder eine Identität des Subjekts postulieren, unter den eschatologischen Vorbehalt gestellt werden. Die aufgezeigte Position geht von einem Leben im Fragment aus, wie es auch das Freudsche Konfliktmodell nahelegt (siehe Kapitel 5.1.1.). Menschliche Erfahrung erscheint immer gebrochen, Identität ist immer angefochtene Identität. Der entscheidende Punkt ist nun, daß ein solches Menschenbild durchaus der jüdisch-christlichen Tradition entspricht, etwa der Erzählung von der Vertreibung aus dem Paradies (Gen 3) bis hin zur Gnadentheologie des Paulus. Bei Schillebeeckx fand sich die Deutung des Todes Jesu als Gebrochenheitserfahrung: Am Kreuz teilt Jesus mit den Menschen die Gebrochenheit der Welt[66]. Hierhinein spielt auch der schwierige Begriff des Opfers. Der Mensch hat eine urtümliche Neigung zum Opfer, die sich seiner Erfahrung der Gebrochenheit, des Schuldens seiner Natur gegenüber verdankt. Jesu Opfer am Kreuz zeigt, daß sein Ja zu seinem Auftrag die Anerkennung der Grenze einschließt (Philipperhymnus)[67]. Der Auferstandene wird dann von den Jüngern an seinen Wunden erkannt (etwa Joh 20, 27). Erst danach kann die Verkündigung des Jüngerkreises beginnen. Die Nähe von kreativer Begabung und der frühen Mangelerfahrung des Kindes, wie sie die Psychoanalyse lehrt[68], findet so in den biblischen Bildern ihre Symbolisierung.

Der Pastoraltheologe Henning Luther hat für den hier skizzierten Sachverhalt den Begriff des Fragments eingeführt[69]. Die Theorie des Gottesdienstes als Symbolgeschehen erhält von hierher ihre eigentliche Valenz. Der Gottesdienst ist in diesem Sinne nämlich die Darstellung des gebrochenen Menschen, nicht die verharmlosende Inszenierung des Schönen, wohl aber eschatologischer Ausblick auf das Reich Gottes. „Aber der im Garten Gethsemane leidende Jesus von Nazareth ist kein Kunstwerk – weder eine klassische Statue des leidenden Menschen, noch ein Werk atonaler Musik –, sondern ein Mensch mit Fleisch und Blut, der angesichts seines Gottes und von den Menschen verlassen in die äußerste Zerreißprobe seines Vertrauens und in die Todesangst gerät"[70]. Das individuelle Schicksal des Jesus von Nazareth ist der Kirche

---

[62] ZULEHNER, Rituale, S. 16: „Präsentative Symbole verarbeiten in der Tiefe der Seele (nicht argumentativ!) Ambivalenzen im Bereich der Macht, der Liebe, der Sexualität. Sie haben so in sich eine ‚heilende Mächtigkeit'". Meine Kritik hieran ist, daß hier dem Ritual zuviel zugemutet wird und als Zielvorstellung ein Heilsein des Menschen fungiert.

[63] Vgl. meine Kritik an C.G. Jung, ODENTHAL, Wandlungssymbol.

[64] Vgl. LESMEISTER, Der zerrissene Gott, etwa S. 45, S. 70, S. 85 u.ö.

[65] LESMEISTER, Der zerrissene Gott, S. 137.

[66] Vgl. SCHILLEBEECKX, Menschen, S. 168.

[67] Vgl. dazu ODENTHAL, Das Opfer.

[68] Vgl. LESMEISTER, Der zerrissene Gott, S. 47.

[69] Vgl. LUTHER, Religion und Alltag, S. 160-182 „Identität und Fragment". Vgl. auch GRÖZINGER, Differenz-Erfahrung, S. 58-60.

[70] WOHLMUTH, Überlegungen, S. 1112.

im symbolischen Geschehen der Liturgie gegeben, in der Feier des Pascha-Mysteriums. Schon von hierher rückt das Thema Konflikt, Gebrochenheit in den Blick. Im Ritual werden menschliche Grundkonflikte inszeniert, und damit werden auch unbewußte Konflikte vergegenwärtigt, ohne jedoch ins Bewußtsein gelangen oder verändert, gar gelöst werden zu müssen[71]. Das *Heilsame* des Rituals ist, daß die Gebrochenheit menschlicher Existenz samt ihrer Schuldhaftigkeit vor Gott getragen und dargestellt wird und Annahme findet. Von hieraus wird folgendes Votum fragwürdig: „Warum sollte es z.B. nicht eine Liturgie geben, die das Scheitern *aufzuarbeiten* versucht, da zu scheitern eine zunehmende Erfahrung des Menschen von heute geworden ist, die Segen und Stärkung braucht“[72]. Vom Duktus der hier vorgestellten Überlegungen wäre zu sagen, daß die Liturgie nicht „aufarbeiten“ kann. Ihre Bedeutung liegt darin zu symbolisieren. Liturgie symbolisiert das Scheitern des Menschen, wie das Scheitern Jesu am Kreuz und stellt dies in der Horizont der Ostererfahrungen. In dieser Facette des Pascha-Mysteriums können die zur Feier versammelten Menschen ihre Erfahrungen fragmentarischen Lebens einbergen und in den Horizont des Glaubens stellen. Dies zu tun ist *heilsam*.

8.7. Liturgie als Kult? Wider eine Überlastung des Gottesdienstes

Von diesen Gedanken eines „heilsamen“ Rituals her gilt es, jeder Überforderung des Gottesdienstes zu wehren, die letztlich zu einer Zerstörung des Feiercharakters führen würde. Die Feier der Liturgie ist nicht schon das Reich Gottes selbst, sondern dessen vorwegnehmende und ankündigende Feier. Es geht darum, den Menschen in seinem fragmentarischen Menschsein vor Gott und im Lichte der Heilstaten Gottes zur Sprache zu bringen, nicht darum, ihn zu heilen (wohl: heilsam zu sein). Es geht darum, die Konfliktstruktur menschlicher Lebenswelt rituell zu inszenieren (etwa in der Kategorie des Opfers, siehe folgendes Kapitel) und mit dem Werk und Leben Jesu Christi, seinem Pascha, sakramental zu verbinden, nicht darum, aktuelle Konflikte lösen zu müssen. Die Konfliktstruktur des Menschen findet im Gottesdienst vielfachen symbolischen Ausdruck, vor allem im Hinblick auf das konflikthafte Lebensende Jesu, sein Pascha. „Deshalb vollzieht sich Kult außerhalb des Lebens und ist ihm doch vertraut ...“[73], denn „Leben wird im Ritus nicht einfach imitiert oder wiederholt, sondern gefeiert und verdichtet, auf verknappte und verfremdete Weise begangen: von daher die Notwendigkeit und Gefahr der Mechanisierung, des Stereotypen“[74].
Mit diesen Zitaten ist der Begriff des Kultes in die Diskussion eingeführt. Ich möchte in diesem Zusammenhang eine Relecture dieses Begriffes versuchen, weil ich glaube,

---

[71] Wahls Ansicht, man könne sich von einem Kunstwerk erhoben fühlen, weil man als Kind „erhoben“, auf den Arm der Eltern gehoben worden sei (vgl. WAHL, Glaube S. 97), und dies klänge unbewußt an, ließe sich auch auf unbewußte Konflikte anwenden. Die eigenen unbewußten Konflikte machen die rituelle Darstellung von Konflikten so wertvoll.
[72] BAUERNFEIND, Sakramentenpastoral, S. 76 (Hervorhebung von mir).
[73] SALMANN, Kult, S. 247.
[74] SALMANN, Kult, S. 251.

daß er in einem rechten Verständnis auch zu einer heilsamen Wertung und Würdigung des menschlichen Tuns in der Liturgie beitragen kann, aber ohne daß Liturgie zum Aktionismus verkommt. Liturgie als Kult zu umschreiben meint in diesem Zusammenhang nicht die Vereinseitigung vorkonziliarer Begrifflichkeit, die auf das Handeln des Menschen Gott gegenüber abzielte und die vorangehende heilshafte Dimension des Handeln Gottes vernachlässigte[75]. Die kultische Dimension ist meines Erachtens nicht gegen die heilshafte oder gnadenhafte Dimension auszuspielen. Denn beide Dimensionen liegen nicht auf gleicher Ebene. Daß der Mensch, ja eine Gemeinde sich als von Gott gerufen erfährt, was die heilshafte Dimension zu umschreiben versucht, ist eine Glaubensaussage. Diese Glaubensaussage setzt symbolische Erfahrung und rituelle Praxis (also die kultische Dimension) bereits voraus. Wenn Kult jenes basale religiöse Empfinden des Menschen meint, vor Gott etwas zu tun (siehe Kapitel 1), dann kann vom Dialog mit der Psychoanalyse her die Nähe des Rituals zur Körperlichkeit und Sinnlichkeit angezeigt werden. Kult meint nun, vor Gott etwas zu tun, nämlich einen intermediären, illusionären Raum zu eröffnen, in dem der Mensch symbolische Erfahrung machen kann, dasein darf und nichts leisten muß. Diese kultische Ebene wäre dann eine andere Füllung der „actuosa participatio“ der versammelten Gemeinde. Man hat den Eindruck, daß viele Formen der Liturgiegestaltung, die die Liturgie überfrachten, eine Abwehr dieser basalen leiblich-sinnlichen Dimension des Menschen ist, daß manchmal symbolische Erfahrung verhindert wird. Kult als ritualisiertes, d.h. vom Stress des immer Neuen entkleidetes religiöses Tun wird zum Gegenbegriff des Erlebnisses (nicht: der Erfahrung!). So wird das Kultische zur Herausforderung, darin aber geschieht die Entlastung des Menschen vom „Druck unendlicher Erfüllung (Stress)“[76]. Wenn eine Gemeinde durch ihre gottesdienstliche Versammlung jenen intermediären Raum aufbaut, ist dies entlastend. Dann braucht sie nichts mehr zu leisten, sondern kann feiern. Der gesamtkirchliche Rahmen der Liturgie entlastet zudem die Gemeinde als aktuelle Trägerin vom Druck einer immer neuen Gestaltung. Hier ist auf die Paradoxie hinzuweisen, daß die Liturgiekonstitution die Gleichsetzung von Liturgie und Kult aufgegeben hat, um die katabatische Dimension in den Blick zu heben, also das Geschenkhafte, das nicht menschlichem Tun entspringt. Das Verdrängte kehrt sofort wieder: Nie war so viel Aktivismus im Gottesdienst wie heute, die aber meines Erachtens oft eine Verzerrung dessen, was mit tätiger Teilnahme tatsächlich gemeint ist, nämlich ein handelndes Einfügen in die vorgegebene Liturgie der Kirche.

Beispiel 7:

Eine Gemeinde lädt zur Familienmesse aus Anlaß des Pfarrfestes ein. Der Pfarrer zieht in die Kirche ein und rollt mit einer flotten Handbewegung viele Murmeln in die Kirche. Sofort springen, wie es beabsichtigt war, die Kinder auf und sammeln die

---

[75] Vgl. zur begrifflichen Schwierigkeit HÄUSSLING, Liturgiereform. Materialien, S. 34, der zwischen Kult (als sich auf Gott beziehend) und Liturgie (als sich auf Jesus beziehend) unterscheidet. Daß dies problematisch ist, vor allem im Hinblick auf das Judentum, zeigt GERHARDS, Kraft.
[76] SALMANN, Kult, S. 247.

Murmeln wieder ein. Das wird nun katechetisch ausgedeutet, nämlich mit dem Zielsatz, alle Menschen in der Gemeinde würden zusammengehören. Die Fürbitten vor der Kollekte dienen dazu, das soziale Projekt der Gemeinde vorzustellen, dem der Pfarrfesterlös zukommen soll. Der eucharistische Teil der Messe ist nun nicht weiter gestaltet, sondern wird kurz und knapp „angehängt“.

Dieses Beispiel könnte man um viele andere vermehren. Nun soll hier, wohlgemerkt, nichts gegen Katechese mit Kindern oder eine soziale Initiative einer Gemeinde gesagt werden. Doch kommt alles darauf an, wie man dies *in den Rahmen der Liturgie* einbringt und die liturgische Dimension der Katechese wahrt[77]. Die kultische Dimension wurde mit der Murmelaktion zunächst einmal zerstört: Hier geschieht kein sakrales Handeln mehr, kein liturgisches Feiern vor Gott, sondern eine platte Aktion, die schon gleich katechetisch verzweckt ist. Es entsteht „action“, aber eigentliche symbolische Erfahrung wird verhindert – ganz abgesehen von der Tatsache, daß der Zielsatz katechetisch höchst fragwürdig ist[78]: Denn welche Lebenserfahrung wird mit welcher Glaubenserfahrung hier verbunden? Es bleibt doch letztlich beim moralischen Appell, Gemeinschaft zu leben. Kinder in die Strukturen und gemeinsamen Projekte einer Kirchengemeinde einzuführen, ist ein höchst lohnendes Projekt, ebenso wie ein soziales Engagement einer Gemeinde. Die Frage ist aber, warum dies alles im Gottesdienst geschehen muß, und dann wie im beschriebenen Beispiel auch noch so, daß ein würdiges Ritual nicht mehr zustande kommt.

8.8. Eine Konkretion: Eucharistiefeier als Feier des Pascha-Mysteriums. Symboltheoretische Relecture am Beispiel der Opferkategorie

Schon mehrfach wurde darauf aufmerksam gemacht, daß die Tiefendimension, die der vorliegende symboltheoretische Ansatz freilegt, auch archaische Elemente in den Blick bringt, die die Liturgie prägen. Dies scheint mir etwa in Bezug auf die Opfervorstellungen der Fall zu sein[79]. Des öfteren klang dieses Thema an (Kapitel 4.1.2.; 4.2.3.; 5.1.2. und 6.1.3.). Das menschliche Handeln vor Gott, der Kult, entspringt der Grunderfahrung des Menschen, daß er sein Leben verdankt und deshalb Gott gegenüber Schuldner ist. Im Kult verleiht der Mensch diesem Sachverhalt Ausdruck und gibt Gott seinen Dank in Lobpreis und Opfer. Begriff und Sache des Opfers im Kontext der Eucharistiefeier gilt es nun näher zu bedenken. Wiederholt bemühte diese Arbeit Fallbeispiele von der Feier der Messe. Zum Ende des 2. Kapitels etwa wurde der sogenannte Rheinische Messordo der ersten nachchristlichen Jahrtausendwende als Beispiel priesterzentrierter Frömmigkeit dargestellt. Nun, nach dem Durchgang durch die Symboltheorie, soll das Erarbeitete an der Messe als Feier des Pascha-Mysteriums

---

[77] Vgl. dazu GERHARDS, Katechese und Liturgie, bes. S. 260-261.

[78] Es ist oftmals die Tendenz zu beobachten, zugunsten einer Gemeinschaftlichkeit im Gottesdienst die emotionale Ebene zu überspringen. Denn vielleicht wollen einige Menschen gar keine Gemeinschaft haben, oder zumindest nicht so „dichte“ Gemeinschaft. Haben solche Menschen kein Lebensrecht mehr in unseren Gemeinden?

mit Blick auf die Opferkategorie verifiziert werden[80]. Wenn nun tiefenpsychologische Erkenntnisse zur Opferthematik einbezogen werden, gilt es, sich zunächst des Reichtums der eigenen Tradition zu vergewissern.

Das Konzil von Trient rekurriert anläßlich des Opfercharakters der Messe nämlich auf die Natur des Menschen, wenn es die Opfer zur Zeit der „Natur" neben die zur Zeit des „Gesetzes" stellt. Es bestätigt damit die urtümlich-archaische Neigung des Menschen zum Opfer. In der Doctrina de ss. Missae sacrificio vom 17. September 1562 über das Pascha heißt es:

> „Haec denique illa est, quae per varias sacrificiorum, naturae et Legis tempore [cf. Gn 4,4; 8,20; 12,8; 22, 1-19; Ex: passim], similitudines figurabatur, utpote quae bona omnia per illa significata veluti illorum omnium consummatio et perfectio complectitur"[81].

Als „Opfer zur Zeit der Natur" werden, teils in Analogie zum Canon Romanus, die Opfer von Abel, Noah und Abraham genannt. Das Konzil geht anhand dieser Kronzeugen von einer Begründung des Opfers in der Natur des Menschen aus und postuliert damit zugleich dessen psychische Erfahrbarkeit. So ist die Opferkategorie ein gutes Beispiel, um die zentrale These dieser Arbeit anzuwenden.

Die Methode, mit der ich nun die Messe anschaue, ist nicht die historisch-genetische von Josef Andreas Jungmanns „Missarum Sollemnia", nicht die Methode von Hans Bernhard Meyer, der geschichtliche, theologische und pastorale Fragen miteinander verbindet, auch nicht die anthropologisch-tiefenpsychologische Sicht etwa Jung'scher Prägung, die im konkreten Ritual einen Ausdruck des Allgemein-Menschlichen entdeckt[82]. Mein Zugang ist der von Heribert Wahl so genannte „pragmatisch-symbolische" Zugang. Das heißt, „*in* den überlieferten ‚fremden' Erfahrungen (in den Symbol-Zeichen gestaltet und enthalten) die *eigenen wiederzuerkennen*" [83]. Die Frage ist also zunächst: Was geschieht (im Ritual der Messe)? Die Praxis wird angeschaut und bedacht („pragmatisch"). Die zweite Frage ist: Welche Erfahrungen sind in den Symbol-Zeichen enthalten, und welche Möglichkeiten gibt es, in diesen fremdem Erfahrungen die eigenen wiederzuerkennen? Dies ist einmal die Frage nach den Möglichkeitsbedingungen symbolischer Erfahrung, zum andern, und das ist der Fokus der folgenden Überlegungen, die Frage, welche menschlichen Erfahrungen im Ritual „geronnen" sind, die wieder verflüssigt werden können, und schließlich, welche eigenen Erfahrungen der Mensch im Ritual symbolisieren und wiedererkennen kann.

Ein erster Zugang: Die Eucharistiefeier rührt, da sie Opfer und Mahl ist, an basale menschlichen Handlungen. Der Mensch „handelt" vor Gott (operari) – dies ist die kultische Dimension des Gottesdienstes. Marcel Mauss hat das Opfer, die Gabe als

---

[79] Vgl. auch ODENTHAL, Das Opfer. Zum in der Spätantike und im Frühmittelalter nun wieder eindringenden archaischen Erbe vgl. ANGENENDT, Liturgik, S. 110-115.

[80] Vgl. aus der Fülle der Literatur theologischerseits vor allem GERHARDS, RICHTER, Das Opfer; vgl. GUTMANN, Spiele; vgl. GUTMANN, Symbole, der (ebd. S. 150-157) eine theologische Interpretation der Freudschen Vatermord-Hypothese anhand der Schrift „Das Ritual" von Theodor Reik vornimmt.

[81] DH 1742.

[82] Dies wäre etwa die Methode C:G. Jungs. Vgl. dazu ODENTHAL, Wandlungssymbol.

Form des Austauschs in archaischen Gesellschaften beschrieben[84]. Etwa in frühen Eskimo-Kulturen kann das Opfer als Moment des Tausches mit den Totengeistern ausgemacht werden: „Die Zerstörung der Opfergabe zielt darauf ab, eine Schenkung zu sein, die vergolten wird“[85]. Diese Zerstörung der Opfergabe (hier dann: Brot und Wein) wird im Christentum durch eine Gegen-Schenkung Gottes (im Mahl der Eucharistie) ersetzt. Bedeutsam ist, daß vor diesem Hintergrund des Austausches „Opfer“ die Fähigkeit zur Kommunikation meint. Der opfernde Mensch gibt etwas von sich selbst[86]. Demnach kann die Ebene des Opferns nicht gegen die Dimension der Gemeinschaft oder des gemeinsamen Mahles ausgespielt werden kann.

Ein zweiter Zugang: In Kapitel 5.1.2. wurde darauf hingewiesen, wie sehr das Opfer mit der Triebnatur des Menschen und den damit verbundenen Schuldgefühlen des Menschen verbunden ist, wie sie sich etwa im Rheinischen Meßordo und den Privatgebeten des Priesters zeigten. Im Ödipusmythos konnten zwei Stufen des Opfers unterschieden werden, das Opfer aus der Erfahrung der Triebnatur, wie sie in Person des Laios vorgestellt wird, und das Opfer der Triebnatur selbst, wie sie in der Person des Ödipus begegnet. Bei Ödipus ist der Trieb unbewußt gemacht, geopfert worden. In seiner Schrift „Totem und Tabu“ zieht Freud Parallelen zwischen der Totemmahlzeit und christlicher Eucharistie, wie ich in Kapitel 5 dargestellt habe[87].

Damit können folgende Verbindungspunkte zwischen der Feier der Messe, des Paschamysteriums, den hier anklingenden Opfervorstellungen und menschlicher Erfahrung geknüpft werden:

a) Austausch, Kommunikation mit Gott ist Gabe und Opfer. Opfer ist dann die Fähigkeit zur Kommunikation. Auf die These dieser Untersuchung bezogen heißt dies: Der intermediäre Raum wird als Raum symbolischer oder ritueller Kommunikation konstituiert. Der Mensch bringt sich selbst ein, sich selbst zur Sprache, und dies vor Gott.

b) Der Mensch erfährt sich als Schuldner seiner Natur gegenüber, als beschenkter Mensch, der sein Leben verdankt. Frühe Beziehungserfahrungen der Interaktion des Kindes mit der Mutter, der Abhängigkeit, des Angewiesenseins des kleinen Menschenkindes werden hier wach. Das Naturalopfer (Trient: „naturae tempore“) kann Ausdruck dafür sein, daß das Leben zunächst Geschenk ist: Der Mensch gibt von seinem Ertrag ab und bringt dies vor das Angesicht Gottes. Dies wird rituell in der Gabenbereitung inszeniert: Brot und Wein, durch die im nachkonziliaren Ritus neu eingeführten Gebete ausdrücklich als Frucht menschlicher Arbeit, somit als Symbol menschlicher Lebenswirklichkeit deklariert, werden zum Altar gebracht: „quia de tua largitate accepimus panem, quem tibi offerimus“. Leben wird als

[83] Wahl, Glaube S. 569.
[84] Vgl. Mauss, Gabe.
[85] Mauss, Gabe, S. 43.
[86] Vgl. etwa Mauss, Gabe, S. 42-43.
[87] Zur Kommunion des Christentums und psychoanalytischer Deutung vgl. auch den Überblick bei Schuster, The holy communion. Vgl. zu Freud auch Emrich, Identität.

empfangenes Geschenk gewertet, das die feiernde Gemeinde symbolisch wieder Gott übereignet[88].

c) Über diese Gaben betet und singt der Priester im Namen der Gemeinde das Eucharistische Hochgebet. Das Lobopfer (Canon Romanus: Opfer des Lobes) sagt Dank für das empfangene Leben.

d) Die Feier des Pascha-Mysteriums hält in der ersttestamentlichen Komponente die Erinnerung an das geschlachtete Pascha-Lamm wach, das in der Liturgie der Osterzeit auf Christus hingedeutet wird („Pascha nostrum immolatus est Christus"). Die Tieropfer des Jerusalemer Tempels (Trient: „legis tempore") erweisen den religiösen Menschen als homo necans, als tötenden[89]. Diese Form des Opferns wird durch Christi Opfer abgelöst. Dennoch bleibt auch das Mahl, das „heilige Essen", mit menschlicher Aggressivität verbunden, wie Manfred Josuttis dargestellt hat[90]. Die Ebene der Gewalt wird so weiterhin im Mahl dargestellt, inszeniert und zugleich überwunden. Die Darbringung der blutigen Opfer ist beendet, klingt aber weiter im Ritual als Hintergrund an[91].

e) Das Hochgebet gedenkt des Kreuzesopfers Jesu, das alle anderen Aspekte und Stufen des Opfers in sich enthält und so vollendet (Trient: „illorum omnium consummatio et perfectio"). Mit den Gaben von Brot und Wein verbindet sich das Opfer Jesu Christi. Denn die Gemeinde ist versammelt, um das Pascha-Mysterium zu feiern (SC 6b). Gott kann als verhüllter, als abwesender symbolisch anwesend sein, und stiftet in die Feier des Pascha („Vorübergang") seine Gegenwart ein (Widerfahrnis der Transzendenz). Der Leib Christi wird in den Einsetzungsworten nun deutlich deklariert als der für uns hingegebene, das Blut Christi als das für uns am Kreuz vergossene. So wird *rituell* Gewalt inszeniert, der Mensch wird als gewalttätiger und somit auch schuldiger entlarvt. Die Gewalt des unrechtmäßigen Todes Jesu macht die Gewalt menschlicher Aggressivität deutlich. „Auch Freuds Opfertheorie ist also durch jene Spannung charakterisiert, derzufolge die menschliche Aggressivität sowohl Anlaß als auch Methode der Opferpraxis bildet"[92]. Dies *rituell* tun zu können, also hier die Erfahrung symbolischer Differenz zu machen, bewahrt vor realer Gewalt, wenn das Blut Christi vergossen ist „zur Vergebung der Sünden". Damit wird das Kreuz Christi zum Symbol-Zeichen konflikthaften Lebens. In der Selbstentäußerung Jesu und seinem Verzicht auf Gewalt zeigt sich die von Gott her bewirkte Sühne[93].

---

[88] Vgl. zu dieser Symbolik vgl. MESSNER, Konzeptionen, S. 156-157. „Indem der Mensch in der symbolischen Handlung der Gabendarbringung die materielle Welt vor Gott bringt, übt er sein Priestertum gegenüber der Welt aus" (ebd. S. 157).

[89] Vgl. dazu BURKERT, Homo necans.

[90] Vgl. JOSUTTIS, Weg, etwa S. 279-284.

[91] Sie klingen an etwa über die noch im Hebräerbrief (Hebr 9)geprägte kultische Sicht des Versöhnungsrituals Lev 16. Vgl. dazu etwa MERKLEIN, Sühnetod, S. 51-52.

[92] JOSUTTIS, Weg, S. 269.

[93] Vgl. ausführlicher ODENTHAL, Opfer. Hier nur soviel: Indem Gott die Gewalt an seinem Sohn zuläßt und mit Liebe antwortet, wird Jesu Kreuzestod zum Sühnetod. Vgl. auch MERKLEIN, Tod Jesu und MERKLEIN, Sühnetod. Merkleins Thesen sind hier insofern erhellend, als sie die symbolische Ebene des Sühnegedankens in seiner kultischen Situierung aufweisen.

Die genannten Aspekte, die freilich nicht erschöpfend sind, machen deutlich, welche Dimensionen basaler menschlicher Erfahrung und welche Glaubenserfahrungen in der Rede vom Opfer enthalten sind und auf welche Aspekte menschlicher Existenz hin diese im Ritual verdichteten Erfahrungen wieder verflüssigt werden können. Damit erläutert sich nochmals die im Kapitel 6.1.2. beschriebene Strukturgleichheit der Rede vom Pascha und den Grundkonstanten symbolischer Erfahrung. Eine selbstobjekthafte Verwendung von Symbol-Zeichen meint: Die Symbol-Zeichen sprechen dem Menschen seine Lebensmöglichkeiten zu und geben die zum Leben nötige Wärme, den nötigen Halt. Auf das Opfer bezogen: Da der Mensch *etwas* opfert, muß er sich selbst nicht mehr opfern, etwa in vitalen und lebendigen Seiten seiner Persönlichkeit. Dies wird rituell nochmals deutlich in der Verbindung des Opfergeschehens mit dem Mahlgeschehen. Das Entscheidende ist dabei doch, daß die auf den Altar gestellten, die „geopferten" Gaben im heiligen Mahl dem Menschen zurückgeschenkt werden. Das will heißen: Gott nimmt das Leben des Menschen ebenso an wie die Lebenshingabe Jesu an die Menschen am Kreuz, und Gott spricht sein Ja zu solchem Leben: Gott schenkt die Gaben dem Menschen zurück. Damit werden die im Mahl an die Gemeinde wieder ausgeteilten Gaben zur Befreiung und Ermutigung. Der Mensch wird ermutigt zu einem „Leben im Fragment", das im Opfermahl symbolisiert ist. Das Ritual stellt auch immer das Negative dar, das Leid, das Fragment. Jesu Kreuz als Ort der Gewalt und des Scheitern wird zugleich zum Ort des Sieges von Gott her. Es kann so zum Zeichen fragmentarischer, aber von Gott getragener Existenz werden[94]. Die Opferkategorie kann so deutlich machen, daß der Glaube mit archaischen Dimensionen des Menschseins zu tun hat, vor allem aber mit den Grundkonflikten menschlicher Existenz. Dies ist nicht unbedeutend, denn die Liturgen „vermögen in vielen Fällen ihr inneres Erleben auch deswegen nicht in ihre Theologie zu integrieren, weil ihr Gottesbild von allen Ambivalenzen gereinigt und auf die Vorstellung einer lieben, freundlichen und gütigen Gottheit reduziert ist"[95]. Die archaische Dimension des Opfers kann helfen, jene Ambivalenzen aufzudecken. Gott ist nicht nur licht und rein, sondern auch Geheimnis[96]. Und nochmals das Diktum von Schillebeeckx: Jesus verhüllt und enthüllt Gott zugleich. Dem trägt der Mensch Rechnung in der archaischen Handlung des Opferns. Vielleicht rührt manche nervöse Gespanntheit vor Beginn des Gottesdienstes auch von der Macht und Kraft dieses Rituals her. Dies aufzulösen macht das Ritual und letztlich Gott selbst harmlos.

Ich habe versucht, in wenigen Gedankenstrichen den Gehalt der Opfervorstellung mit menschlicher Lebenswirklichkeit zu verbinden. Dabei wurde deutlich, wie sehr das Thema des Opfers mit der grundlegenden Konfliktstruktur menschlicher Existenz und deren archaischem Erbe verbunden ist. Eine solche Sicht könnte durchaus bisherige theologische Entwürfe bereichern. Dies sei an folgendem Beispiel ausgeführt. Der

---

94 Hier können die Gedanken angefügt werden, die in Kapitel 4.2.3. im Anschluß an Josef Wohlmuth vorgetragen wurden.

95 JOSUTTIS, Weg, S. 103.

96 Vgl. hierzu auch REUTER, Gott schlägt.

Ökumenische Arbeitskreis evangelischer und katholischer Theologen hat die interkonfessionell umstrittene Opferkategorie zu einer neuen Akzeptanz verholfen. In einem abschließenden Bericht heißt es: „Opfer der Kirche meint also nicht Darbringung einer uns gegenüberstehenden heiligen Gabe auf dem Altar an Gott durch die Hand des menschlichen Priesters, sondern Eingehen der Kirche in die Hingabe Jesu Christi, d.h. *Darbringung unserer selbst* durch, mit und in Jesus Christus *als lebendige Opfergabe*"[97]. Die Aussagen stellen das kultische Tun (die Darbringung der Gaben) der spirituellen Deutung (Darbringung unserer selbst) gegenüber. Von einem symboltheoretischen Ansatz her ergäbe sich jedoch eine andere Blickrichtung. Denn die „Darbringung unserer selbst" geschieht sinnlich-symbolisch über die Darbringung der Gaben, die stellvertretend für das Gesamt menschlicher Existenz stehen. Die symboltheoretische Perspektive erlaubt es, die beiden Ebenen, das kultische Opferhandeln und dessen Deutung, zusammenzudenken. Gerade indem der Mensch eine Gabe opfert, wird er befreit, sein eigenes Menschsein opfern zu müssen. Von einer „Darbringung unserer selbst" kann dann in dem Sinne gesprochen werden, als sie befreiend wirkt und den Menschen vom „Allmachtswahn" erlöst. Sie ist dann ein vertrauenvolles Geben des Lebens in die Hände Gottes[98]. Meines Erachtens wird es fraglich, wenn die symbolisch-rituelle Ebene des Gottesdienstes nicht berücksichtigt wird und einzelne Opferaussagen der Eucharistischen Hochgebete korrigiert werden[99]. In einer Veröffentlichung, die sich an die Aussagen des Ökumenischen Arbeitskreises anlehnt, heißt es: „Die Gaben von Brot und Wein sind jedenfalls nicht das Opfer der Gemeinde; sie würden sonst – und hier liegt die Gefahr des Mißverständnisses – in den Händen derer, die sie bringen, zu einem Naturalopfer im vorchristlichen Sinn"[100]. Nun hat das Konzil von Trient bezüglich eines Naturalopfers keinerlei Berührungsängste, wenn es erklärt, das Opfer Christi umfasse und vollende auch die Opfer zur Zeit der Natur und des Gesetzes[101], also auch die Naturalopfer. Wollte man diesen Urgrund leugnen, löst man das Opfer von seinen Wurzeln, die ja immerhin Wurzeln der jüdisch-christlichen Offenbarung sind. Der Verzicht auf die sinnlich-symbolische Ebene kann dann nicht mehr wahrnehmen, daß das Bereitstellen der Gaben von Brot und Wein auf dem Altar natürlich ein Naturalopfer ist, das freilich im christlichen Kontext eine erstaunliche und einzigartige Wendung erfährt, wenn Jesus sich in diesen Gaben der Gemeinde zurückschenkt. Das rituelle Tun, etwa der Gabenbereitung und des Hochgebetes, wird im zitierten Ansatz nicht mehr symbolisch aufgefasst. Würde es rituell-symbolisch verstanden, könnte die Selbsthingabe des glaubenden Menschen, das Überantworten fragmentarischer Existenz an die Liebe Gottes, im anschaubaren Ritual seinen Ausdruck finden: Im Herbeibringen der Gaben aus dem Gemeinderaum

---

97 Ökumenischer Arbeitskreis evangelischer und katholischer Theologen, Das Opfer Jesu Christi und der Kirche. Abschließender Bericht, in: LEHMANN, SCHLINK, Opfer, S. 215-238, hier S. 237.
98 Vgl. zur Rede vom Opfer in Kap. 5.1.3..
99 Vgl. PAHL, GILLES, Darbringungsaussagen.
100 PAHL, GILLES, Darbringungsaussagen, S. 105.
101 DH 1742. Auch Jorissen hebt die Spannung auf, die zwischen Naturalopfer und biblischem Anspruch besteht, die aber, in der Spannung!, doch das Christliche wäre. Vgl. JORISSEN, Verhältnis, S. 99.

zum Altar, in der Bereitstellung der Gaben durch den Priester[102]. Man könnte im Anschluß an Wilfred Bion (Kapitel 5.5.) über das Ritual der Gabenbereitung als Naturalopfer sagen: Das Leben mit seinen Lasten wird symbolisch geopfert, Gott abgegeben, um von ihm, der als „container" fungiert, verdaulich wieder zurückgegeben, „verwandelt" zu werden. Eine Abwertung des kultischen Tuns der Gemeinde, des Opfers, führt meines Erachtens zu Ersatzformen. Vielleicht ist der verstärkte Aktionismus in manchen Gottesdiensten Wiederkehr der verdrängten kultischen Dimension, die den Menschen vor Gott im Opfer handeln läßt, und zugleich Abwehr der sinnlich-symbolischen Ebene, die den Kult ausmacht. Dabei wäre genau der andere Weg heilsam, nämlich die Rede vom befreienden und versöhnenden Opfer und dessen symbolische Inszenierung.

Der Dialog mit der Psychoanalyse liefert am Beispiel des Opfers die Erkenntnis, wie tief die in der Rede von Pascha geronnenen Erfahrungsinhalte (Schutz und Aufbruch, auch Gewalt, Schuldigkeit, Allmachtswahn, Befreiung etc.) in der menschlichen Psyche verankert sind (Kapitel 6.1.3.): Der Mensch findet erst im „Opfer" seiner Größen- und Allmachtsphantasien zu seinem eigentlichen Leben. Das Schicksal des Jesus von Nazareth als des am Kreuz Gescheiterten kann so zur Symbolisierung der eigenen Lebensbedingungen und Konflikte, als des von Gott Beglaubigten und Auferweckten zur Symbolisierung der Hoffnung werden. „Von daher erhält auch das Mahlhalten im Brotbrechen, Essen und Trinken mit ihrem dunklen religionsgeschichtlichen Hintergrund ihre transsubstantiierte Bedeutung. Indem das Dankgebet darüber hinaus an die Stelle der blutigen Tempelopfer tritt, wird es zugleich zur ästhetischen Ausdrucksgestalt des Opfers des Lobes, das durchaus nicht billiger ist als jenes blutige Opfer der Tiere, weil es im sakramentalen Opfer der Eucharistie, um noch einmal mit Augustinus zu sprechen, um das Verbrennen der Herzen geht, auf daß sie liebesfähig werden", resümiert Josef Wohlmuth[103]. Wenn das archaische Erbe der Opferthematik nicht verdrängt, die Gewaltdimension ernstgenommen und die symbolische Differenz wahrgenommen werden darf, kann das Ritual des Opfers zu Befreiung und Zusage des Lebens werden. Eine im hier dargelegten Sinne als Opfer verstandene Feier der Eucharistie könnte ein höchst bedeutsames Ritual sein, das in der Darstellung von Aggression und Gewaltbereitschaft des Menschen, die sich im Tod Jesu und seinem Opfer zeigt, die Gewalt begrenzen und versöhnend wirken könnte[104].

Die Opferkategorie sollte ein Beispiel sein, um den mannigfachen Gehalt der Symbol-Zeichen und Rituale in den Blick zu nehmen und die Valenz des christlichen Symbolsystems deutlich zu machen. Weitere Überlegungen könnten in diesem Kontext der Frage nach der Befähigung des Menschen zur symbolischen Erfahrung mit diesem Symbolsystem nachgehen.

---

[102] Vgl. zu diesem Problemkreis jetzt auch WITT, Repraesentatio, etwa S. 114, Anm. 274, der (in Auseinandersetzung mit STUFLESSER, Memoria) die Notwendigkeit einer Symbolisierung des Opfers in einer materiellen Gabe im Rahmen der Liturgie gegen eine reine Spiritualisierung festhält.
[103] WOHLMUTH, Opfer, S. 125.

8.9. Ergebnis

Mit den hier vorgestellten Ausfaltungen sind – durchaus lückenhaft und subjektiv – Kriterien liturgischen Tuns benannt worden, die eine mögliche Ausfaltung der zentralen These dieser Untersuchung darstellen. Es ging dabei nicht um Rezepte gottesdienstlichen Tuns, sondern um eine Verständigung über Voraussetzungen und Gesetzmäßigkeiten, die außer acht zu lassen die Liturgie als Ritual zerstört.
Das folgende Kapitel faßt den Gedankengang der Untersuchung nochmals zusammen und sichert die Ergebnisse. In einem weiteren Schritt sollen dann die Implikationen für zukünftige Forschungsaufgaben der Liturgiewissenschaft aufgezeigt werden.

---

[104] Vgl. FUNKE, Opfer, S. 170.

V. Abschnitt
Ausblick. Liturgie und ihre Wissenschaft

Die wissenschaftstheoretische Diskussion um die Liturgiewissenschaft ist im Gang[1]. Die vorliegende Untersuchung siedelt sich im praktisch-theologischen Zweig des Faches an und betritt im interdisziplinären Dialog mit der Psychoanalyse für die Liturgiewissenschaft durchaus ungewohnten Boden. Manche Konsequenzen des vorgelegten Entwurfs wurden bereits bedacht. Ob für die Wissenschaft als ganze hiervon neue Impulse ausgehen, wird die Zukunft erweisen. Es kann sich hierbei immer nur um *einen* möglichen Zugang innerhalb der Liturgiewissenschaft handeln, der, wie andere Vorgehensweisen auch, eine beschränkte Reichweite hat.

Das folgende Kapitel sichert zunächst die Ergebnisse der Untersuchung durch die Relecture des Gedankengangs. Dann folgt der Versuch einer Einordnung der Überlegungen in den Kontext der Liturgiewissenschaft. Die Auswahl der Aspekte bleibt hierbei durchaus selektiv.

---

[1] Vgl. dazu aus der Vielzahl der Literatur GERHARDS, ODENTHAL, Liturgiewissenschaft, sowie als Kritik hierzu STUFLESSER, WINTER, Liturgiewissenschaft. Beide Publikationen enthalten jeweils weitere Literaturübersichten.

9. Kapitel
Ergebnis

Mit den Skizzen zur praktisch-theologischen Ausfaltung der Grundthese dieser Arbeit ist das Ende der Untersuchung erreicht worden. Es sei nun ein Blick zurück auf den Gedankengang und seine Ergebnisse geworfen, zugleich seien aber auch Perspektiven weitergehender Überlegungen aufgezeigt, die vor allem die Liturgiewissenschaft betreffen. Denn die mannigfaltigen Implikationen und Auswirkungen des interdisziplinären Dialogs von Theologie und Psychoanalyse im Hinblick auf die Liturgie der Kirche können weitere Überlegungen und Untersuchungen nach sich ziehen, etwa im Hinblick auf die sich weiter entwickelnde psychoanalytische Theorie, sodann auch im Hinblick auf eine dialogisch orientierte Liturgiewissenschaft und ihre wissenschaftstheoretischen Implikationen.

9.1. Relecture des Gedankengangs

Die vorliegende Studie hat einen interdisziplinären Dialog zwischen Theologie und Psychoanalyse versucht. Der Fragepunkt war, wie die Kategorie des Rituals im interdisziplinären Dialog von Theologie und Psychoanalyse bestimmt werden könne und welche Konsequenzen dies für eine praktisch-theologische Theorie des Gottesdienstes als Symbolgeschehen habe. Interesseleitend war dabei die Überwindung des Hiatus von Leben und Glauben in der Liturgie. Dem liegt die Überzeugung zugrunde, daß auch der Mensch von heute in den altehrwürdigen Formen des Gottesdienstes der Kirche sein Leben und seinen Glauben auszudrücken vermag. Um dies theoretisch zu beleuchten, wurde vorab das Ritual als Symbolgeschehen definiert, da gerade in „symbolischer Erfahrung“ eine Zusammenschau von Leben und Glauben möglich scheint.

Zunächst wurden die wissenschaftstheoretischen Rahmenbedingungen des Gesprächs von Theologie und Psychoanalyse abgeklärt, und zwar im *I. Abschnitt: Prolegomena. Wissenschaftstheoretische Klärungen*. Im wesentlichen wurden zwei Modelle benannt, das der „konvergierenden Optionen“ als das Gesprächsmodell von Seiten der Theologie, das der „Kulturpsychoanalyse“ von Seiten der Psychoanalyse. Als Konvergenzpunkt innerhalb des Gesprächs über das Ritual konnte eine „Theorie des Symbolischen“ benannt werden, die es nun theologisch wie psychoanalytisch zu füllen galt. Hier waren zunächst Begriffsklärungen angezeigt: Liturgie, Ritual, Symbol usw.. Als Arbeitsdefinition konnte in allgemeiner Form gelten, Ritual sei ein Symbolgeschehen, das sich durch Wiederholung auszeichne. Ein Forschungsüberblick holte bisher bestehende Brückenschläge zwischen beiden Disziplinen ein, insofern sie den Gottesdienst betreffen (Kapitel 1). Zugleich wurden Fragepunkte an eine Theorie des Gottesdienstes als Symbolgeschehen gesammelt, die die weiteren Gedanken begleiten und hauptsächlich die Zuordnung von Leben und Glauben betreffen.

Die im 1. Kapitel schon angeklungene Notwendigkeit eines solchen Gespräches wurde im *II. Abschnitt: Gottesdienst. Bedingungen zwischen traditionellen Vorgaben und neuzeitlichen Herausforderungen* ausgefaltet. Zunächst wurden Aspekte traditioneller Liturgieauffassung dargestellt und gewürdigt, aber auch in ihren Defiziten benannt. Gemäß der These von der Veränderbarkeit des Rituals je nach soziologischen Bedingungen oder theologischen Akzentsetzungen konnten einige Aspekte traditioneller Prägung zur Sprache kommen, so der Teil der Tradition, der wesentlich auf einem neuplatonischen Welt- und Menschenbild beruht. Hier wird die Liturgie „Abbild" der Himmlischen Liturgie, wie etwa im Rekurs auf Suger von St.-Denis gezeigt werden konnte (Kapitel 2). Es gilt, dies in seiner Bedeutung zu würdigen, ohne seine problematische Dimension zu leugnen. Probleme ergeben sich etwa, wenn die Rede von der Himmlischen Liturgie als *Paradigma* unbefragt jeglichem liturgischen Tun zugrunde gelegt und selbst nicht mehr als symbolische Äußerung verstanden wird. An weiteren Beispielen wurde das Problem variiert, anhand der Position von Erik Peterson, in einem Rekurs auf Odo Casel, in der Würdigung und Ausfaltung der Liturgiekonstitution des II. Vatikanischen Konzils sowie schließlich in einem Rekurs auf den Hebräerbrief, der schon anhand der Interpretation durch Edward Schillebeeckx geprägt war. Als Konkretion folgte ein Rekurs auf den sogenannten Rheinischen Meßordo und seine Besonderheiten. Als roter Faden des Themas der „Himmlischen Liturgie" zog sich die Frage nach der Zuordnung menschlicher Erfahrung zum Glauben und seiner Feier durch, mit anderen Worten, die Frage nach der Zuordnung von Zeit und Geschichte und deren theologische Wertung. Die hierbei aufgezeigte Spannung wurde sodann verschärft aufgrund der mannigfaltigen Infragestellungen traditioneller Positionen, die neuzeitliches Denken und Welterfahrung der theologischen Tradition zumuten.

Die Anfragen ergaben sich auf drei Ebenen, einer philosophischen, die neuzeitliches Denken und Weltempfinden als „nachmetaphysisch" charakterisiert, einer soziologischen, die die Gesellschaft unter dem Begriff des Erlebnisses zu beschreiben versucht, schließlich einer theologischen, die mit dem Ereignis der Shoa im 20. Jahrhundert umzugehen und Aspekte einer Gottesrede nach der Shoa zu begründen versucht (Kapitel 3). Mehr denn je wird die Lebenswirklichkeit des Menschen als gesellschaftlich geprägt erlebt. Ihre Hinordnung auf die Transzendenz wird damit zum Problem, in dem Maße mehr, als der Erfahrungsbezug theologischen Redens nicht mehr eingeholt wird. Bei alledem wurde aber deutlich, welche Bedeutung der Rede von Gott als Gesellschafts- und Ideologiekritik angesichts dieser Herausforderungen zukommt. Vor allem ist bestechend, welcher Wert Ritualen (im weitesten Sinne) bei all diesen Herausforderungen zuerkannt werden kann. Somit ist ein Ergebnis gerade dieses Kapitels, daß die Botschaft des Christentums und sein Symbolsystem durchaus einen wichtigen Beitrag in der Kultur leisten können und die Chance haben, angenommen zu werden.

Der *III. Abschnitt: Mensch und Symbol. Theologische und psychoanalytische Positionierung* leistete die entscheidende theologische und psychoanalytische Verortung sowie die Eröffnung des Dialogs durch pastoralpsychologische Positionen. Zunächst ergab sich eine Neuorientierung der theologischen Position. In ausdrücklicher Würdigung des Beitrags von Karl Rahner zum Thema „Symbol“ wurde bewußt ein anderer Weg gewählt, nämlich die Verortung in der Theologie von Edward *Schillebeeckx*. Sie erscheint deshalb unerläßlich, weil diese Position die Lebenswirklichkeit des Menschen über eine Zuordnung von Erfahrung, Offenbarung und Glaube ins Spiel bringt. Wenn - wie im Falle dieser Untersuchung - ein interdisziplinärer Dialog der Theologie mit den Humanwissenschaften versucht wird, ist eine solche Option für eine theologische Wertung menschlicher Erfahrung passend. Die Theologie von Edward Schillbeeckx deutet Menschen als die Worte, mit denen Gott seine Geschichte erzählt. Dies wurde unter anderem präzisiert anhand des von Schillebeeckx entwickelten Korrelationskriteriums. Es gibt genau den Vergleichspunkt und zugleich die Scheidegrenze einer menschlichen Sinnerfahrung und einer christlichen Glaubenserfahrung an. Im Duktus dieser Arbeit kam dieses Kriterium mehrfach zur Anwendung. Neben dieser eher formalen Bestimmung des Glaubens wurde im Rekurs auf Schillebeeckx zudem eine Deutung des Todes Jesu vorgenommen, die Jesu Lebensschicksal in die Gebrochenheit der Welt hineinverwebt und damit das die Arbeit immer wieder durchziehende Thema des Pascha-Mysteriums erhellt, schließlich die Rolle des Rituals in diesem theologischen Entwurf beleuchtet. Der bei Schillebeeckx Gott zugemessene Begriff der Transzendenz wurde im Gespräch mit Josef *Wohlmuth* im Diktum „Widerfahrnis der Transzendenz Gottes“ wieder aufgegriffen. Dieser Begriff wurde im späteren Gedankengang, neben der Rede vom Pascha-Mysteriums, als entscheidendes Kriterium der Liturgie der Kirche gewertet. Wiederum galt das Interesse der Zuordnung von Zeit, Geschichte und Transzendenz, was im Hinblick auf das Pascha Jesu verifiziert werden konnte. Damit sind zwei theologische Positionen benannt, die um das Grundproblem der Vermittlung von Zeitlichkeit und Transzendenz kreisen, ohne das eine oder das andere aufzulösen (Kapitel 4).

Der Klärung der theologischen Basis des interdisziplinären Gespräches folgte die psychoanalytische Positionierung (Kapitel 5). Der Facettenreichtum der psychoanalytischen Symbol- und Ritualdebatte wurde durch die disparaten Ansätze psychoanalytischer Theorie deutlich. Mit einem Rekurs auf Sigmund *Freud* verortete sich diese Untersuchung im Konfliktmodell, wie es Freud für das menschliche Seelenleben und sein Verhältnis zur Kultur entworfen hat. Vom kulturellen Konflikt, in den Freud den Menschen gestellt sieht, wurde ein Blick auf die Schuldigkeit des Menschen geworfen, ein Aspekt, der im 8. Kapitel anhand der Opferthematik liturgietheologisch wieder aufgegriffen wurde. Freuds Religionskritik kam ebenso zur Sprache wie seine Wertung des Rituals und sein Symbolbegriff. Die Untersuchung zeigte ein disparates Ergebnis, das zum einen die Grenzen des Normalen und Pathologischen in der Nähe von Symbol und Symptom verschwimmen ließ, zugleich gerade damit die Bedeutung des Rituell-Symbolischen für das Seelenleben des Menschen deutlich machte. Dabei wurde Freuds Wertung des Rituellen als zwanghaft aus seinen eigenen Gedanken heraus relativiert. Die Darstellung von Entwicklungen neuerer psychoanalytischer Theoriebildung schloß sich an, zunächst der Beitrag der Kulturanalyse von Alfred *Lorenzer*, dessen Interesse besonders den gesellschaftlich zensierten Lebensentwürfen gilt, wie sie sich in Kunst und Symbol als den Objektivationen menschlicher Lebenspraxis zeigen. Auch hier blieb die Ambivalenz von Symbol und Symptom, auf die die Rede vom „heilsamen" Ritual gerade rekurriert. Donald W. *Winnicotts* Beitrag als Vertreter der Objektbeziehungspsychologie lieferte für den Gedankengang der Untersuchung eine Theorie des intermediären symbolischen Wirklichkeitsbereich, in dem jegliche Form von Kunst, so auch das Ritual, angesiedelt ist. Dieser grundlegende Beitrag wurde schließlich ergänzt durch den Ansatz von Heinz *Kohut* im Rahmen seiner Selbstpsychologie. Bei beiden letzteren geht es um die psychische Fähigkeit des kleinen Menschenkindes, Objekte zu besetzen und für sich zu verwenden, um damit Beziehungserfahrungen zu symbolisieren. Diese Objekte werden somit zu „Selbstobjekten", eine Fähigkeit, die der Mensch ein Leben lang ausübt, vor allem im Bereich der Kultur. Den psychischen Transformationsprozeß des Symbolischen galt es, anhand der Begriffe container – contained bei Wilfred R. *Bion* nachzuvollziehen. Auch hier setzt die Rede vom „heilsamen" Symbolgebrauch an. Mit alledem hat das Kapitel versucht, die Lebenswirklichkeit des Menschen mit der Dimension des Unbewußten zu beschreiben und nachzuvollziehen, was symbolische Erfahrung eigentlich meint. Näherhin ging es darum, den Menschen in seinen symbolischen und rituellen Aktivitäten und den unbewußt zugrunde liegenden Beziehungsmustern zu verstehen und seine Wirklichkeit zugleich als konflikthaft zu werten.

Das 6. Kapitel bot den Rekurs auf zwei bereits vorhandene Positionen des interdisziplinären Gesprächs mit dem Fokus des Symbolischen. Die anhand der psychoanalytischen Verortung entwickelten Bausteine einer Theorie des Symbolischen wurden durch die pastoralpsychologischen Positionen von Dieter *Funke* und Heribert *Wahl* zu einer *Theologie der symbolischen Erfahrung*, die ihrerseits auf den mit Schillebeeckx und Wohlmuth gelegten Prämissen beruht. Hierbei ging es etwa um die Frage, was denn ein Ritual zu einem christlichen mache. Es wurde auf die Nähe der Strukturen symbolischer Erfahrung zum christlichen Glauben hingewiesen, hier etwa der Rede vom Pascha-Mysterium, wiederum unter Bezug auf die theologische Positionierung bei Schillebeeckx und Wohlmuth im 4. Kapitel. Zwei Problemkreise wurden sodann beschrieben, die den Proprien der am Gespräch beteiligten Disziplinen galten, der Zuordnung der Rede von der Transzendenz Gottes wie der Rede vom Unbewußten zu symbolischer Erfahrung. Diese beiden Punkte wurden in Kapitel 7 als Divergenzpunkte wieder aufgegriffen.

Mit dem *III. Abschnitt: Liturgie als Ritual. Praktisch-theologische Ausfaltungen* folgte das Herzstück der Arbeit, die *zentrale These*, in der beide Stränge, der psychoanalytische wie der theologische, sich verwanden (Kapitel 7). Die Kernthese dieser Arbeit definierte die Liturgie der Kirche als Ritual und entfaltete rückblickend auf die bereitgestellten theologischen wie psychoanalytischen Theorieelemente die Implikationen dieser Definition. Es schloß sich ein Kommentar hierzu an, der nochmals deutlich macht, daß sich die Untersuchung auf dem Terrain der Praktischen Theologie bewegt. Das 8. Kapitel fokussierte diese Ergebnisse unter verschiedenen Facetten, die durch kurze Praxisbeispiele ausgestaltet wurden. Hier fanden Stichworte wie „intermediärer Raum", Mysterium der Liturgie, Feier des Pascha-Mysterium mit den Problemkreisen der Rede von der tätigen Teilnahme sowie der Frage nach dem „heilsamen" Ritual Beachtung. Es ging hier nicht um eine lückenlose Ausfaltung, sondern um durchaus subjektiv gewählte mögliche Implikationen der zentralen These. Begleitet wurde die Untersuchung von Konkretionen, die das theoretisch Ausgeführte anschaulich zu machen versuchte. Die erste gab einen Einblick in priesterliche Meßfrömmigkeit um das Jahr 1000 anhand des „Rheinischen Meßordo", die zweite nahm den Paradigmenwechsel der letzten Liturgiereform in den Blick, die letzte buchstabierte anhand der Opferkategorie den symboltheoretischen Ansatz dieser Untersuchung nochmals durch. Es ging darum, (im Sinne Bions) den „Gehalt" des Rituals auf das Thema Opfer hin auszulegen und gelegentlich bisherige theologische Wertungen zu hinterfragen.

Es dürfte bei alledem deutlich geworden sein, daß diese Arbeit von einer grundsätzlichen Veränderbarkeit des Rituals ausgeht, wie sie etwa durch die Liturgiereform im Gefolge des II. Vatikanischen Konzils durchgeführt worden ist. Diese Reform wurde in einzelnen Aspekten aus Sicht dieser Arbeit einer differenzierten Wertung und Würdigung unterzogen. Der Schwerpunkt der Arbeit lag nicht auf der Frage nach den Bedingungen zur Schaffung neuer Rituale. Es sollte vielmehr zunächst der Gehalt der kirchlichen Liturgie an einigen Beispielen ausgefaltet werden. Veränderungen des Rituals zu untersuchen bleibt weiterhin Aufgabe der Liturgiewissenschaft. Und so finden sich im Anschluß an diese Relecture noch einige Hinweise zur Wissenschaftstheorie der Liturgiewissenschaft, wie sie sich aus dem hier vorgelegten symboltheoretischen, im Dialog mit der Psychoanalyse entstandenen Ansatz ergeben. Besonders der letzte Teil der Untersuchung bleibt fragmentarisch. Dies liegt an der Sache selbst, da nicht versucht werden soll und kann, ein Handlungsrezept für „richtige" Liturgie zu erstellen. Die Untersuchung ist an diesem Punkt für den Rezipienten anspruchsvoller. Sie möchte, gerade im Hinblick auf die beruflichen Träger des Rituals, ein Gespür für die Macht und Bedeutung des Rituellen im Seelenleben des Menschen wecken, das – so die Hoffnung – zu einer sensiblen Handhabung des Rituals führen wird.

Die vorliegende Untersuchung impliziert Aspekte, die für die Liturgiewissenschaft wissenschaftstheoretisch von Belang sind und nun noch kurz angedeutet werden sollen.

9.2. Zur Theorie des Gottesdienstes als Symbolgeschehen im Kontext der Liturgiewissenschaft

Diese Untersuchung verstand sich von vorneherein als theologische und näherhin liturgiewissenschaftliche Untersuchung, die die Liturgiewissenschaft als praktisch-theologische Disziplin betreibt. Damit wird, wie des öfteren zur Sprache kam, ein anderer Fokus auf den Gottesdienst geworfen, als dies etwa eine historisch-genetische Sicht tut. Dennoch geht es hier um ein Zueinander verschiedener Sichtweisen, nicht um Ausschließlichkeit. Die Untersuchung kam nicht ohne Rückgriff auf die Liturgiegeschichte aus, und zwar anhand der Frage, wie denn das überkommene Repertoire an Symbol-Zeichen und Ritualen entstanden sei, welche Erfahrungen mit Gott darin gespeichert sind. Umgekehrt wird die Liturgiewissenschaft nicht bei einer rein historischen Sicht stehen bleiben können, sondern immer auch zu fragen haben, wie denn der reiche Schatz der Tradition mit den Menschen von heute zu feiern sei. Damit konzipiert sich Liturgiewissenschaft inter- und intradisziplinär. Liturgiewissenschaft bedarf zum einen der theologischen Positionierung als Vergewisserung des eigenen Standpunktes, der eigenen Tradition und des Glaubens. Zum anderen bedarf sie unter dem Aspekt dieser Arbeit des Dialogs mit den Humanwissenschaften. Von hierher werden weitere Untersuchungen und Ausfaltungen auf die konkrete liturgische Praxis folgen müssen.

Eine Liturgiewissenschaft, so sie sich mit dem Gedankenduktus dieser Arbeit theologisch und interdisziplinär verortet, hätte dabei meines Erachtens folgende Punkte zu bedenken:

a) Liturgie als Mysterium: Eine differenzierte Wahrnehmung der Gesetzmäßigkeiten des „intermediären Raumes" als Raum des Mysteriums ist Aufgabe der Liturgiewissenschaft. Die Untersuchung hat die Feier der Liturgie im Blick auf die menschliche Psyche mit dem „intermediären Raum" verbinden können. Dieser symbolische Bereich unterliegt eigenen Gesetzmäßigkeiten, die auch für die Liturgiewissenschaft Konsequenzen haben. Es folgert hieraus zunächst die genaue Unterscheidung zwischen liturgisch-symbolischer und liturgie*wissenschaftlicher* Sprache. Die in Kapitel 2 problematisierte „Himmlische Liturgie" etwa wird als wissenschaftliches Paradigma einer Liturgiewissenschaft durchaus fragwürdig, das Bild des Himmels und auch Himmlischer Liturgie *als symbolische Aussage* der Hoffnung des Menschen auf das Reich Gottes hingegen ist im liturgischen Tun durchaus passend. Denn dieses Bild zählt zu den schönsten der Liturgie und prägt den Gottesdienst und sein Symbolsystem nachhaltig. Das Einstimmen in die Chöre der Engel beim Sanctus, als symbolische Aussage genommen, meint das, was im Duktus dieser Arbeit mit „Widerfahrnis der Transzendenz Gottes" ausgedrückt werden sollte. Die Eigengesetzlichkeit des intermediären Raumes, die diese Untersuchung zu ergründen versuchte, wurde ergänzt durch die Betrachtung symbolischer Erfahrung. Im interdisziplinären Dialog bietet sich das Paradigma „symbolischer Erfahrung", oder anders, eine Theorie des Symbolischen an. Ein solches Paradigma erlaubt es und macht es nötig, daß die Theologie ihr Proprium ins Gespräch einbringt, ohne von der Partnerdisziplin ihrerseits die Voraussetzung des Glaubens fordern zu müssen. Von diesem Paradigma aus ergeben sich für die Liturgiewissenschaft zwei Einsichten, nämlich der Respekt vor dem Symbol-Zeichen ebenso wie die Notwendigkeit, die Erfahrung des Menschen zu berücksichtigen.

b) Der Respekt vor dem überkommenen Symbol-Repertoire der Liturgie. Die Wertschätzung traditioneller Symbol-Zeichen ergibt sich aus der bereits angezeigten

Würdigung des symbolischen Raumes. Von hieraus ist etwa dem überkommenen Gebetsbestand erst einmal Respekt entgegenzubringen, ehe man durch eine eventuell vorschnelle Bereinigung den Strom der Überlieferung unterbricht, so er noch lebendig ist. Es gilt also, erst einmal aufspüren, was in einem Text, einer Gebärde an „geronnener Erfahrung" innewohnt. Die präsentative Symbolik und ihre unbewußte Dimension muß gewürdigt werden. Das heißt zugleich, daß immer auch symbolkritisch zu prüfen ist, wann denn die lebensfördernde Qualität eines Symbols zur lebensbehindernden eines Diabols geworden ist und so der Korrektur bedarf. In diesem Sinne wird es immer wieder Veränderungen des Rituals geben müssen. Die Arbeit wird damit nicht leicht, weil folgendes gefragt werden muß: Welchen Stellenwert hat ein Ritual, ein Gebet in der konkreten Praxis einer Gemeinde? Wie wird dieses Ritual, dieses Gebet *erlebt*? Gibt es eventuell unbewußte Untertöne, die dieses Gebet, durchaus in Spannung zum theologischen Sinn, unverzichtbar macht für das Seelenleben des Menschen? Wie kann dies theologisch verantwortet werden? Damit ist ein weiterer Punkt zu benennen, der Respekt vor der Erfahrung des Menschen.

c) Respekt vor der Erfahrung des Menschen. Von hieraus gilt es, die Spannung des Symbol-Zeichens zur Erfahrung des Menschen aufzuzeigen und fruchtbar werden zu lassen. In dieser Spannung, die bis hinein ins liturgische Tun reicht, liegt - so ein Ergebnis dieser Arbeit - die *Chance* des Rituals. Der oft zu hörende Satz, der Gottesdienst sage dem Menschen von heute nichts, sei ihm fremd, ist nicht als Aufforderung zur schnellen Änderung ins Gefällige auszumachen, sondern in seiner Berechtigung aufzugreifen. Es ist dann seelsorgliche Aufgabe, die Spannung zwischen Leben und Glauben aufzuzeigen, die nun fruchtbar werden kann. Gerade die Bedeutung des sich Widersetzenden, der symbolischen Differenz konnte ja in dieser Arbeit als eine theologische Qualität verstanden werden. Die Weiterentwicklung der liturgischen Praxis wäre von hierher als seelsorglicher Prozeß zu begreifen, der nur insofern gutes Neues hervorbringt, als er sich am Alten abarbeiten muß und sich in der Tradition verortet. Gerade die Unzeitgemäßheit des Rituals wird zur Chance.
Mit diesen drei Punkten sind die drei Bereiche rituellen Tuns des Menschen eingeholt, denen das Interesse der Untersuchung galt: Der Gottesglaube als der Pol der Tradition, vermittelt durch das Symbol-Zeichen, die Erfahrung des Menschen als seine Form der Weltgestaltung, die nach einem Deutehorizont ruft, und schließlich die Vermittlung beider im symbolisch-rituellen Tun, psychisch angesiedelt im dritten Wirklichkeitsbereich. Von hieraus hieße es dann, einen weiteren Schritt zu tun, nämlich hin zu einer kontinuierlichen Reform der Liturgie mitsamt einer Generierung neuer Symbolformen[2].

---

[2] Gleichzeitig werden damit die vielen Liturgiereformen der Kirche selbst Thema der Liturgiewissenschaft. Vgl. dazu KLÖCKENER, KRANEMANN, Liturgiereformen.

d) Kontinuierliche Reform des Symbolsystems im Ritual. Die Liturgie als „semper reformanda“ steht nie still, sondern birgt immer auch neue Möglichkeiten des Symbolischen oder neue Umgangsweisen mit dem hergebrachten Symbolsystem in sich. Aber erst unter Wahrung der vorher benannten Punkte (a-c) kann es zu einer „organischen Liturgieentwicklung“ kommen, so es sie überhaupt geben kann. Dabei ist besonders darauf zu achten, den Charakter des Symbolischen zu wahren. Dies hieße, die von Walter Fürst bereitgestellte symbolisch-kritische Methode auf die liturgische Feier anzuwenden[3].

Daraus ergeben sich nun folgende Aufgaben für eine sich praktisch-theologisch verortende Liturgiewissenschaft, die hier nicht in ranglicher Reihenfolge genannt werden:

- Erforschung der Ebene des Symbol-Zeichens. Das gesamte Repertoire an Ritualen und Symbol-Zeichen gilt es zu untersuchen. Gerade hier zeigt sich die Notwendigkeit liturgiehistorischer Forschung, um den Reichtum der Tradition einzuholen. Eine solche historische Forschung wird jeweils den soziokulturellen und geistesgeschichtlichen Hintergrund der Entstehung bestimmter Riten zu bedenken haben[4].

- Verortung der Liturgiewissenschaft in einer erfahrungsbezogenen Theologie. Es gilt, menschliche Erfahrung als „locus theologicus“ zu qualifizieren[5]. Der differenzierte Standpunkt von Edward Schillebeeckx mit dem Korrelationskriterium bietet, wie gezeigt werden konnte, eine passende Theorie, um menschliche Erfahrung und die Offenbarung Gottes in Jesus Christus zusammenzudenken. Die Untersuchung legte Wert auf die Tatsache, welch tiefe menschliche Erfahrung aus den Ritualen spricht.

- Erforschung der Erfahrungsebene des Menschen. Hier geht es um den Kontakt zu den Nachbardisziplinen, die sich der Ritualforschung widmen. Vor allem verdient die soziologische Forschung in Bezug auf das Ritual verstärktes Interesse. Dies ist nur mehr möglich durch Interdisziplinarität. Sie erfordert eine weitere wissenschaftliche Durchdringung dessen, was „symbolische Erfahrung“ meint, etwa im Rahmen soziologischer oder empirischer Forschungen. Notwendig ist die Reflexion auf die Bedingungen der Möglichkeit symbolischer Erfahrung für den Menschen.

- Sicherstellung der Kirchlichkeit als Funktion der liturgiewissenschaftlichen Reflexion. Der gesamtkirchliche Rahmen wurde immer wieder in seiner Bedeutung hervorgehoben, denn damit nur ist die symbolische Erfahrung als selbstobjekthafte

---

[3] Vgl. hierzu auch die von Walter Fürst in Umrissen projektierten symbolisch-kritische Methode. Vgl. dazu FÜRST, Praktisch-theologische Urteilskraft, S. 648-649.
[4] Vgl. hierzu ANGENENDT, Liturgik, der zu Recht vor der Anwendung des Verfallsparadigmas etwa in bezug auf das Spätmittelalter warnt. Historische Konstrukte müssen als solche erkennbar sein.
[5] Vgl. hierzu SECKLER, Art. Loci theologici.

Verknüpfungen mit den geronnenen Erfahrungen der jüdisch-christlichen Tradition - kurz: als Glaubenserfahrung - gewährleistet.

Damit wird sich Liturgiewissenschaft als Hüterin des Symbolischen erweisen, die weder den Kontakt zum Menschen noch den Kontakt zur jüdisch-christlichen Tradition im Rahmen der Kirche verlieren darf.

9.3. Ausblick

Es wäre sicherlich nochmals ein eigenes Unterfangen, die hier angedachte Symboltheorie für die einzelnen Sakramente der Kirche durchzubuchstabieren, etwa in Ausarbeitung des Ansatzes für eine Theologie der Sakramente, der sich bei Edward Schillebeeckx findet[6]. Die Untersuchung wollte lediglich Bausteine hierfür liefern, die es nun zu verwenden gilt, in der weiteren wissenschaftlichen Durchdringung der Thesen wie im konkreten gottesdienstlichen Tun.
Ist kirchliche Liturgie noch zeitgemäß? Ich glaube, eine Chance der kirchlichen Liturgie liegt in der Wiederentdeckung ihrer rituellen Seite und ihrer symbolischen Verfaßtheit mit all den Dimensionen, die diese Arbeit darzulegen versuchte. Im Blick auf die reichhaltige Tradition des Gottesdienstes kann die Kirche so Zeitgenossenschaft üben und Menschen dazu verhelfen, mit dem Reichtum einer erfahrungsbezogenen Liturgie im sakramentalen Leben der Kirche symbolische Erfahrung zu machen. Wenn die Psychoanalyse die Bedeutung der eigenen Lebensgeschichte hervorgehoben hat, die heilsam oder, wenn sie verdrängt und unbewußt gemacht worden ist, zerstörerisch sein kann, so kann es Aufgabe der Kirche sein, die verdrängte Tradition wachzuhalten, als „gefährliche Erinnerung" (J.B. Metz) an das Heilshandeln Gottes in Jesus Christus, damit diese Welt menschlicher wird und viele Menschen sich in der Gebrochenheit ihrer Lebenswelt durch den Glauben und die Hoffnung auf das Reich Gottes getragen wissen. Das christliche Ritual, der Gottesdienst der Kirche, ist Angeld dieses Reiches und kann hierfür Symbol-Zeichen sein. Die Untersuchung sprach öfters vom heilsamen Blick aufs Fragment, vom eschatologischen Vorbehalt jeden liturgischen Tuns. Dies gilt nun auch für sie selbst. Auch sie bleibt Fragment, Stückwerk. Wenn sie jedoch ihren Teil dazu beiträgt, daß Menschen von heute würdig Gottesdienst feiern, daß das Ritual des Gottesdienstes Menschen von heute für symbolische Erfahrung offensteht, so daß Gott gefeiert und Christsein gelebt werden kann, dann hat sie ihren Sinn erfüllt.

---

[6] Vgl. SCHILLEBEECKX, Wiederentdeckung.

Literaturverzeichnis

Im folgenden Literaturverzeichnis finden sich alle in dieser Arbeit zitierten Werke. Die Autorennamen sind alphabethisch geordnet. Bei mehreren Publikationen eines Autors ist die Reihenfolge der Entstehung maßgebend. Handelt es sich bei der zitierten Ausgabe um eine spätere Auflage eines schon früher erschienenen Werkes und ist das Entstehungsdatum für die wissenschaftliche Einordnung eines Werkes von Bedeutung, so ist das Entstehungsjahr in Klammern dem Titel beigefügt, bei Übersetzungen in der Regel auch der Originaltitel. Die Zitation im laufenden Text ist grundsätzlich durch das Hinzufügen eines Substantives aus dem Titel des Werkes zum Autorennamen eindeutig gemacht. Haben zwei Autoren denselben Nachnamen, wird das Kurzzitat durch die Hinzufügung des Vornamens näher ausgewiesen.

ACTA ET DOCUMENTA Concilio Oecumenico Vaticano II apparando. Series 2 (Praeparatoria), vol. 1-3. Typis Polyglottis Vaticanis 1964-69.

ACTA SYNODALIA Sacrosancti Concilii Oecumenici Vaticani II, vol. 1-2. Typis Polyglottis Vaticanis 1970-73.

ADORNO, Theodor W.: Prismen. Kulturkritik und Gesellschaft (1955). Frankfurt am Main[4] 1992.

ADORNO, Theodor W.: Metaphysik. Begriff und Probleme (1965). (Adorno, Theodor W.: Nachgelassene Schriften, Abteilung IV: Vorlesungen 14). Frankfurt am Main 1998.

AMBAUM, Jan: Glaubenszeichen. Schillebeeckx' Auffassung von den Sakramenten. Regensburg 1980.

ANGENENDT, Arnold: Das Frühmittelalter. Die abendländische Christenheit von 400-900. Stuttgart, Berlin, Köln 1990.

ANGENENDT, Arnold: Libelli bene correcti. Der „richtige Kult" als ein Motiv der karolingischen Reform, in: Ganz, Peter (Hg.): Das Buch als magisches und als Repräsentationsobjekt (Wolfenbütteler Mittelalter-Studien 5). Wiesbaden, 1992, S. 117-135.

ANGENENDT, Arnold: Geschichte der Religiosität im Mittelalter. Darmstadt 1997.

ANGENENDT, Arnold: Liturgik und Historik. Gab es eine organische Liturgie-Entwicklung? (QD 189). Freiburg i.Br., Basel, Wien 2001.

ANGENENDT, Arnold: Liturgiereform im frühen Mittelalter, in: Klöckener, Kranemann, Liturgiereformen 1, S. 225-238.

ANTHROPOLOGIE des Kults. Die Bedeutung des Kults für das Überleben des Menschen. Beiträge von Alois Hahn u.a. (Veröffentlichungen der Stiftung Oratio Dominica). Freiburg i.Br., Basel, Wien 1977.

AUF DER MAUR, Hansjörg: Feiern im Rhythmus der Zeit I. Herrenfeste in Woche und Jahr (GDK 5). Regensburg 1983.

ARENS, Edmund (Hg.): Kommunikatives Handeln und christlicher Glaube. Ein theologischer Diskurs mit Jürgen Habermas. Paderborn, München, Wien, Zürich 1997.

ARENS, Edmund: Theologie und Theorie des kommunikativen Handelns im Diskurs. Eine Einleitung, in: Arens, Handeln, S. 9-32.
ARENS, Edmund: Tod und Transzendenz. Eschatologische Anfragen an die Theorie des kommunikativen Handelns, in: Arens, Handeln, S. 135-161.
ARNOLD, Franz Xaver, RAHNER, Karl, SCHURR, Viktor, WEBER, Leonhard M., KLOSTERMANN, Ferdinand (Hgg.): Handbuch der Pastoraltheologie. Praktische Theologie der Kirche in ihrer Gegenwart. Bd. 1. Freiburg, Basel, Wien[2] 1970.

BACAL, Howard A., NEWMAN, Kenneth M.: Objektbeziehungstheorien – Brücken zur Selbstpsychologie (problemata 132). Stuttgart, Bad Cannstatt 1994.
BACHL, Gottfried: Eucharistie – Essen als Symbol? (Theologische Meditationen 62). Zürich, Einsiedeln, Köln 1983.
BÄUMLER, Christof, METTE, Norbert (Hgg.): Gemeindepraxis in Grundbegriffen. Ökumenische Orientierungen und Perspektiven. München, Düsseldorf 1987.
BAROFFIO, Bonifacio G.: L'Ordo Missae del Rituale messale Vallicelliano E 62, in: Traditio et Progressio. Studi liturgici in onore del Prof. Adrien Nocent OSB. A cura di G. Farnedi. Roma 1988 (Studia Anselmiana 95/Analecta liturgica 12), S. 45-79.
BASSLER, Markus (Hg.): Psychoanalyse und Religion. Versuch einer Vermittlung. Stuttgart, Berlin, Köln 2000.
BAUDLER, Georg: Erlösung vom Stiergott. Christliche Gotteserfahrung im Dialog mit Mythen und Religionen. München 1989.
BAUERNFEIND, Hans: Sakramentenpastoral heute – notwendige Quantensprünge im Denken. Ein Werkstatt-Kolloquium, in: Anzeiger für die Seelsorge 109. 2000, S. 74-77.
BAUMER, Iso: Interaktion - Zeichen - Symbol. Ansätze zu einer Deutung liturgischen und volksfrommen Tuns, in: LJ 31. 1981, S. 9-35.
BAUMGARTNER, Isidor (Hg.): Handbuch der Pastoralpsychologie. Regensburg 1990.
BAUMGARTNER, Isidor: Von der heilenden Kraft der Sakramente, in: Baumgartner, Handbuch, S. 547-563.
BECKER, Hansjakob, HILBERATH, Bernd Jochen, WILLERS, Ulrich (Hgg.): Gottesdienst - Kirche - Gesellschaft. Interdisziplinäre und ökumenische Standortbestimmung nach 25 Jahren Liturgiereform (Pietas Liturgica 5). St. Ottilien 1991.
BECKS, Hartmut: Der Gottesdienst in der Erlebnisgesellschaft. Zur Bedeutung der kultursoziologischen Untersuchung Gerhard Schulzes für Theorie und Praxis des Gottesdienstes (Wechsel-Wirkungen Ergänzungsreihe 13). Waltrop 1999.
BELL, Catherine: Ritual theory, ritual practice. New York, Oxford 1992.
BELL, Catherine: Ritual. Perspectives ans Dimensions. New York, Oxford 1997.
BELLIGER, Andréa, KRIEGER, David J. (Hgg.): Ritualtheorien. Ein einführendes Handbuch. Opladen, Wiesbaden 1998.
BELTING, Hans: Bild und Kult. Eine Geschichte des Bildes vor dem Zeitalter der Kunst.

München 1990.

BELZEN, Jacob A.: Hermeneutical Approches in Psychology of Religion (International Series in the Psychology of Religion 6). Amsterdam, Atlanta 1997.

BENEDETTI, Gaetano, RAUCHFLEISCH Udo (Hgg.): Welt der Symbole. Interdisziplinäre Aspekte des Symbolverständnisses. Göttingen 1988.

BERGER, Rupert: Art. Ritus, Ritual III. Liturgisch, in: LThK³. Bd. 8, Sp. 1211-1212.

BERGER, Teresa: Liturgie – Spiegel der Kirche. Eine systematisch-theologische Analyse des liturgischen Gedankenguts im Traktarianismus (Forschungen zur systematischen und ökumenischen Theologie 52). Göttingen 1986.

BERNARD, Charles André: Teologia simbolica (Prospettive teologiche 2). Roma² 1984.

BIERITZ, Karl-Heinrich: Gottesdienst als ‚offenes Kunstwerk'? Zur Dramaturgie des Gottesdienstes, in: Pastoraltheologie 75. 1986, S. 358-373.

BIERITZ, Karl-Heinrich: Gottesdienst als Ritual, in: Schmidt-Lauber, Bieritz, Handbuch, S. 119-127.

BIERITZ, Karl-Heinrich: Erlebnis Gottesdienst. Erlebniskultur und gottesdienstliche „Kultur des Lebens", in: Kranemann, Richter, Tebartz-van Elst, Dimension, Bd. 1, S. 32- 44.

BINDING, Günther, SPEER, Andreas: Abt Suger von Saint-Denis *De Consecratione*. Kommentierte Studienausgabe (Veröffentlichung der Abteilung Architekturgeschichte des Kunsthistorischen Instituts der Universität zu Köln 56). Köln 1995.

BION, Wilfred R.: Lernen durch Erfahrung. Frankfurt am Main² 1997. (Engl.: Learning from experience, 1962).

BION, Wilfred R.: Elemente der Psychoanalyse. Frankfurt am Main 1992. (Engl.: Elements of Psycho-Analysis, 1963).

BION, Wilfred R.: Transformationen. Frankfurt am Main 1997. (Engl.: Transformations, 1965).

BITTER, Gottfried: Religiosität und Christianität. Religionspädagogische Überlegungen zu ihrem wechselseitigen Verhältnis, in: Kochanek, Religion und Glaube, S. 129-149.

BITTER, Gottfried, GERHARDS, Albert (Hgg.): Glauben lernen – Glauben feiern. Katechetisch-liturgische Versuche und Klärungen (Praktische Theologie heute 30). Stuttgart, Berlin, Köln 1998.

BLANCK, Gertrude, BLANCK, Rubin: Angewandte Ich-Psychologie. Stuttgart⁶ 1993.

BLUMENBERG, Yigal: „Vatersehnsucht" und „Sohnestrotz" – ein Kommentar zu Sigmund Freuds *Totem und Tabu*, in: Psyche 56. 2002, S. 97-136.

BOCK, Nicolas, DE BLAAUW, Sible, FROMMEL, Christoph Luitpold, KESSLER, Herbert (Hgg.): Kunst und Liturgie im Mittelalter. Akten des internationalen Kongresses der Bibliotheca Hertziana und des Nederlans Instituut te Rome, Rom, 28.-30. September 1997 (Römisches Jahrbuch der Bibliotheca Hertziana Bd. 33, 1999/2000 Beiheft). München 2000.

BOLLACK, Jean: Wahngänge. Von gezogenen und von umgestoßenen Grenzen in den

Gedichten Paul Celans, in: Psyche 54. 2000, S. 399-425.
BOPP, Karl SDB: Prinzipielle Defizite in der Liturgiereform des Zweiten Vatikanischen Konzils? Eine pastoraltheologische Kritik, in: ALw 35/36. 1993./94, S. 121-134.
BOSSE, Hans: Entstehung und Ritualisierung von Geschichtsbewußtsein. Eine ethnoanalytische Argumentation, in: Rüsen, Straub, Spur, S. 194-210.
BOUYER, Louis: Mensch und Ritus. Mainz 1964 (Franz.: Le Rite et L'Homme, Paris 1962).
BRACHEL, Hans-Ulrich von, METTE, Norbert (Hgg.): Kommunikation und Solidarität. Beiträge zur Diskussion des handlungstheoretischen Ansatzes von Helmut Peukert in Theologie und Sozialwissenschaften. Freiburg/Schweiz, Münster 1985.
BRAGA, Carlo: La genesi del primo capitolo della „Sacrosanctum Concilium", in: EL 113. 1999, S. 405-448.
BRAGA, Carlo: La seconda redazione del primo capitolo della Costituzione „Sacrosanctum Concilium", in: EL 114. 2000, S. 97-133.
BRAGA, Carlo: Il primo capitolo della „Sacrosanctum Concilium" nel dibattito conciliare, in: EL 115. 2001, S. 129-180.
BRASCH, Viktor von: Abendmahl und Opfer. Aus der Sicht analytischer Psychologie, in: Josuttis, Martin, Essen, S. 95-110.
BUCHER, Anton: Symbol – Symbolbildung – Symbolerziehung. Philosophische und entwicklungspsychologische Grundlagen (SPT 36). St. Ottilien 1990.
BÜSSE, Helmut, JEGGLE, Birgit: Symbol und Kommunikation. Arbeitstreffen der „Arbeitsgemeinschaft Katholischer Katechetikdozenten" (AKK) und der „Arbeitsgemeinschaft Katholischer Liturgikdozenten (Sektion Bundesrepublik Deutschland)" (AKL), in: LJ 35. 1985, S. 195-199.
BURKERT, Walter: Homo necans. Interpretation altgriechischer Opferriten und Mythen. Berlin, New York[2] 1997.

CASEL, Odo: Das christliche Kultmysterium. Regensburg[4]1960.
CELAN, Paul: Ausgewählte Gedichte. Zwei Reden. Mit einem Nachwort von Beda Allemann. Franfurt am Main 1968.
CHAUVET, Louis-Marie: Symbole et Sacrament. Une relecture sacramentelle de l'existence chrétienne (Cogitatio fidei 144). Paris 1987.
COLOMBO, Adele: Il sacrificio evento e rito. Dalla violenza sacra e strumentale nella visione di René Girard al dono nell'Eucaristia (Istituto di Liturgia Pastorale, Abbazia di S. Giustina - Padova incorporato alla Facoltá di Teologia nel Pontificio Ateneo S. Anselmo - Roma. Tesi di laurea n. 17). Padova 1998.
CONGREGATIO de Cultu Divino et Disciplina Sacramentorum: De usu linguarum popularium in libris Liturgiae romanae edendis „Liturgiam authenticam". Instructio quinta „ad exsecutionem constitutionis Concilii Vaticani Secundi de sacra liturgia recte ordinandam" (Ad Const. art. 36), in: Notitiae 37. 2001, S. 120-174.

CONGREGATIO de Cultu Divino et Disciplina Sacramentorum: Über den Gebrauch der Volkssprachen bei der Herausgabe der Bücher der Römischen Liturgie „Liturgiam authenticam". Fünfte Instruktion „zur ordnungsgemäßen Ausführung der Konstitution des Zweiten Vatikanischen Konzils über die heilige Liturgie" (Zu Art. 36 der Konstitution), in: Notitiae 38. 2002, S. 236-295.

CORNEHL, Peter: Aufgabe und Eigenart einer Theorie des Gottesdienstes. Zum Stand der Debatte, in: PThI 1.1981, S. 12-37.

DALLMANN, Hans-Ulrich: Die Systemtheorie Niklas Luhmanns und ihre theologische Rezeption. Stuttgart, Berlin, Köln 1994.

DAVIS, Madeleine, WALLBRIDGE, David: Eine Einführung in das Werk von D.W. Winnicott. Stuttgart[2] 1995. Engl: Boundary and Space. An Introduction to the Work of D.W. Winnicott. New York 1981.

DELGADO, Mariano, LOB-HÜDEPOHL, Andreas (Hgg.): Markierungen. Theologie in den Zeichen der Zeit. Berlin 1995.

DH = DENZINGER, Heinrich, HÜNERMANN, Peter: Enchiridion symbolorum definitionum et declarationum de rebus fidei et morum. Freiburg i.Br., Basel, Rom, Wien[38] 1999.

DIECKMANN, Bernhard (Hg.): Das Opfer – aktuelle Kontroversen. Religionspolitischer Diskurs im Kontext der mimetischen Theorie. Deutsch-Italienische Fachtagung der Guardini Stiftung in der Villa Vigoni 18.-22. Oktober 1999 (BMT 12). Münster, Thaur 2001.

DIENBERG, Thomas: Ihre Tränen sind wie Gebete. Das Gebet nach Auschwitz in Theologie und Literatur (SSSTh 20). Würzburg 1997.

DIERGARTEN, Friedrich: Generative Symbolik, in: Zs. für psychoanalytische Psychotherapie 6. 1984, S. 4-22.

DIERGARTEN, Friedrich: Kulturpsychoanalyse. Möglichkeiten der Vermittlung zwischen Psychoanalyse und Kulturwissenschaften, in: Zs. für psychoanalytische Psychotherapie 14. 1992, S. 3-116.

DIERGARTEN, Friedrich: Zehn Sätze zum Thema Kulturpsychoanalyse, in: Gegenrede. Vorträge und Diskussionsbeiträge aus dem Psychoanalytischen Seminar Düsseldorf II. 1999, S. 3-5.

DIERGARTEN, Friedrich: Was ist Kulturpsychoanalyse? Versuch über die psychoanalytische Neugier, in: Zs. für psychoanalytische Psychotherapie 21. 1999, S. 3-9.

DIETZ, Walter: Zur psychoanalytischen Religionskritik aus theologischer Sicht, in: Bassler, Psychoanalyse, S. 33-51.

DOHMEN Christoph, STERNBERG, Thomas (Hgg.): „...kein Bildnis machen". Kunst und Theologie im Gespräch. Würzburg 1987.

DOUGLAS, Mary: Ritual, Tabu und Körpersymbolik. Sozialanthropologische Studien in Industriegesellschaft und Stammeskultur. Frankfurt am Main 1974. (Engl.: Natural Symbols. Explorations in Cosmology. London 1970).

DRECHSEL, Wolfgang: Pastoralpsychologische Bibelarbeit. Ein Verstehens- und Praxismodell gegenwärtiger Bibel-Erfahrung. Stuttgart, Berlin, Köln 1994.
DRIVER, Tom F.: The magic of ritual. Our need for liberating rites that transform our lives and our communities. San Francisco 1991.

ECKES-LAPP, Rosemarie: Symbolbildung und Symbolik in psychoanalytischer Sicht, in: Benedetti, Rauchfleisch, Welt der Symbole, S. 172-199.
EIGEN, Michael: The area of faith in Winnicott, Lacan and Bion, in: International Journal of Psycho-Analysis 62. 1981, S. 413-433.
EMRICH, Hinderk M. Identität und Gewalt. Zur philosophischen Psychologie des Opfers, in: Rohde-Dachser, Verknüpfungen, S. 99-123.
ENGEL, Ursula, GAST, Lilli, GUTMANN, Josef Bernd (Hgg.): Bion. Aspekte der Rezeption in Deutschland (Perspektiven kleinianischer Psychoanalyse 8). Tübingen 2000.
ERHARTER, Helmut, RAUTER, Horst-Michael (Hgg.): Liturgie zwischen Mystik und Politik. Österreichische Pastoraltagung 27. bis 29. Dezember 1990. Wien 1991.
ERIKSON, Erik H.: Die Ontogenese der Ritualisierung, in: Psyche 22. 1968, S. 481-502. (Engl.: The Ontogeny of Ritualization in Man 1966).
ERIKSON, Erik H.: Kinderspiel und politische Phantasie. Stufen in der Ritualisierung der Realität. Frankfurt am Main 1978.

FINGER, Heinz: Benediktinische Erneuerung oder erste Vorbereitung der Mendikantenbewegung? Die frühen Zisterzienser zwischen der Gottesburg von Cluny und den Armen Christi, in: Cistercienser Chronik 106. 1999, S. 21-36.
FISCHER, Balthasar, LENGELING, Emil Joseph: Kult in der säkularisierten Welt. Regensburg 1974.
FISCHER, Norbert: Die philosophische Frage nach Gott (Amateca 2). Paderborn 1995.
FIZZOTTI, Eugenio: Abraham Maslow e Viktor E. Frankl. I riti di guarigione come autorealizzazione e come ricerca di senso, in: Terrin, Liturgia e terapia, S. 203-238.
FLANAGAN, Kieran: Sociology and Liturgy. Re-presentations of the Holy. Hampshire, London 1991.
FOLEY, Edward B.: The first Ordinary of the Royal Abbay of St.-Denis in France. Paris, Bibliothèque Mazarine 526 (SpicFri 32). Fribourg 1990.
FOLEY, Edward B.: St.-Denis revisited: The liturgical Evidence, in: RBen 100. 1990, S. 532-549.
FOLEY, John: Creativity and the Roots of Liturgy. Washington 1994.
FREUD, Sigmund: Studienausgabe, Bd. 1-10 und Ergänzungsband, hg. von Alexander Mitscherlich u.a. Frankfurt 1989.
FREUD, GW = FREUD, Sigmund: Gesammelte Werke. Chronologisch geordnet, Bd. I-XVIII und Nachtragsband, hg. von Anna Freud u.a. London 1940-1987, Neudruck Frankfurt am Main 1999.

Die einzelnen verwendeten Schriften in der Reihenfolge ihres Erscheinens (runde Klammern geben das Erscheinungsdatum, eckige das Entstehungsdatum an):
FREUD, Sigmund: Studien über Hysterie (1895), in: GW I, S. 75-312.
FREUD, Sigmund: Die Traumdeutung (1900), in: GW II/III, S. 1-642.
FREUD, Sigmund: Drei Abhandlungen zur Sexualtheorie (1905), in: GW V, S. 27-145.
FREUD, Sigmund: Zwangshandlung und Religionsübungen (1907), in: GW VII, S. 127-139.
FREUD, Sigmund: Eine Kindheitserinnerung des Leonardo da Vinci (1910), in: GW VIII, S. 127-211.
FREUD, Sigmund: Totem und Tabu. Einige Übereinstimmungen im Seelenleben der Wilden und der Neurotiker (1912-1913), GW IX.
FREUD, Sigmund: Der Moses des Michelangelo (1914), in: GW X, S. 171-201.
FREUD, Sigmund: Vorlesungen zur Einführung in die Psychoanalyse (1916-1917 [1915-1917]), GW XI.
FREUD, Sigmund: Eine Beziehung zwischen einem Symbol und einem Symptom (1916-1917), in: GW X, S. 393-395.
FREUD, Sigmund: Aus der Geschichte einer infantilen Neurose (1918), in: GW XII, S. 27-157.
FREUD, Sigmund: Vorrede zu: Reik, Theodor, Probleme der Religionspsychologie. I. Teil: Das Ritual (1919), in: GW XII, S. 325-329.
FREUD, Sigmund: Jenseits des Lustprinzips (1920), in: GW XIII, S. 1-69.
FREUD, Sigmund: Die Frage der Laienanalyse. Unterredungen mit einem Unparteiischen (1926), in: GW XIV, S. 207-296.
FREUD, Sigmund: Die Zukunft einer Illusion (1927), in: GW XIV, S. 323-380.
FREUD, Sigmund: Dostojewski und die Vatertötung (1928 [1927]), in: GW XIV, S. 397-418.
FREUD, Sigmund: Das Unbehagen in der Kultur (1930[1929]), in: GW XIV, S. 419-506.
FREUD, Sigmund: Neue Folge der Vorlesungen zur Einführung in die Psychoanalyse (1933[1932]), GW XV.
FREUD, Sigmund: Der Mann Moses und die monotheistische Religion: Drei Abhandlungen (1939 [1934-1938]), in: GW XVI, S. 101-246.
FREUD, Sigmund: Entwurf einer Psychologie (1950 [1895]), in: GW Nachtragsband, S. 373-486.
FREYER, Thomas: Sakrament – Transitus – Zeit – Transzendenz. Überlegungen im Vorfeld einer liturgisch-ästhetischen Erschließung und Grundlegung der Sakramente (BDS 20). Würzburg 1995.
FUCHS, Ottmar: Wie verändert sich universitäre Praktische Theologie, wenn sie kontextuell wird, in: PThI 18. 1998, S. 115-150.
FUCHS, Peter: Gefährliche Modernität. Das zweite vatikanische Konzil und die

Veränderung des Messeritus, in: Kölner Zeitschrift für Soziologie und Sozialpsychologie 44. 1992, S. 1-11.
FÜRST, Walter: Praktisch-theologische Urteilskraft. Auf dem Weg zu einer symbolisch-kritischen Methode der Praktischen Theologie (SPT 32). Zürich, Einsiedeln, Köln 1986.
FÜRST, Walter: Art. Praktische Theologie, in: LThK³. Bd. 8, Sp. 500-503.
FUNKE, Dieter: Religion als Ritual? Praktisch-theologische Anmerkungen zur Bedeutung der Symbole und zur Religionskritik A. Lorenzers im „Konzil der Buchhalter", in: Diakonia 15. 1984, S.176-183.
FUNKE, Dieter: Im Glauben erwachsen werden. Psychische Voraussetzungen der religiösen Reifung. München 1986.
FUNKE, Dieter: Vom ‚Ding' zum Symbol. Religionspsychologische Aspekte zur Bedeutung vorsprachlicher Symbole für die frühe Identitätsentwicklung, in: WzM 38. 1986, S. 29-44.
FUNKE, Dieter: Art. Symbol/Ritual, in: Bäumler, Mette, Gemeindepraxis, S. 379-388.
FUNKE, Dieter: Sehen oder Hören? Zum Verhältnis von Sinnlichkeit und Objekt in der religiösen Erfahrung, in: WzM 41. 1989, S. 269-276.
FUNKE, Dieter: Sind wir heute noch symbol- und liturgiefähig?, in: Erharter, Rauter, Liturgie, S. 55-61.
FUNKE, Dieter: Der halbierte Gott. Die Folgen der Spaltung und die Sehnsucht nach Ganzheit. München 1993.
FUNKE, Dieter: Identität des Subjekts? Psychoanalytische und theologische Gedanken zu einer fragwürdig gewordenen Idee der Moderne, in: Zs. für psychoanalytische Psychotherapie 16. 1994, S. 27-59.
FUNKE, Dieter: Gott und das Unbewußte. Glaube und Tiefenpsychologie. München 1995.
FUNKE, Dieter: Der psychoanalytische Prozess als Kunst?, in: Zs. für psychoanalytische Psychotherapie 18. 1996, S. 19-39.
FUNKE, Dieter: Opfer in (religions-)psychologischer Sicht, in: Wort und Antwort 39. 1998, S. 164-171.
FUNKE, Dieter: Der Platz des Bösen in Gott? Psychoanalytische und theologische Erwägungen zum halbierten Bild vom „guten Gott", in: Schlagheck, Theologie, S. 93-144.
FUNKE, Dieter: Jenseits von Heilung: Psychotherapie als Religion?, in: Kochanek, Religion, S. 45-81.
FUNKE, Dieter: Kulturpsychoanalyse jenseits des Ödipus?, in: Zs. für psychoanalytische Psychotherapie 21. 1999, S. 11-20.
FUNKE, Dieter: Das Schulddilemma. Wege zu einem versöhnten Leben. Göttingen 2000.

GABRIEL, Karl: Die neuzeitliche Gesellschaftsentwicklung und der Katholizismus als Sozialform der Christentumsgeschichte, in: Gabriel, Karl, Kaufmann, Franz-Xaver (Hgg.): Zur Soziologie des Katholizismus. Mainz 1980, S. 201-225.

GABRIEL, Karl: Lebenswelten unter den Bedingungen entfalteter Modernität. Soziologische Anmerkungen zur gesellschaftlichen Situation von christlichem Glauben und Kirche, in: PThI 8. 1988, S. 93-106.

GABRIEL, Karl: Wandlungen im Erscheinungsbild von Kirche. Konsequenzen für Spiritualität und Liturgie aus religionssoziologischer Sicht, in: Becker, Hilberath, Willers, Gottesdienst - Kirche - Gesellschaft, S. 203-216.

GABRIEL, Karl: Christentum zwischen Tradition und Postmoderne (QD 141). Freiburg i.Br., Basel, Wien 1992.

GABRIEL, Karl: Ritualisierung in säkularer Gesellschaft. Anknüpfungspunkte für Prozesse der Inkulturation, in: StZ 212. 1994, S. 3-13.

GÄRTNER, Heribert W., MERZ, Michael B.: Prolegomena für eine integrative Methode in der Liturgiewissenschaft. Zugleich ein Versuch zur Gewinnung der empirischen Dimension, in: ALw 24. 1982, S. 165-189.

GANOCZY, Alexandre: Einführung in die katholische Sakramentenlehre. Darmstadt 1979.

GAY, Peter: Freud. Eine Biographie für unsere Zeit. Fraunkfurt am Main 1989.

GAY, Volney Patrick: Psychopathology and Ritual. Freud's Essai ‚Obsessive Actions and Religious Practises' in: Psychoanalytic Review 62. 1975, S. 493-507.

GAY, Volney Patrick: Freud on Ritual. Reconstuction and Critique (AAR. Dissertation Series 26). Missoula, Montana 1979.

GERGELY, György: Ein neuer Zugang zu Margret Mahler: normaler Autismus, Symbiose, Spaltung und libidinöse Objektkonstanz aus der Perspektive der kognitiven Entwicklungstheorie, in: Psyche 56. 2002, S. 809-838.

GERHARDS, Albert: Symbol und Liturgie. Studientagung 1980 der „Arbeitsgemeinschaft katholischer Liturgiker im deutschen Sprachgebiet", in: LJ 31. 1981, S. 1-8.

GERHARDS, Albert, OSTERHOLT-KOOTZ, Birgit: Kommentar zur „Standortbestimmung der Liturgiewissenschaft", in: LJ 42. 1992, S. 122-138.

GERHARDS, Albert: Romano Guardini als Prophet des Liturgischen. Eine Rückbesinnung in postmoderner Zeit, in: Schuster, Hermann Josef (Hg.): Guardini Weiterdenken. Berlin 1993 (Schriftenreihe des Forum Guardini 1), S. 140-153.

GERHARDS, Albert: „Der Schritt vom Ritus zur Feier ist vollzogen". Ein Gespräch mit dem Liturgiewissenschaftler Albert Gerhards, in: HerKorr 48. 1994, S. 616-621.

GERHARDS, Albert: Gottesdienst und Menschwerdung. Vom Subjekt liturgischer Feier, in: Delgado, Lob-Hüdepohl, Markierungen, S. 275-292.

GERHARDS, Albert: Koinonia (Communio) und die Gestalt einer Liturgie im Werden, in: LJ 46. 1996, S. 110-118.

GERHARDS, Albert: Emotionalität in der Kirche. Das ‚Objektive' und das ‚Subjektive' in der Liturgie – ein unlösbarer Gegensatz?, in: Emotionalität erlaubt? Kitsch in der Kirche (Bensberger Protokolle 91). Bensberg 1998, S. 41-56.

GERHARDS, Albert: Katechese und Liturgie – ein schwieriges Verhältnis?, in: Bitter, Gerhards, Glauben lernen, S. 258-269.

GERHARDS, Albert, ODENTHAL, Andreas: Auf dem Weg zu einer Liturgiewissenschaft im Dialog. Thesen zur wissenschaftstheoretischen Standortbestimmung, in: LJ 50. 2000, S. 41-53.

GERHARDS, Albert, ODENTHAL, Andreas (Hgg.): Kölnische Liturgie und ihre Geschichte. Studien zur interdisziplinären Erforschung des Gottesdienstes im Erzbistum Köln (LQF 87). Münster 2000.

GERHARDS, Albert, RICHTER, Klemens (Hgg.): Das Opfer. Biblischer Anspruch und liturgische Gestalt (QD 186). Freiburg i.Br., Basel, Wien 2000.

GERHARDS, Albert: Kraft aus der Wurzel. Zum Verhältnis christlicher Liturgie gegenüber dem Jüdischen: Fortschreibung oder struktureller Neubeginn?, in: Neukirchener Theologische Zeitschrift 16. 2001, S. 25-44.

GERHARDS, Albert, KRANEMANN, Benedikt (Hgg.): Christliche Begräbnisliturgie und säkulare Gesellschaft (EThS 30). Leipzig 2002.

GESTRICH, Reinhold: Die Seelsorge und das Unbewußte. Ein Arbeits- und Lesebuch. Stuttgart, Berlin, Köln 1998.

GOLDBRUNNER, Josef: Über die Wirksamkeit von Symbolen. Psychologische, ontologische und theologische Perspektiven der Symbolforschung im Hinblick auf C.G. Jung, in: renovatio 41. 1985, S. 23-33.

GRADUALE TRIPLEX seu Graduale Romanum Pauli PP.VI cura recognitum & rhythmicis signis a Solesmensibus monachis ornatum neumis Laudunensibus (Cod. 239) et Sangallensibus (Codicum San Gallensis 359 et Einsidlensis 121) nunc auctum. Solesmes 1979.

GRÄSSER, Erich: An die Hebräer 1-3 (EKK XVII/1-3). Braunschweig, Neukirchen-Vluyn 1990, 1993, 1997.

GREISCH, Jean: Homo Mimeticus. Kritische Überlegungen zu den anthropologischen Voraussetzungen von René Girards Opferbegriff, in: Schenk, Theorie, S. 27-59.

GRILLO, Andrea: Ragioni del simbolo e rifiuto del fondamento nella sacramentaria generale di L.-M. Chauvet. Spunti per una critica „in bonam partem", in: EcclOr 12. 1995, S. 173-193.

GRILLO, Andrea: Teologia fondamentale e liturgia. Il rapporto tra immediatezza e mediazione nella riflessione teologica (Caro Salutis Cardo, Studi 10). Padova 1995.

GRILLO, Andrea: „Intellectus fidei" und „Intellectus ritus". Die überraschende Konvergenz von Liturgietheologie, Sakramententheologie und Fundamentaltheologie, in: LJ 50. 2000, S. 143-165.

GRÖZINGER, Albrecht: Differenz-Erfahrung. Seelsorge in der multikulturellen Gesellschaft. Ein Essay (Wechselwirkungen. Traktate zur Praktischen Theologie und ihren

Grundlagen 11). Waltrop 1995.
GRÖZINGER, Albrecht: Das Heilige in der Erlebnisgesellschaft. Eine protestantische Deutung (Wechselwirkungen. Traktate zur Praktischen Theologie und ihren Grundlagen 18). Waltrop 1996.
GRÜNEWALD, Friedhelm: Das Gebet als spezifisches Übergangsobjekt, in: WzM 34. 1982, S. 221-228.
GUARDINI, Romano: Der Kultakt und die gegenwärtige Aufgabe der Liturgischen Bildung. Ein Brief, in: LJ 14.1964, S. 101-106.
GUTMANN, Hans-Martin: Die tödlichen Spiele der Erwachsenen. Moderne Opfermythen in Religion, Politik und Kultur. Freiburg i.Br., Basel, Wien 1995.
GUTMANN, Hans-Martin: Symbole zwischen Macht und Spiel. Religionspädagogische und liturgische Untersuchungen zum „Opfer“ (Árbeiten zur Religionspädagogik 12). Göttingen 1996.
GY, Pierre-Marie: Ist „Der Geist der Liturgie“ Kardinal Ratzingers dem Konzil treu?, in: LJ 52. 2002, S. 59-65.

HAAS, Eberhard Th.: Opferritual und Behälter. Versuch der Rekonstruktion von *Totem und Tabu*, in: Psyche 54. 2000, S. 1110-1140.
HABERMAS, Jürgen: Theorie des kommunikativen Handelns.
Bd. 1: Handlungsrationalität und gesellschaftliche Rationalisierung [1981]. Frankfurt am Main[3] 1999.
Bd. 2: Zur Kritik der funktionalistischen Vernunft [1981]. Frankfurt am Main 1999.
HABERMAS, Jürgen: Nachmetaphysisches Denken. Philosophische Aufsätze [1988]. Frankfurt am Main 1992.
HABERMAS, Jürgen: Texte und Kontexte [1991]. Frankfurt am Main[2] 1992.
HABERMAS, Tilmann: Geliebte Objekte. Symbole und Instrumente der Identitätsbildung. Frankfurt am Main 1999.
HÄRING, Bernhard: La dimensione terapeutica della liturgia. Liturgia come terapia. Salute e salvezza nel mondo rituale, in: Terrin, Liturgia e terapia, S. 21-35.
HÄUSSLING, Angelus Albert: Mönchskonvent und Eucharistiefeier. Eine Studie über die Messe in der abendländischen Klosterliturgie des frühen Mittelalters und zur Geschichte der Messhäufigkeit (LQF 58), Münster 1973.
HÄUSSLING, Angelus Albert: “Messe (Expositiones missae)” (1980), in: Häussling, Christliche Identität, S. 142-150.
HÄUSSLING, Angelus Albert: Kosmische Dimension und gesellschaftliche Wirklichkeit. Zu einem Erfahrungswandel in der Liturgie, in: ALw 25. 1983, S. 1-8.
HÄUSSLING, Angelus Albert: Bibliographie Odo Casel OSB 1967-1985. Mit einzelnen Nachträgen aus den früheren Jahren, in: ALw 28. 1986, S. 26-42
HÄUSSLING, Angelus Albert: Odo Casel – noch von Aktualität? Eine Rückschau in eigener Sache aus Anlaß des hundertsten Geburtstages des ersten Herausgebers, in:

ALw 28. 1986, S. 357-387.
HÄUSSLING, Angelus Albert: Liturgie und Leben (1988), in: Häussling, Christliche Identität, S. 131-139.
HÄUSSLING, Angelus Albert: Liturgiereform. Materialien zu einem neuen Thema der Liturgiewissenschaft (1989), in: Häussling, Christliche Identität, S. 11-45.
HÄUSSLING, Angelus Albert: Nachkonziliare Paradigmenwechsel und das Schicksal der Liturgiereform (1989), in: Häussling, Christliche Identität, S. 46-57.
HÄUSSLING, Angelus Albert: Religiöse Sprache und sakrale Symbole in einer säkularisierten Welt (1991) in: Häussling, Christliche Identität, S. 58-70.
HÄUSSLING, Angelus Albert: Art. Ritus, III. Christl. Liturgie, in: Ritter, Joachim: Historisches Wörterbuch der Philosophie. Basel 1992, Bd. 8, Sp. 1058-1059.
HÄUSSLING, Angelus Albert: Liturgiereform und Liturgiefähigkeit, in: ALw 38/39. 1996/7, S. 1-24.
HÄUSSLING, Angelus Albert: Art. Gottesdienst. IV. Liturgisch-theologisch, in: LThK³, Bd. 4, Sp. 901-903.
HÄUSSLING, Angelus Albert: Art. Kult, V. Liturgisch-theologisch, in: LThK³, Bd. 6, Sp. 509-512.
HÄUSSLING, Angelus Albert: Christliche Identität aus der Liturgie. Theologische und historische Studien zum Gottesdienst der Kirche, hg. von Martin Klöckener, Benedikt Kranemann und Michael B. Merz (LQF 79). Münster 1997.
HÄUSSLING, Angelus Albert: „Pascha-Mysterium“. Kritisches zu einem Beitrag in der dritten Auflage des *Lexikon für Theologie und Kirche*, in: ALw 41. 1999, S. 157-165.
HÄUSSLING, Angelus Albert: „Osculum pacis – ein Zeichen im Gottesdienst heute“. Relecture eines Aufsatzes von Bruno Bürki, in: Klöckener, Join-Lambert, Liturgia et unitas, S. 169-177.
HAHNE, Werner: Art. Ritus/Ritual, in: Lexikon der Sekten, Sondergruppen und Weltanschauungen, hg. von Hans Gasper, Joachim Müller und Friederike Valentin. Freiburg i.Br., Basel, Wien 1990, S. 890-893.
HAHNE, Werner: De arte celebrandi oder Von der Kunst, Gottesdienst zu feiern. Entwurf einer Fundamentalliturgik. Freiburg i.Br., Basel, Wien² 1991.
HAHNE, Werner: Vom Handwerk und von der Kunst, einen Gottesdienst zu leiten, in: Gärtner, Heribert (Hg.): Leiten als Beruf. Impulse für Führungskräfte in kirchlichen Aufgabenfeldern. Mainz 1992, S. 64-98.
HAHNE, Werner: Gottes Volksversammlung. Die Liturgie als Ort lebendiger Erfahrung. Freiburg i.Br., Basel, Wien 1999.
HAN, Petrus: Multikulturelle Gesellschaft. problematische Annahmen einer gesellschaftspolitischen Idee und Notwendigkeit der Ent-Ethnisierung der Gesellschaft (Forum Jugendsozialarbeit 13). Köln 1995.
HANSSENS, Ioanne Michaele (Hg.): Amalarii Episcopi Opera Liturgica Omnia I-III (StT 138-140) Città del Vaticano 1948-1950.

HARNONCOURT, Philipp: Liturgie als kommunikatives Geschehen, in: LJ 25. 1975, S. 5-27.

HASLINGER, Herbert (Hg.): Handbuch Praktische Theologie. Bd. 1: Grundlegungen. Mainz 1999.

HASLINGER, Herbert: Die wissenschaftstheoretische Frage nach der Praxis, in: Haslinger, Handbuch, S. 102-121.

HAUG, Walter, MIETH, Dietmar (Hgg.): Religiöse Erfahrung. Historische Modelle in christlicher Tradition. München 1992.

HAUG, Walter: Grundformen religiöser Erfahrung als epochale Positionen: Vom frühmittelalterlichen Analogiemodell zum hoch- und spätmittelalterlichen Differenzmodell, in: Haug, Mieth, Erfahrung, S. 75-108.

HAUSCHILD, Thomas: Ethno-Psychoanalyse. Symboltheorien an der Grenze zweier Wissenschaften, in: Schmied-Kowarzik, Wolfdietrich, Stagl, Justin (Hgg.): Grundfragen der Ethnologie. Beiträge zur gegenwärtigen Theorie-Diskussion. Berlin 1981, S. 151-168.

HEIMBROCK, Hans-Günter: Ritual als religionspädagogisches Problem, in: Jahrbuch der Religionspädagogik 5. 1988, S. 45-81.

HEIMBROCK, Hans-Günter: Gottesdienst: Spielraum des Lebens. Sozial- und kulturwissenschaftliche Analysen zum Ritual in praktisch-theologischem Interesse (Theologie & Empirie 15). Kampen, Weinheim 1993.

HEISIG, James W.: Imago Die. A Study of C.G. Jung's Psychology of Religion. New Jersey 1979.

HENSELER, Heinz: Religion – Illusion? Eine psychoanalytische Deutung. Göttingen 1995.

HESSING, Jakob: Der Fluch des Propheten. Drei Abhandlungen zu Sigmund Freud. Frankfurt am Main 1993.

HERTEN, Joachim, KREBS, Irmgard, PRETSCHER, Josef: Vergegenwärtigung. Sakramentale Dimensionen des Lebens. Würzburg 1997.

HEYL, Andreas von: Praktische Theologie und Kritische Theorie. Impulse für eine praktisch-theologische Theoriebildung (Praktische Theologie heute 15). Stuttgart, Berlin, Köln 1994.

HÖDL, Hans Gerald: Schwarze Rituale. Überlegungen zur religionsphilosophischen Interpretation indigener Kulte, in: Uhl, Boelderl, Rituale, S. 81-99.

HÖHN, Hans-Joachim: Kirche und kommunikatives Handeln. Studien zur Theologie und Praxis der Kirche in der Auseinandersetzung mit den Sozialtheorien Niklas Luhmanns und Jürgen Habermas' (Frankfurter Theologische Studien 32). Frankfurt am Main 1985.

HÖHN, Hans-Joachim: GegenMythen. Religionsproduktive Tendenzen der Gegenwart (QD 154). Freiburg i.Br., Basel, Wien 1994.

HÖHN, Hans-Joachim (Hg.): Krise der Immanenz. Religion an den Grenzen der

Moderne. Frankfurt am Main 1996.
HOEKSTRA, Henk: Überlegungen zum Thema Kommunikation und Liturgie, in: LJ 26. 1976, S. 241-249.
HOFIUS, Otfried: Gemeinschaft mit den Engeln im Gottesdienst der Kirche. Eine traditionsgeschichtliche Skizze, in: ZThK 89. 1992, S.172-196.
HONNETH, Axel: Objektbeziehungstheorie und postmoderne Identität. Über das vermeintliche Veralten der Psychoanalyse, in: Psyche 54. 2000, S. 1087-1109.
HOPING, Helmut: Gedenken und Erwarten. Zur Zeitstruktur christlicher Liturgie, in: LJ 50. 2000, S. 180-194.

JACOBSEN, Werner: Liturgische Kollisionen im Kirchenraum: Sugers Neubau von Saint-Denis. Voraussetzungen und Folgen, erscheint in: Kongressakten des internationalen Kunsthistorikerkongresses 2000 in Lausanne (Publikation in Vorbereitung).
JETTER, Werner: Symbol und Ritual. Anthropologische Elemente im Gottesdienst. Göttingen 1978.
JONES, Ernest: Die Theorie der Symbolik, in: Internationale Zeitschrift für ärztliche Psychoanalyse 5. 1919, S. 244-273.
JORISSEN, Hans: Das Verhältnis von Kreuzesopfer und Meßopfer auf dem Konzil von Trient, in: Gerhards, Richter, Das Opfer, S. 92-99.
JOSUTTIS, Manfred, MARTIN, Gerhard Marcel (Hgg.): Das heilige Essen. Kulturwissenschaftliche Beiträge zum Verständnis des Abendmahls. Stuttgart, Berlin 1980.
JOSUTTIS, Manfred: Zu einigen handlungstheoretischen Anfragen an die Liturgiewissenschaft, in: Brachel, Mette, Kommunikation, S. 231-239.
JOSUTTIS, Manfred: Der Gottesdienst als Ritual, in: Wintzer, Friedrich (Hg.), Praktische Theologie. Neukirchen[3] 1990. S. 40-53.
JOSUTTIS, Manfred: Der Weg in das Leben. Eine Einführung in den Gottesdienst auf verhaltenswissenschaftlicher Grundlage. Gütersloh[3] 2000.
JUNG, GW = JUNG, Carl Gustav: Grundwerk C.G. Jung, Bd. 1-9, hg. von Helmut Barz u.a. Olten, Freiburg[4] 1992.
JUNG, Carl Gustav: Das Wandlungssymbol in der Messe, in: JUNG, GW 4: Menschenbild und Gottesbild, S. 111-198.
JUNGMANN, Josef Andreas: Die Abwehr des germanischen Arianismus und der Umbruch der religiösem Kultur im frühen Mittelalter, in: Jungmann, Josef Andreas: Liturgisches Erbe und pastorale Gegenwart. Studien und Vorträge. Innsbruck, Wien, München 1960, S. 3-86.
JUNGMANN, MS = JUNGMANN, Josef Andreas: Missarum Sollemnia. Eine genetische Erklärung der römischen Messe, Bd. 1-2. Wien[5] 1962.
JUNKER-KENNY, Maureen: Argumentationsethik und christliches Handeln. Eine praktisch-theologische Auseinandersetzung mit Jürgen Habermas (Praktische Theologie heute 31).

Stuttgart, Berlin, Köln 1998.

KACZYNSKI, Reiner: Art. Kult, in: Staatslexikon Bd. 3, hg. von der Görres-Gesellschaft. Freiburg i.Br., Basel, Wien[7] 1987, Sp. 742-746.

KARRER, Leo: Erfahrung als Prinzip der Praktischen Theologie, in: Haslinger, Handbuch, S. 199-219.

KATHOLISCHER ERWACHSENENKATECHISMUS, hg. von der Deutschen Bischofskonferenz,

Bd. 1: Das Glaubensbekenntnis der Kirche. Freiburg i.Br., Basel, Wien u.a. [2]1985

Bd. 2: Leben aus dem Glauben. Freiburg i.Br., Basel, Wien u.a. 1995.

KENNEDY, Philip: Deus humanissimus. The knowability of God in the theology of Edward Schillebeeckx (Ökumenische Beihefte zur Freiburger Zeitschrift für Philosophie und Theologie 22). Fribourg 1993.

KENNEDY, Philip: Edward Schillebeeckx. Die Geschichte von der Menschlichkeit Gottes. Mainz 1994.

KERNBERG, Otto F.: Innere Welt und äußere Realität. Anwendungen der Objektbeziehungstheorie. Stuttgart[3] 1997.

KERNBERG, Otto F.: Einige Überlegungen zum Verhältnis von Psychoanalyse und Religion, in: Bassler S. 107-134.

KLAPPENECKER, Gabriele: Glaubensentwicklung und Lebensgeschichte. Eine Auseinandersetzung mit der Ethik James W. Fowlers, zugleich ein Beitrag zur Rezeption von H. Richard Niebuhr, Lawrence Kohlberg und Erik H. Erikson (Praktische Theologie heute 36). Stuttgart, Berlin, Köln 1998.

KLAUSER, Theodor: Die liturgischen Austauschbeziehungen zwischen der römischen und der fränkisch-deutschen Kirche vom 8. bis zum elften Jahrhundert, in: Klauser, Theodor: Gesammelte Arbeiten zur Liturgiegeschichte, Kirchengeschichte und Christlichen Archäologie, hg. von Ernst Dassmann (JAC, Ergänzungsband 3). Münster 1974, S. 139-154.

KLÖCKENER, Martin, JOIN-LAMBERT, Arnaud (Hgg.): Liturgia et unitas. Liturgiewissenschaftliche und ökumenische Studien zur Eucharistie und zum gottesdienstlichen Leben in der Schweiz. In honorem Bruno Bürki. Freiburg, Schweiz, Genève 2001.

KLÖCKENER, Martin, KRANEMANN, Benedikt (Hgg.): Liturgiereformen. Historische Studien zu einem bleibenden Grundzug des christlichen Gottesdienstes

Teil 1: Biblische Modelle und Liturgiereformen von der Frühzeit bis zur Aufklärung (LQF 88/I). Münster 2002.

Teil 2: Liturgiereformen seit der Mitte des 19. jahrhunderts bis zur Gegenwart (LQF 88/II). Münster 2002.

KNOBLAUCH, Hubert: Die Verflüchtigung der Religion ins Religiöse, in: Luckmann, Die unsichbare Religion, S. 7-41.

KNOBLOCH, Stefan: Was ist Praktische Theologie? (Praktische Theologie im Dialog 11). Freiburg/Schweiz 1995.
KNOCH, Otto: Hält der Verfasser des Hebräerbriefes die Feier eucharistischer Gottesdienste für theologisch unangemessen? Überlegungen zu einer umstrittenen Frage, in: LJ 42. 1992, S. 166-187.
KOCHANEK, Hermann (Hg.): Religion und Glaube in der Postmoderne (Veröffentlichungen des Missionspriesterseminars St. Augustin bei Bonn Nr. 46). Nettetal 1996.
KOCHANEK, Hermann: Kirche und Gemeinde in der Erlebnisgesellschaft. Perspektiven für Neuansätze in der Seelsorge, in: Pastoralblatt 48. 1996, S. 13-18; 44-51.
KOCHANEK, Hermann: Die Erlebnisgesellschaft – eine postmoderne Herausforderung für Seelsorge und Pastoral, in: Kochanek, Religion und Glaube, S. 151-220.
KOCHANEK, Hermann: Kirche und Christsein in „Übergängen". Die Postmoderne als aktuelle Herausforderung für die Kirche und ihre pastorale Praxis, in: Pastoralblatt 49, 1997, S. 163-172; 195-200.
KOCHANEK, Hermann: Erlebnis als Lebenskontext. Ansätze für eine Kinder- und Jugendpastoral in der Erlebnisgesellschaft, in: Pastoralblatt 50. 1998, S. 201-206; 227-236.
KOCHANEK, Hermann (Hg.): Ich habe meine eigene Religion. Sinnsuche jenseits der Kirchen. Zürich, Düsseldorf 1999.
KOELLE, Lydia: Paul Celans pneumatisches Judentum. Gott-Rede und menschliche Existenz nach der Shoah.
KOHLSCHEIN, Franz: Symbol und Kommunikation als Schlüsselbegriffe einer Theologie und Theorie der Liturgie, in: LJ 35. 1985, S. 200-218.
KOHLSCHEIN, Franz: Bewußte, tätige und fruchtbringende Teilnahme. Das Leitmotiv der Gottesdienstreform als bleibender Maßstab, in: Maas-Ewerd, Lebt unser Gottesdienst, S.38-62.
KOHLSCHEIN, Franz, WÜNSCHE, Peter (Hgg.): Heiliger Raum. Architektur, Kunst und Liturgie in mittelalterlichen Kathedralen und Stiftskirchen (LQF 82). Münster 1998.
KOHLSCHEIN, Franz: Liturgiereform im Zeichen von Kritik und Widerstand. Auseinandersetzungen um die Zukunft der liturgischen Erneuerung, in: Anzeiger für die Seelsorge 3/1998, S. 121-126.
KOHLSCHEIN, Franz: Auf dem Prüfstand. Denkanstöße aus dem Bamberger Pastoralgespräch zur Gemeindeliturgie, in: GD 34. 2000, S. 177-179.
KOHUT, Heinz: Die Heilung des Selbst. Frankfurt a.M.^{6} 1996 (The Restoration of the Self 1977).
KOLPING, Adolf: Der aktive Anteil der Gläubigen an der Darbringung des eucharistischen Opfers. Dogmengeschichtliche Untersuchung frühmittelalterlicher Meßerklärungen, in: Divus Thomas. Jahrbuch für Philosophie und spekulative Theologie 27. 1949, S. 369-380; 28. 1950, S. 147-170.
KOLPING, Adolf: Amalar von Metz und Florus von Lyon. Zeugen eines Wandels im

liturgischen Mysterienverständnis in der Karolingerzeit, in: ZKTh 73. 1951, S. 424-464.

KRAHE, Maria Judith: Der Herr ist der Geist. Studien zur Theologie Odo Casels 1-2 (Pietas Liturgica. Studia 2 und 3). St. Ottilien 1986.

KRAML, Hans: Rituale. Sprachklärungen zu den Grundlagen gesellschaftlicher Wirklichkeit, in: Uhl, Boelderl, Rituale, S. 29-41.

KRANEMANN, Benedikt, RICHTER, Klemens, TEBARTZ-VAN ELST, Franz Peter: Die missionarische Dimension der Liturgie. Gott feiern in nachchristlicher Gesellschaft Bd. 1-2. Stuttgart 1998-1999.

KRANEMANN, Benedikt: Unterbrechung. Das Kirchenjahr in der Erlebnisgesellschaft, in: BiLi 70. 1997, 259-267.

KRANEMANN, Benedikt: Art. Ritus, Ritual. I. Begriff, in: LThK[3], Bd. 8, Sp. 1210.

KRANEMANN, Benedikt, NAGEL, Eduard, NÜBOLD, Elmar: Heute Gott feiern. Liturgiefähigkeit des Menschen und Menschenfähigkeit der Liturgie. Freiburg i.Br., Basel, Wien 1999.

KREPPOLD, Guido: Heilende Dimensionen in Liturgie und Kirchenjahr, in: Baumgartner, Isidor (Hg.): Handbuch der Pastoralpsychologie. Regensburg 1990, S. 565-588.

KUTTER, Peter: Moderne Psychoanalyse. Eine Einführung in die Psychologie unbewußter Prozesse. München, Wien 1989.

LANGEMEYER, Georg: Art. Anthropozentrik, in: LThK[3] (1993), Bd. 1, Sp. 741-743.

LAPLANCHE, Jean, PONTALIS, Jean-Bertrand: Das Vokabular der Psychoanalyse (1973). Frankfurt am Main[11] 1992.

LARCHER, Gerhard (Hg.): Symbol, Mythos, Sprache. Ein Forschungsgespräch. Annweiler 1988.

LEHMANN, Karl, SCHLINK, Edmund (Hgg.): Das Opfer Jesu Christi und seine Gegenwart in der Kirche. Klärungen zum Opfercharakter des Herrenmahles (Dialog der Kirchen 3). Freiburg i.Br., Göttingen 1983.

LEMCHE, Erwin: Das Körperbild in der psychoanalytischen Entwicklungspsychologie. Eschborn[2] 1999.

LENGELING, Emil Joseph: Die Liturgiekonstitution des II. Vatikanischen Konzils I. Grundlinien und kirchengeschichtliche Bedeutung, in: LJ 14. 1964, 107-121.

LESMEISTER, Roman: Der zerrissene Gott. Eine tiefenpsychologische Kritik am Ganzheitsideal. Zürich 1992.

LIERSCH, Helmut: Der Gottesdienst und die vier tiefenpsychologischen Grundmuster, in: WPKG 66. 1977, S. 215-230.

LIES, Lothar: Kultmysterium heute – Modelle sakramentaler Begegnung. Rückschau und Vorschau auf Odo Casel, in: ALw 28. 1986, S. 2-21

LORENZER, Alfred: Kritik des psychoanalytischen Symbolbegriffs. Frankfurt am Main

1970.
LORENZER, Alfred: Das Konzil der Buchhalter. Die Zerstörung der Sinnlichkeit. Eine Religionskritik. Frankfurt a.M. 1981.
LORENZER, Alfred (Hg.): Kultur-Analysen. Psychoanalytische Studien zur Kultur. Frankfurt am Main 1988.
LORENZER, Alfred: Tiefenhermeneutische Kulturanalyse, in: Lorenzer, Kultur-Analysen, S. 11-98.
LORENZER, Alfred: Erweiterte Fassung meines Vortrags über „Das Konzil der Buchhalter", in: PThI 2. 1983, S. 145-178.
LORENZER, Alfred: „Sacrosanctum Concilium": Der Anfang der Buchhalterei. Betrachtungen aus pschoanalytisch-kulturkritischer Perspektive, in: Becker, Hilberath, Willers, Gottesdienst - Kirche - Gesellschaft, S. 153-161.
LORENZER, Alfred: Der Symbolbegriff und seine Problematik in der Psychoanalyse, in: Oelkers, Wegenast, Symbol, S. 21-30.
LORENZER, Alfred: Die Sprache, der Sinn und das Unbewußte. Psychoanalytisches Grundverständnis und Neurowissenschaften, hg. von Ulrike Prokop. Mit einer Einleitung von Bernard Görlich und einer Einführung von Marianne Leuzinger-Bohleber. Stuttgart 2002.
LUCKMANN, Thomas: Religion - Gesellschaft - Transzendenz, in: Höhn, Krise, S. 112-127.
LUCKMANN, Thomas: Die unsichtbare Religion. Mit einem Vorwort von Hubert Knoblauch. Frankfurt am Main[3] 1996.
LUCKMANN, Thomas: Phänomenologische Überlegungen zu Ritual und Symbol, in: Uhl, Boelderl, Rituale, S. 11-28.
LUHMANN, Niklas: Symbiotische Mechanismen, in: Rammstedt, Otthein (Hg.): Gewaltverhältnisse und die Ohnmacht der Kritik. Frankfurt am Main 1974, S. 107-131.
LUHMANN, Niklas: Soziale Systeme. Grundriß einer allgemeinen Theorie. Frankfurt am Main[4] 1991.
LUHMANN, Niklas: Funktion der Religion. Frankfurt am Main[3] 1992.
LUKÁCS, László: Communication – Symbols – Sacraments, in: QL 81. 2000, S. 198-214.
LUKKEN, Gerard: Per visibilia ad invisibilia. Anthropological, Theological, and Semiotic Studies on the Liturgy and the Sacraments, collected and edited by Louis van Tongeren and Charles Caspers (Liturgia condenda 2). Kampen 1994.
LUKKEN, Gerard: Liturgie und Sinnlichkeit. Über die Bedeutung der Leiblichkeit in der Liturgie (1990), in: Lukken, Per visibilia, S. 118-139.
LUKKEN, Gerard: L'«autre côté» du rituel humain: reconsidération à partir de la phénoménologie et la sémiotique sur des couches anthropologiques et théologiques dans le rituel chrétien, in: QL 83. 2002, S. 68-91.
LURZ, Friedrich: Krise ohne Ausweg? Perspektiven liturgischer Bildung, in: Pastoral-

blatt 47. 1995, S. 205-216.

LUTHER, Henning: Diakonische Seelsorge, in: WzM 40. 1988, 475-484.

LUTHER, Henning: Religion und Alltag. Bausteine zu einer Praktischen Theologie des Subjekts. Stuttgart 1992.

MAAS-EWERD, Theodor (Hg.): Lebt unser Gottesdienst? Die bleibende Aufgabe der Liturgiereform. Freiburg i.Br. 1988.

MAAS-EWERD, Theodor: Art. Liturgische Bewegung. I. Katholische Kirche, in: LThK[3] (1997). Bd. 6, Sp. 992-993.

MAHLER, Margret, PINE, Fred, BERGMAN, Anni: Die psychische Geburt des Menschen. Symbiose und Individuation. Frankfurt a.M. 1980 (The Psychological Birth of the Human Infant 1975).

MARKSCHIES, Christoph: Die platonische Metapher vom ‚inneren Menschen': eine Brücke zwischen antiker Philosophie und altchristlicher Theologie, in: ZKg 105. 1994, S. 1-17.

MARKSCHIES, Christoph: Gibt es eine "Theologie der gotischen Kathedrale"? Nochmals: Suger von Saint-Denis und Sankt Dionys vom Areopag (Abhandlungen der Heidelberger Akadenie der Wissenschaften. Philosophisch-historische Klasse, Jahrgang 1995, 1. Abhandlung). Heidelberg 1995.

MAUSS, Marcel: Die Gabe. Form und Funktion des Austauschs in archaischen Gesellschaften. Frankfurt am Main[4] 1999.

MAYER, Anton L.: Die Liturgie und der Geist der Gotik, in: JLw 6.1926, S. 68-97.

MAZZA, Enrico: L'anafora eucaristica e il problema della consacrazione. Alcuni dati della teologia medievale, in: EcclOr 16. 1999, S. 233-281.

MECHTHILD von Magdeburg: Das fließende Licht der Gottheit. Übersetzt und hg. von Margot Schmidt (MyGG. Abteilung I. Christliche Mystik Bd. 11). Stuttgart, Bad Cannstadt 1995.

MEIER-OESER, Stephan: Die Spur des Zeichens. Das Zeichen und seine Funktion in der Philosophie des Mittelalters und der frühen Neuzeit (Quellen und Studien zur Philosophie 44). Berlin, New York 1997.

MEISSNER, William W.: Psychoanalysis and Religious Experience. New Haven, London 1984.

MEISSNER, William W.: Life and faith. Psychological Perspectives on Religious Experience. Washington D.C. 1987.

MEISSNER, William W.: Psychoanalytic Hermeneutics and Sacramental Theology, in: Belzen, Hermeneutical Approches, S. 263-288.

MENKE, Karl-Heinz: Art. Symbol. V. Theologiegeschichtlich u. systematisch-theologisch, in: LThK[3], Bd. 9. 2000, Sp. 1158-1160.

MENSEN, Bernhard (Hg.): Multikulturelle Gesellschaft (Vortragsreihe Akademie der Völker und Kulturen St. Augustin Bd. 17). Nettetal 1994.

MERKLEIN, Helmut: Die Gottesherrschaft als Handlungsprinzip. Untersuchung zur Ethik Jesu (Forschungen zur Bibel 34). Würzburg[3] 1984.

MERKLEIN, Helmut: Der Tod Jesu als stellvertretender Sühnetod. Entwicklung und Gehalt einer zentralen neutestamentlichen Aussage, in: Merklein, Helmut: Studien zu Jesus und Paulus (WUNT 43). Tübingen 1987, S. 181-191.

MERKLEIN, Helmut: Jesu Botschaft von der Gottesherrschaft. Eine Skizze (SBS 111). Stuttgart[3] 1989.

MERKLEIN, Helmut: Der Sühnetod Jesu nach dem Zeugnis des Neuen Testaments, in: Merklein, Helmut: Studien zu Jesus und Paulus II (WUNT 105). Tübingen 1998, S. 31-59.

MERKT, Andreas: Symbolum. Historische Bedeutung und patristische Deutung des Bekenntnisnamens, in: RQ 96. 2001, S. 1-36.

MERZ, Michael B.: Liturgiewissenschaft auf dem Weg. Gedanken zu einem wissenschaftstheoretischen Konzept des Fachs, in: BiLi 68. 1995, S. 60-67.

MESSNER, Reinhard: Zur Hermeneutik allegorischer Liturgieerklärung in Ost und West, in: ZKTh 115. 1993, S. 284-319 und S. 415-434.

MESSNER, Reinhard, NAGEL, Eduard, PACIK, Rudolf (Hgg.): Bewahren und Erneuern. Studien zur Meßliturgie (FS Hans Bernhard Meyer SJ. Innsbrucker theologische Studien 42). Innsbruck, Wien 1995.

MESSNER, Reinhard: Was ist systematische Liturgiewissenschaft? Ein Entwurf in sieben Thesen, in: ALw 40. 1998, S. 257-274.

MESSNER, Reinhard: Unterschiedliche Konzeptionen des Meßopfers im Spiegel von Bedeutung und Deutung der Interzessionen des römischen Canon Missae, in: Gerhards, Richter, Das Opfer, S. 128-184.

MESSNER, Reinhard: Christliche Identität aus der Liturgie. Ein bedeutender Beitrag Angelus A. Häusslings zu einer Hermeneutik der Liturgie, in: ALw 41. 1999, S. 336-346.

METTE, Norbert, STEINKAMP, Hermann: Sozialwissenschaften und Praktische Theologie (Leitfaden Theologie 11). Düsseldorf 1983.

METTE, Norbert: Art. Fremdprophetie, in: LThK[3], Bd. 4, Sp. 127-128.

METTE, Norbert: Art. Interdisziplinarität, in: LThK[3], Bd. 5, Sp. 557-558.

METZ, Johann Baptist: Theodizee - empfindliche Gottesrede, in: Metz, Johann Baptist (Hg.): Landschaft aus Schreien. Zur Dramatik der Theodizeefrage. Mainz 1995, S. 81-102.

MEUFFELS, Hans Otmar: Kommunikative Sakramententheologie. Freiburg, Basel, Wien 1995.

MEYER, Hans Bernhard: Odo Casels Idee der Mysteriengegenwart in neuer Sicht, in: ALw 28. 1986, S. 388-395.

MEYER, Hans Bernhard: Eucharistie. Geschichte, Theologie, Pastoral. Mit einem Beitrag von Irmgard Pahl (GdK 4). Regensburg 1989.

MEYER, Hans Bernhard: Benedikt von Aniane (ca. 750-821). Reform der monastischen Tagzeiten und Ausgestaltung der römisch-fränkischen Meßfeier, in: Klöckener, Kranemann, Liturgiereformen 1, S. 239-261.

MITSCHERLICH, Alexander, MITSCHERLICH Margarete: Die Unfähigkeit zu trauern. Grundlagen kollektiven Verhaltens (1967). München, Zürich[16] 2001.

MODELL, Arnold H.: A confusion of tongues or whose reality is it?, in: Psychoanalytic Quarterly 60. 1991, S. 227-244.

MÜLLER, Karl Ferdinand (Hg.): Gottesdienst in einem säkularisierten Zeitalter. Eine Konsultation der Kommission für Glauben und Kirchenverfassung des Ökumenischen Rates der Kirchen. Kassel, Trier 1971.

MÜLLER, Wolfgang W.: Das Symbol in der dogmatischen Theologie. Eine symboltheologische Studie anhand der Theorien bei K. Rahner, P. Tillich, P. Ricœur und J. Lacan (Europäische Hochschulschriften, Reihe XXIII, Bd. 401). Frankfurt am Main, Bern, New York, Paris 1990.

MÜLLER, Wolfgang W.: Sakrament und/oder Magie? Anfragen an die postmoderne Sakramententheologie, in: ThG 41. 1998, S. 185-195.

MÜLLER, Wolfgang W.: Liturgische Symbolik. Welche Bedeutung kommt dem Symbol in der Liturgie zu?, in: HlD 53. 1999, 182-190.

MÜLLER, Wolfgang W.: Nur ein Symbol? Zu seiner Bedeutung und Notwendigkeit in der dogmatischen Theologie, in: ThPQ 147. 1999, S. 354-362.

NAGEL, Eduard (u.a. Hgg.): Studien und Entwürfe zur Meßfeier. Texte der Studienkommission für die Meßliturgie und das Meßbuch der Internationalen Arbeitsgemeinschaft der Liturgischen Kommission im deutschen Sprachgebiet 1. Freiburg i.Br., Basel, Wien 1995.

NAGERA, Humberto: Psychoanalytische Grundbegriffe. Eine Einführung in Sigmund Freuds Terminologie und Theoriebildung. Frankfurt am Main 1974.

NEBEL, Johannes: Die Entwicklung des römischen Messritus im ersten Jahrtausend anhand der Ordines Romani. Eine synoptische Darstellung (Pontificium Athenaeum S. Anselmi de Urbe Pontificium Institutum Liturgicum, Thesis ad Lauream n. 264). Romae 2000.

NEUHEUSER, Hanns Peter: Materialiter aedificare – Spiritualiter coaedificari. Zur Theologie und Bildhaftigkeit der Kirchweihliturgie in den Beschreibungen des Abtes Suger von Saint-Denis, in: EcclOr 10. 1993, S. 33-78.

NEUHEUSER, Hanns Peter: Die Kirchweihbeschreibungen von Saint-Denis und ihre Aussagefähigkeit für das Schönheitsempfinden des Abtes Suger, in: Binding, Günther, Speer, Andreas (Hgg.): Mittelalterliches Kunsterleben nach Quellen des 11. bis 13. Jahrhunderts. Stuttgart, Bad Cannstadt[2], S.116-183.

NEUHEUSER, Hanns Peter: *Ars aedificandi – ars celebrandi*. Zum *pulchritudo*-Verständnis in den Kirchweihbeschreibungen des Abtes Suger von Saint-Denis, in:

Craemer-Ruegenberg, Ingrid, Speer, Andreas (Hgg.): *Scientia* und *ars* im Hochmittelalter Bd. 2 (Miscellanea Mediaevalia 22/2). Berlin, New York 1994, S. 981-1007.
NEUHEUSER, Hanns Peter: *Ne lapidum materia apparentium locus vilesceret.* Die Raumvorstellung des Abtes Suger in seiner Kirchweihbeschreibung von Saint-Denis, in: Aertsen, Jan A., Speer, Andreas (Hgg.): Raum und Raumvorstellungen im Mittelalter (Miscellanea mediaevalia 25). Berlin, New York 1998, S. 641-664.
NEUNHEUSER, Burkhard: Odo Casels Beitrag zur theologischen Fundierung der der liturgischen Erneuerung, in: Klöckener, Kranemann, Liturgiereformen 2, S. 649-664.
NICHOLS, Aidan: Looking at the Liturgy. A Critical View of its Contemporary Form. San Francisco 1996.
NICHTWEISS, Barbara: Erik Peterson. Neue Sicht auf Leben und Werk. Freiburg i.Br., Basel, Wien[2] 1994.

ODENTHAL, Andreas: Ein Formular des „Rheinischen Messordo" aus St. Aposteln in Köln, in: ALw 34. 1992, S. 333-344.
ODENTHAL, Andreas: Der älteste Liber Ordinarius der Stiftskirche St. Aposteln in Köln. Untersuchungen zur Liturgie eines mittelalterlichen kölnischen Stifts (SKKG 28). Siegburg 1994.
ODENTHAL, Andreas: Der Meßordo des Domdechanten Konrad von Rennenberg. Zum Einfluß des „Rheinischen Meßordo" auf die Kölnische Meßliturgie, in: KDB 59. 1994, S. 121-136.
ODENTHAL, Andreas: Zwei Formulare des Apologientyps der Messe vor dem Jahre 1000. Zu Codex 88 und 137 der Kölner Dombibliothek, in: ALw 37. 1995, S. 25-44.
ODENTHAL, Andreas: Liturgiereform und Ritual. Beiträge zu einem Dialog der Liturgiewissenschaft mit Soziologie und Pastoralpsychologie, in: ALw 38/39. 1996/97, S. 157-172.
ODENTHAL, Andreas: Rez. Heribert Wahl, Glaube und symbolische Erfahrung, in: ALw 40. 1998, S. 340-343.
ODENTHAL, Andreas: Die Schrift *Das Wandlungssymbol in der Messe* von Carl Gustav Jung. Auf dem Weg zu einem Dialog der Liturgiewissenschaft mit der Tiefenpsychologie, in: ALw 41. 1999, S.121-144.
ODENTHAL, Andreas: Ein früher Ordo Missae rheinischen Typs aus dem Fuldaer Scriptorium in Bamberg. Zur Sakramentarhandschrift Bamberg, Staatsbibliothek, Msc. Lit. 1, in: 135. Bericht des Historischen Vereins Bamberg. 1999, S. 119-134.
ODENTHAL, Andreas: Heilsames Ritual? Theologische und psychoanalytische Überlegungen zu einer Theorie des Gottesdienstes, in: Zs. für psychoanalytische Psychotherapie 22. 2000, S. 29-32.
ODENTHAL, Andreas: Intensiv und hilfreich. Ein Gottesdienst mit Eltern totgeborener Kinder, in: Gd 34. 2000, S. 16.
ODENTHAL, Andreas: Von der Messfeier zur Messfrömmigkeit. Aspekte mittel-

alterlicher Liturgieentwicklung im Spiegel liturgischer Quellen, in: Bock, de Blaauw, Frommel, Kessler, Kunst und Liturgie, S. 9-17.
ODENTHAL, Andreas: Das Opfer. Psychoanalytische und theologische Überlegungen, in: Gerhards, Richter, Das Opfer, S. 30-47.
ODENTHAL, Andreas: Gottesdienst zwischen römischem Vorbild und diözesaner Ausprägung. Stationen Kölnischer Liturgieentwicklung im Spiegel der Forschung, in: Gerhards, Odenthal, Kölnische Liturgie, S. 29-45.
OELKERS, Jürgen, WEGENAST, Klaus (Hgg.): Das Symbol – Brücke des Verstehens. Stuttgart, Berlin, Köln 1991.
ORNSTEIN, Paul: Die Entwicklung der Selbstpsychologie, in: Wolf, Ornstein, Lichtenberg, Kutter, Selbstpsychologie, S. 29-42.
OTT, Ruthard: Zur Psychologie der Messe. Ein theoretischer und empirischer Beitrag. Dipl. Würzburg 1978.

PAHL, Irmgard: Das Paschamysterium in seiner zentralen Bedeutung für die Gestalt christlicher Liturgie, in: LJ 46. 1996, S. 71-93.
PAHL, Irmgard, GILLES, Beate: „Darbringungsaussagen in den Hochgebeten der römischen Liturgie". Bericht aus einem Arbeitskreis, in: LJ 50. 2000, S. 98-107.
PANOVSKY, Erwin: Sinn und Deutung in der bildenden Kunst. Köln 1975. (Meaning in the Visual Arts, 1957).
PASSALACQUA, Livio: Rilevanza della dimensione psichica in relazione alla liturgia e al corpo, in: Terrin, Liturgia e incarnazione, S. 341-360.
PAUL, Ingwer: Rituelle Kommunikation. Sprachliche Verfahren zur Konstitution ritueller Bedeutung und zur Organisation des Rituals (Kommunikation und Institution 18). Tübingen 1990.
PETERSON, Erik: Ausgewählte Schriften, hg. von Barbara Nichtweiss,
Bd. 1. Theologische Traktate. Würzburg 1994.
Bd. 2. Marginalien zur Theologie und andere Schriften. Würzburg 1995.
PETERSON, Erik: Der Lobgesang der Engel und der mystische Lobpreis (1925), in: Peterson, Schriften 2, S. 101-114.
PETERSON, Erik: Von den Engeln (1935), in: Peterson, Schriften 1, S. 195-243.
PETERSON, Erik: Über die heiligen Engel (1935), in: Peterson, Schriften 2, S. 115-121.
PEUKERT, Helmut: Wissenschaftstheorie – Handlungstheorie – Fundamentale Theologie. Analysen zu Ansatz und Status theologischer Theoriebildung. Frankfurt am Main[2] 1988.
PHILIPP, Thomas, Die theologische Bedeutung der Psychotherapie. Eine systematisch-theologische Studie auf der Grundlage der Anthropologie Alexander Mitscherlichs. Freiburg 1997 (FthS 159).
PIERCE, Joanne: Sacerdotal spirituality at mass: Text and study of the prayerbook of Sigebert of Minden (1022-1036). Phil.Diss. (Notre Dame, Indiana 1988).

POENSGEN, Herbert (Hg.): Rituelle Experimente. Gottesdienst – mitten im Leben? (TPI 2). Waltrop 2000.

POHLEN, Manfred, BAUTZ-HOLZHERR, Margarethe: Eine andere Aufklärung. Das Freudsche Subjekt in der Analyse. Frankfurt am Main 1991.

POMPEY, Heinrich: Zur Geschichte der Pastoralpsychologie, in: Baumgartner, Handbuch, S. 23-40.

POST, Paul: Interference and Intuition: On the Characteristic Nature of Research Design in Liturgical Studies, in: QL 81. 2000, S. 48-65.

POST, Paul: Rituell-liturgische Bewegungen. Erkundungen von Trends und Perspektiven, in: Gerhards, Kranemann, Begräbnisliturgie, S. 25-60.

POST, Paul: Life Cycle Rituals: A Ritual-Liturgical Perspective, in: QL 83. 2002, S. 10-29.

RAHNER, Karl: Zur Theologie des Symbols, in: Rahner, Karl: Schriften zur Theologie 4. Einsiedeln, Zürich, Köln 1960, S. 275-311.

RAHNER, Karl: Frömmigkeit früher und heute, in: Rahner, Karl: Schriften zur Theologie 7. Einsiedeln, Zürich, Köln 1966, S. 11-31.

RAHNER, Karl: Die praktische Theologie im Ganzen der theologischen Disziplinen, in: RAHNER, Karl: Schriften zur Theologie 8. Einsiedeln, Zürich, Köln 1967, S. 133-149.

RAHNER, Karl: Art. Theologie, in: Sacramentum Mundi 4. 1969, Sp. 860-874.

RAHNER, Karl: Ekklesiologische Grundlegung, in: Arnold, Rahner (u.a.), Handbuch Bd. 1, S. 122-156.

RATZINGER, Joseph: Das Fest des Glaubens. Versuche zur Theologie des Gottesdienstes. Einsiedeln 1981.

RATZINGER, Joseph: Der Geist der Liturgie. Eine Einführung. Freiburg i.Br., Basel, Wien 2000.

RATZINGER, Joseph: „Der Geist der Liturgie" oder: Die Treue zum Konzil. Antwort an Pater Gy, in: LJ 52. 2002, 111-115.

REIK, Theodor: Das Ritual. Psychoanalytische Studien. Mit einer Vorrede von Sigmund Freud (Imago-Bücher XI). Leipzig, Wien, Zürich^2 1928.

RENÖCKL, Helmut, HALIK, Tomáš (Hgg.): Katholische Identität in multikultureller Lage? FEECA-Europa-Kongreß Prag 24.-27. Mai 1995. Würzburg 1996.

REUTER, Wolfgang: Gott schlägt und Gott segnet. Erfahrungen mit den Gottesbildern psychisch Kranker, in: Zs. für Psychoanalytische Psychotherapie 16. 1994, S. 60-76.

REUTER, Wolfgang: „Welche Therapie können Sie denn, Herr Pfarrer?" Über die unbewusste Tendenz zur „Kastration" der Seelsorge, in: Thomas Zeit, Eckard Klieser (Hgg.): Seelsorge als Therapie – Therapie als Seelsorge. Ergebnisse einer interdisziplinären Tagung zu Problemen der Klinikseelsorge im Oktober 1997. Gelsenkirchen 1998, S. 13-23.

REUTER, Wolfgang: „Perspektivenwechsel": - der *heilsame* Blick aufs Fragment, in: Zs.

für psychoanalytische Psychotherapie 22. 2000, S. 21-28.

RICŒUR, Paul: Die Interpretation. Ein Versuch über Freud. Frankfurt am Main [4]1993 (De l'Interprétation. Essai sur Freud 1965).

RICHTER, Klemens (Hg.): Liturgie – ein vergessenes Thema der Theologie? (QD 107). Freiburg i.Br., Basel, Wien 1986.

RICHTER, Klemens: Liturgie in nachchristlicher Gesellschaft?, in: Kranemann, Richter, Tebartz-van Elst, Dimension Bd. 1, S. 9-19.

RIEMANN, Fritz: Grundformen der Angst. Eine tiefenpsychologische Studie. München, Basel 1991.

RIVINIUS, Karl Josef: Die multikulturelle Gesellschaft in der gegenwärtigen Diskussion, in: Mensen, Gesellschaft, S. 9-27.

ROHDE-DACHSER, Christa (Hg.): Verknüpfungen. Psychoanalyse im interdisziplinären Gespräch. Göttingen 1998.

RÜSEN, Jörn, STRAUB, Jürgen (Hgg.): Die dunkle Spur der Vergangenheit. Psychoanalytische Zugänge zum Geschichtsbewußtsein (Erinnerung, Geschichte, Identität 2). Frankfurt am Main 1989.

SALMANN, Elmar: Neuzeit und Offenbarung. Studien zur trinitarischen Analogik des Christentums (StudAns 94). Roma 1986.

SALMANN, Elmar: Andacht. Philosophen vor dem Phänomen der Liturgie, in: EcclOr 7. 1990, S. 309-333.

SALMANN, Elmar: Der geteilte Logos. Zum offenen Prozeß von neuzeitlichem Denken und Theologie (StudAns 111). Roma 1992.

SALMANN, Elmar: Was ist Kult? Zum Verhältnis von Liturgie und Leiblichkeit, in: EcclOr 12. 1995, S. 245-251.

SCHAEFFLER, Richard: Der Kultus als Weltauslegung, in: Fischer, Lengeling, Kult, S. 9-91.

SCHAEFFLER, Richard, HÜNERMANN, Peter: Ankunft Gottes und Handeln des Menschen. Thesen über Kult und Sakrament (QD 77). Freiburg i.Br. 1977.

SCHAEFFLER, Richard: Kultisches Handeln. Die Frage nach seiner Bewährung und nach Kriterien seiner Legitimation, in: Schaeffler, Hünermann, Ankunft Gottes, S. 9-50.

SCHARFENBERG, Joachim: Sigmund Freud und seine Religionskritik als Herausforderung für den christlichen Glauben. Göttingen[3] 1971.

SCHARFENBERG, Joachim: Religion zwischen Wahn und Wirklichkeit. Gesammelte Beiträge zur Korrelation von Theologie und Psychoanalyse (Konkretionen Bd. 13). Hamburg 1972.

SCHARFENBERG, Joachim: Einführung in die Pastoralpsychologie. Göttingen[2] 1990.

SCHARFENBERG, Joachim: Between Mythology and Symptomatology. Thoughts on the Psychology of Symbols, in: Belzen, Hermeneutical Approches, S. 233-240.

SCHARFENBERG, Joachim, KÄMPFER, Horst: Mit Symbolen leben. Soziologische,

psychologische und religiöse Konfliktverarbeitung. Olten 1980.
SCHENK Richard (Hg.), Zur Theorie des Opfers. Ein interdisziplinäres Gespräch (Collegium Philosophicum 1). Stuttgart, Bad Cannstadt 1995.
SCHIEFFER, Rudolf: „Redeamus ad fontem". Rom als Hort authentischer Überlieferung im frühen Mittelalter, in: Roma - Caput et fons. Zwei Vorträge über das päpstliche Rom zwischen Altertum und Mittelalter, von Arnold Angenendt und Rudolf Schieffer (Gerda-Henckel-Vorlesung), Opladen 1989, S. 45-70.
SCHILLEBEECKX, Edward: Die neue Wende in der heutigen Dogmatik (1961), in: Schillebeeckx, Offenbarung, S. 316-349.
SCHILLEBEECKX, Edward: Offenbarung und Theologie (Gesammelte Schriften 1). Mainz 1965.
SCHILLEBEECKX, Edward: Christus. Sakrament der Gottesbegegnung. Mainz[2] 1965.
SCHILLEBEECKX, Edward: Die eucharistische Gegenwart. Zur Diskussion über die Realpräsenz. Düsseldorf[2] 1968.
SCHILLEBEECKX, Edward, Gott – die Zukunft des Menschen. Mainz 1969.
SCHILLEBEECKX, Edward: Glaubensinterpretation. Beiträge zu einer hermeneutischen und kritischen Theologie. Mainz 1971.
SCHILLEBEECKX, Edward: Das Korrelationskriterium. Christliche Antwort auf eine menschliche Frage?, in: Schillebeeckx, Glaubensinterpretation, S. 83-109.
SCHILLEBEECKX, Edward: Die hermeneutische Theologie in Korrelation zu einer kritischen Gesellschaftstheorie, in: Schillebeeckx, Glaubensinterpretation, S. 114-171.
SCHILLEBEECKX, Edward: Jesus. Die Geschichte von einem Lebenden. Freiburg i.Br., Basel, Wien[3]. 1975.
SCHILLEBEECKX, Edward: Christus und die Christen. Die Geschichte einer neuen Lebenspraxis. Freiburg i.Br., Basel, Wien 1977.
SCHILLEBEECKX, Edward: Erfahrung und Glaube, in: Böckle, Franz, Kaufmann, Franz-Xaver, Rahner, Karl, Welte, Bernhard (Hgg.): Christlicher Glaube in moderner Gesellschaft, Teilband 25. Freiburg i.Br., Basel, Wien 1980, S. 73-116.
SCHILLEBEECKX, Edward: Menschen. Die Geschichte von Gott. Freiburg i.Br., Basel, Wien 1990.
SCHILLEBEECKX, Edward: Hin zu einer Wiederentdeckung der christlichen Sakramente. Ritualisierung religiöser Momente im alltäglichen Leben, in: Holderegger, Adrian, Wils, Jean-Pierre (Hgg.): Interdisziplinäre Ethik. Grundlagen, Methoden, Bereiche. FS Dietmar Mieth (Studien zur theologischen Ethik 89). Freiburg/Schweiz 2001, S. 309-339.
SCHILSON, Arno: Theologie als Sakramententheologie. Die Mysterientheologie Odo Casels (TTSt 18). Mainz 1982.
SCHILSON, Arno: Symbolwirklichkeit und Sakrament. Ein Literaturbericht, in: LJ 40. 1990, S. 26-52.
SCHILSON, Arno, HAKE, Joachim (Hgg.): Drama „Gottesdienst". Zwischen Inszenie-

rung und Kult. Stuttgart, Berlin, Köln 1998.
SCHILSON, Arno: Die Inszenierung des Alltäglichen und ein neues Gespür für den (christlichen) Kult? Das Verhältnis von Liturgie und Kult heute, 80 Jahre nach Romano Guardinis „Vom Geist der Liturgie“ (1918) und 75 Jahre nach „Liturgische Bildung“ (1923), in: Schilson, Hake, Drama, S. 13-67.
SCHILSON, Arno: Negative Theologie der Liturgie? Über die liturgische Erfahrung der Verborgenheit des nahen Gottes, in: LJ 50. 2000, S. 235-250.
SCHILSON, Arno: Liturgie(-reform) angesichts einer sich wandelnden Kultur. Perspektiven am Ende des 20. Jahrhunderts, in: Klöckener, Kranemann, Liturgiereformen 2, S. 965-1002.
SCHLAGHECK, Michael (Hg.): Theologie und Psychologie im Dialog über das Böse. Paderborn 1998.
SCHMÄLZLE, Udo F.: Das neue religiöse Bewußtsein als pastorale Herausforderung, in: Kochanek, Religion und Glauben, S. 95-127.
SCHMID-KEISER, Stephan: Aktive Teilnahme. Kriterium gottesdienstlichen Handelns und Feierns. Zu den Elementen eines Schlüsselbegriffes in Geschichte und Gegenwart des 20. Jahrhunderts I-II (Europäische Hochschulschriften Reihe XXIII, Bd. 250). Bern, Frankfurt am Main, New York 1985.
SCHMID NOERR, Gunzelin: Symbolik des latenten Sinns. Zur psychoanalytischen Symboltheorie nach Lorenzer, in: Psyche 54. 2000, S. 454-482.
SCHMIDT-LAUBER, Hans-Christoph, BIERITZ Karl-Heinrich (Hgg.): Handbuch der Liturgik. Liturgiewissenschaft in Theologie und Praxis der Kirche. Leipzig, Göttingen 1995.
SCHMITT, Siegfried: Die Internationalen Liturgischen Studientreffen 1951-1960. Zur Vorgeschichte der Liturgiekonstitution (TThSt 53). Trier 1992.
SCHRÖER, Henning: Art. Praktische Theologie, in: TRE 27, S. 190-220.
SCHULER, Christian: Macht hoch die Tür, die Tor macht weiter. Altes katholisches Liedgut, einmalig: Die überlieferten Formen der kirchlichen Feier ziehen wieder mehr Gläubige und sogar Theologen an, in: Frankfurter Allgemeine Zeitung vom 23.12.1999, S. 55.
SCHULZE, Gerhard: Die Erlebnisgesellschaft. Kultursoziologie der Gegenwart. Frankfurt am Main, New York[7] 1997.
SCHUPP, Franz: Glaube - Kultur - Symbol. Versuch einer kritischen Theorie sakramentaler Praxis. Düsseldorf 1974.
SCHUSTER, Daniel B.: The holy communion: an historical and psychoanalytic study, in: Bulletin of the Philadelphia Association for Psychoanalysis 20. 1970, S. 223-236.
SECKLER, Max: Art. Loci theologici, in: LThK[3], Bd. 6, Sp. 1014-1016.
SEGAL, Hanna: Ödipuskomplex und Symbolisierung, in: WEISS, S. 48-61.
SEYDEL, Otto: Spiel und Ritual. Überlegungen zur Reform des Gottesdienstes, in: WPKG 60. 1971, S. 507-517.

SIEGEL, Allen M.: Einführung in die Selbstpsychologie. Das psychoanalytische Konzept von Heinz Kohut. Stuttgart, Berlin, Köln 2000 (Heinz Kohut and the Psychology of the Self, London 1996).

SOEFFNER, Hans-Georg: Zur Soziologie des Symbols und des Rituals, in: Oelkers, Wegenast, Symbol, S. 63-81.

SOEFFNER, Hans-Georg: Die Ordnung der Rituale. Die Auslegung des Alltags 2. Frankfurt am Main[2] 1995.

SÖLLE, Dorothee: Kirche außerhalb der Kirche. Stuttgart 1964.

SPEER, Andreas: Kunst als Liturgie. Zur Entstehung und Bedeutung der Kathedrale, in: Dohmen, Sternberg, Kunst und Theologie, S. 97-117.

SPEER, Andreas: Zur Bedeutung der liturgischen Dimension in Sugers Schrift *De Consecratione*, in: Binding, Speer, *De Consecratione,* S. 71-79.

SPEER, Andreas: Stand und Methoden der Suger-Forschung, in: Binding, Speer, *De consecratione*, S. 11-19.

SPEER, Andreas: *Luculento ordine:* Zum Verhältnis von Kirchweihliturgie und Baubeschreibung bei Abt Suger von Saint-Denis, in: Bock, de Blaauw, Frommel, Kessler, Kunst und Liturgie, S. 19-37.

SPEIDEL, Hubert: Freuds Symbolbegriff, in: Psyche 31. 1977, S. 689-711.

SPEIDEL, Hubert: Über den Symbolbegriff der Psychoanalyse, in: Psyche 32. 1978, S. 289-328.

SPIEGEL, Yorick: Der Gottesdienst unter dem Aspekt der symbolischen Interaktion, in: JLH 16. 1971, S. 105-119.

SPIEGEL, Yorik (Hg.): Erinnern - Wiederholen - Durcharbeiten. Zur Sozialpsychologie des Gottesdienstes (Stuttgart 1972).

SPIEGEL, Yorick: Erinnern, Wiederholen und Durcharbeiten. Therapeutisches Modell und neuer Gottesdienst, in: Spiegel, Erinnern, S. 9-33.

STECK, Wolfgang: Der Liturgiker Amalarius – eine quellenkritische Untersuchung zu Leben und Werk eines Theologen der Karolingerzeit (MThS I. 35). St. Ottilien 2000.

STEIN, Murray, Leiden an Gott Vater. Leiden an Gott Vater. C.G. Jungs Therapiekonzept für das Christentum. Stuttgart 1988.

STEINKAMP, Hermann: Zum Verhältnis von Praktischer Theologie und Humanwissenschaft, in: Diakonia 14, 1983, S. 378-387.

STEINMEIER, Anne M.: Wiedergeboren zur Freiheit. Skizzen eines Dialogs zwischen Theologie und Psychoanalyse (APTh 33). Göttingen 1998.

STENGER, Hermann: Liturgie und Liturgiewissenschaft aus der Sicht eines Pastoralpsychologen, in: LJ 38. 1988, S. 60-78.

STENGER, Hermann: Verwirklichung des Lebens aus der Kraft des Glaubens. Pastoralpsychologische und spirituelle Texte. Freiburg i.Br., Basel, Wien[2] 1989.

STENGER, Hermann: Symbole und Diabole. Überlegungen zur Glaubensästhetik, in: Stenger, Verwirklichung, S. 105-129.

STENGER, Hermann: Die eschatologische Qualität liturgischen Geschehens. Voraussetzungen für die Erfahrung des Letztgültigen, in: Messner, Nagel, Pacik, Bewahren und Erneuern, S. 359-373.

STOLLBERG, Dietrich: Psychologische Aspekte der Liturgiewissenschaft, in: Schlemmer, Karl (Hg.): Gemeinsame Liturgie in getrennten Kirchen? (QD 132). Freiburg i.Br., Basel, Wien 1991, S. 119-133.

STRAZZARI, Francesco (Hg.): Edward Schillebeeckx im Gespräch. Luzern 1994.

STUBENRAUCH, Bertram: Art. Pascha-Mysterium, in: LThK[3] Bd. 7, 1998, Sp. 1410-1411.

STUFLESSER, Martin: Memoria passionis. Das Verhältnis von lex orandi und lex credendi am Beispiel des Opferbegriffs in den Eucharistischen Hochgebeten nach dem II. Vatikanischen Konzil (MthA 51). Altenberge 1998.

STUFLESSER, Martin: Die Eucharistie als Opfer im Spannungsfeld von lex orandi – lex credendi – lex agendi, in: LJ 50. 2000, S. 75-89.

STUFLESSER, Martin, WINTER, Stephan: Liturgiewissenschaft – Liturgie und Wissenschaft. Versuch einer Standortbestimmung im Kontext des Gesprächs zwischen Liturgiewissenschaft und Systematischer Theologie, in: LJ 51. 2001, S. 90-118.

SUGERUS von St. Denis, De consecratione. Von der Weihe der Kirche des Heiligen Dionysius. Lateinisch-deutsche Textedition, in: Binding, Speer, *De Consectarione*, S. 166-205.

TERRIN, Aldo Natale (Hg.): Liturgia e terapia. La sacramentalità a servizio dell' uomo nella sua interezza (Caro Salutis Cardo. Contributi 10). Padova 1994.

TERRIN, Aldo Natale (Hg.): Liturgia e incarnazione (Caro Salutis Cardo. Contributi 14). Padova 1997.

TERRIN, Aldo Natale: Il Rito. Antropologia e fenomenologia della ritualità. Brescia 1999.

THEOBALD, Christoph: Glauben im *modus conversionis*. Zum Ansatz einer theologischen Theorie der Moderne, in: Arens, Handeln, S. 33-70.

THILO, Hans-Joachim: Die therapeutische Funktion des Gottesdienstes. Kassel 1985.

TRAUTH, Wolfgang: Zentrale psychische Organisations- und Regulationsprinzipien und das psychoanalytische Verständnis von Abwehr und Regulation. Psychoanalytische Grundlagenforschung. München 1997 (Zs. für Psychoanalytische Psychotherapie 19, Sonder-Heft 1).

TRAUTH, Wolfgang: Kulturpsychoanalyse jenseits der traditionellen Triebtheorie. Regulatives Verständnis und kritische Anmerkung zu Funkes Beitrag „Kulturpsychoanalyse jenseits des Ödipus“, in: Zs. für psychoanalytische Psychotherapie 21. 1999, 29-59.

TURNER, Victor: Symbols and Social Experience in Religious Ritual, in: studia missionalia 23. 1974, S. 1-21.

TURNER, Victor: Ritual, Tribal and Catholic, in: Worship 50. 1976, S. 504-526.

UHL, Florian, BOELDERL, Artur R. (Hgg.): Rituale. Zugänge zu einem Phänomen (Schriften der Österreichischen Gesellschaft für Religionsphilosophie Bd. 1). Düsseldorf, Bonn 1999.

UHL, Florian: Rituale – Aspekte eines interdisziplinären Diskurses in der Religionsphilosophie, in: Uhl, Boelderl, Rituale, S. 207-260.

VAGAGGINI, Cyprian: Theologie der Liturgie. Einsiedeln, Zürich, Köln 1959.

VALENZIANO, Crispino: Liturgia e antropologia. Bologna 1997.

VAN DER VEN, Johannes A.: Praktische Theologie und Humanwissenschaften, in: Haslinger, Handbuch, S. 267-278.

VERGOTE, Antoine, DESCAMPS, Albert, HOUSSIAU, Albert: L'eucharistie. Symbole et réalité (Réponses Chrétiennes 12). Paris 1970.

VOLP, Rainer: Liturgik. Die Kunst, Gott zu feiern. Bd. 1-2, Gütersloh 1992.

VORGRIMLER, Herbert: Sakramententheologie (Leitfaden Theologie 17). Düsseldorf 1987.

VORGRIMLER, Herbert: Die Liturgie – ein Bild der Kirche. Anfragen der systematischen Theologie, in: Kranemann, Nagel, Nübold, Heute Gott feiern, S. 39-56.

WAHL, Heribert: Narzißmus? Von Freuds Narzißmustheorie zur Selbstpsychologie. Stuttgart, Berlin, Köln, Mainz 1985.

WAHL, Heribert: Pastoralpsychologie – Teilgebiet und Grunddimension Praktischer Theologie, in: Baumgartner, Handbuch, S. 41-61.

WAHL, Heribert: Glaube und symbolische Erfahrung. Eine praktisch-theologische Symboltheorie. Freiburg, Basel, Wien 1994.

WAHL, Heribert: Das Kreuz Jesu: Allerwelts-„Symbol" oder Symbol-Zeichen des christlichen Glaubens, in: Mödl, Ludwig (Hg.): Ein sperriges Zeichen. Praktisch-theologische Überlegungen zur Theologie des Kreuzes. München 1997, S. 69-90.

WAHL, Heribert: Symbolic Experience: Transforming the Selfobject Relation. A new Symbol Theory Based on Modern Psychoanalysis, in: Belzen, Hermeneutical Approches, S. 241-261.

WAHL, Heribert: Art. Psychoanalyse, in: LThK^3, Bd. 8, Sp. 716-717.

WAHL, Heribert: Der Mann Freud und sein monotheistischer Moses, in: WzM 51. 1999, S. 221-240.

WAHL, Heribert: Selbst- und objektbeziehungstheoretische Überlegungen zur Religions- und Pastoralpsychologie, in: Bassler, Psychoanalyse, S. 67-91.

WALZ, Frank: Liturgie als Therapie? Der Gottesdienst als Ort des Heils und der Heilung, in: HlD 49. 1995, S. 98-105.

WALZ, Frank: Das Schöne und die Liturgie, in: HlD 50. 1996, S. 168-176.

WALZ, Frank: Die therapeutische Dimension der erneuerten Liturgie. Sehnsucht – Grundlagen – Wesen – Feier. Masch.-Diss. Salzburg 1997.

WANNENWETSCH, Bernd: Gottesdienst als Lebensform – Ethik für Christenbürger. Stuttgart, Berlin, Köln 1997.

WEISS, Heinz (Hg.): Ödipuskomplex und Symbolbildung. Ihre Bedeutung bei Borderline-Zuständen und frühen Störungen (Perspektiven kleinianischer Psychoanalyse 5). Tübingen 1999.

WEISS, Heinz: Zur Beziehung zwischen einigen theoretischen Konzepten bei Melanie Klein und Wilfred Bion, in: Psyche 55. 2001, S. 159-180.

WELSCH, Wolfgang: Vernunft. Die zeitgenössische Vernunftkritik und das Konzept der transversalen Vernunft. Frankfurt am Main[2] 1996.

WELSCH, Wolfgang: Unsere postmoderne Moderne. Berlin[5] 1997.

WIEDENMANN, Rainer E.: Ritual und Sinntransformation. Ein Beitrag zur Semiotik soziokultureller Interpenetrationsprozesse (Soziologische Schriften 57). Berlin 1991.

WILHELMS, Günter: Sinnlichkeit und Rationalität. Der Beitrag Alfred Lorenzers zu einer Theorie religiöser Sozialisation. Stuttgart, Berlin, Köln 1991.

WINKELMANN-JAHN, Renate Maria: Fülle der Zeit – Erfüllte Zeit. Zur Begründung von Mystagogie nach Alfred Petzelt und Odo Casel (Pietas Liturgica Studia 11). St. Ottilien 1999.

WINKLER, Gabriele: Über die Kathedralvesper in den verschiedenen Riten des Ostens und Westens, in: ALw 16. 1974, S. 53-102.

WINNICOTT, Donald W.: Der Anfang ist unsere Heimat. Essays zur gesellschaftlichen Entwicklung des Individuums. Stuttgart 1990 (Home is where we start from 1986).

WINNICOTT, Donald W.: Vom Spiel zur Kreativität. Stuttgart[8] 1995 (Playing and reality 1971).

WINTER, Alois: Gebet und Gottesdienst bei Kant: nicht „Gunstbewerbung“, sondern „Form aller Handlungen“, in: Theologie und Philosophie 52. 1977, S. 341-377.

WITCZAK, Michael G.: St. Gall Mass Orders (I): Ms. Sangallensis 338. Searching for the origins of the „Rhenish Mass Order“, in: EcclOr 16. 1999, 393-410.

WITT, Thomas: Repraesentatio Sacrificii. Das eucharistische Opfer und seine Darstellung in den Gebeten und Riten des Missale Romanum 1970. Untersuchungen zur darstellenden Funktion der Liturgie (PaThSt 31). Paderborn, München, Wien, Zürich 2002.

WITTRAHM, Andreas: Seelsorge, Pastoralpsychologie und Postmoderne. Eine pastoralpsychologische Grundlegung lebensfördernder Begegnungen angesichts radikaler postmoderner Pluralität (Praktische Theologie heute 53). Stuttgart, Berlin, Köln 2001.

WOHLMUTH, Josef: Überlegungen zu einer theologischen Ästhetik der Sakramente, in: Baier, Walter u.a. (Hg.): Weisheit Gottes – Weisheit der Welt (FS Ratzinger). St. Ottilien 1987, Bd. 2, S. 1109-1128.

WOHLMUTH, Josef: Jesu Weg – unser Weg. Kleine mystagogische Christologie. Würz-

burg 1992.
WOHLMUTH, Josef: Im Geheimnis einander nahe. Theologische Aufsätze zum Verhältnis von Judentum und Christentum. Paderborn, München, Wien, Zürich 1996.
WOHLMUTH, Josef: Bilderverbot. Theologische Ästhetik und die Theorie des kommunikativen Handelns, in: Arens, Handeln, S. 97-118.
WOHLMUTH, Josef: Christologie im Kontext liturgischer Ästhetik, in: Schwager, Raymund (Hg.): Relativierung der Wahrheit? Kontextuelle Christologie auf dem Prüfstand (QD 170). Freiburg i.Br., Basel, Wien 1998, S. 186-214.
WOHLMUTH, Josef: Opfer – Verdrängung und Wiederkehr eines schwierigen Begriffs, in: Gerhards, Richter, Das Opfer, S. 100-127.
WOHLRAB-SAHR, Monika (Hg.): Biographie und Religion. Zwischen Ritual und Selbstsuche. Frankfurt am Main, New York 1995.
WOIWODE, Matthias: heillose Religion? Eine fundamentaltheologische Untersuchung zur funktionalen Religionstheorie Niklas Luhmanns (Studien zur systematischen Theologie und Ethik 10). Münster 1997.
WOLF, Ernest S., ORNSTEIN, Anna, ORNSTEIN, Paul, LICHTENBERG, Joseph D., KUTTER, Peter: Selbstpsychologie. Weiterentwicklungen nach Heinz Kohut. München, Wien 1989.
WOLF, Ernest S.: Das Selbst in der Psychoanalyse: Grundsätzliche Aspekte, in: Wolf, Ornstein, Lichtenberg, Kutter, Selbstpsychologie, S. 3-25.

ZACHARIAS, Gerhard Paul: Psyche und Mysterium. Die Bedeutung der Psychologie C.G. Jungs für die christliche Theologie und Liturgie (Studien aus dem C.G. Jung-Institut Zürich V). Zürich 1954.
ZADRA, Dario, SCHILSON, Arno: Symbol und Sakrament, in: Böckle, Franz u.a. (Hgg.): Christlicher Glaube in moderner Gesellschaft Bd. 28. Freiburg i.Br. 1982, S. 85-150.
ZAGERMANN, Peter: Eros und Thanatos. Psychoanalytische Untersuchungen zu einer Objektbeziehung der Triebe. Darmstadt 1988.
ZERFASS, Rolf: Gottesdienst als Handlungsfeld der Kirche. Liturgiewissenschaft als Praktische Theologie?, in: LJ 38, 1988, S. 30-59.
ZULEHNER, Paul M., AUF DER MAUR, Hansjörg, WEISMAYER, Josef (Hgg.): Zeichen des Lebens. Sakramente im Leben der Kirche – Rituale im Leben der Menschen. Ostfildern 2000.
ZULEHNER, Paul M.: Rituale und Sakramente, in: Zulehner, Auf der Maur, Weismayer, Zeichen des Lebens, S. 13-22.
ZULEHNER, Paul M.: Wenn selbst Atheisten religiöse Riten wünschen, in: Gerhards, Kranemann, Begräbnisliturgie, S. 16-24.

Abkürzungsverzeichnis

Die Abkürzungen richten sich in der Regel nach dem Abkürzungsverzeichnis in: LThK[3], Bd. 11, S. 689*-733*.

AAR	American Academy of Religion
ALw	Archiv für Liturgiewissenschaft
APTh	Arbeiten zur Pastoraltheologie
BDS	Bonner Dogmatische Studien
BMT	Beiträge zur mimetischen Theorie
EcclOr	Ecclesia Orans
EThS	Erfurter theologische Schriften
FthS	Freiburger theologische Studien
Gd	Gottesdienst
HlD	Heiliger Dienst
HPTh	Handbuch der Pastoraltheologie
JAC	Jahrbuch für Antike und Christentum
KDB	Kölner Domblatt
LJ	Liturgisches Jahrbuch
MyGG	Mystik in Geschichte und Gegenwart. Texte und Untersuchungen
QL	Questions Liturgiques
Pastoralblatt	Pastoralblatt für die Diözesen Aachen, Berlin, Essen, Hildesheim, Köln, Osnabrück
PaThSt	Paderborner Theologische Studien
PThI	Pastoraltheologische Informationen
RBen	Revue bénédictine
RQ	Römische Quartalschrift für christliche Altertumskunde und für Kirchengeschichte
SBS	Stuttgarter Bibelstudien
SKKG	Studien zur Kölner Kirchengeschichte
SPT	Studien zur Praktischen Theologie
SSSTh	Studien zur systematischen und spirituellen Theologie
StT	Studi e Testi
StudAns	Studia Anselmiana
TPI	Veröffentlichungen des Theologisch-Pastoralen Institus für berufsbegleitende Bildung der Diözesen Limburg-Mainz-Trier
TTh	Tijdschrift voor Theologie
TThSt	Trierer Theologische Studien
WPKG	Wissenschaft und Praxis in Kirche und Gesellschaft
WUNT	Wissenschaftliche Untersuchungen zum Neuen Testament
WzM	Wege zum Menschen
ZKTh	Zeitschrift für Katholische Theologie

Register

Autorennamen werden in der Regel nur dann verzeichnet, wenn sie sich im laufenden Text der Arbeit befinden, die Autorennamen in den Fußnoten werden nur in Ausnahmefällen aufgenommen.